Olivia Gazalé a enseigné la philosophie pendant vingt ans, en classes préparatoires, à l'Institut d'études politiques de Paris et aux Mardis de la Philo, dont elle est la cofondatrice. Elle est l'auteur de *Je t'aime à la philo – Quand les philosophes parlent d'amour et de sexe* (Robert Laffont, 2012) ainsi que du *Mythe de la virilité – Un piège pour les deux sexes* (Robert Laffont, 2017).

LE MYTHE DE LA VIRILITÉ

AGORA

Collection dirigée par Benoît Heilbrunn

OLIVIA GAZALÉ

LE MYTHE DE LA VIRILITÉ

Un piège pour les deux sexes

Robert Laffont

MIXTE
Papier issu de
sources responsables
FSC® C003309

Pocket, une marque d'Univers Poche,
est un éditeur qui s'engage pour la préservation
de l'environnement et qui utilise du papier fabriqué
à partir de bois provenant de forêts gérées
de manière responsable.

ISBN 978-2-266-28981-8
Dépôt légal : février 2019

À mon père

Introduction

Malaise dans la virilité

La fin de la suprématie masculine ?

Dans *Angry White Men*, le sociologue américain Michael Kimmel[1] a recueilli la parole de ces *hommes blancs en colère*, dont le profond malaise identitaire a conduit à l'élection de Donald Trump. Qu'un phallocrate assumé ait pu accéder aux plus hautes fonctions dans un pays qui avait toujours été à l'avant-garde du féminisme est, entre autres symptômes, le signe d'une inquiétude masculine grandissante. Les femmes seraient allées trop loin, elles auraient dépossédé les hommes de toutes leurs prérogatives et la virilité traverserait une « crise » sans précédent.

Mais, aux États-Unis comme ailleurs, la « crise de la virilité » est-elle un phénomène réel, relevant de l'observation anthropologique, ou une mystification ? Le thème de l'homme victime des femmes a-t-il une

1. Michael Kimmel est l'un des pionniers des études de genre sur le masculin, professeur à la Stony Brook University de New York, auteur d'une vingtaine de livres, dont *Angry White Men. American Masculinity at the End of an Era*, New York, Nation Books, 2015.

pertinence ? Est-il possible de se saisir de cette question sans prendre parti pour l'un ou l'autre sexe ?

L'hypothèse de ce livre est qu'il existe bel et bien une problématique proprement masculine, aux effets sociologiques douloureux, mais que les femmes n'en sont pas responsables. Le mythe de la virilité est tombé dans son propre piège. Depuis toujours, les hommes sont les agents de leur propre oppression, ou, selon l'expression de Marx, « dominés par leur domination ». L'étude de la construction de la virilité révèle en effet qu'elle est, depuis ses origines, un modèle en *crise*, assis sur des normes et des injonctions aussi coercitives que paradoxales.

Bien entendu, il n'est pas question de contester l'importance de la révolution accomplie par le sexe féminin au cours des deux derniers siècles, qui fut sans doute la mutation anthropologique la plus importante qu'ait connue l'histoire humaine. Le monde, qui avait toujours exclusivement « appartenu aux hommes[1] », a peu à peu incorporé la voix des femmes, désormais autorisées à étudier, travailler, voter, s'approprier leur corps, leur sexualité, leur fécondité et leur argent. La hiérarchie entre les sexes, demeurée pendant des millénaires le fondement premier de l'ordre social, a implosé. De *femme-objet*, la femme s'est transformée en *femme-sujet* : en droit, l'*égale* de l'homme. Dans certains domaines, comme l'éducation, elle l'a même surpassé, et accède ainsi, de plus en plus fréquemment, à des postes de pouvoir, d'où elle dirige des hommes.

---

1. Selon l'expression de Simone de Beauvoir, *Le Deuxième Sexe*, t. I, Paris, Folio Essais, 1986.

En outre, cet événement historique majeur qu'est la *révolution du féminin*[1] ne concerne pas seulement les rapports sociaux. Il se pourrait bien que la pensée elle-même soit en train, depuis une cinquantaine d'années, de se *féminiser*. Ce qu'on appelle la *postmodernité*, à savoir cette façon de penser hors des schémas binaires, de manière souple, transversale, ouverte, ramifiée, en remplaçant les certitudes verticales par des arborescences horizontales, en faisant place à l'irrationnel, au doute, à la discontinuité, au singulier, aux changements, à la multiplicité, pourrait être interprété comme étant une mode de pensée *féminin*, par opposition à la rationalité close, linéaire, univoque et androcentrée qui caractérise la pensée occidentale moderne, par essence masculine.

Certains analystes[2] évoquent même l'idée d'une *féminisation* de l'État. Les instances dirigeantes auraient abdiqué leur fermeté au profit d'une bienveillance maternelle axée sur la protection, l'assistance, la solidarité, l'écologie et la paix. L'État-providence ne serait autre qu'une « Big Mother » pacifiste, conciliante, prévenante, voire infantilisante, et obsessionnellement préoccupée par le sort des femmes, devenu en quelques décennies un enjeu politique majeur.

Le féminisme – et c'est sans doute sa plus belle victoire – a en effet remporté la bataille idéologique. Mouvement originellement contestataire et antiautoritaire, il s'est progressivement institutionnalisé, jusqu'à

1. Titre de l'essai de la philosophe Camille Froidevaux-Metterie, *La Révolution du féminin*, Paris, Gallimard, 2015.

2. Comme le psychanalyste Michel Schneider, *La Confusion des sexes*, Paris, Flammarion, 2007.

devenir, dans de nombreux pays, un *féminisme d'État*, qui garantit la poursuite de l'égalité par des principes de droit, puis un *féminisme-monde*, donnant lieu à de régulières conférences internationales, et enfin un *féminisme pop*, relayé, en images et en vidéos, par le star-system, la mode et la publicité. De la campagne *He For She*, lancée par l'actrice Emma Watson à la tribune de l'Onu, aux déclarations de la chanteuse Beyoncé, nouvelle icône *popféministe*, en passant par le défilé Chanel en forme de manif joyeuse et multicolore (où des mannequins brandissaient des pancartes en hommage au militantisme de rue des aînées), le début du XXIe siècle est le témoin de la *fashionisation* du combat féministe. Et ce serait trop simple de n'interpréter cette tendance qu'en termes de récupération commerciale[1]. Les mouvements spontanés d'indignation qui explosent sur les réseaux sociaux et dans la rue, lorsque ici ou là sont (ou menacent d'être) bafoués les droits des femmes, prouvent que la plupart des sociétés civiles, y compris dans des pays à la traîne sur ce plan, sont aujourd'hui acquises à la cause féministe. Les millions de bonnets roses, ou *pussy hats*, tricotés, photographiés, postés et *likés*, partout dans le monde, donnent la mesure de ce phénomène. De même que la sympathie, ou tout au moins l'indulgence, du grand public envers les actions chocs des Femen, les amazones fougueuses qui ont inventé la *spectacularisation* du féminisme.

1. La campagne *Like a Girl* pour la marque de serviettes hygiéniques Always a beau servir un produit, elle contribue indiscutablement à faire évoluer les mentalités.

Mais ce triomphe du féminin signifie-t-il, pour autant, la défaite du masculin ? Y a-t-il réellement lieu de parler de « fin des hommes[1] » et de « féminisation » du monde ? Et quel est le lien entre la révolution accomplie par les femmes et la « crise de la virilité », si crise il y a ? La philosophie, en postulant un sujet philosophant transcendantal, et donc asexué, s'empare trop rarement de ces questions. Ce silence est malheureux, car il condamne l'espace médiatique à être accaparé par les rares auteurs qui se prononcent « au nom des hommes », souvent partisans de positions idéologiques radicales, antiféministes et rétrogrades, tels ceux du *Mens's Rights Movement* en Amérique du Nord, ou, plus près de nous, certains courants d'extrême droite, voire néofascisants[2].

Cultivant la nostalgie du héros viril et dominateur, la rhétorique victimaire des *masculinistes* dénonce un renversement du rapport de force entre les genres, regrette le bon vieux temps du patriarcat et souhaite le retour à la polarité traditionnelle des rôles sexuels. Depuis que les femmes, avides de revanche, ont dépossédé l'homme de sa suprématie pour prendre le pouvoir, tout se décompose et se délite, disent-ils. Familles mono-parentales, toute-puissance des mères, injustice systématique des tribunaux envers les pères, féminisation des métiers de l'éducation : autant de phénomènes qui se cumulent pour créer des *biotopes*

1. Référence au best-seller d'Hanna Rosin, *The End of Men : voici venu le temps des femmes*, trad. de l'anglais (États-Unis) par Myriam Dennehy, Paris, Autrement, 2013.

2. Courants représentés en France par un Alain Soral (*Vers la féminisation*, Paris, Gallimard, 2007) ou un Éric Zemmour, qui s'en inspire dans son pamphlet *Le Premier Sexe*, Paris, Denoël, 2009.

féminins, où grandissent des gamins sans repères et tentés par la délinquance, voire la radicalité.

Selon ces polémistes, ce seraient donc les femmes qui porteraient la lourde responsabilité de la déréliction de l'homme contemporain. Les conquêtes féministes auraient privé l'homme de tous ses attributs phalliques. Soumis à la tyrannie féminine, il traverserait le trouble identitaire le plus profond de son histoire. Adam aurait été non seulement évincé, mais dévoré, et même émasculé par la nouvelle Ève. Il serait donc urgent de restaurer la *virilité*, voire de rétablir le patriarcat.

Que leur répondre ? Sommes-nous réellement passés, en quelques décennies, de la suprématie masculine à la domination féminine ? Y a-t-il lieu de parler de « récession masculine », voire de « fascisme féminin » ? Les femmes ont-elles renversé le monde *androcentrique* pour lui substituer un terrifiant *gynocentrisme* ?

« La » femme n'existe pas[1]

Commençons par préciser *qui* sont lesdites *femmes* qui auraient pris le pouvoir, en évitant l'écueil (ethnocentrique cette fois) consistant à omettre de préciser « occidentales ». Car, en entendant le terme « femme », chacun a tendance à penser, spontanément, immédiatement, intuitivement, à la *femme-moderne-des-pays-riches*, voire, pour certaines prises de position, à la *femme-moderne-et-privilégiée-des-pays-riches.* On débat sans fin de la « domination féminine » en négligeant le

1. J'emprunte cette expression à Jacques Lacan, *Le Séminaire, livre XVIII. D'un discours qui ne serait pas du semblant*, texte établi par Jacques-Alain Miller, Paris, Seuil, 2007.

fait que, dans de très nombreuses régions du monde, être une femme, aujourd'hui encore, c'est être sous-alimentée, mutilée, analphabète, exploitée, battue, mariée de force à peine pubère, marchandée, répudiée, séquestrée, voire lapidée ou brûlée vive. C'est aussi représenter un enjeu essentiel des guerres contemporaines, où les viols systématiques sont la plus ravageuse des armes. Si la femme des pays démocratiques et égalitaires peut se réjouir de vivre dans un monde qui a brisé depuis peu la force de ces logiques sexistes immémoriales, elle ne doit pas oublier qu'à l'échelle de l'histoire de l'humanité, elle incarne une infime minorité de représentantes de son sexe. Du reste, même chez nous, les femmes souffrent encore de nombreuses discriminations, dont les origines sont tellement lointaines qu'elles passent pour des évidences « naturelles ».

En Occident, quantité de femmes subissent aussi des formes extrêmes de violence, mais elles ont au moins le recours de la justice, qui leur est, en principe, favorable, ce qui est loin d'être le cas dans bien des pays d'Afrique, du Proche-Orient ou d'Asie, où elles sont condamnées à se heurter à la seule loi de la force. L'existence de millions, voire de dizaines de millions, de femmes esclaves à travers le monde, ne devrait-elle pas, à elle seule, suffire à tempérer le radicalisme des prophètes de la disparition de l'homme et autres contempteurs du « règne des femmes » ?

Au sein même de nos sociétés, les situations concrètes des femmes, les combats qui les mobilisent, et surtout l'idée qu'elles se font de leur sexe, sont tellement divers que les généralisations n'ont pas grand sens. Il y a infiniment plus de disparités entre deux personnes de même genre, mais que tout sépare sociologiquement, qu'entre deux individus de genres différents, mais nés sous les mêmes auspices. C'est tout le mérite du féminisme dit « postcolonial » que d'avoir prôné une approche *intersectionnelle* des rapports entre les sexes, prenant en compte l'enchevêtrement des différences sociales, générationnelles, ethniques, culturelles ou religieuses au sein de la catégorie « femmes ». Cette perspective, plurielle et élargie, qui articule les rapports de sexe aux rapports de classe, permet de remettre en question l'idée d'une *féminisation du monde*, à laquelle on préférera celle d'une progressive *désexuation des rôles* dans les sociétés laïques postmodernes, n'excluant pas la perpétuation, en bien des lieux, d'une violente oppression masculine.

Au regard des discriminations et des violences s'exerçant toujours envers les femmes, le discours de victimisation porté par les *masculinistes* peut ainsi, à première vue, paraître parfaitement irrecevable. Comment osent-ils accuser les femmes, est-on en droit de penser, alors qu'elles souffrent encore d'injustices aussi criantes ? Et sur quoi se fondent-ils pour déclarer que l'homme n'est plus vraiment *un homme, un vrai* ?

Si ces questions sont légitimes, balayer d'un revers de main la thématique de la « crise de la virilité » me semble, en revanche, une erreur. Car, au-delà du discours idéologique défensif, dont la phallocratie est assez facile à déconstruire, il est possible que ce thème recouvre une réalité beaucoup plus complexe à analyser : celle de la détresse morale et spirituelle de l'homme contemporain, parfois livré à l'anomie identitaire, sociale et sexuelle absolue, celle dans laquelle se morfondent les personnages des romans de Philip

Roth, de Michel Houellebecq ou encore de David Lodge[1].

Comment analyser ce *trouble dans le genre masculin* – lequel va de la dépression lancinante au *burn-out* sévère, voire au suicide, en passant par toute la variété possible des passages à l'acte violents, des addictions et autres problèmes d'érection, voire de fertilité – sans être aussitôt suspecté d'antiféminisme primaire ? Autrement dit, comment adopter un point de vue *masculiste* (qui se préoccupe du sort des hommes) sans verser dans le *masculinisme* (qui victimise les hommes et culpabilise les femmes) ? Peut-être tout simplement en remontant très loin dans le temps.

Le piège de la virilité

L'hypothèse de ce livre est que le malaise masculin est réel, mais qu'il ne résulte pas tant de la récente *révolution féministe* (processus loin d'être achevé) que du *piège* que l'homme s'est tendu à lui-même, il y a près de trois millénaires, en accomplissant la *révolution viriarcale* qui fit de lui le maître absolu de la femme, révolution qu'Engels qualifiera de « grande défaite historique du sexe féminin ». Car le premier à avoir renversé l'ordre sexuel n'est pas la femme, mais l'homme, lorsque, entre le troisième et le premier millénaire avant J.-C., il mit fin au *monde mixte* – dans lequel les droits et libertés des femmes étaient beaucoup plus étendus et où le féminin était respecté et divinisé – pour bâtir un nouveau monde, le *monde*

1. Par exemple *Portnoy et son complexe* de Philip Roth, *Thérapie* de David Lodge et *Les Particules élémentaires* de Michel Houellebecq.

viriarcal, dans lequel la femme allait être infériorisée, enfermée, et perdre tous ses pouvoirs.

À l'aube de cette civilisation nouvelle, commence le grand récit de la *supériorité virile*, qu'allaient venir consolider, siècle après siècle, la mythologie (par l'image et le symbole), la métaphysique (par le concept), la religion (par la loi divine) et la science (par la physiologie). L'idée fondatrice commune est que la *nature* a créé deux pôles dialectiquement opposés, l'un étant fait pour se soumettre inconditionnellement à l'autre.

Dans ce dispositif, là où la femme est *naturellement* programmée pour la maternité, douce et aimante, mais gouvernée par ses émotions, passive, inconstante, fragile, faible, irrationnelle, soumise, crédule et inapte au raisonnement abstrait, l'homme est, à l'inverse, *naturellement* maître de lui-même, fort, courageux, stable, actif, dominateur, avisé, volontaire, porté à l'expansion et capable de raisonner. La hiérarchie sexuelle et la minoration historique de la femme reposent ainsi sur une *nature* hypostasiée, ayant créé deux identités fixes, complémentaires et éternelles, inscrites dans les corps et sur lesquelles repose l'ordre symbolique de la civilisation.

Mais ce *cosmos viril*, qui connut, en Occident, son apogée à l'âge dit *moderne*, porté par les figures rayonnantes de Louis XIV ou de Napoléon, ne pouvait que se défaire peu à peu, en raison de son profond déséquilibre : non seulement parce qu'il opprimait les femmes, mais aussi, et peut-être surtout, parce qu'il aliénait les hommes. Et c'est sous l'effet de sa propre logique interne qu'il est entré, depuis la fin du XIXe siècle, dans une phase crépusculaire.

Aussi n'est-ce pas à la « fin des hommes » que nous assistons aujourd'hui, et tant mieux, mais au déclin du *système viriarcal* et à la déconstruction du *mythe viril*, élaborés par l'homme pour son propre malheur, autant que pour celui de la femme. Car ce n'est pas elle qui a émasculé l'homme : il s'est automutilé, en tombant dans son propre piège. Certes, le féminisme a bousculé l'hégémonie masculine, il serait absurde de le nier, mais celle-ci a surtout été ébranlée par des transformations sociales et économiques plus vastes, qui ont discrédité, ou rendu encore plus problématiques, les valeurs érigées comme *viriles* : la force, le combat, la puissance. Il s'agit donc d'une *crise du modèle normatif de virilité*, davantage que d'une *crise des hommes* ou du masculin. Et si le terme de *crise* est compris dans son sens littéral de mutation, de transformation, alors il faut sans aucun doute se réjouir si cette *crise* conduit à la remise en cause des normes viriles, car les hommes, comme les femmes, ont toujours souffert de s'y trouver enfermés.

Du reste, la virilité n'a pas attendu la révolution féministe pour douter d'elle-même. Le masculin a toujours été problématique, aussi loin que l'on remonte dans le temps. Depuis la Grèce antique, le refrain est connu : chaque génération regrette le temps où les hommes étaient *de vrais hommes*. Cette nostalgie d'une virilité originelle, d'une essence masculine qui se serait dévoyée, réapparaîtra de manière chronique tout au long de l'histoire, chaque époque s'attachant à ressusciter, à sa façon, une toute-puissance virile supposée perdue. Tantôt c'est le relâchement des mœurs qui est incriminé, tantôt le laxisme de l'éducation, tantôt encore, comme aujourd'hui, l'égalisation des sexes, associée à la faillite paternelle et à la tyrannie maternelle. Ce qui laisse penser que le trouble identitaire pourrait être consubstantiel au masculin lui-même. On peut alors émettre la supposition suivante : la « crise de la virilité » serait une sorte de pathologie endogène, qui se serait déclarée bien avant l'émancipation des femmes et dont les symptômes se répéteraient invariablement depuis des siècles.

La difficulté vient du fait que la virilité se donne comme un *fait de nature* anhistorique, alors qu'elle a tout du *mythe*, c'est-à-dire d'une construction culturelle imaginaire. L'humanité est une « espèce fabulatrice[1] », qui ordonne et façonne le monde à l'aide de signes et de fictions propres à orienter les conduites et les aspirations humaines. L'humain, être de langage et de récit, pense son identité à travers le langage, les symboles et les œuvres. La virilité étant au cœur de la cosmologie masculine, comment aurait-elle échappé au fantasme ? Un fantasme d'autant plus normatif qu'il prétend ne rien devoir à l'imagination, mais tout à la *nature* : l'homme est supposé être *naturellement* porteur d'une potentialité virile, qu'il est sommé de développer, sous peine de déchoir.

La célèbre formule de Simone de Beauvoir vaut donc aussi pour les hommes. Pas plus qu'on ne « naît femme », on ne « naît homme » : il s'agit de le *devenir*[2],

1. Titre de l'essai de Nancy Huston *L'Espèce fabulatrice*, Arles, Actes Sud, 2008.

2. Simone de Beauvoir le souligne d'ailleurs elle-même dans *Tout compte fait*, Paris, Gallimard, 1972. Elle y note que sa célèbre formule « On ne naît pas femme, on le devient », ayant été « fortifiée par les études de plus en plus poussées qui ont été consacrées à l'enfance pendant ces dernières années », se devait d'être complétée par son pendant : « On ne naît pas homme, on le devient. »

en se construisant comme tel à travers un lent travail de socialisation, et de le demeurer, en le prouvant sans cesse par ses actes. Or l'histoire et l'anthropologie révèlent que la construction de l'identité virile s'est toujours accompagnée de doutes, de coercition, de souffrances et de violence. Si la virilité est un « privilège », pour employer le vocabulaire du sociologue Pierre Bourdieu[1], elle est aussi, et peut-être même surtout, un « piège » : elle représente un coût, ou plutôt un ensemble de coûts.

Être un homme, c'est obéir à un faisceau d'injonctions, comportementales et morales, et faire sans cesse la démonstration de leur parfaite intériorisation, si bien que la virilité constitue une sorte de performance imposée, un idéal hautement contraignant. Tandis que les filles sont dites peureuses, faibles et pleurnicheuses, on attend des garçons qu'ils soient forts et courageux, on leur interdit les larmes, on leur enseigne que la violence est chez eux un penchant naturel et on les envoie à la guerre, mourir et donner la mort.

Trouble dans le genre masculin

Être un homme, c'est donc, d'abord, ne pas être une femme. Mais ce n'est pas tout : être un homme, c'est aussi – de façon beaucoup plus problématique – ne pas être un « efféminé ». Ce qui signifie que le *système viriarcal* n'a pas seulement ordonné les rapports de domination entre les sexes (homme/femme) mais également les rapports de domination entre les mâles eux-mêmes (homme *viril*/homme *efféminé*).

1. Pierre Bourdieu, *La Domination masculine*, Paris, Seuil, 1998.

L'homme n'est *homme* que s'il arbore les attributs triomphants de la virilité, s'il possède les qualités de force et de puissance qui l'authentifient et le confirment comme tel. « Sois un homme ! » n'est pas tant une invitation à se conformer au *devoir de virilité* qu'à rejeter passionnément l'effémination. Les « femmelettes », les « tapettes », les « gonzesses » ne sont pas des hommes. Ce bannissement est, historiquement, d'une telle violence, qu'il n'est pas excessif de dire que si l'homme est un oppresseur, il est aussi, très largement, un opprimé. La hiérarchie qui s'établit entre ceux qui sont réputés incarner la virilité et ceux qui sont rejetés hors d'elle est, partout dans le monde, intraitable. Aux yeux de la norme hétérosexuelle, les homosexuels forment une sorte de sous-espèce mâle, qu'il faut bien tolérer pour se dire moderne. Mais que les hommes qui se disent « normaux » continuent à considérer le terme « pédé » comme la pire des insultes est le signe que la masculinité n'est ni assez progressiste, ni surtout assez audacieuse.

Pourquoi l'expression de la féminité est-elle à ce point perçue comme une déchéance ? Car « s'amollir », comme disent les Romains, c'est s'abîmer dans la parenté avec les femmes, cette espèce inférieure, une faiblesse dont seuls les dépravés se rendent coupables. Depuis toujours, l'homophobie découle de la gynophobie.

J'ai appelé *complexe viril* l'inquiétude primordiale de l'homme quant à son identité sexuée, ce sentiment permanent de menace, de vulnérabilité, qui le condamne à devoir sans cesse prouver et confirmer, par sa force, son courage et sa vigueur sexuelle, qu'il est bien un *homme*, autrement dit qu'il n'est ni une femme, ni un homosexuel. Le mot « testicules » parle d'ailleurs de lui-même, puisqu'il dérive de « testis », qui signifie « témoins ». L'homme aurait-il besoin de *témoigner* de sa virilité, le sexe vigoureusement dressé, si celle-ci n'était pas sans cesse mise en doute ?

Tout se passe en fait comme si la *virilité*, jamais sûre d'elle, était toujours en attente d'une reconnaissance, d'une validation, comme si elle était de l'ordre de la croyance, du consentement, de l'acquiescement. D'où l'importance extraordinaire donnée aux signes extérieurs de virilité chargés de l'authentifier (pouvoir, argent, voiture…) ainsi qu'aux rites de passage, souvent violents, qui consacrent l'entrée dans la communauté des hommes.

Cette obsession de la *preuve virile* ne traduit rien d'autre qu'une angoisse démesurée devant les ambiguïtés de l'identité mâle. Contrairement à ce que pensent les masculinistes, qui y voient un phénomène récent, le *trouble dans le genre masculin* a toujours existé. À toutes les époques, la virilité a été travaillée, tourmentée par la féminité. Et cela est loin de ne concerner que ceux que nous autres modernes avons pris l'habitude de ranger dans la catégorie des *homosexuels*. L'effémination a beau être redoutée, elle est omniprésente. Les hommes ont toujours refusé de se laisser uniformément enfermer dans le modèle de la virilité héroïque et conquérante, de l'appétit guerrier et de l'hétérosexualité triomphale. Des rites initiatiques grecs imposant aux éphèbes de se travestir en femmes aux coquetteries du dandy, on retrouve la même ambivalence, la même tension, le même brouillage identitaire et la même fascination pour l'androgynie. La féminité s'invite partout, des cols de dentelle des mignons de

Henri III aux fards portés par les Cadets de Louis XIV en passant par les bijoux arborés par les plus *virils* des criminels.

Il paraît ainsi non seulement abusif, mais parfaitement faux, de considérer les catégories « femmes » et « hommes » comme renvoyant à des polarités intangibles, fixées de toute éternité. La mise en perspective historique[1] permet de comprendre toute la dimension problématique des sexes et de mettre en évidence les soubresauts et les errements d'une construction des genres, et singulièrement du masculin, qui fut loin d'être linéaire. Les représentations sexuées n'ont en effet jamais cessé de s'altérer, de se déplacer et de se reconfigurer.

Peur des femmes et terreur de l'impuissance

Est-ce pour conjurer ce trouble qu'Homère bâtit l'œuvre qui consacrera définitivement le primat ontologique du masculin ? C'est en effet dans l'*Iliade* qu'a lieu l'invention littéraire de la *virilité*, cet idéal physique et moral qui dote les individus de sexe mâle d'une *supériorité* irrécusable, celle qui s'exprime dans la Raison, inaccessible aux femmes. Tandis que l'homme opère dans la lumière éblouissante du *logos*, la femme hante les profondeurs insondables de l'éros, et ensorcelle les hommes de sa séduction maléfique. Malheur à celui qui se prend dans ses filets, comme Pâris qui, subjugué par la beauté d'Hélène, va entraîner son peuple dans la funeste guerre de Troie.

---

1. La somme monumentale dirigée par Alain Corbin, Jean-Jacques Courtine et Georges Vigarello, *Histoire de la virilité*, Paris, Seuil, 2011, 3 vol., m'a été extrêmement utile.

Éros n'est jamais loin de *thanatos*. Très tôt, la femme va être assimilée à la mort et à tout ce qui lui est corrélé : la passion, la folie, l'impur, le démoniaque et les enfers. « Il y a un principe bon qui a créé l'ordre, la lumière et l'homme et un principe mauvais qui a créé le chaos, les ténèbres et la femme », écrit Pythagore en une formule lapidaire, qui résume la conception manichéenne du rapport des sexes qui se déploiera tout au long des vingt-cinq siècles suivants.

Car bientôt la religion va prendre le relais de ce récit mythologique et faire d'Ève la tentatrice, celle par qui, comme Hélène ou Pandore, tous les malheurs arrivent. La première femme a désobéi, entraînant Adam et tous ses descendants dans la Chute. Fini, la bienheureuse communion avec Dieu dans le jardin d'Éden. Par la faute d'Ève, le péché est entré dans le monde et a définitivement éloigné les créatures du Créateur. Dans les sermons des théologiens du Moyen Âge, saturés de thèmes misogynes, la femme apparaît toujours comme une prédatrice cruelle et maléfique, une fornicatrice lubrique et insatiable.

L'infériorisation des femmes devait rassurer les hommes sur leur propre identité, mais la diabolisation du féminin dans laquelle elle s'est égarée ne fera qu'amplifier la double hantise masculine : celle de la *castration* – par engloutissement dans les profondeurs infernales du vagin – et celle de l'*impuissance*, un seul homme ne suffisant jamais à combler les appétits sexuels démesurés d'une femme. Un thème que l'on retrouve d'ailleurs aussi bien dans le *Mahabharata* que dans la théologie musulmane. Partout c'est le même effroi devant la voracité de la femme, se retournant en dégoût du sexe féminin et des écoulements menstruels. La perte involontaire et incontrôlée de *sang*, qui caractérise la condition féminine, est opposée à la maîtrise mâle du *sperme* : entre la *passivité* féminine et l'*activité* masculine, la hiérarchie est naturelle et la différence indépassable. L'homme est celui qui *se gouverne* : c'est ce qui lui donne autorité sur la femme qui, elle, *se subit*.

Mais n'est-ce pas là un piège terrible ? Car faire preuve de maîtrise, c'est devoir faire sans cesse la démonstration de son infaillible ardeur sexuelle. L'énergie virile se concentrant dans l'érection, l'*impuissance* est honnie et le *fiasco* honteux. Le succès actuel des sexothérapies, du Viagra et de la chirurgie pénienne révèle que la question de l'impuissance sexuelle est toujours aussi obsessionnelle, voire davantage encore qu'autrefois. Certes, l'idéal de la virilité s'exprimait déjà, chez les Romains, par la verge fièrement dressée, l'érection étant considérée comme le signe le plus manifeste de la « vertu » morale. Mais l'inquiétude que fait naître le culte contemporain de la performance est d'autant plus grande que s'y ajoute l'injonction, nouvelle, à faire jouir sa partenaire. Ce qui complique nettement les choses… surtout à une époque de légitimation, de démocratisation et de diffusion massive d'une culture pornographique démultipliant à l'envi les images d'orgasmes féminins.

L'idéal viril ne se définit donc pas tant par l'exercice de la puissance que par la haine de l'*impuissance*. Il se pourrait même qu'au fond des conduites les plus agressivement viriles il y ait, davantage que la passion de la victoire, la hantise primordiale de la défaite – guerrière, sportive, professionnelle ou sexuelle. C'est ce qui expliquerait que la virilité, vertu vulnérable et fragile, ait toujours besoin de se « régénérer » en ressuscitant les modèles du chasseur, du chevalier et du guerrier, parfois de manière caricaturale, en confondant virilité et violence sadique, à l'instar du fascisme, qui verra dans l'hyperbole virile du « surhomme » la seule réponse possible à la « dégénérescence ».

Le mythe de la *surpuissance* mâle ressurgit dès que le modèle de virilité est menacé, qu'il emprunte le masque dur de l'« homme nouveau » des totalitarismes, ou, plus près de nous, celui, terrifiant, du djihadiste, ou encore qu'il se manifeste, plus banalement, dans des démonstrations ordinaires de puissance phallique, du coup de couteau intempestif à la queue de poisson sur l'autoroute. À l'heure où Internet amplifie la résonance des exhibitions et des parades hyperviriles, il peut être exaltant (surtout pour un jeune homme que l'échec scolaire ou le chômage ont dévalorisé à ses propres yeux) de conquérir une virilité jusque-là refusée, quitte à en perdre la vie, en kamikaze ou dans un accident de voiture. Mourir en *homme* plutôt que vivre en *dominé.*

Car c'est là aussi que se referme cruellement le piège. Le modèle normatif de la virilité n'oppose pas seulement l'homme à la femme, ni même l'homme viril à l'homme efféminé, mais aussi le maître à l'esclave, ou au « sous-homme », cette fois sous l'angle sociologique, racial ou religieux, la supériorité des uns ayant nécessairement besoin de l'infériorité des autres, qu'il soit « mécréant », juif, arabe, noir ou domestique. La comparaison hiérarchisante avec l'Autre est donc centrale dans la construction de la virilité. Être un homme, c'est *dominer.* Pas de suprématie sans un inférieur à mépriser, voire à humilier.

C'est pourquoi le modèle traditionnel de virilité – modèle d'exclusion et de ségrégation – ne peut s'épanouir qu'en entretenant le ressentiment des opprimés et la compétition féroce, voire la haine entre les hommes. La crise qu'il traverse actuellement est donc doublement *nécessaire* : elle l'est au sens fonctionnel – elle correspond à un besoin impérieux de s'affranchir de normes coercitives et discriminatoires – et elle l'est au sens philosophique : elle ne pouvait pas ne pas avoir lieu.

Première partie

AU COMMENCEMENT ÉTAIT LE FÉMININ

Quel est le « premier sexe » ?

Comme un homme sur deux, je suis une femme. Le mot « homme » possède en effet cette particularité de désigner à la fois le genre humain dans son ensemble et l'individu de sexe mâle, qui n'en constitue pourtant qu'une moitié. Chacun s'y est habitué, mais ce double sens est troublant. C'est un peu comme si le terme de « coq » était employé à la fois pour le mâle de la poule et tous les gallinacés de la basse-cour. Cailles, dindes, oies et autres pintades, toutes des coqs !

Cette ambiguïté est lourde de sens : elle relève moins de l'homonymie que de la métonymie (quand une partie se prend pour le tout). L'assimilation du masculin à la totalité du genre humain traduit le penchant de l'homme à se considérer comme le *vir*, à savoir le représentant le plus accompli de l'espèce humaine. Le terme de *vir* est dérivé du sanskrit *virâ*, signifiant le mâle, le héros. L'homme est l'étalon de l'excellence et de la perfection : à lui l'absolu, à elle le relatif. La femme est l'*autre*, une *minorité* dotée de traits spécifiques. Dans la galaxie qu'est l'humanité, l'homme est l'astre brillant et la femme la petite étoile éphémère, l'homme est au cœur, la femme à la périphérie. Il est la norme, elle est la *différence*, il est *au-dessus*, elle est *en dessous*. « Les femmes sont le *sexus sequior*, le sexe second à tous égards, fait pour se tenir à l'écart et au second plan », écrivait Schopenhauer dans son *Essai sur les femmes*[1]. Nées après l'homme, de la chair même de l'homme, dérivées de l'homme, comment ne leur seraient-elles pas inférieures ?

Voilà ce que nous avons toujours cru. Et pourtant… le sexe masculin est-il réellement le *premier sexe*, le *sexe fort* ? Et si, contre toute attente, c'était lui, finalement, le plus « *faible* », le plus fragile des deux ?

Pour envisager une hypothèse aussi renversante, il faut remonter jusqu'aux origines du vivant. On comprend alors que le masculin est ontologiquement le *deuxième sexe*, puisqu'il apparaît dans la nature bien longtemps *après* le sexe féminin. Pendant des millions d'années, les organismes n'ont nullement eu besoin de lui pour se reproduire. Dans le monde matriciel indifférencié des origines, les espèces se multipliaient par scission/réplication pure et simple, un procédé simple, très performant, permettant de coloniser rapidement l'espace, à moindre coût. La présence du masculin dans le monde est donc à la fois *seconde* et *secondaire*. Ève a beau être sortie de la côte d'Adam dans le récit biblique, le chromosome Y, lui, est bel et bien issu du chromosome X, qui était là le premier.

Lorsqu'il émerge de l'océan primitif, il y a trois cents millions d'années, le chromosome Y constitue une forme dégénérescente du chromosome X. Non

1. Arthur Schopenhauer, *Essai sur les femmes*, trad. de l'allemand par Jean Bourdeau, Paris, L'Herne, 2007.

seulement il est beaucoup plus petit, mais il est porteur de quarante fois moins de gènes que le X. Le sexe féminin est donc bien le « sexe constitutif » et le mâle le « sexe induit[1] », ce qui permet d'expliquer (en partie) la plus grande vulnérabilité de l'embryon mâle par rapport à l'embryon femelle lors de la vie intra-utérine. Selon certains chercheurs, comme le professeur de génétique humaine britannique Bryan Sykes, le chromosome Y, « loin d'être vigoureux et robuste », se décomposerait même à un rythme si alarmant qu'il serait, à terme, menacé d'extinction, un phénomène qu'il a baptisé « la malédiction d'Adam[2] ».

En suivant cette piste[3], on peut imaginer que le premier théâtre de la guerre des sexes fut le terrain génétique. Car, pour le féminin, la tentation pourrait être grande de revenir à la reproduction asexuée, qui lui ouvrait les portes de l'immortalité. La réplication (ou dédoublement) est en effet une copie à l'identique, semblable au clonage, tandis que la rencontre sexuelle avec le masculin est intimement liée à la mort, puisqu'en générant de nouvelles combinaisons,

1. Vincent Dussol, *La Domination féminine. Réflexion sur les rapports entre les sexes*, Dijon, Jean-Claude Gawsewitch, 2011.

2. « Si j'ai intitulé ce livre *La Malédiction d'Adam*, c'est parce que, loin d'être vigoureux et robuste, le chromosome Y, le seul qui différencie les hommes des femmes, l'ultime symbole génétique du sexe masculin, se décompose à un rythme si alarmant que, pour les êtres humains tout au moins, l'expérience de "modification génétique" sera bientôt terminée. Comme beaucoup d'espèces qui ont perdu leurs mâles, nous sommes bel et bien menacés d'extinction », Bryan Sykes, *La Malédiction d'Adam : un futur sans hommes ?*, trad. de l'anglais par Pierre-Emmanuel Dauzat, Paris, Albin Michel, 2004.

3. À l'instar du chirurgien et anthropologue Vincent Dussol, *La Domination féminine*, *op. cit.*

les hasards du brassage génétique font disparaître les anciennes.

Est-ce là, dans le conflit génétique entre biodiversité et entropie inauguré par la différenciation sexuelle, qu'il faut chercher les racines inconscientes du combat immémorial des sexes ? L'émergence, tardive, du sexe mâle, fait apparaître la *sexuation*, c'est-à-dire la présence de deux sexes distincts (ce que traduit le latin *sexus*, dérivant de *sectus* : section, séparation) et la *sexualité*, à savoir la rencontre de ces deux sexes. S'il est permis de se livrer à ce que le psychanalyste hongrois Sandor Ferenczi a appelé une « psychanalyse des origines de la vie sexuelle[1] », ce double événement s'est peut-être accompagné, côté féminin, d'une peur de l'autre et de la mort et, côté masculin, de l'angoisse d'un féminin considéré comme hostile, vorace et toujours tenté par le retour à l'hégémonie primordiale, tropisme qu'il nomme la « régression thalassale ».

Ce qui est extrêmement troublant, c'est qu'on retrouve des traces de cette profonde inquiétude masculine dans les religions, les croyances et les grands récits fondateurs, un peu partout à travers le monde, comme s'ils étaient porteurs d'une sorte d'« inconscient nucléaire[2] », d'une mémoire génétique venue du fond des âges. Dès les origines de la civilisation, la pensée théologique et mythique – et singulièrement les récits de la création du monde – ne cesse, en effet, d'évoquer les trois craintes archaïques du masculin : la *peur de la*

---

1. Sandor Ferenczi, *Thalassa. Psychanalyse de la vie sexuelle*, trad. du hongrois par Judith Dupont et Myriam Viliker, Paris, Payot Rivages, 2002.

2. J'emprunte cette expression à l'anthropologue et psychanalyste Georges Devereux, dans *Femme et Mythe*, Paris, Flammarion, 1983.

castration par la toute-puissance féminine, la *hantise de l'effémination* et la *terreur de l'impuissance.*

De quoi traite en effet la cosmogonie d'Hésiode, sinon de la difficulté, pour la condition humaine, de s'extraire de l'indifférencié et d'accepter la dualité sexuelle ? Les références au Chaos originel, cet « abîme aveugle, obscur, illimité », décrit par l'historien Jean-Pierre Vernant[1], rappellent étrangement la soupe primitive. Puis Gaïa, la Terre-Mère universelle, premier élément personnalisé à s'en détacher, pose l'idée d'un principe féminin démiurgique, capable d'enfanter Ouranos, le Ciel, par parthénogenèse. Le récit se poursuit par l'émasculation de celui-ci par son fils Cronos, sur ordre de Gaïa, qui introduit la parricide dans l'univers. Cette violence primordiale n'est que la première d'une interminable succession de combats titanesques des fils contre la Mère et les monstres matriarcaux. La violence d'Érèbe, de Méduse, des Amazones, Gorgones et autres Harpies, n'en finit pas de répandre la peur de l'omnipotence féminine.

Mais n'allons pas si vite, car tout commence très longtemps avant l'apparition des dieux de l'Olympe, dans le passé, reculé et encore largement méconnu, de la préhistoire. C'est de là que nous venons, même si nous répugnons un peu à nous en souvenir, tant nous rebute l'image de la brute poilue et puante – couverte de peaux de bêtes et hurlant dans les bois, la massue en l'air – à laquelle nous avons tendance à le résumer. On oublie volontiers que si l'on projette l'histoire de l'humanité sur une règle d'écolier, la portion qu'y occupe

1. Jean-Pierre Vernant, *L'Univers, les dieux, les hommes : récits grecs des origines*, Paris, Seuil, 1999.

notre ère, que l'on fait classiquement débuter à l'invention de l'écriture, vers 3500 avant J.-C., est de moins d'un millimètre à l'extrémité droite. Ce qui signifie que les 29,99 centimètres restants représentent l'immense continent de ce qu'on appelle la « préhistoire ».

Le biais souvent adopté par la tradition occidentale, consistant à situer dans l'Antiquité l'origine première de notre conception du monde, est donc extrêmement trompeur. C'est un peu comme si un astrophysicien décidait de ne s'intéresser qu'à un petit morceau du ciel, en décrétant que tout est là. Certes, l'Athènes d'Hésiode, d'Homère et de Platon est une aube, mais ce n'est pas l'aube de l'humanité, puisque l'apparition du genre *Homo* la précède de plusieurs centaines de milliers d'années. L'Antiquité n'est pas le « berceau » de l'humanité, mais déjà son âge mûr, voire très avancé. Au mieux faut-il y voir le début des temps prémodernes, ceux de la rationalité, de la démocratie, de la citoyenneté, du discours, bref du *logos*, mais un début tardif, précédé d'une très longue ère de pensée primitive.

Que s'est-il passé auparavant ? Comment les chasseurs-cueilleurs du paléolithique puis les éleveurs du néolithique se représentaient-ils le partage du monde entre le féminin et le masculin ? C'est une question immense, très intimidante, et d'autant plus problématique qu'elle divise les spécialistes. La plus grande prudence s'impose lorsqu'on cherche à interpréter les vestiges d'époques aussi lointaines, obscures, et n'ayant pas laissé de traces écrites. Mais est-ce une raison pour renoncer à tenter de comprendre l'origine archaïque de nos représentations et pratiques en matière de sexes ? Est-il seulement possible de pénétrer le mystère de l'origine de la domination masculine ?

Notre Mère qui êtes la Terre

On sait aujourd'hui que l'homme des premiers âges de l'humanité était un être doué de spiritualité et d'un sens aigu de la sacralité cosmique. La préhistoire nous a légué de nombreux témoignages de l'existence d'un « système religieux élaboré, doté d'un symbolisme et d'une mythologie », comme l'indique l'archéologue anglais James Mellaart[1] après avoir longuement fouillé le site de Çatal Hüyük en Turquie, un village néolithique extrêmement bien conservé.

Or, au sein de ce panthéon naturaliste, c'est, d'après lui, l'élément féminin qui domine. « Il ne fait aucun doute que la divinité suprême était la Grande Déesse, quel que soit son nom et quelle que soit la forme sous laquelle elle était révérée ». Selon Mellaart, les symboles figurant sur la statuaire et les ornements des bâtiments témoignent de la domination du principe féminin sur le principe masculin, lequel est évoqué par les nombreuses cornes de taureaux

1. James Mellaart, *Çatal Hüyük, une des premières cités du monde*, trad. de l'anglais par Louis Frédéric, Paris, Tallandier, 1971.

alignées verticalement sur les parois des habitations de ce village. Durant une grande partie de la préhistoire, dans toute l'Europe, ainsi qu'au Proche et au Moyen-Orient, il se pourrait donc que les hommes aient adoré la même Déesse Mère des Origines. Bien avant d'invoquer « Notre Père qui êtes aux Cieux », ils auraient glorifié « Notre Mère qui êtes la Terre ».

Qu'on la nommât, suivant les lieux, Astarté, Innin, Istar, Isis, Asherah, Hathor ou encore Nana, Nut ou Ishara, partout, la Grande Déesse, toute-puissante, immortelle et immuable était vénérée comme l'Ancêtre Divine, source de toute vie humaine, animale et végétale. Fascinée par cette figure, l'écrivaine américaine Merlin Stone a consacré une grande partie de sa vie à regrouper et analyser toutes les légendes autour de la Déesse des Origines, de Sumer à la Chine, en passant par l'Australie et l'Inde[1]. Elle la décrit comme royale et solaire, « créatrice et ordonnatrice de l'univers, prophétesse, maîtresse de la destinée humaine, inventrice, guérisseuse, chasseresse, combattante courageuse ». Bref, une déesse absolue, dotée de tous les pouvoirs et de toutes les vertus.

Animée de la même passion, l'archéologue et historienne lituano-américaine Marija Gimbutas[2] a mené pendant quinze ans des campagnes archéologiques à

1. Merlin Stone, *Quand Dieu était femme, À la découverte de la Grande Déesse, source du pouvoir des femmes*, trad. de l'anglais (États-Unis) par Catherine Germain, Catherine Éveillard, Thierry François et Nancy Karlikow, révisé par Robert Davies et Verena Ossent, Paris, Étincelles, 1978.

2. Marija Gimbutas, *Le Langage de la déesse*, trad. de l'anglais par Camille Chaplain et Valérie Morlot-Duhoux, Paris, Des femmes, 2005.

travers toute l'« Ancienne Europe » pour y déterrer des milliers d'objets – peintures murales, vases, céramiques, sculptures d'or, de cuivre, d'argile, de terre cuite et d'os. Ce matériau extraordinaire lui a permis de se livrer à une ambitieuse « archéomythologie » et à postuler l'existence d'une civilisation préindo-européenne, agraire et pacifique, qu'elle nomme « culture préhistorique de la déesse » et qui se serait étendue de l'aurignacien (soit le début du paléolithique supérieur) jusqu'à l'âge du bronze.

Intriguée par la récurrence de motifs abstraits qu'on s'était jusqu'alors interdit de décrypter, comme le V, le M et autres signes en chevrons ou en zigzags, Marija Gimbutas les interprète comme autant de symboles féminins reliés à l'eau. Elle les rapproche des innombrables représentations de ce qu'on a appelé (de façon anachronique mais poétique) les *Vénus préhistoriques*, ces statuettes retrouvées sur quantité de sites[1], dans des régions très éloignées les unes des autres. Elle en conclut qu'une seule et même déesse tutélaire avait été adorée dans toute l'Europe occidentale et l'Asie mineure pendant des dizaines de millénaires.

Un certain nombre d'archéologues[2] accusent Marija Gimbutas d'être une fabulatrice. Selon eux, rien ne permet d'affirmer que ces figurines représentent réellement

1. Ces statuettes de femmes enceintes ont été trouvées en grande quantité dans des régions aussi éloignées les unes des autres que la France, l'Allemagne, l'Autriche, l'Espagne, la Tchécoslovaquie ou la Russie, couvrant une période d'au moins dix mille ans.

2. Voir notamment Alain Testart, *La Déesse et le Grain. Trois essais sur les religions néolithiques*, Paris, Errance, 2010, et Christophe Darmangeat, *Le communisme primitif n'est plus ce qu'il était. Aux origines de l'oppression des femmes*, Toulouse, Smolny, 2012.

des divinités, ni même que tous ces motifs en chevrons soient, de manière certaine, des symboles féminins. La Grande Déesse des origines leur semble une hypothèse douteuse. Il ne m'appartient pas de trancher un débat qui oppose les experts entre eux. Mais même si la signification et la fonction des Vénus préhistoriques n'est pas totalement avérée, ce qui, en revanche, est sans équivoque, c'est le fait que des continents entiers aient glorifié la *maternité*. Ces dizaines de milliers de figurines surgies des fouilles ont en effet des hanches larges, un ventre énorme, des seins démesurés, parfois tendus en offrande, et une stéatopygie prononcée, à savoir un galbe fessier vertigineux[1], lesquels semblent exprimer une forme de vénération pour la nourricière et la génitrice, parfois même représentée en train d'enfanter. Comment interpréter ces œuvres autrement que comme l'expression d'une fascination devant la Mère ?

Se pourrait-il que tout ait commencé par la stupéfaction mâle devant le prodige de la *maternité* ? Les femmes semblent beaucoup moins résistantes physiquement, et pourtant ce sont elles, et elles seules, qui, un beau matin, on ne sait très bien ni comment ni pourquoi, vont se pendre à un arbre, écartent les cuisses et expulsent un minuscule être humain entièrement équipé pour la vie. Jamais de mémoire d'homme

1. Dont je fais au passage remarquer qu'il est redevenu, depuis une petite dizaine d'années, et grâce au buzz planétaire des belfies (*butt selfies* ou selfies de postérieurs) de Kim Kardashian et de Nicki Minaj, un atout recherché, donc un gigantesque marché, après des décennies de diktat du « petit cul ». Nous désirons aujourd'hui les grosses fesses que nous avons honnies toute notre vie et n'hésitons plus pour cela à recourir à la chirurgie « festhétique ». Émancipation ou régression ?

aucun d'entre eux n'a été capable d'un tel miracle. Un corps programmé pour en fabriquer un autre, puis encore un autre, et parfois plus d'une dizaine, est nécessairement surpuissant. Et surtout redoutablement inquiétant…

Mais que se passe-t-il donc au fond de cette grotte pour que les grands aient envie d'y pénétrer et qu'il en jaillisse des petits ? Il est probable que cette faculté surnaturelle des femmes de fabriquer du même (des filles) et du différent (des garçons), ait été perçue comme une étrangeté dangereuse, comme le pense l'anthropologue Françoise Héritier[1]. Il est aussi permis d'imaginer que cet « apanage exorbitant et non fondé », selon l'expression de la chercheuse, ait suscité, outre l'admiration et l'envie, le dégoût et l'effroi masculins.

Cette créature qui vomit pendant des mois, puis gonfle comme un ours, et enfin hurle, gémit, sue en expulsant violemment un être gluant avant de se vider de son sang, a quelque chose de monstrueux. D'ailleurs les statuettes de Déesse Mère n'ont pas de visage[2], comme le fait justement remarquer le philosophe et romancier Alain Roger[3] : ces Vénus « associent l'hyperbole vulvaire et l'abolition du visage […] la dilatation des emblèmes de la fécondité, seins, hanches, vulve » s'accompagnant en effet « d'un effacement de la face.

1. Françoise Héritier, *Hommes/femmes. La construction de la différence*, Paris, Le Pommier, 2005.

2. Sauf deux exceptions : la Dame de Brassempouy et la tête de Dolni Vestonice.

3. Alain Roger, *L'Art d'aimer ou la Fascination de la féminité*, Seyssel, Champ Vallon, 1995. « L'hyperbole vulvaire abolit le visage *Aut vulva, aut vultus.* Si le visage figure, il exclut la "nature" […] Humanité contre bestialité. »

[…] D'où l'hypothèse suivante : l'hyperbole vulvaire abolit le visage ». La femme est ainsi « condensée dans son sexe », voire « engloutie » dans sa génitalité, comme si son extraordinaire puissance gestative faisait d'elle une femelle sans tête, « une bête acéphale ». Une machine à reproduire de l'humain, mais qui, elle-même, ne serait pas humaine. Un engin surnaturel.

Cette hypothèse d'une fascination-répulsion pour le ventre maternel se précise si l'on ajoute que les hommes primitifs n'avaient pas conscience du pouvoir fécondant du sperme, autrement dit de leur propre rôle dans la reproduction de l'espèce. Pendant très longtemps, le lien entre accouplement, gestation et conception n'était pas clairement établi : on pensait que, telle la déesse qui engendre l'univers par parthénogenèse, la femelle n'avait pas besoin d'un mâle pour procréer. La grossesse était un phénomène magique, résultant d'une intervention divine ou surnaturelle.

Suivant les régions et les époques, on croyait que l'enfant avait commencé sa vie prénatale dans les éléments naturels, au cœur de la Terre-Mère – dans les eaux, les pierres, les grottes, les cristaux, les arbres, les coquillages… – avant d'être inséré directement dans le ventre maternel, comme un souffle, par les esprits cosmiques. D'ailleurs, comme l'a fait observer le préhistorien André Leroi-Gourhan[1], même si les motifs phalliques sont nombreux sur les statuettes et gravures, on ne relève aucune représentation de l'acte sexuel, ni même aucune marque d'érotisme dans tout le paléolithique.

---

1. André Leroi-Gourhan, *L'Art pariétal. Langage de la préhistoire*, Grenoble, Jérôme Million, 1992.

Cette croyance en un mode de reproduction exclusivement féminin est-elle un lointain souvenir de la réplication asexuée de l'océan primordial ? C'est en tout cas un thème récurrent dans la mythologie, lié à celui de l'androgyne primitif. L'image de la *vierge-mère autocréatrice*, dite *parthenos* (vierge) est un archétype majeur, qui sous-tend les figures d'Athéna, de la Vierge Marie ou d'Isis. Au terme de son infatigable périple pour retrouver les morceaux épars du corps démembré de son frère Osiris, la belle déesse égyptienne, les ailes immenses déployées au-dessus du Nil, n'en retrouvera jamais le pénis. C'est toute seule qu'elle concevra leur fils Horus, par la pensée. Sans fécondation mâle, comme la Vierge Marie. La femme incarne à elle seule la fertilité et la force créatrice de la nature. Quant à l'homme, sa paternité est exclusivement *symbolique*, et ritualisée à la façon d'une adoption.

Est-ce l'ignorance de la paternité biologique qui explique que ces premières sociétés aient été *matrilinéaires* ? La seule filiation avérée étant maternelle, les enfants portaient le nom du clan ou de la tribu de la mère. L'affinité naturelle de la femme avec la terre la désignait comme la propriétaire naturelle du sol et des récoltes, qui se transmettaient de mère en fille. Proche de la glèbe par sa capacité générative, son humidité, sa douceur et sa profondeur, elle veillait aux récoltes et assurait le renouvellement de la vie et des saisons, comme l'indique le nom que donneront les Grecs à la déesse de l'Agriculture, Déméter, « la Terre-Mère » ou « la Mère de la Terre ».

Plus la femme est féconde, plus la terre est prodigue : voilà ce que traduisent les nombreux rites agraires de magie érotique, comme celui consistant à verser des gouttes de lait maternel sur les champs pour les ensemencer. Si le *sol* est affaire de femme, le *nom* aussi, puisqu'il en assure la transmission.

Un « matriarcat primitif » ?

La matrilinéarité laisse donc supposer que les femmes de la préhistoire jouissaient d'un certain pouvoir. Mais faut-il aller, comme certains chercheurs l'ont fait, jusqu'à postuler l'existence d'un *matriarcat* primitif (de *mater*, la mère et *archê*, le pouvoir) ? Les femmes occupaient-elles les postes de commandement ? Y a-t-il eu un *amazonat* originel ? C'est là un vieux sujet de controverse.

On en doit la première formulation, évolutionniste, au juriste suisse Johann Jacob Bachofen[1]. Étudiant les symboles, traditions et légendes préhellénistiques, ce contemporain de Marx découvrit, en lisant Hérodote, que, chez certains peuples d'Asie Mineure, tels les Lyciens ou les Arcadiens, les enfants ne portaient pas le nom du père, comme chez les Grecs et les Romains, mais celui de la mère. « Si l'on demande à un Lycien de quelle famille il est, rapporte Hérodote, il fait la

1. *Le Droit maternel. Recherche sur la gynécocratie de l'Antiquité dans sa nature religieuse et juridique* [1861], Lausanne, L'Âge d'homme, trad. de l'allemand par Étienne Barilier, 1996.

généalogie de sa mère[1]. » De cette filiation maternelle, Bachofen inféra tout un système de « droit maternel » préhistorique, antérieur au stade patriarcal. Puis il élargit son propos en découvrant des réminiscences de cette « gynécocratie » dans les mythes australiens et les légendes indo-européennes. Partout, la mère se confond avec la matrice cosmique, elle est « le principe initial de toute civilisation, de toute vertu, de toute noblesse d'âme », la force tellurique dont tout procède et à laquelle tout ramène.

Ce postulat exerça une influence décisive sur l'anthropologue américain Lewis Henry Morgan[2], ainsi que sur des historiens et philosophes, tels que Engels[3], Bakounine, Nietzsche, Kautsky ou Bebel, avant de devenir l'argument de choc des féministes des années 1970 pour démontrer que la domination masculine n'était pas une fatalité. Mais, faute de preuves suffisantes, l'hypothèse du matriarcat primitif est aujourd'hui très largement contestée au sein de la communauté scientifique.

La plupart des anthropologues jugent qu'il est très douteux d'affirmer que les femmes aient autrefois gouverné les hommes. Que le partage des sexes ait été plus équitable, que les femmes aient joui de prérogatives importantes, voire, dans certains domaines, égales à celles de leurs congénères masculins, c'est tout à fait probable, comme cela a été observé chez les

---

1. Hérodote, *Histoires*, I, 175, Concarneau, Françoise Buisson Éditions, 2015.

2. Lewis Henry Morgan, *La Société archaïque*, trad. de l'anglais (États-Unis) par Halie Jaouiche, Paris, Anthropos, 1971.

3. Friedrich Engels, *L'Origine de la famille, de la propriété privée et de l'État*, trad. de l'allemand par Jeanne Stern, Paris, Tribord, 2012.

Khashi de l'Inde, les Minangkabau de Sumatra, les Na de Chine, les Ngada de l'île de Florès (Indonésie) ou les Iroquois – tribu matrilinéaire et matrilocale dans laquelle les femmes possèdent la terre, organisent le travail agricole et disposent d'un droit de veto sur les décisions masculines. Mais de là à en conclure qu'elles aient un jour réellement *dominé* les mâles, il s'agit sans doute d'une extrapolation abusive.

Car tout porte à croire que jamais les femmes n'exercèrent sur les hommes le même type de pouvoir que celui qu'ils leur imposeront ultérieurement par la force. À aucune époque, elles n'eurent le droit de les battre, de les enfermer, de les mutiler, de les marier de force, de les commercialiser, de les agresser sexuellement ou de les tuer, ce droit que les hommes s'arrogeront presque partout sur elles. Il n'y eut donc jamais d'équivalent inverse du patriarcat ; tout le monde s'accorde au moins sur ce point. Même dans la société iroquoise, qui fut qualifiée d'« empire des femmes[1] », celles-ci avaient beau se comporter parfois en guerrières, elles ne siégeaient pas parmi les chefs. D'ailleurs, Morgan lui-même n'était pas dupe, lui qui reconnaissait que l'influence de la femme iroquoise « ne s'étendait pas à l'extérieur, jusqu'aux affaires [...] de la tribu » et que sa relative indépendance ne lui permettait pas de s'extraire de « la vie de patient labeur et de subordination générale au mari » qu'elle « acceptait de bon gré comme étant le lot de son sexe ». Certes, elle

1. Par le missionnaire jésuite Joseph-François Lafitau, in *Mœurs des sauvages américains comparées aux mœurs des premiers temps* [1724], Paris, Maspero, 1983, 2 vol.

jouissait d'un pouvoir de rétorsion et d'obstruction, mais elle demeurait exclue du pouvoir politique effectif.

La « gynocratie » (ou « gynarchie ») n'a donc vraisemblablement jamais existé. En revanche, il y eut très probablement, au cours de la préhistoire et de la protohistoire, un stade prépatriarcal se signalant par des sociétés matrilinéaires, souvent matrilocales[1] dans lesquelles les pouvoirs des femmes étaient nettement supérieurs à ce qu'ils deviendront lors de l'avènement du patriarcat. Il faudrait parler, à leur sujet, non pas d'une *égalité des sexes*, au sens moderne que revêt cette expression, mais d'une forme de symétrie, d'équilibre ou d'équivalence, comme chez les Ngada d'Indonésie Orientale qu'a étudiés l'anthropologue allemande Susanne Schröter : chez eux, « il n'existe pas de hiérarchies de genres comparables à celles qu'on peut trouver dans les sociétés patriarcales [...] ni aucune indication d'un renversement matriarcal des genres, ni des signes d'une prédominance patriarcale des hommes. Les relations de genre sont équilibrées d'une certaine manière ou, plus exactement : le pouvoir est divisé en différents centres dont certains sont dominés par les hommes, d'autres par les femmes. Considérant l'ensemble, on a l'impression d'un réseau plutôt symétrique de relations de genre qui permet aux femmes et aux hommes de mettre sur pied leurs propres groupes de pression, de gagner en influence et de réussir[2] ».

---

1. Ou uxorilocales (l'époux venant résider dans le village de l'épouse) et avunculaires, du latin *avunculus*, sociétés dans lesquelles l'oncle maternel joue le rôle de référent masculin auprès de l'enfant.

2. Susanne Schröter, « Parenté, herméneutique et notions de genre. Les facettes du pouvoir sexué chez les Ngada d'Indonésie orientale »,

C'est également la conclusion à laquelle parvient Marija Gimbuntas, qui récuse le terme de *matriarcat primitif* (bien que ses détracteurs l'accusent de l'accréditer), pour lui préférer celui de *culture gylanique*. Dans un très lointain passé, un modèle de meilleure répartition des pouvoirs entre hommes et femmes aurait précédé la culture patriarcale, un modèle caractérisé par un partage des sexes relativement équitable, dans lequel « l'un vaut l'autre », selon la formule de la philosophe Élisabeth Badinter[1]. Ainsi, l'Égypte ancienne compta des pharaonnes (Hatchepsout et Cléopâtre) ainsi que de grandes épouses royales (Néfertiti ou Néfertari), mais également des femmes hauts fonctionnaires ou médecins, selon l'exemple donné par Pesechet, la première femme médecin de l'histoire. À l'époque, les représentantes du sexe féminin avaient en effet la liberté d'étudier, d'hériter, de léguer, de divorcer et même d'intenter un procès à leur époux[2].

Des droits dont pouvaient également se prévaloir les femmes de la civilisation celte, laquelle s'étendait, à l'âge de fer, sur la quasi-totalité de l'Europe occidentale. Comme l'a montré l'écrivain Jean Markale dans *La Femme celte*[3], tandis que les mythes célébraient

---

in Nicole-Claude Mathieu (dir.), *Une maison sans fille est une maison morte. La personne et le genre en sociétés matrilinéaires et/ou uxorilocales*, Paris, MSH, 2007.

1. Élisabeth Badinter, *XY. De l'identité masculine*, Paris, Le Livre de poche, 1994.

2. « La femme dans la société égyptienne », in « Egyptomania », une collection *Le Monde*, vol. 8.

3. Jean Markale, *La Femme celte*, Paris, Payot Rivages, 2001. Voir aussi Sabine Heinz, *Les Symboles des Celtes*, Paris, Guy Trédaniel, 1998.

une femme symbole de royauté et de spiritualité, la femme réelle pouvait devenir chef de famille, hériter et transmettre ses biens, exercer des fonctions sacerdotales et participer aux guerres ; en outre, elle n'appartenait pas à son mari, qu'elle avait la liberté de choisir, d'épouser ou non, puis de quitter, sa liberté sexuelle étant égale à celle de l'homme.

Il y eut donc un temps où le pouvoir et le savoir se partageaient harmonieusement entre l'homme et la femme. Mais que s'est-il alors passé ? Comment expliquer que les sociétés plus ou moins égalitaires de l'âge du fer aient pu basculer dans la phallocratie ? Pourquoi la femme égyptienne, celte, étrusque ou milésienne[1], qui jouissait d'une grande liberté et d'un statut valorisant, qui lui permettait de circuler librement, de posséder et d'administrer des biens, d'assister aux banquets et même d'exercer des fonctions religieuses, cédera-t-elle la place à une femme condamnée à vivre recluse et privée de la plupart de ses droits ? Pourquoi la sexualité, sacralisée à Babylone, pratiquée dans la dévotion des temples par d'ardentes prêtresses, va-t-elle bientôt perdre sa signification de voie d'accès privilégiée au divin et subir une très violente répression ?

La réponse à ces questions est liée à un processus historique majeur, dont je pense qu'il n'était pas inutile de rappeler l'apparition tardive, et progressive, dans l'histoire de l'humanité, bien qu'on ait tendance à le considérer comme originel, un processus que j'ai

1. À Milet, cité d'Ionie, dont est originaire la célèbre Aspasie, comme dans d'autres cités grecques doriennes ou béotiennes, les filles recevaient une éducation intellectuelle (parfois très poussée) et jouissaient d'une liberté de mœurs inconnue des Athéniennes.

nommé la *virilisation du monde*. Il est impossible d'en établir la datation et la chronologie exactes ; l'essentiel est de comprendre qu'après des dizaines de millénaires marqués par des rapports de sexes relativement équilibrés et l'adoration de divinités féminines ou bisexuées, le monde va peu à peu basculer dans une nouvelle ère, absolument et radicalement androcentrée, durant laquelle la femme va perdre l'essentiel de ses pouvoirs, son prestige magique et religieux, ainsi que sa dignité. À certaines époques et dans certains lieux, souvent ceux-là mêmes où elle avait été vénérée avec le plus de ferveur, elle ne sera pas seulement détrônée, mais déshumanisée.

Comment rendre compte de ce changement ? Au nom de quoi, et par quels moyens, le monde, qui glorifiait le féminin, va-t-il rejeter avec la même violence la féminité de la femme et l'effémination de l'homme ? Comment l'impérialisme masculin est-il devenu universel ? Pourquoi les hommes vont-ils accaparer tous les pouvoirs et cantonner les femmes à la vie domestique et la maternité ? Et pourquoi les femmes ont-elles accepté de se soumettre ? L'hégémonie virile s'explique-t-elle par la plus grande force musculaire des hommes ? Par le handicap féminin que représentent les grossesses répétées ? Par des différences dans l'équipement cérébral de chacun des deux sexes ? Ou plutôt par un ensemble de croyances magico-religieuses venu asseoir et légitimer des pratiques discriminatoires ? Bref, l'empire masculin s'est-il édifié en prenant appui sur la *nature* ou sur la *culture* ?

Deuxième partie

LA VIRILISATION DU MONDE

La femme, une créature plus faible ?

Lorsque l'on s'interroge sur les origines de la domination masculine – qu'il vaut mieux nommer *viriarcat* que *patriarcat*, puisque l'homme détient le pouvoir, qu'il soit père ou non –, on peut vite céder à la facilité de l'explication purement morphologique. C'est l'argument le plus évident, le plus immédiat, le plus communément partagé et pourtant le moins souvent discuté pour rendre compte de la minoration historique de la femme : celui de la force physique. À la question « Comment expliquer que les femmes aient accepté de se soumettre à la puissance virile ? », il suffirait de répliquer : « Elles n'eurent pas le choix, car les hommes étaient plus grands et plus forts. » Certes, il ne fait aucun doute que, les hommes étant plus robustes, ils ont profité de ce privilège biologique pour s'imposer. Pour autant, cette réponse n'est pas suffisante, et cela pour au moins deux raisons.

La première, c'est que ces différences anatomiques entre les deux sexes ne sont pas aussi naturelles et universelles qu'on pourrait le penser. Chez les animaux invertébrés, la femelle est généralement plus grande que le mâle, et chez certains mammifères, comme le gibbon, la baleine bleue, le lapin ou le chat, la taille est indépendante du genre. En outre, les premiers ossements humains datant du paléolithique ne présentent pas de différence significative de taille ou de diamètre entre les sexes[1].

En réalité, il est très probable que l'écart sexué de stature soit apparu ultérieurement, comme résultant d'une inégalité non pas génomique, mais nutritionnelle. Comme l'a montré l'anthropologue française Priscille Touraille dans un essai remarqué, intitulé *Hommes grands, femmes petites : une évolution coûteuse*[2], dans la plupart des civilisations, pendant des millénaires, les protéines étaient réservées aux garçons et aux hommes, tandis que les sœurs et les épouses devaient se contenter de bouillies et de restes, pauvres en nutriments. Cette malnutrition différentielle explique que femmes et fillettes aient toujours été les premières victimes des famines, d'autant que la menstruation et la grossesse ont un coût énergétique important. La plus faible constitution des femmes est donc en partie la conséquence, et non pas la cause, de leur infériorisation sociale. Ce qui signifie que la supériorité

1. Robert Briffault, *The Mothers. The Matriarchal Theory of Social Origins*, New York, Grosset & Dunlap, 1963.

2. Priscille Touraille, *Hommes grands, femmes petites : une évolution coûteuse. Les régimes de genre comme force sélective de l'adaptation biologique*, Paris, MSH, 2008. Voir aussi le documentaire Arte de Véronique Kleiner (*kleiner* signifie en allemand « plus petit(e) », ça ne s'invente pas…) *Pourquoi les femmes sont-elles plus petites que les hommes ?*, réalisé en coproduction avec Didier Deleskiewicz, en partenariat avec le conseil régional, le département de la Vienne et Picta Productions, 2012.

physique mâle n'est ni totalement naturelle, ni intangible, ni indépassable.

La deuxième raison de ne pas s'en tenir à l'explication morphologique est la suivante : quand bien même l'homme aurait joui, dès l'origine, d'un avantage musculaire, celui-ci aurait-il suffi à faire de la femme un être soumis, fidèle et aimant ? Il est permis d'en douter. Si le dominant entend rester celui qui dispose et impose (même s'il indispose), il lui faut compter sur autre chose que sa musculature, comme le rappelle très justement Rousseau dans *Du contrat social* : « Le plus fort n'est jamais assez fort pour être toujours le maître s'il ne transforme sa force en droit et l'obéissance en devoir[1]. » Pourquoi ? Parce qu'un adversaire plus faible physiquement peut toujours vous surprendre par la ruse, vous attaquer par-derrière, et surtout, vous mentir, vous trahir et vous abuser. Or, dans le cas présent, la tromperie pourrait avoir des conséquences graves : vous exposer à élever un enfant qui n'est pas le vôtre, tout en limitant vos propres chances d'insémination.

Il faut donc à l'oppression d'autres rouages que la seule force : il lui faut le secours de l'idéologie. On n'obéit jamais mieux que lorsqu'on a le sentiment d'accomplir là un devoir sacré. Le génie masculin va déployer des trésors d'inventivité pour fabriquer une cosmologie – discours sur l'ordre du monde –, une théologie, une politique, une morale et une biologie des sexes propres à faire de lui le centre du monde. Des générations de faiseurs de mythes seront ainsi

1. Jean-Jacques Rousseau, *Du contrat social*, Paris, Flammarion, GF, 2011.

nécessaires pour construire un univers dans lequel la servilité de la femme lui apparaîtra comme une mission divine, la plus sacrée d'entre toutes, puisqu'elle est transcendentalement décidée de toute éternité.

L'homme a donc assis sa domination sur une *idéologie – l'idéologie viriliste –*, elle-même fondée sur une métaphysique propre à faire de lui le roi du ciel et de son autorité le reflet de celle des dieux. C'est la force de cette conceptualisation qui lui permit de fonder, justifier et légitimer dans l'absolu la suprématie masculine. Il est le seigneur et elle la servante, car cette distribution des rôles est la base de l'ordre cosmique.

Cette mystification mit des siècles à se constituer en un ensemble doctrinal parfaitement cohérent, conjuguant le religieux, le scientifique et le politique, si bien que les femmes elles-mêmes furent convaincues de sa vérité, selon le mécanisme de servitude volontaire décrit par le psychanalyste Bruno Bettelheim dans *Le Cœur conscient* : « Plus la tyrannie est absolue, plus le sujet en est affaibli et plus il est tenté de reconquérir la force perdue en s'intégrant à la tyrannie afin de partager sa puissance […] mais au prix d'une identification sans réserve à la tyrannie. Bref, il lui faut renoncer à toute autonomie[1]. »

L'abdication de la femme ne s'explique donc pas tant par son infériorité physique que par son enfermement dans un système fabriqué par l'autre sexe pour son bénéfice exclusif, système dans lequel elle s'est trouvée piégée, faute du droit le plus élémentaire à s'en émanciper, ne serait-ce qu'en pensée : le *système viriarcal.*

1. Bruno Bettelheim, *Le Cœur conscient*, trad. de l'anglais (États-Unis) par Laure Casseau, Paris, Robert Laffont, 1975.

Le système viriarcal

Comme l'indique l'étymologie (*systêma* signifie assemblage et vient du verbe *systeô*, qui signifie attacher, entrelacer), le *système* est un dispositif complexe, dont toutes les articulations, solidaires et interdépendantes, forment un tout organisé et clos sur lui-même. Sa remise en question, ou même sa lecture critique, en sont ainsi rendues particulièrement difficiles, voire impensables.

Le *système viriarcal* prétend être, à l'instar du Système solaire, le reflet de l'ordre *naturel*, mais il est entièrement *construit.* Il se fonde sur un ensemble de postulats, de croyances et de principes, s'échafaude à coups d'élaborations conceptuelles savantes, de normes, de lois, de mythes et de symboles et se perpétue à travers les pratiques sociales, les récits, les traditions, les coutumes, les rites, les mentalités et les œuvres. Il n'a donc rien de *naturel.* Si le mot n'était pas affreux, on dirait qu'il s'agit d'un *système théologico-politico-culturel*. Un dispositif parfaitement artificiel, tout entier ordonné à une hypothèse indiscutée : la supériorité du principe masculin sur le principe féminin.

Le *système viriarcal* propose une conception totalisante du réel, ignorante, ou plutôt négatrice, de l'extraordinaire complexité humaine, à l'instar des idéologies les plus totalitaires. Comme si le réel pouvait se résumer à quelques axiomes définitifs, comme si les sexes (ou les races) étaient des essences immuables et irréductibles, comme si la hiérarchie entre homme et femme (entre homme et « soushomme ») était de l'ordre de la nécessité, comme si l'infériorité de l'homme efféminé (ou de tout être porteur d'une différence avec la norme) émanait d'un décret céleste.

L'extraordinaire puissance suggestive de l'idéologie virile tient au fait qu'elle ne structure pas seulement les rapports de domination entre les sexes, mais également la représentation globale du monde. Comme l'a montré l'anthropologue Françoise Héritier[1], toutes nos catégories de pensée sont en effet modelées sur le binôme masculin/féminin, qui est la base d'un système de classification primordial, lequel départage le monde en deux principes opposés : chaud/froid, sec/humide, dehors/ dedans, haut/bas, actif/passif, théorique/pratique, rationnel/ irrationnel… ainsi qu'une multitude d'autres dualités fondatrices.

Ce système d'oppositions hiérarchisées dessine ainsi à la fois une cosmologie – interprétation du cosmos dans son ensemble – et un ordre juridique et social, qui se renforcent l'un l'autre, en vertu d'une continuité supposée entre le naturel et le social. Les organes génitaux de la femme sont tournés vers l'intérieur, on en

1. Françoise Héritier, *Hommes/femmes. La construction de la différence*, *op. cit.*

déduit qu'elle est prédisposée à vivre confinée *à l'intérieur*, à faire des *travaux d'intérieur*, à aménager *son intérieur*. À l'inverse, la fière extériorité du sexe masculin le destine tout naturellement au *dehors*, aux *travaux d'extérieur* et à la conquête de nouveaux territoires.

Cette légitimation par la nature (ou naturaliste) des inégalités entre les sexes les renforce considérablement : si la hiérarchie entre les sexes procède d'un ordre cosmique immuable, alors il est impossible (et vain) de la remettre en question. C'est pourquoi il me paraît important de montrer que le *système viriarcal* est, au contraire, une construction historique. Or, ce que l'histoire a fait, elle peut aussi le défaire. Et c'est précisément ce qui est en train de se produire sous nos yeux.

Comment s'est constituée la « masculinité hégémonique[1] » à travers les âges ? Quel rôle ont joué les religions, les pouvoirs publics et les sciences dans la construction du *système viriarcal* ? Étant donné l'étroite imbrication de toutes ses composantes, il est un peu artificiel de les isoler pour les analyser séparément. Mais le découpage est indispensable lorsqu'on cherche à appréhender un phénomène aussi vaste que les ressorts historiques de la domination masculine.

Je propose donc de distinguer six grands axes, lesquels ont tous en commun de poser *la hiérarchie des sexes* à la fois comme postulat de départ et comme fin à poursuivre. Il s'agit des dispositifs par lesquels s'est

1. C'est à la sociologue australienne Raewyn Connell qu'on doit le concept de « masculinité hégémonique », qui désigne les pratiques genrées assurant la perpétuation de la domination masculine. Voir *Masculinities*, Berkeley, University of California Press, 2e éd. révisée, 2005.

opérée, conceptuellement et empiriquement, la minoration historique de la femme. Ils sont présentés dans un ordre que seul justifie un désir de clarté :

1) la confiscation de la parenté ; 2) l'appropriation des femmes ; 3) la diabolisation du sexe féminin ; 4) la justification de la violence par la culpabilité féminine ; 5) la légitimation de l'exclusion par l'infériorité féminine ; 6) le partage de l'espace et la division sexuelle du travail.

Ces six processus s'interpénètrent sans cesse et rétroagissent les uns sur les autres au cours de l'histoire, si bien que l'évolution de l'un a nécessairement des effets sur l'autre. Au cours des siècles, les logiques en jeu se sont ainsi renforcées mutuellement, ce qui explique leur étonnante pérennité.

Je voudrais remonter jusqu'aux sources de l'asservissement millénaire de la femme, afin de tenter de comprendre comment il est possible qu'aujourd'hui encore la Saoudienne, voilée des pieds à la tête, n'ait pas le droit d'étudier, de voyager et de travailler sans l'autorisation de son mari ou d'un homme de sa famille, ni l'Israélienne celui d'obtenir unilatéralement le divorce, que l'Indienne soit mariée de force encore fillette et que l'Égyptienne soit excisée, ou encore, même si cela peut paraître moins grave, que la Française perçoive une rémunération inférieure à celle de son collègue masculin, à compétences égales. Et pourquoi toutes, quel que soit leur âge, vivent dans la crainte permanente du viol.

La parenté confisquée : le sperme et le nom du père

Questionner les origines de la domination masculine, c'est nécessairement en revenir à l'énigme de la procréation. Car tel semble bien être l'enjeu suprême, celui qui détermine tous les autres, depuis l'aube de l'humanité. Dans la plupart des sociétés archaïques, l'engendrement répond en effet à une triple nécessité : cosmique – l'enfant renouvelle le monde –, économique – il fournit de la main-d'œuvre –, et existentielle – il offre l'accès à l'ancestralité, qui seule peut conférer un sens à la mort.

Comme nous l'avons vu, pendant des millénaires, les humains n'avaient pas clairement établi de lien entre fécondation et gestation et n'avaient pas compris le rôle inséminateur du sperme. La femme était considérée comme le pôle unique et surnaturel dont dépendait la génération.

Or, voici qu'au cours du néolithique, l'homme sédentarisé saisit tout le bénéfice qu'il peut tirer, d'une part, de l'abandon de la chasse au profit de l'élevage et, d'autre part, de la culture de la terre au détriment de la cueillette. Ces deux pratiques, nouvelles, vont avoir des incidences directes sur sa façon de concevoir la génération.

L'une des conséquences majeures de la révolution agraire fut en effet la possibilité, inédite, offerte à l'homme d'observer les animaux. Et, ce faisant, de percer le mystère des mystères : comment, à quelle période et à quelle condition les espèces se reproduisaient. Ce qui ne pouvait manquer de les instruire sur l'importance de la fécondation de la femelle par le mâle. L'élucidation des mécanismes procréatifs, sans doute progressive, et encore longtemps très approximative, fut à l'origine d'un changement complet de modèle : le passage d'une conception unisexuée de la reproduction à une conception bisexuée[1].

Désormais, la procréation n'est plus le privilège exclusif et magique de la femme, cette prérogative sacrée au nom de laquelle il avait fallu, durant des millénaires, l'adorer, la prier et lui faire des offrandes, mais une affaire de semence mâle et de labour viril du sillon matriciel. L'invention de l'araire, puis, plus tard, de la charrue[2], qui s'enfonce puissamment dans la terre, rappelle que la terre reste stérile si elle n'est pas fertilisée par la graine et dûment travaillée.

Dans le domaine religieux, les rituels hiérogamiques[3]

---

1. Comme le remarque Jean Przyluski dans *La Grande Déesse : introduction à l'étude comparative des religions*, Paris, Payot, 1950 (cité par Élisabeth Badinter dans *XY. De l'identité masculine*, *op. cit.*).

2. L'iconographie du Moyen Âge montre volontiers le « vilain » tenant virilement les mancherons de sa charrue pour agresser le corps de la Terre-Mère.

3. Du grec *hieros*, sacré, et *gamos*, mariage, rapport sexuel, les rituels hiérogamiques étaient des accouplements sacrés entre deux divinités ou entre un dieu et un humain.

et la prostitution sacrée mettent, eux aussi, en évidence le rôle important désormais attribué à la pénétration virile. L'historienne canadienne des religions Johanna Stuckey suppose ainsi qu'en Mésopotamie la cérémonie printanière du mariage sacré, au cours de laquelle un prêtre, ou le roi lui-même, incarnation terrestre du dieu Dumuzi, s'accouplait avec une ardente prêtresse personnifiant la déesse Inanna, était un rite « d'activation » destiné à fertiliser la terre[1]. C'est aussi ce que semble indiquer ce vers prêté à cette même déesse : « Laboure-moi donc la vulve, ô homme de mon cœur[2]. »

Le rôle de l'homme dans la procréation est donc maintenant reconnu. Mais il n'entend pas en rester là : s'il veut s'affirmer comme la puissance ontologiquement première, il doit signifier à la femme qu'il n'est pas seulement partie prenante de la reproduction, à égalité avec elle, mais son pôle essentiel. C'est lui l'acteur principal, là où elle n'est qu'une figurante, utile certes, mais secondaire et passive. Après des millénaires de monopole féminin de l'enfantement, les hommes cèdent au fantasme de l'autoengendrement, fantasme antimaternel s'il en est.

Le changement de paradigme est capital : la femme, à laquelle on avait jadis prêté des pouvoirs magiques et une affinité avec le divin, qu'on avait révérée comme la détentrice d'un savoir incommunicable, n'est en fait rien d'autre que le réceptacle destiné à

1. Johanna Stuckey, « "Inanna and the Huluppu Tree" : An Ancient Mesopotamian Narrative of Goddess Demotion », in *Feminist Poetics of the Sacred : Creative Suspicions*, New York, Oxford, Oxford University Press, 2001.

2. Véronique Grandpierre, *Sexe et amour de Sumer à Babylone*, Paris, Folio Histoire, 2012.

recueillir le précieux liquide séminal. Tandis que son ventre est discrédité, le sperme devient un objet de culte, au même titre que la fascinante machine dévolue à son intromission dans le ventre féminin : le phallus.

Les hommes génèrent la vie. Eux aussi ont, cachée dans leur ventre, une incroyable machine à fabriquer de l'humain. Et ils en sont fiers, comme en témoigne la majesté indestructible, « invulnérable[1] » (selon l'expression de Mircea Eliade) des menhirs orgueilleusement tendus vers le ciel. Même si la signification des monuments mégalithiques reste largement mystérieuse, certains d'entre eux laissent peu de place au doute, comme ceux de l'alignement de Filitosa (dans le sud de la Corse) ou de Prostlon (dans le Morbihan), au sommet desquels on peut clairement distinguer un repli circulaire, ressemblant à s'y méprendre à un prépuce. Jusqu'au XIXe siècle, certains menhirs, comme celui de Kerloas (en Bretagne), ont été le support de croyances et de superstitions relatives à la fécondité : la coutume invitait les femmes stériles à s'y frotter le bas-ventre dans l'espoir d'une grossesse miraculeuse. Quant aux jeunes couples, ils venaient, à la nuit tombée, se serrer contre la pierre dure pour demander aux cieux la naissance d'un garçon.

Désormais, c'est l'homme qui porte la vie, tandis que la femme, assimilée aux puissances souterraines, est naturellement corrélée à la mort. Son ventre évoque les entrailles sombres de la terre – où sont ensevelies les graines, mais aussi les défunts –, la matrice ténébreuse du tombeau, le sein cosmique effrayant dont tout

---

1. Mircea Eliade, *De l'âge de la pierre aux mystères d'Éleusis. Histoire des croyances et des idées religieuses*, t. I, Paris, Payot, 1976.

provient et qui réabsorbe ses créatures au terme de leur vie, lorsqu'elles sont ensevelies. Cette symbolique tellurique (qui deviendra, par la suite, infernale, j'y reviendrai) explique que la femme ait été si souvent chargée des soins aux mourants, dont elle ferme les yeux, des rites funéraires, du toilettage des corps, des mélopées funèbres, des pleurs rituels et autres lamentations, en vertu d'un *partage des larmes* entre hommes et femmes présent dans toute l'histoire. C'est elle qui attend les corps des soldats tués au combat aux portes de la cité, qui suit leurs obsèques en manifestant bruyamment sa douleur et qui accompagne leur mise en terre.

Tandis que la femme demeure rivée aux forces morbides, l'homme, lui, se doit de transcender la mort. C'est pourquoi il va opposer à la toute-puissance – biologique – du ventre féminin, la logique – symbolique – de la *filiation*, laquelle est instaurée par le langage. Le *nom du père* est ce signifiant qui lui permet d'inscrire sa descendance dans le temps et la généalogie, et, par là, de triompher de la finitude. Il oppose ainsi aux forces chtoniennes – féminines – la puissance rédemptrice du discours fondateur – masculin. Ainsi, dans la Rome antique, c'est en présentant l'enfant devant les dieux du Foyer, les *lares*, et en lui donnant son *nom*, que le père reconnaît son fils.

C'est à une véritable révolution idéologique que l'on assiste alors, puisqu'il s'agit d'en finir avec la *matrilinéarité* pour instaurer la *patrilinéarité*. C'est l'homme, désormais, et lui seul, qui perpétue la lignée, laquelle n'est pas seulement une affaire de nom, mais essentiellement une question de pouvoir. La filiation paternelle est la base d'un système social et politique plus large : celui du *patriarcat*, qui consacre le droit exclusif du *père*. Ce dernier n'a pas seulement autorité suprême sur ses enfants mais sur l'ensemble de la famille, du clan ou de la tribu, à commencer par la mère.

C'est ainsi que, dans la péninsule italienne, lors de la romanisation de l'Étrurie (à la fin du premier millénaire avant J.-C.), la femme étrusque, qui jouait un rôle social et familial important, va devoir abandonner tous ses droits, pour remettre son destin entre les mains de son époux. En vertu de la *patria potestas*, il a désormais droit de vie ou de mort sur elle. Elle est, selon la sévère formule romaine, dans sa main, *in manu*. La puissance du *pater familias* s'exerce de manière d'autant plus discrétionnaire que le sexe mâle s'est emparé de l'exclusivité de la parole. « Un modeste silence est l'honneur de la femme », comme l'écrit Aristote dans *Les Politiques*[1] : la femme n'ayant plus son mot à dire, elle n'a guère d'autre choix qu'acquiescer docilement à la théorisation de son infériorité.

Une fois l'homme reconnu comme géniteur, reste en effet à convaincre la femme de son rôle mineur dans la procréation. Elle doit comprendre que c'est lui, et non elle, qui détient l'essentiel du pouvoir reproducteur. Il faut donc lui démontrer, argument après argument, la supériorité masculine et l'existence d'une *hiérarchie naturelle*. Théologiens, médecins, philosophes et écrivains, tous mâles par la force des choses, vont alors construire des représentations dans lesquelles la femme sera assimilée à une matière inerte, à un simple réceptacle. Au mieux, elle s'apparente à

1. Aristote, *Les Politiques*, trad. par Pierre Pellegrin, Paris, Flammarion, G-F, 1999.

un vase, une barque ou un champ à labourer, comme dans le Coran ou l'hindouisme[1], au pire à une marmite, comme dans certaines tribus africaines.

Partout, les hommes se reconnaissent dans cette affirmation, que le poète tragique Eschyle attribue à Apollon dans *Les Euménides* : « Ce n'est pas la mère qui engendre celui qu'on nomme son enfant ; elle n'est que la nourrice du germe qu'elle a conçu. Celui qui engendre, c'est le mâle ; elle, comme une étrangère, conserve la jeune pousse[2]. » C'est seul, sans intervention féminine, que Zeus a enfanté la déesse Athéna, « fille du père très puissant », sortie casquée de son crâne. « Tout entière de son père », elle déclara elle-même, toujours dans la même œuvre : « Je n'ai pas eu de mère pour me donner la vie. »

Ce rêve d'une hérédité purement paternelle, que l'on retrouve dans de nombreuses sociétés patriarcales méditerranéennes, il revient à Aristote de l'avoir théorisé. Les descriptions détaillées du corps humain qui constituent sa « philosophie naturelle » vont faire de ce grand savant la référence majeure en matière d'anatomie et de médecine, de l'Antiquité au Moyen Âge, non seulement en Occident, mais aussi dans le monde arabo-perse. Son influence sera donc immense. Sa pensée apporte une

---

1. Lorsque l'on demanda au Sage Manou : « Qui détient la supériorité ? La terre qui reçoit la semence ou la semence qui fertilise la terre ? », il répondit : « La femme est considérée par la loi comme le champ et l'homme la semence… Si l'on compare le pouvoir procréateur mâle avec le pouvoir femelle, le mâle est déclaré supérieur car la progéniture de tous les êtres animés est distinguée par les marques du pouvoir mâle. »

2. Eschyle, *Les Euménides*, trad. par Victor-Henri Debidour, Paris, De Fallois, 1999.

caution, à la fois biologique et métaphysique, à la formule « C'est l'homme qui engendre l'homme[1] ». Il propose en effet une explication de la reproduction totalement androcentrée, amenée à devenir, pour des siècles, le socle conceptuel des théories de l'engendrement.

Dans ce schéma, la femme, prisonnière d'une nature froide et humide, ne fait que subir, dans une passivité totale, ses écoulements incontrôlés de sang et de lait, tandis que l'homme, qui possède une nature chaude et sèche, est l'« être qui engendre dans un autre », grâce au principe générateur et moteur contenu dans son sperme.

C'est donc la *hiérarchie naturelle* des fluides qui justifie la hiérarchie sociale. Car l'homme, lui, ne perd pas son sang, bien au contraire : il le *cuit* et le transforme en *sperme* au cours d'une opération appelée *coction.* Et c'est dans le liquide séminal, considéré comme l'extrait le plus pur du sang, que sont contenus de petits mâles miniatures, plus tard appelés *homoncules*, lesquels seront déposés tout faits dans le ventre maternel, qui n'est que le récipient inactif où se produit la génération[2].

Ce que veut signifier là Aristote, outre la supériorité du sperme sur le lait, c'est que le mâle transmet la *forme*, ou l'*essence*, qui est le signe de la perfection divine, tandis que la femme n'apporte que la *matière*, indéterminée et dénuée d'esprit. Tant que cette *matière* n'est pas domptée et régulée par le *pneuma* masculin, elle prolifère de façon anarchique. C'est pourquoi

1. Aristote, *De l'âme*, trad. par Pierre Thillet, Paris, Folio Essais, 2005.

2. Aristote, *Traité de la génération des animaux*, trad. par J. Barthélemy-Saint Hilaire, Paris, Libraire Hachette et Cie, 1887.

l'homme ne devra pas en rester à une seule insémination : il devra continuer à nourrir le fœtus par des rapports sexuels répétés durant la grossesse, afin de le façonner par son sperme divin.

Cette croyance se retrouve chez les Baruyas de Nouvelle-Guinée : d'après l'anthropologue Maurice Godelier, qui les a longuement étudiés, le sperme du père alimente le fœtus et permet aussi aux femmes d'avoir du lait. On encourage donc la fellation rituelle et la multiplication des rapports sexuels durant la gestation. L'idée est la même que chez Aristote : le principe mâle doit mettre fin au chaos matriciel féminin, à cette matière grouillante et dilapidatrice d'énergie, en imprimant sa marque structurante, organisatrice, stabilisatrice sur la gestation. Faute de quoi la femme risque de donner naissance à un *monstre*.

Qu'est-ce qu'un *monstre* pour Aristote ? D'abord une fillette : si la matière n'est pas suffisamment informée par le *pneuma* masculin, elle s'emballe comme une machine hors de contrôle. Le résultat, désastreux, est la naissance d'une enfant de sexe féminin : « Le tout premier écart de type génétique est la naissance d'une femelle au lieu d'un mâle[1]. » Autrement dit, la femelle est un « mâle mutilé », le signe d'un échec, d'une défaillance de la puissance générique mâle, au même titre que les enfants difformes ou les naissances gémellaires, qui sont le fait d'animaux grossiers tels que les cochons.

Aristote offre ici la première formulation d'une idée promise à un grand avenir : la femme est un être raté, un homme imparfait, une anomalie de la nature, une

1. *Ibid.*

créature incomplète. Freud sera encore pénétré de cette image près de vingt-cinq siècles plus tard : pour lui, la femme est un être auquel il « manque » quelque chose, souffrant d'une « envie de pénis », d'une jalousie à l'égard de la verge qui lui fait défaut. Naître sans phallus, c'est naître *manquante* : d'Aristote à Freud, toute l'histoire de la pensée occidentale des sexes s'est fondée sur cette idée d'incomplétude féminine et de *hiérarchie naturelle* inscrite dans la biologie.

Au XIIe siècle, après un long détour chez les savants arabes, la redécouverte d'Aristote en Europe apparaîtra comme une aubaine pour les théologiens chrétiens, en particulier le très influent Thomas d'Aquin (saint Thomas) qui put enfin donner un étayage savant, « scientifique », à ce qui n'était alors qu'une vérité révélée : l'infériorité *naturelle* de la femme et la divinité de la semence mâle, habitée par les corps célestes. Le sperme est le « récepteur du pouvoir des astres, par lesquels Dieu exerce son action sur le monde, écrit-il dans la *Somme théologique.* La chaleur naturelle reçoit un appoint de la chaleur du soleil, en sorte que le sperme renferme une triple chaleur : chaleur élémentaire de la semence, chaleur de l'âme du père et chaleur du soleil[1] ». *A contrario*, la femme, froide, humide et lunaire n'est pas honorée par la présence divine, sauf lorsqu'elle est visitée par la puissance mâle qui en est dépositaire. C'est pourquoi, d'après lui, « le père doit être aimé plus que la mère, parce

1. Danielle Jacquart et Claude Thomasset, *Sexualité et savoir médical au Moyen Âge*, Paris, PUF, 1985 ; Thomas d'Aquin, *Somme théologique*, Paris, Cerf, 2011.

qu'il est le principe géniteur actif, tandis que la mère est passive[1] ».

Cette croyance s'enracine durablement dans les esprits et se voit confirmée par la science moderne à la Renaissance. Le médecin suisse Paracelse donne ainsi la recette de la procréation sans femme et invente l'utérus artificiel : « Laissez la semence d'un homme se putréfier dans une jarre de verre. Enfouissez-la dans du fumier de cheval pendant quarante jours ou autant qu'il en faudra pour qu'elle commence à vivre, à remuer et à s'agiter… Au bout de ce temps, elle deviendra une chose qui ressemblera à un homme, quoique transparent et dépourvu de corps. Mais si elle est ensuite quotidiennement nourrie de sang masculin et conservée quarante semaines durant à une température constante identique à celle du fumier de cheval, elle deviendra alors un vrai nourrisson vivant, doté de tous les membres d'un nouveau-né engendré par une femme. »

La théorie cellulaire a beau avoir aujourd'hui démenti la conception aristotélicienne, il est intéressant de constater que cette appropriation par le père de la puissance procréatrice demeure un élément vivace de ce que Françoise Héritier appelle le « modèle archaïque dominant[2] ». Que révèle en effet le schéma de la « petite graine déposée par le papa dans le ventre de la maman », sinon la confiscation du rôle générateur de la mère ? Dans un registre nettement moins candide, les viols de guerre s'accompagnent souvent d'une véhémence nationaliste, pétrie de la même idée.

1. Thomas d'Aquin, *Somme théologique*, III, Paris, Cerf, 1984.
2. Françoise Héritier, *Hommes/femmes. La construction de la différence*, *op. cit.*

Du terrible « Tu porteras un franquiste », adressé aux républicaines espagnoles durant la guerre civile au non moins barbare « Tu porteras un djihadiste », crié par les hommes de Daech aux femmes chrétiennes, yézidies ou chiites violées par dizaines de milliers, c'est toujours la même idée qui s'exprime : celle d'un liquide spermatique seul porteur du patrimoine génétique de l'enfant à naître, et celle d'une femme vouée par nature à n'être que le lieu de passage, servile et à disposition, de la divine semence.

Toutefois, les hommes ont beau clamer qu'ils sont les plus forts, s'ils veulent des fils, ils savent bien qu'ils sont assujettis au corps des femmes : leur descendance dépend de la matrice féminine. Or, tandis que la maternité biologique est toujours certaine, la paternité, elle, est toujours douteuse. Le *complexe masculin* originel est donc un *complexe de paternité* : la femme peut éventuellement porter l'enfant d'un autre et faire ainsi échec à la généalogie.

La terreur absolue provoquée par cette perspective va exiger le recours à une surveillance étroite des femmes, assortie de la privation de toutes leurs libertés. Les voici donc interdites d'accès à l'espace public et, pour longtemps, confinées à la sphère privée.

Ici encore, le rôle d'Aristote est déterminant, puisqu'il va donner à la relégation domestique des femmes une justification rationnelle, toujours fondée sur l'idée de *nature*, dans l'*Éthique à Nicomaque*. Dans un monde où tout être et tout phénomène est ordonné en vue d'une fin supérieure, où tout est à sa juste place, les animaux domestiques et les esclaves sont, *par nature*, destinés à servir et à appartenir à un autre[1], et les hommes libres sont, *par nature*, voués à commander en vertu de leur *andreia*, substantif dérivant de *aner* (celui qui engendre), signifiant l'excellence et la perfection viriles.

Puisque la femme est *naturellement* inférieure, infertile et passive, il est *naturel* qu'elle se mette au service du citoyen, qui est le seul être capable d'user de sa raison. La position d'infrahumanité qui lui est assignée est son habitat *naturel*, les soins maternels et ancillaires sa vocation *naturelle.* Sa servilité, comme celle des esclaves, est même une nécessité, puisqu'elle permet à l'homme libre de se délester du poids des contingences matérielles pour se consacrer à la contemplation exclusive des choses de l'esprit, seule voie d'accès au bonheur.

Le concept de *nature* permet ainsi de fonder du même coup la *domination masculine* et la *séparation* entre espace *public* – masculin – et espace *privé* – féminin –, une bipolarisation de l'espace qui gouvernera les rapports de sexe pendant des siècles, en exigeant un contrôle toujours plus vigilant du corps des femmes.

---

1. Aristote, *Les Politiques*, livre I, chap. V, *op. cit.*

L’appropriation des femmes

C’est à une véritable appropriation des femmes que l’on assiste dès les premières heures du viriarcat. Si l’on veut s’attribuer le fruit de leur fécondité, il faut les confiner dans leur tâche de reproductrice et, surtout, les contrôler. Or, pour y parvenir, on n’a jamais rien inventé de plus efficace que le mariage. Ordonné par la prohibition de l’inceste, le dispositif matrimonial n’est au départ rien d’autre qu’une procédure contractuelle, un système de supervision et d’échange de la puissance gestative des femmes.

Comme l’a montré Claude Lévi-Strauss dans *Les Structures élémentaires de la parenté*[1], le mariage est d’abord destiné à servir les intérêts masculins : l’homme s’interdit la facilité qu’il y aurait à posséder sa sœur et sa fille, à condition que les hommes de l’autre clan fassent de même. En renonçant mutuellement à s’accoupler avec les femmes de leur lignée, les hommes créent ainsi un ordre social fait de réciprocité

1. Claude Lévi-Strauss, *Les Structures élémentaires de la parenté*, Berlin, Mouton de Gruyter, 2002.

et de régulation, seul capable d'assurer la cohésion sociale. Au lieu de s'entretuer, les hommes troquent leur fille et leur sœur et gagnent ainsi des gendres et des beaux-frères, qui deviendront des partenaires de chasse. L'échange des femmes et l'exogamie qui en découle transforment ainsi l'hostilité naturelle en relation d'alliance et de coopération. Offrir la parente qu'on se refuse, telle est la règle fondatrice de la culture et de la paix entre les hommes[1].

Sauf que, dans cette transaction, la femme n'a pas son mot à dire : telle une pièce de bétail, elle ne s'appartient pas. Enfant, elle est considérée comme le bien de son père, adulte, comme celui de son mari, qui la « possède », tant charnellement que juridiquement. La *désappropriation de soi* est la première des aliénations subies par les femmes, et le fondement de toutes les autres. En Europe, jusqu'au milieu du XXe siècle, il était inimaginable de convoler sans demander la main d'une jeune femme à son père, lequel pouvait refuser de « donner sa fille en mariage » s'il jugeait le prétendant indigne de ce transfert de propriété. Aujourd'hui encore, dans de nombreuses régions du monde, comme au Yémen, les fillettes sont mariées de force à peine pubères, parfois même dès l'âge de huit ans[2].

« On ne se marie pas pour soi, quoi qu'on dise ; on se marie autant ou plus pour sa postérité, pour sa

---

1. Pour plus de détails sur le tabou de l'inceste et la loi d'exogamie analysés par Claude Lévi-Strauss, voir Olivia Gazalé, *Je t'aime à la philo – Quand les philosophes parlent d'amour et de sexe*, chap. « Quelle est la part d'animalité dans la sexualité humaine ? », Paris, Robert Laffont, 2012 et Le Livre de poche, 2013.

2. Selon l'organisme international Population Council, une fillette sur sept à travers le monde est mariée avant ses quinze ans.

famille[1] », écrivait Montaigne dans ses *Essais*, et cela est encore plus vrai pour les femmes que pour les hommes. Dans cette économie du *don* et du *contre-don*, la femme est le « bien » le plus précieux, puisque c'est elle qui assure la survie du groupe : elle est la gardienne des intérêts supérieurs de la communauté.

Le mariage a donc pour vocation de socialiser la procréation en fondant les relations de parenté. Voilà pourquoi, dans le système viriarcal, la femme stérile (ou jugée telle, car c'est toujours elle qui porte la responsabilité de l'infertilité d'un couple) peut à bon droit être répudiée, de même que celle qui ne met au monde que des filles. Car il faut des fils, et des fils qui engendreront à leur tour des fils. Si le sperme est ce qui confère au principe masculin sa supériorité, si lui seul est fécondant, si lui seul contient les valeurs supérieures, si lui seul est porteur de sagesse, de vertu et de souffle divin, c'est que du sperme jaillissent des fils qui, à leur tour, en fabriqueront. Eux seuls sont dignes de transmettre le nom.

Les fils sont les dépositaires d'une chose tellement précieuse – le sperme porteur du nom – qu'il ne faut surtout pas les laisser entre les mains des mères. Ils appartiennent au père, ils en sont la propriété – morale, sociale, économique – exclusive. Pendant des siècles (et cela se passe encore ainsi dans de nombreuses régions du monde), en cas de séparation des parents, l'enfant est systématiquement confié à son géniteur, même si celui-ci est défaillant ou violent.

L'enjeu est d'une telle importance qu'il est primordial d'être absolument certain d'être le père biologique

1. Michel de Montaigne, *Essais*, Paris, Folio classique, 2009, 3 vol.

de l'enfant. Rien n'est plus terrifiant que d'élever un *bâtard*, un *rejeton*, un *corniaud*, un *dégénéré* qui viendra spolier les enfants légitimes et usurper leur nom. C'est pourquoi il est essentiel de rendre impossible l'adultère de l'épouse.

La question déborde l'individu et engage la société tout entière : la fidélité des femmes est la condition *sine qua non* de leur échange. Si l'on veut une société pacifique, faite de pères transmettant leurs valeurs aux fils, et de femmes dévolues à leur conception, alors il est nécessaire que le pacte de réciprocité conclu lors des alliances ne soit pas rompu par la suite. Je te donne ma sœur si tu me laisses ta cousine : le troc ne fonctionne que si, une fois la transaction opérée, tu ne viens pas me voler ma propriété, ou même tourner autour.

L'adultère féminin deviendra une obsession, une hantise, un fantasme terrifiant. La femme infidèle sera punie de mort par noyage en Égypte, lapidée chez les Hébreux, répudiée chez les Grecs, flagellée en terre d'Islam[1] et décapitée en Asie. L'Europe la traitera en créature du diable et lui arrachera ses enfants, la privera de dot, la condamnera à la réclusion, au couvent ou à la prison. Dans bien des cultures, l'époux trompé aura le droit de la tuer : « Le mari est juge de la femme ; son pouvoir n'a pas de limites ; il peut ce qu'il veut. Si elle a commis quelque faute, il la punit ; si elle a bu du vin, il la condamne ; si elle a eu commerce avec un

1. « Contre celles de vos femmes qui ont commis l'adultère, appelez quatre témoins d'entre vous, et si leur témoignage est unanime, gardez-les dans les maisons jusqu'à ce que la mort les enlève… », dit le Coran (sourate 4, verset 15). Même sévérité en Inde dans les Lois de Manou (Mânava-dharma-shâstra, 5, 147-149).

autre homme, il la tue », déclarait le *Code conjugal* de Caton l'Ancien[1].

Lorsque la loi s'y opposera, les tribunaux se montreront toujours cléments envers un époux qui n'a fait là qu'obtenir réparation d'un double crime : la femme a compromis la pureté de la lignée du père et l'amant a volé la propriété de l'époux, deux fautes suffisamment graves pour mériter la mort. Ainsi, en France, jusqu'en 1975, selon l'ancien Code pénal[2], le mari était jugé excusable en cas d'homicide, si la « fraude conjugale » était constatée dans le foyer. Il avait le droit de « laver l'opprobre dans le sang », à savoir de tuer l'amant pour défendre son honneur et mettre fin à cette infamante promiscuité représentée par la rencontre de son sperme avec celui de son rival, dans le ventre de l'épouse. Car, outre l'orgueil blessé et le risque d'enfants illégitimes (qui étaient partout abandonnés ou tués, terreur de la matrilinéarité oblige), l'adultère féminin était réputé représenter un danger sanitaire majeur : toutes sortes de maladies pouvaient découler du choc des spermes, telles que, selon certaines croyances archaïques, l'éléphantiasis des testicules ou encore la tuberculose… C'est pourquoi le Code Napoléon prévoyait aussi des peines de prison très dissuasives pour la femme adultère, pouvant aller de trois mois à deux ans d'incarcération.

En revanche, les conduites adultérines de l'homme seront toujours très bien acceptées par la société, car elles sont sans dommage pour sa lignée. La fréquentation de maîtresses, de concubines et des prostituées,

1. Cité par le site du Mouvement matricien, www. matricien.org.
2. Loi n° 75-617 du 11 juillet 1975.

sera même toujours valorisée[1], puisqu'elle témoigne de la puissance phallique de l'homme. Au XIXe siècle, George Sand pouvait encore déplorer que, tandis que la femme fautive est « flétrie, avilie, déshonorée aux yeux de ses enfants », « plus un homme est signalé pour avoir eu de bonnes fortunes, plus le sourire des assistants le complimente[2] ».

Si le mariage était bien un contrat, force est donc de reconnaître que seule la femme signait le pacte d'exclusivité sexuelle. L'homme, lui, demeurait libre de verser sa semence où bon lui semblait. C'est encore ainsi que cela se passe dans de vastes régions du monde, sans même parler de celles qui autorisent la polygamie tout en lapidant la femme accusée, à tort ou à raison, de poser son regard sur un autre homme. Le piège de la culpabilisation de la femme est redoutable. Les écarts de l'homme sont toujours imputables au sexe féminin : c'est la faute de l'épouse (qui ne donne pas satisfaction), de la maîtresse (qui l'a ensorcelé) ou de la prostituée (qui l'a provoqué). Lui, il ne demande qu'à rester dans le droit chemin. Tandis qu'elles, elles ont le vice dans le sang.

Il faut donc impérativement organiser leur réclusion. S'il veut avoir la certitude d'être le père de ses enfants, l'homme doit jalousement cloîtrer son épouse, au gynécée, au harem ou au foyer, au besoin en la

1. « Les courtisanes, nous les avons pour le plaisir ; les concubines, pour les soins de tous les jours ; les épouses, pour avoir une descendance légitime et une gardienne fidèle du foyer », déclarait le grand orateur attique Démosthène, in « Discours contre Nééra », *Discours judiciaires*, Paris, Garnier, 1934.

2. George Sand, *Histoire de ma vie*, t. IV, Lanham, Rowman & Littlefield, 1998.

voilant, en la forçant à porter une ceinture de chasteté, à bander sa poitrine ou, pire, ses pieds, comme en Chine, pour la contraindre à l'immobilité définitive. Ici encore, on ne peut qu'être sidéré par l'étonnante pérennité de ces coutumes cruelles. S'agissant de la tradition chinoise consistant à comprimer les pieds des fillettes dans des bandages pour les empêcher de croître, il a fallu attendre la révolution communiste pour la voir disparaître. Pendant mille ans, du dixième au XXe siècle, dans ce pays pourtant féru d'art médical et expert en circulation des énergies, près d'un milliard de petites filles ont dû se soumettre à la mutilation de leurs pieds, souvent dès l'âge de quatre ans.

Les orteils commençaient par se recroqueviller, puis se desséchaient, avant de finir par tomber. Dans une odeur de pourriture fétide, le pied se mettait alors à enfler au niveau de la cheville, devenait bot, tandis que des morceaux d'os venaient perforer la peau. Pour les plus vaillantes, qui n'avaient pas succombé à une infection mortelle ou à une paralysie, la marche devenait particulièrement difficile dès le plus jeune âge. Il fallait se tenir en équilibre sur une voûte plantaire excessivement courbée, des orteils moisis et nécrosés, dans de minuscules souliers richement brodés, leur exquis raffinement servant à dissimuler le carnage.

Même si l'on veut bien imaginer que ce fétichisme du peton minuscule relevait d'un érotisme subtil, on ne peut s'empêcher de penser que le principal enjeu de ce qu'il faut bien appeler un crime de masse était la captivité de la femme. Estropiée, quasi amputée, elle ne risquait pas de s'enfuir. Elle était emprisonnée dans ses petits chaussons, clouée au sol pour la vie. Peu importait qu'on l'ait privée de son existence : pour une

Chinoise, la vertu suprême consistait à souffrir en silence[1].

Un idéal féminin que l'on retrouve parfois dans la littérature érotique musulmane : « Elle rira peu, parlera rarement de façon inutile. Elle trouvera ses pieds lourds à traîner quand elle voudra vagabonder hors de chez elle… Se tiendra en permanence à sa demeure… elle aura la langue courte et ne parlera pas beaucoup », écrit Mohammed Al-Nafzâwî dans *La Prairie parfumée*[2], un traité d'érotologie si célèbre qu'il est considéré comme le « *Kama-Sutra* arabe[3] ». Le silence, encore et toujours, voilà ce qu'on attend d'elles, comme le leur recommande aussi Sophocle : « Femmes, le meilleur ornement de votre sexe, c'est le silence[4]. »

Mais pourquoi se méfier à ce point de la liberté de parole et de mouvement des femmes ? Que redoutent les hommes ? Et si l'une des dimensions essentielles de la séquestration historique des femmes était la peur qu'elles inspirent ? Faut-il les protéger de la convoitise des hommes ou de leur propre dangerosité ?

---

1. De ses pieds, bien sûr, mais aussi de la rivalité avec les autres concubines, de l'autorité de sa belle-mère et du poids écrasant du culte des ancêtres. Voir les romans de Pearl Buck, notamment *Vent d'est, vent d'ouest*, Paris, Le Livre de poche, 1972.

2. Mohammed Al-Nafzâwî, *La Prairie parfumée où s'ébattent les plaisirs*, trad. René Khawam, Paris, Le Livre de poche, 2011.

3. Voir aussi Malek Chebel, *Le Kama-Sutra arabe. Deux mille ans de littérature érotique en Orient*, Paris, Pauvert, 2006. On y comprend aussi que l'amour courtois européen a été très influencé par une érotique musulmane également capable de glorifier et d'idéaliser la femme. Il ne faut donc pas généraliser ces remarques à l'ensemble de la littérature érotique arabe.

4. Sophocle, *Ajax*, in *Théâtre complet*, trad. Robert Pignarre, Paris, Garnier-Flammarion, 1993.

La diabolisation du sexe féminin

De la mythologie olympienne aux religions du Livre en passant par le confucianisme ou le bouddhisme[1], c'est une clameur unanime : la femme a partie liée avec le démoniaque, elle exerce une suprématie occulte, et c'est ce qui justifie son assujettissement et sa domestication.

En Grèce, les premières expressions de la phallocratie apparaissent à l'époque dite archaïque, celle d'Homère et Hésiode, qui débute environ dix siècles avant J.-C. et précède l'époque classique, laquelle s'étend du Ve au IVe siècle[2]. Le rayonnement extraordinaire de cette période, considérée à bien des égards comme inaugurale, nous fait oublier qu'elle avait été précédée d'une très longue protohistoire, amorcée vers 3200 ans avant J.-C. Pas moins de trois civilisations – cycladique, minoenne, mycénienne – s'étaient déjà succédé avant

1. Pensons aux éveilleuses terrifiantes que sont les dâkinis aux attributs macabres – crochets, sabres, crânes.

2. De la victoire de Salamine contre les Perses (480) à la mort d'Alexandre le Grand (323), suivie de près de celle d'Aristote (322).

l'époque archaïque. Chacune d'elles avait eu son panthéon, ses croyances, ses rituels, sans qu'on y trouve jamais de discrédit explicite du féminin, bien au contraire. La femme crétoise de l'époque minoenne (du XIXe au XIVe siècle) jouissait même d'un certain prestige et de droits importants, à commencer par celui de porter un nom et de le transmettre. La matrilinéarité avait alors une telle importance que, si l'on en croit Plutarque, pour désigner le pays natal, les Crétois ne disaient pas la « patrie », mais la « matrie ».

Quelques siècles plus tard, c'en est fini : la femme grecque ne peut plus rien posséder en propre et n'a même plus de nom. Au Ve siècle, dit « siècle d'or », tandis qu'Athènes invente le *logos* et la démocratie, disserte sans fin des mérites de l'*égalité* politique et des vertus de la sagesse, la *gunè* a tout perdu. Éternelle mineure, elle grandit au gynécée et demeure toute sa vie, pour le moindre de ses actes, sous la tutelle d'un *kurios*, dont elle porte le patronyme – en tant que fille, femme ou mère d'Untel. Elle est tenue de donner des fils à la cité, mais leur garde lui est retirée très tôt. Que s'est-il passé ?

Pour le comprendre, il faut d'abord préciser que le phénomène déborde largement la Grèce. Entre le deuxième et le premier millénaire avant notre ère, en de nombreux points du globe, le regard sur la femme, de même que la place qui lui est accordée dans la mythologie et dans la société vont subir de profonds changements, à la faveur d'une révolution religieuse de grande ampleur. Les anciennes déesses sont détrônées par un dieu mâle, guerrier, tout-puissant et jaloux de sa supériorité – nommé, suivant les régions, Zeus, Jupiter, Brahmâ, Yahvé, ou Amon-Rê, – qui s'impose comme Père de l'humanité. Les divinités féminines, quand elles ne disparaissent pas totalement, se transforment en épouses soumises des dieux et perdent leurs pouvoirs suprêmes. En de nombreux lieux, leurs sanctuaires sont détruits dans la violence, en particulier ceux de la déesse de Canaan, dont Yahvé ordonne, dans le Deutéronome, que l'on renverse les autels, brise les statues, abatte les images taillées et brûle les idoles « païennes », une mission accomplie avec zèle par les Hébreux, mais également par les pères missionnaires du christianisme. Une hargne iconoclaste que l'on retrouvera plus tard dans le Coran : « Allah ne tolérera pas l'idolâtrie… ni les païens qui adorent des femelles[1]. »

Dans ces sociétés de patriarches, la puissance féminine est désormais assimilée au mal. En Grèce, les vagues successives d'envahisseurs (achéens, ioniens, doriens), porteurs d'un héritage spirituel nouveau, imposent progressivement leurs valeurs guerrières et leur modèle viriarcal en luttant ardemment contre les déesses du vieux panthéon crétois. Les dieux ouraniens (ou célestes) l'emportent désormais sur les divinités chtoniennes (ou terrestres). C'est ainsi que Zeus, le dieu du Ciel (le Dyauh des Indiens védiques), vole le feu aux déesses et devient le *theos* suprême

1. L'Inde connut aussi l'invasion par des peuplades patriarcales qui luttèrent contre la toute-puissante Déesse Mère, Mahadevi (le mot *devi* signifie lumineuse, c'est la même racine que Zeus ou *dies* en latin), mais il y eut là-bas une sorte de synthèse entre les croyances des envahisseurs aryens et les cultes locaux de la Déesse Mère, qui s'exprimera, à partir du Moyen Âge, dans le tantrisme et le shaktisme (dans lequel la Déesse suprême, Shakti Mahadevi, est considérée comme supérieure à Shiva), d'après Jacques Vigne, « La Mère divine en Inde », in *L'Inde intérieure*, Gordes, Le Relié, 2010.

d'une Olympe qu'il gouverne en despote orgueilleux et tyrannique, tandis que Poséidon, dieu chtonien, est en régression. Dans de nombreux sanctuaires (Délos, Delphes, Dodone, Claros…), un dieu oraculaire mâle, Apollon, se substitue aux anciennes déesses crétoises Déméter, Gaïa et Rhéa.

Partout, l'ordre apollinien tente de réprimer et de refouler le désordre dionysiaque des monstres matriarcaux : qu'il s'agisse du combat victorieux d'Apollon contre le dragon femelle Python, de la décapitation de la gorgone Méduse par le héros Persée ou encore de la guerre menée par Zeus contre les Titanides, divinités primordiales préolympiennes, c'est toujours la même lutte des Fils contre une Grande Déesse démoniaque qui s'exprime dans les récits mythologiques. Car, à l'image de ces terrifiantes figures maternelles, la femme fait peur, elle terrifie, même, surtout quand elle est belle…

Le versant néfaste de la féminité est sans cesse rappelé par Homère qui, dans l'*Odyssée*, évoque à de nombreuses reprises la séduction maléfique exercée sur Ulysse tantôt par les sirènes, tantôt par Circé, la prostituée sacrée qui change les compagnons du roi d'Ithaque en pourceaux, tantôt encore par Calypso, la nymphe « aux belles boucles » qui le retient sept ans sur son île. La plus funeste d'entre toutes est la somptueuse Hélène, dont la beauté a entraîné tout un peuple dans l'absurde guerre de Troie racontée dans l'*Iliade*. Le message est sans ambiguïté : la puissance érotique des femmes est le plus grand des dangers.

Mais c'est surtout à Hésiode que l'on doit la première expression de la misogynie grecque, appelée à une belle et longue postérité. Tandis qu'Homère rendait encore hommage à la fidélité de Pénélope ou se montrait touché par l'émouvante lamentation de Briséis sur le corps de Patrocle[1], l'auteur de la *Théogonie* n'aura pas de mots assez sévères à l'endroit du *génos gunaikon*, la « race des femmes », à commencer par la première d'entre elles, la maudite Pandore, née de la colère de Zeus contre le titan Prométhée, le voleur du feu dérobé aux déesses.

Pour le punir, le dieu du Ciel envoie Pandore sur terre. Parée d'une robe blanche et d'un « voile aux mille broderies, merveille pour les yeux », coiffée d'un diadème d'or, la créature « au beau corps aimable de vierge » est comblée de présents par les dieux, d'où son nom, qui signifie « tous les dons ». Puis elle est remise aux hommes, pour leur plus grand malheur, car « c'est de là qu'est sortie la race, l'engeance maudite des femmes, terrible fléau installé au milieu des hommes mortels ».

Le mythe est repris dans *Les Travaux et les Jours*, où la colère de Zeus s'exprime en ces termes : « Moi, en place du feu, je leur ferai présent d'un mal en qui tous, au fond du cœur, se complairont à entourer d'amour leur propre malheur. » Aphrodite est chargée de transmettre à Pandore le « douloureux désir », Hermès de la doter d'« un esprit impudent » et d'un « cœur artificieux ». La suite est bien connue : belle comme le jour et fatale comme la nuit, curieuse comme une fouine, la jeune femme brave l'interdit de Zeus, soulève le couvercle de la jarre qu'il lui a offerte pour ses noces et en laisse échapper les tourments, « les peines, la dure fatigue, les maladies douloureuses qui apportent le trépas aux hommes ». La guerre, la famine, le vice, la tromperie,

1. Voir Robert Flacelière, *L'Amour en Grèce*, Paris, Hachette, 1960.

la passion, ainsi que tous les autres maux s'abattent sur l'humanité, tandis que l'espérance reste emprisonnée dans la funeste boîte.

En toute femme sommeille une Omphale qui tuera ses amants, une Furie persécutrice, une Walkyrie sanguinaire, une bacchante dévoreuse de chair crue, une Harpie démoniaque, une sorcière adepte de magie noire… Les Grecs inaugurent la tradition millénaire qui associera la femme au mal, un mal d'autant plus pernicieux qu'il se tapit secrètement sous la beauté et l'artifice, un mal universel et, hélas, nécessaire, puisque sans femme, il ne saurait y avoir de fils. Inutile « comme les bourdons dans les ruches », ne songeant qu'à sa parure, la femme est un « piège profond et sans issue ». Comme le fait justement remarquer l'historienne Claude Mossé dans *La Femme dans la Grèce antique*[1], cette dernière métaphore renvoie sans équivoque à son avidité sexuelle inépuisable.

Et si le fond du problème était là, précisément ? Comment ne pas être frappé par la récurrence, dans la plupart des religions, du thème de la femme redoutable, entièrement gouvernée par sa voracité sexuelle ?

Car voici ce qui rend la femme si inquiétante : ce n'est pas seulement sa mystérieuse faculté d'enfanter, qui la relie aux forces cosmiques, à l'invisible et à la mort, ni son don pour la divination, ni sa propension au mysticisme, à l'effusion, aux cris et aux pleurs, ni même la terreur de l'enfant illégitime. C'est surtout la disposition caverneuse de ses organes génitaux, qui

1. Claude Mossé, *La Femme dans la Grèce antique*, Paris, Albin Michel, 1983.

laisse imaginer que quelque démon se cache au fond de la grotte, lequel pourrait menacer la majesté phallique.

Pourquoi la menacer ? Car qui dit femelle insatiable dit mâle en devoir permanent d'érection : la vraie panique de l'homme, c'est celle de l'*impuissance* (j'y reviendrai plus longuement dans la cinquième partie). La tentatrice lui rappelle sans cesse qu'il ne domine que tant qu'il durcit et peut assouvir l'ogresse. C'est donc lui la victime sexuelle, et elle la coupable. Ce qui lui permet de justifier, non seulement son enfermement, mais également la violence dont elle est l'objet. Si elle est battue, c'est qu'elle a fauté, si elle est violée, c'est qu'elle l'a cherché. Aussi voit-on l'imagination masculine enrichir au fil des siècles le grand récit de la culpabilité originelle de la femme initié par le mythe de Pandore, la religion venant bientôt prendre le relais de la mythologie.

On pense naturellement à Ève, la Pandore de la *Genèse*, mais avant elle, il y eut Lilith, dont l'histoire est racontée dans le *Talmud* de Babylone, le *Zohar* (livre majeur de la Kabbale) et des légendes du Moyen Âge, notamment *L'Alphabet de Ben Sira.* Ce texte médiéval anonyme nous révèle le véritable motif de la dispute qui sépara Adam de sa toute première femme, motif d'ordre purement sexuel. Considérant qu'ils étaient égaux, car tous deux sortis de la terre, elle lui dit : « Je refuse à me tenir au-dessous » et il lui répondit : « Je ne veux pas me tenir en dessous de toi, mais seulement au-dessus. Car tu es juste bonne à être dans la position la plus basse, alors qu'il me revient d'être le plus élevé[1]. »

---

1. Pascale Auraix-Jonchière, *Lilith, avatars et métamorphoses d'un mythe entre romantisme et décadence*, Clermont-Ferrand, Presses universitaires Blaise Pascal, 2011.

On l'aura compris, ce désaccord sur la position révèle un conflit plus profond, portant sur le pouvoir respectif de l'homme et de la femme, cette dernière refusant la suprématie masculine. Comme ils ne parvenaient vraiment pas à s'entendre, « Lilith s'envola dans l'étendue de l'espace ». Adam supplia alors Dieu de la lui ramener. Celui-ci envoya trois anges à sa recherche, mais, lorsqu'ils l'eurent retrouvée sur la mer Rouge, elle refusa de revenir auprès de son époux, en dépit de la menace proférée par Dieu de tuer cent de ses enfants par jour. Alors, le Seigneur, ne supportant pas ce désir de liberté, la livra à Satan, l'abandonnant ainsi à son destin de « Première démone » : fille, épouse et double du diable.

La tentatrice aux yeux noirs devint la fille des ténèbres au corps de serpent et aux longues griffes qui hantait les profondeurs aquatiques et infraterrestres du monde, la prédatrice insatiable se livrant à toutes les débauches considérées comme sataniques : la contraception, les positions interdites, la fornication avec des incubes et des succubes, les serviteurs et servantes du diable. Lilith deviendra ainsi le symbole de la dangerosité intrinsèque de la femme et des terreurs masculines qu'elle éveille.

Lecteur des chroniques médiévales, l'historien Georges Duby voit ces mêmes peurs s'y exprimer dans tous leurs excès : « Combien de princes dont les chroniques de ce temps rapportent que leur femme les empoisonna, combien d'allusions aux "intrigues féminines", aux "artifices néfastes", aux maléfices de toutes sortes fermentant dans le gynécée ? Imaginons le chevalier du XIe siècle tremblant, soupçonneux, auprès de cette Ève qui chaque soir le rejoint dans son lit, dont il n'est pas sûr d'assouvir l'insatiable convoitise, qui le trompe sûrement, et qui, peut-être cette nuit même, l'étouffera sous la couette pendant son sommeil[1]. » Il faut se méfier de toute femme. Comme Lilith, elle cache peut-être, outre une infanticide, une castratrice au « bas-ventre armé de six mâchoires de chien »…

Ce qui est si effrayant, chez la femme, c'est donc son sexe. Dans de très nombreuses cultures, on retrouve un mythe traumatisant : celui du vagin armé de dents, ou *vagina dentata.* Le sexe féminin est une grotte obscure et maléfique qui, dans le meilleur des cas, ronge le pénis et le rétrécit, et dans le pire, l'avale goulûment. La pénétration est assimilée à une dangereuse absorption du pénis dans une caverne, abritant tantôt des serpents, tantôt des têtes acérées de brochet, tantôt encore quelque monstre innommable et affamé.

Simone de Beauvoir avait repéré ce thème du pénis capturé par un ventre vénéneux et avide dans *Le Deuxième Sexe* : « La matrice, cet antre chaud, paisible et sûr, devient poulpe humeuse, plante carnivore, un abîme de ténèbres convulsives ; un serpent l'habite qui engloutit insatiablement les forces du mâle[2]. » À son tour, Élisabeth Badinter a retrouvé cette croyance dans d'innombrables légendes, en Amérique du Nord et centrale, en Sibérie, en Chine, au Japon et en Inde, où « les hommes avaient tellement peur de déflorer leur femme qu'ils l'offraient, pour la première nuit, à un autre, de peur de se faire mordre. Un sexe de

1. Georges Duby, *Le Chevalier, la femme et le prêtre*, Paris, Fayard, 2012.

2. Simone de Beauvoir, *Le Deuxième Sexe*, t. II, chap. III : « L'initiation sexuelle », Paris, Folio Essais, 1986.

femme, des crocs de bête[1] », écrit-elle dans *XY. De l'identité masculine.* Quant aux Maoris, leur peur du vagin était telle qu'ils le nommaient « la maison de la mort et du malheur ».

Le péril justifie la violence : pour venir à bout du monstre, des armes seront parfois nécessaires. L'auteur de *XY* évoque à ce sujet le mythe Tikanjal[2], pratiqué à Bastar, toujours en Inde : les hommes s'étant fait raboter le pénis, qu'ils avaient à l'origine très long, se vengèrent en cassant les dents du vagin à coups de pilon. « Gourdins, cailloux, marteaux, clous ou lances : le traitement infligé au vagin denté n'est jamais tendre. »

Celui réservé au clitoris non plus… Et cette fois, il ne s'agit plus de mythe, mais d'une réalité, massive à l'échelle de l'humanité, bien plus barbare encore que celle des pieds bandés. L'idée est simple : sans clitoris, pas de jouissance, donc moins de risque d'adultère. Alors pourquoi se priver d'une sécurité supplémentaire ? D'autant que ce petit organe passe pour être la « dernière dent » du vagin, sans doute la plus redoutable de toutes…

Contrairement à ce que prétendent certains dignitaires religieux musulmans, les diverses méthodes d'excision ne sont pas des prescriptions coraniques, puisqu'elles sont bien antérieures à la naissance de l'islam. Elles sont nées à l'âge de pierre en Afrique centrale, avant de se disséminer sur tout le continent et même jusqu'au Pakistan et en Indonésie à la suite des conquêtes arabes. Rappelons aussi que le prophète Mahomet, qui condamnait les mortifications, vantait

1. Élisabeth Badinter, *XY. De l'identité masculine, op. cit.*
2. Rapporté par Elwin Verrier, « The Vagina Dentata Legend », *British Journal of Medical Psychology*, 1943, vol. 19.

les préliminaires et jugeait importante l'harmonie sexuelle entre époux, n'a excisé ni ses femmes, ni ses filles. En outre, cette tradition se perpétue aussi dans certaines communautés chrétiennes. En Égypte, qui est l'un des pays où les mutilations sexuelles sont les plus répandues (la momie de Néfertiti prouve que même la reine y avait eu droit), les fillettes coptes sont, encore aujourd'hui, excisées dans les mêmes proportions que les petites musulmanes. Cette opération dangereuse, qu'elle prenne la forme d'une ablation du clitoris ou d'une infibulation[1], s'est pratiquée et se pratique encore à une très large échelle à travers le monde[2]. Elle n'a toujours pas disparu en France, où elle est exécutée clandestinement, dans des conditions d'hygiène désastreuses, par des communautés venues du Mali, du Sénégal, de Mauritanie, de Gambie ou de Guinée[3].

---

1. Dérivé *de fib*ule, l'agrafe. L'infibulation est la suture des grandes lèvres (parfois cousues avec des épines d'acacia), ne laissant plus qu'un minuscule orifice pour l'écoulement du sang menstruel et des urines. La vulve a disparu, seule demeure une cicatrice très dure, quelquefois coupée au poignard par l'époux lors de la nuit de noces. Parfois, le sexe est recousu après une naissance, ou lorsque le mari s'absente (on n'est jamais trop prudent…).

2. « 130 millions de femmes et fillettes sont excisées de par le monde, 9 femmes sur 10 dans les pays les plus touchés (Égypte, Érythrée, Soudan, Mali), 5 femmes sur 10 en Centrafrique et Côte d'Ivoire. […] 1 500 femmes par mois meurent des suites d'une excision dans la corne de l'Afrique », in Christine Ockrent (dir.*), Le Livre noir de la condition des fem*mes, coordonné par Sandrine Treiner, postface de Françoise Gaspard, Paris, Points, 2007.

3. Voir Linda Weil-Curiel, « L'excision en France », in *Le Livre noir de la condition des femmes*, *op. cit.* Voir aussi, du médecin humanitaire Pierre Foldès, « La chirurgie contre l'excision », in *Le Livre noir de la condition des femmes*, *op. cit.*

Rien à faire : la fillette doit y passer si elle veut un jour pouvoir se marier (avec celui que son père lui aura désigné, cela va sans dire). Les centaines de milliers d'accidents mortels, de cas d'hémorragie, de tétanos, de septicémie, de pathologie urinaire à vie, de fistules, d'accouchements abominables, sans même parler du préjudice psychologique, ne semblent pas des arguments suffisants pour abolir cette coutume.

« Pourquoi de telles pratiques demeurent-elles si solidement ancrées alors même que leur dangerosité est avérée ? Alors que la démonstration est faite, publiquement, de leur absence d'enracinement dans les deux principales religions révélées, l'islam et le christianisme, pratiquées par leurs zélateurs[1] ? » se demande Claire Brisset, qui fut, pendant douze ans, directrice de l'information de l'Unicef. Réponse : la force de la superstition. « À l'auteur de ces lignes, poursuit-elle, il fut affirmé que, faute d'être mutilées, les petites filles voyaient leur croissance interrompue, que, faute du respect de cette tradition, les sauterelles pulluleraient, la pluie cesserait de tomber, et que, bien entendu, les jeunes filles, insatisfaites de leur vie de femmes, deviendraient prostituées. Que de cataclysmes pour un si petit organe ! Que de catastrophes à portée du sexe des femmes [...] Les filles, m'a-t-on dit, il faut les calmer. »

L'idée d'une femme sexuellement insatiable, maléfique en raison d'une gloutonnerie quasi morbide, est très ancienne. Certains textes de la vaste tradition érotique musulmane, qui vise à normaliser les conduites sexuelles, sont encore très lus aujourd'hui

1. Claire Brisset, « Dès l'enfance », in *Le Livre noir de la condition des femmes*, *op. cit.*

au Proche-Orient, notamment le célèbre livre, datant du XVe siècle, intitulé *Comment le vieillard retrouvera sa jeunesse par la puissance sexuelle*[1] : « La femme n'est jamais rassasiée, ni excédée par la copulation, l'homme est au contraire très vite rassasié et excédé et son désir de copuler baisse s'il s'y adonne immodérément. Si on copule, paraît-il, nuit et jour, des années durant avec la femme, elle n'atteint jamais le point de saturation. Sa soif de copuler n'est jamais étanchée[2] », écrit son auteur, Ibn Suleyman.

Dans cette littérature, il n'y a que l'âne, l'éléphant ou l'ours, dotés, dit-on, d'un organe démesuré, qui puissent combler la faim de cette ogresse « omnisexuelle[3] », plus proche de la bête que de l'humain, de cette *femelle* qui veut jouir sans fin à l'aide du plus gros pénis possible, pénis qu'elle veut absorber, dévorer, vider, étouffer, quel que soit son propriétaire, riche, pauvre, marié, veuf ou célibataire. Elle s'en moque, elle avale tout, rien ne l'arrête, ni les barrières sociales, ni les conventions familiales, ni la mort. Elle est le désordre. Il faut donc lui retirer cet organe tyrannique pour neutraliser ses ardeurs et la protéger de sa propre avidité.

Les musulmans ne sont pas les seuls à faire de cet appendice le siège du chaos et à en préconiser l'élimination chirurgicale. La médecine européenne y eut aussi abondamment recours au XIXe siècle. En

1. Plus connu sous le nom de *Kamal Pact.*

2. Cité par Élisabeth Badinter, *XY. De l'identité masculine*, *op. cit.*, qui mentionne que des extraits de ce livre ont été traduits par Abdul Haqq Effendi sous le titre *Le Livre de la volupté, pour que le vieillard recouvre sa jeunesse*, Paris, Le Sycomore, 1979.

3. Fatna Aït Sabbah, *La Femme dans l'inconscient masculin*, Paris, Le Livre de poche Essais, 2010.

Grande-Bretagne, par exemple, entre 1865 et 1920, conformément à une recommandation de la British Medical Association, des centaines de jeunes Anglaises souffrant de catalepsie, d'hystérie ou d'épilepsie durent subir une ablation « thérapeutique » du clitoris, celui-ci étant jugé responsable de tous leurs maux. D'ailleurs, les manuels d'anatomie occidentaux furent, eux aussi, « excisés », puisque le clitoris, dont Hippocrate avait pourtant souligné les mérites et encouragé la stimulation, est très souvent absent des planches, des croquis et des cours d'éducation sexuelle.

D'où peut venir une telle peur de cet organe ? Et s'il fallait chercher du côté de la faculté, unique, du sexe féminin, et du clitoris en particulier, d'occasionner des orgasmes multiples, s'enchaînant en cascade, parfois pendant des dizaines de minutes ? Par comparaison, le pénis, qui, lui, est abondamment étudié et dessiné, fait pâle figure. Tout rigide qu'il est lorsqu'il est stimulé, il ne connaît qu'un orgasme à la fois et reprend sa taille et sa forme initiales aussitôt après l'acte. Tandis que le clitoris, qui renferme beaucoup plus de terminaisons nerveuses[1] – d'où sa plus grande sensibilité – reste congestionné et érectile un certain temps avant de retrouver très lentement son volume de départ, ce qui le rend encore réceptif à d'autres décharges orgastiques. En résumé, le pénis est un revolver, le clitoris une mitraillette. Sans doute pas facile pour l'homme

1. Le clitoris, qui renferme des milliers de terminaisons nerveuses (4 000 de chaque côté et 8 000 au sommet) sur une surface minuscule, est l'organe le plus sensible du corps féminin. Par comparaison, le pénis compte beaucoup moins de ces terminaisons (4 000 en tout) sur une surface beaucoup plus grande. Quant au vagin, il en contient très peu, ce qui rend l'accouchement possible.

de se dire que l'arme de sa partenaire est la plus puissante, d'autant que l'érection passe pour être l'indice majeur de la supériorité du mâle sur la femelle, le signe distinctif du « premier sexe ».

Il est ainsi permis de penser que le besoin d'exciser la femme procède en partie du sentiment d'*infériorité sexuelle* ressenti par l'homme. Sa peur panique de la castration, de l'impuissance et du rival serait venue se fixer obsessionnellement sur cet organe symbole de la *puissance* féminine : le clitoris.

Car la femme, elle aussi, possède une « petite entreprise[1] » qui, comme le pénis, se tend, durcit, gonfle et jouit. Certaines femmes en ont même, dit-on, *une très grosse*, voire *une énorme*, si l'on en croit ce que rapportent de nombreux livres de médecine depuis l'Antiquité, comme l'a montré l'anthropologue Xavier Yvanoff, avec beaucoup de précision, dans *Les Figures de l'androgyne*[2]. Selon le médecin Simon de Gênes, qui exerça sa science au XIVe siècle, le clitoris est « une éminence charnue dans la vulve de certaines femmes qui parfois est tellement grande qu'elle et comparable à une verge ». C'était, dit-on, le cas de la poétesse Sapho, qui passait pour en avoir un si « beau » que le poète Horace la qualifia de *mascula*, autrement dit de *femme-hommesse.* La légende voulait d'ailleurs que toutes les femmes de Lesbos fussent pourvues d'un « clitoris extrêmement long, grâce auquel elles pouvaient se donner du plaisir entre elles ». Quant au célèbre docteur Tissot, il évoque des cas de femmes

1. Allusion à la chanson d'Alain Bashung *Ma petite entreprise.*
2. Xavier Yvanoff, *Les Figures de l'androgyne. Une histoire baroque de l'ambiguïté sexuelle*, Agnières, Le Temps présent, 2013.

dotées d'un organe « d'une taille surnaturelle ». Selon Yvanoff, l'hypertrophie du clitoris serait ainsi une sorte de « verge fantasmatique » qui hanterait l'imaginaire masculin à travers toute l'histoire.

De fait, c'est un thème dont s'est volontiers emparée la littérature. Tandis que le comte de Mirabeau met en scène une femme au « clitoris considérable » dans son fameux *Erotika biblion*, Apollinaire campe une Wanda au clitoris « long comme le petit doigt » dans *Les Onze Mille Verges*[1], alors que le docteur Tissot évoque des cas de femmes dotées d'un organe d'une « taille surnaturelle ». Toutes, selon un préjugé tenace, entretenu à toutes les époques par les scientifiques, sont des débauchées se livrant à un excès de masturbation et de tribadisme.

On comprend donc mieux la nécessité de verrouiller les femmes dans des ceintures de chasteté et de leur lier les mains, voire, pour les plus récalcitrantes, de pratiquer, au bistouri ou aux ciseaux, une clitoridectomie ou une cautérisation de la vulve au fer rouge, suivant les recommandations du docteur Paul Broca. C'est une question de santé publique. Et le révélateur d'une profonde angoisse masculine : comment se peut-il que la femme, posée au départ comme « être manqué », dépourvue de sexe, se soit révélée en avoir en réalité, non pas seulement un, comme l'homme, mais deux ? Un vagin *et* un clitoris ? Nécessairement, l'un des deux ne sert à rien : il est donc le lieu du vice, autrement dit l'œuvre du diable.

1. Guillaume Apollinaire, *Œuvres érotiques complètes*, Paris, La Musardine, 2015.

La justification de la violence par la culpabilité féminine

La prudence impose d'enfermer les femmes, mais aussi de les punir, de les corriger. Et pour commencer, il faut qu'elles souffrent dans leurs entrailles, qui doivent se souvenir de leur infamie à chaque accouchement, comme cela fut promis à Ève. Car, après Pandore et Lilith, voici à nouveau la femme projetée dans un récit imaginaire qui fait d'elle l'origine de tous les désastres. Le serpent, c'est *elle* ; la tentation, c'est *elle*, la damnation, c'est *elle*.

La tradition judéo-chrétienne insistera toujours sur l'antériorité de la culpabilité d'Ève sur celle d'Adam. La Première Lettre de saint Paul apôtre à Timothée est parfaitement claire sur ce point : « Adam a été modelé le premier, et Ève ensuite. Et ce n'est pas Adam qui a été trompé par le serpent, c'est la femme qui s'est laissé tromper, et qui est tombée dans la transgression[1]. » Bien qu'elle ait été créée en second, c'est elle qui a péché la première. C'est à cause de son intempérance

1. La Bible, traduction officielle liturgique, I Tm 2, 13-14, Paris, Mame, 2014.

que le mal est entré dans le monde ; si elle n'avait pas poussé Adam à la désobéissance, il n'y aurait eu ni Chute, ni perdition, ni damnation. La vie n'aurait pas été la succession ininterrompue de tragédies qu'elle est devenue depuis l'éviction du jardin d'Éden, paradis dans lequel l'homme vivait en harmonie avec Dieu en recueillant les fruits d'une nature bienveillante. Désormais, dit la Genèse, « la terre est maudite », le sol est aride, envahi de « ronces et d'épines », le labeur est pénible et la « sueur » dégouline du front du travailleur. À cause d'Ève. Elle est donc bien, comme dit l'Ecclésiaste, le « principe du péché[1] ».

Or il ne s'agit pas de n'importe quel péché, mais du pire d'entre tous, le *péché de chair*, comme nous l'apprendra, au Ve siècle, l'évêque Augustin d'Hippone (saint Augustin), qui va doter le *péché originel* d'un contenu proprement sexuel. Selon lui, le sexe faible est ontologiquement tentateur et fornicateur. Toutes les femmes sont suspectées d'être, à l'image de leur lointaine aïeule, séductrices, rusées, insoumises et curieuses. S'installe alors une culture du soupçon, de la faute et du repentir qui enfermera durablement les femmes dans la forteresse invivable de la culpabilité. « Tu ignores qu'Ève, c'est toi ? Elle vit encore en ce monde, la sentence de Dieu contre ton sexe. Vis donc, il le faut, en accusée. C'est toi la part du diable[2] », s'indigne le théologien chrétien Tertullien dans *La Toilette des femmes*. Être une femme est en soi une indignité, comme le rappelle le Père de l'Église Clément d'Alexandrie dans *Le Pédagogue* : « La conscience de

1. L'Ecclésiaste XXV, 33.
2. Tertullien, *La Toilette des femmes*, Paris, Cerf, 1976.

sa propre nature doit à elle seule engendrer la honte chez la femme[1]. »

Cette essence coupable de la femme fera, pendant des siècles, les délices des confesseurs, dont l'office prendra une tournure nettement inquisitoriale avec l'injonction de l'aveu. Avoue ta faute, femme, et accepte ta punition. Les femmes ont un tribut à payer, et c'est Dieu qui en a décidé ainsi : « J'augmenterai la souffrance de tes grossesses, tu enfanteras avec douleur[2]. »

Certes, la femme n'avait pas attendu l'Ancien Testament pour souffrir et mourir en couches, mais à présent, la voici informée des raisons qui justifient un tel calvaire : elle expie ses fautes. D'où les nombreuses résistances des autorités religieuses aux différentes techniques d'accouchement sans douleur. La femme ne s'acquitte pas de sa dette, c'est trop facile d'accoucher sans souffrir ! Aussi le médecin personnel de la reine Victoria fut-il attaqué pour lui avoir offert un mouchoir imbibé de chloroforme afin de faciliter son huitième accouchement, contrevenant ainsi à la tradition séculaire, à laquelle aucune reine n'avait dérogé jusqu'alors, de l'accouchement naturel, c'est-à-dire affreusement douloureux.

Mais ce n'est pas tout. Il existe aussi des femmes hérétiques qui forniquent avec le diable, et qui finissent par l'avouer sous la torture. Façonné par les sermons terrifiants des clercs, l'*éros* médiéval sera hanté par la figure de la *sorcière*, cette créature obscène qui se

1. Clément d'Alexandrie, *Le Pédagogue*, trad. par Bernadette Troo, Paris, Migne, 2011.

2. Genèse 3, 16.

livre à la masturbation et à l'orgie et qu'on accuse de s'être laissé sodomiser par l'énorme sexe, couvert d'écailles, de Belzébuth. Dans le Saint Empire romain germanique, l'Inquisition livrera ainsi au bûcher, par milliers, d'innocentes femmes accusées de « fureurs utérines », de férocité sanguinaire et autres sabbats démoniaques. Comme les juifs, qui fabriquent des hosties à partir du corps des enfants qu'ils capturent, les *sorcières* souillent les rites chrétiens et, à ce titre, méritent la peine capitale. Partout les religieux traquent la créature du diable – fille-mère, guérisseuse ou sage-femme[1] – les plus zélés d'entre eux étant l'archevêque de Mayence (650 victimes entre 1601 et 1604) et celui de Cologne (2 000 victimes) qui menèrent des politiques si violemment féminicides que l'on pourrait les qualifier de *gynocides*[2]. De quoi s'agit-il ici, en effet, sinon de l'extermination arbitraire d'un sexe par l'autre ? Si les chrétiens ont, fort heureusement, cessé de persécuter les femmes avec le temps, ce n'est pas le cas de toutes les religions, comme le rappelle le percutant livre *Bas les voiles !*[3], de la romancière iranienne Chahdortt Djavann. Aujourd'hui encore, dans certains pays musulmans, comme l'Iran, « une fille, dès sa naissance, est une honte à dissimuler puisqu'elle n'est pas un enfant mâle. Elle est en soi l'insuffisance, l'impuissance, l'infériorité… […] Qui n'a pas entendu des femmes hurler

1. Elles étaient accusées de concocter des potions contraceptives et de pratiquer des avortements. À Cologne, entre 1627 et 1630, les sages-femmes furent presque toutes exécutées.

2. Expression d'Andrea Dworkin, *Woman Hating*, chap. VII, « Gynocide : the witches », New York, Dutton, 1974.

3. Chahdortt Djavan*n, Bas les voile*s !, Paris, Folio, 2006.

leur désespoir dans la salle d'accouchement où elles viennent de mettre au monde une fille au lieu du fils désiré, qui n'a pas entendu certaines d'entre elles supplier, appeler la mort sur leur fille ou sur elles-mêmes, [...] qui n'a pas entendu des mères dire "Jetez-la dans la poubelle, étouffez-la si c'est une fille !" par peur d'être tabassées et répudiées, ne peut pas comprendre l'humiliation d'être femme dans les pays musulmans ».

En ce début de troisième millénaire, le premier des droits fondamentaux, celui de vivre, n'est toujours pas garanti aux fillettes dans de très nombreuses régions du monde. En Inde, au Pakistan, au Bangladesh, ou encore en Chine, à Taïwan et en Corée du Sud, l'avortement sélectif de fœtus féminins est pratiqué de façon massive, au prix d'un détournement macabre de l'amniocentèse et de l'échographie. D'après *Le Livre noir de la condition des femmes*[1], dirigé par la journaliste Christine Ockrent, il y aurait cent millions de « femmes manquantes » en Asie[2], tuées au stade fœtal, qu'elles soient hindouistes, confucéennes ou musulmanes. Le contrôle étatique cauchemardesque des naissances, tel qu'il se pratique en Chine, est décrit par le romancier Ma Jian, exilé à Londres. Dans *La Route sombre*[3], il dénonce non seulement le massacre de dizaines de milliers de fœtus, jetés dans des puits, mais aussi la bureaucratie très lucrative générée par l'avortement

1. Christine Ockrent (dir.), *Le Livre noir de la condition des femmes*, *op. cit.*

2. Selon Claire Brisset, « Dès l'enfance » et Isabelle Athané, « Les "femmes manquantes" en Asie », in *Le Livre noir de la condition des femmes*, *op. cit.*

3. Ma Jian, *La Route sombre*, trad. du chinois par Pierre Ménard, Paris, Flammarion, 2014.

forcé, les contrevenants s'exposant à de lourdes amendes[1].

Pour la fillette qui aura eu la chance de ne pas mourir *in utero*, la partie ne sera pas facile. Quand l'option choisie pour sceller son sort n'est pas, tout simplement, celle de l'abandon dans un orphelinat-mouroir, elle devra se faire discrète au moment des rituels de deuil qui accompagnent sa naissance, échapper au poison versé dans le biberon, au grain de riz étouffeur ou au linge imbibé d'éther et grandir sans l'apport protéinique et le suivi médical réservés à ses frères, pour ne parler que des traitements différentiels portant sur le droit à la vie et à la santé, les autres discriminations pouvant presque passer, par comparaison, pour secondaires. Pourtant, le fait de ne pas avoir d'existence légale, comme c'est le cas de millions de petites Chinoises, constitue aussi, outre un immense handicap en termes d'intégration sociale, un facteur important de risque sanitaire. Car comment soigner une petite fille qui n'a pas de nom ?

Mais le pire est à venir, quand elle sera devenue adulte, car, au moindre prétexte, elle risque d'être victime d'un crime dit d'« honneur », comme cinq mille autres femmes par an dans le monde. Dans un article intitulé « Au nom de l'"honneur" : crimes dans le monde musulman[2] », la journaliste Sandrine Treiner, commentant un rapport alarmant[3], précise « qu'il n'est en aucun cas besoin qu'une femme ait commis quelque

1. Cela rapporterait à l'État chinois 4 milliards de yuans annuels.

2. In *Le Livre noir de la condition des femmes*, *op. cit.*

3. Rapport sur les exécutions extrajudicaires, sommaires ou arbitraires présenté au conseil économique et social des Nations unies en 1999.

acte jugé répréhensible pour être condamnée à mort ». Une suspicion ou une rumeur de « conduite immorale », sur simple allégation, suffit amplement, comme le fait de refuser un mariage arrangé ou de recevoir un appel téléphonique d'un homme. Dans quantité de pays du Moyen-Orient, d'Asie du Sud et d'Amérique latine, « la mort, sanction suprême, est décidée par le collectif familial ou le conseil du village en vertu du droit coutumier et ne souffre aucune objection ».

Il existe d'autres punitions que la mort, pas nécessairement plus clémentes d'ailleurs, dans certains cas peut-être même pires : il y a d'abord, bien sûr, les coups, surtout quand ils sont recommandés par les textes religieux, comme cette sourate du Coran : « Les femmes vertueuses sont obéissantes [...] Et quant à celles dont vous craignez la désobéissance, exhortez-les, éloignez-vous d'elles dans leurs lits et frappez-les » (sourate 4, 34). On peut aussi opter pour le jet d'acide sur le visage, très prisé en Inde, au Pakistan et au Bangladesh, parce qu'il promet une défiguration rapide, infamante et irréversible. Mais la sanction la plus jouissive est celle qui consiste à réprimer la femme par la souillure et l'humiliation en la prenant de force.

Le premier mérite du *viol*, du point de vue de celui qui le commet, c'est qu'il bénéficie depuis toujours d'une très grande indulgence sociale et judiciaire. Au Moyen Âge, en Europe, il est considéré comme moins grave que la sodomie entre hommes. Comme l'a montré l'historien Georges Vigarello dans l'*Histoire du viol*, il a fallu attendre le dernier tiers du XXe siècle pour que les agressions sexuelles soient criminalisées en France. Auparavant, même si le viol était réprouvé par la loi et par l'Église, il était, en pratique, rarement jugé, et faiblement condamné. Rien de très grave : les poursuites n'avaient lieu que si le propriétaire masculin du bien saccagé – père ou époux – portait plainte et jugeait que la dégradation de la femme l'avait lui-même spolié.

Le corps des femmes ne leur appartenant pas, il est à celui qui s'en empare. Au Moyen Âge, des bandes de jeunes hommes fougueux, imprégnés d'une véritable *culture du viol*[1], se livraient à des rites de virilité en prenant d'assaut châteaux et villages. Ils y commettaient des viols collectifs en série, comme autant de prouesses forçant l'admiration et nourrissant une stimulante compétition. Le risque était très faible, puisque les jeunes filles étaient soupçonnées d'être consentantes, dès lors qu'elles s'étaient montrées incapables de se défendre. Et comme elles savaient qu'elles s'exposaient au déshonneur, elles préféraient, la plupart du temps, garder le silence. Passées en quelques minutes du statut de marchandise échangeable, parfois d'une grande valeur, à celui de denrée avariée, elles risquaient d'être inépousables et de n'avoir plus d'autre issue que la prostitution. Des filles perdues.

À la brutalité subie s'ajoutaient ainsi le discrédit et la honte, d'autant que les coupables s'abritaient toujours derrière le même argument : « C'est elle qui m'a provoqué, elle n'a pas vraiment résisté. » Et comme la parole d'un homme a toujours eu beaucoup plus de poids que celle d'une femme, l'affaire était entendue et les sanctions très rares.

---

1. Georges Vigarello, *Histoire du viol, XVIe-XXe siècle*, Paris, Seuil, 1998.

Aujourd'hui, le viol est sévèrement puni ; pour autant, ce retournement de la culpabilité, qui transforme la victime en fautive, demeure une constante. D'après le psychiatre américain Benjamin Karpman, qui a abondamment enquêté sur le psychisme des détenus, les délinquants sexuels clament deux fois plus souvent leur innocence que l'ensemble de la population carcérale et accusent souvent leurs victimes d'être « des personnes agressives, répréhensibles, qui les forcent à adopter des comportements anormaux[1] ». Ce discours de mauvaise foi, qui rend les femmes responsables des violences sexuelles qu'elles ont subies, porte désormais un nom : le *victim blaming*. Un exemple célèbre en fut donné récemment par un représentant de la police de Toronto. Après le viol de deux étudiantes, il déclara : « *Women should avoid dressing like sluts* » – les femmes devraient éviter de s'habiller comme des salopes[2]. Autrement dit, elles l'ont bien cherché.

Cette stigmatisation des victimes a provoqué l'apparition d'une autre expression, à la faveur d'une réappropriation, par les féministes, du terme de *slut* : le « *slut shaming* » – humiliation de la salope –, un concept popularisé par les *slutwalks* – marches de salopes – qui se multiplient partout dans le monde

1. Benjamin Karpman, *The Sexual Offender and his Offenses. Etiology, Pathology, Psychodynamics and Treatment*, New York, Julian Press, 1954, cité par John Stoltenberg, *Refuser d'être un homme : pour en finir avec la virilité*, trad. de l'anglais par Martin Dufresne, L.-Y. Yeun et Mickaël Merlet, préface de Christine Delphy, Paris, Syllepse, 2013.

2. Marie-Anne Paveau, « Ces corps qui parlent 3. Slutwalks. Salopes et fières de le dire », 25 mars 2013, *La Pensée du discours* (carnet de recherche), http ://penseedudiscours.hypotheses.org/ ?p=11883.

depuis une quinzaine d'années, pour protester contre la culture du viol. Leur slogan : « Ne nous dites pas comment nous comporter, dites-leur de ne pas violer. »

Cessez de dire que la femme est consentante, c'est aussi l'un des messages du percutant essai *King Kong Théorie*, de la romancière et réalisatrice Virginie Despentes, qui fut elle-même sexuellement agressée avec une amie, à l'âge de dix-sept ans, par trois camionneurs qui les avaient prises en auto-stop : « C'est dans notre culture, dès la Bible et l'histoire de Joseph en Égypte, la parole de la femme qui accuse l'homme de viol est d'abord une parole qu'on met en doute[1]. » Le mot de « viol » demeure même souvent parfaitement étranger à celui qui l'a commis : « Ils ont "un peu forcé" une fille, ils ont "un peu déconné", elle était "trop bourrée" ou bien c'était une nymphomane qui faisait semblant de ne pas vouloir : mais si ça a pu se faire, c'est qu'au fond la fille était consentante. » Quoi qu'il arrive, les femmes sont « tenues pour responsables du désir qu'elles suscitent ».

Partout et toujours la même rhétorique de la culpabilité féminine, laquelle s'exprimait encore récemment en France à travers les virulentes contestations politiques ayant précédé la décision de criminaliser le viol par la loi du 23 décembre 1980. Une extrême gauche allergique à toute forme de contrôle social accusait alors la justice d'une dérive vers le tout-répressif[2].

Si les agressions sexuelles sont aujourd'hui très

1. Virginie Despentes, *King Kong Théorie*, Paris, Grasset, 2006.
2. Comme l'ont montré les historiens Jean-Yves Le Naour et Catherine Valenti dans *Et le viol devint un crime*, Paris, Vendémiaire, 2014.

sévèrement condamnées chez nous, cela ne doit pas faire oublier tous les lieux, notamment certains pays musulmans, où c'est au contraire la victime du viol, même s'il s'agit d'une fillette, qui encourt le bannissement, les coups et la lapidation. Le viol la tue, littéralement[1]. C'est la raison pour laquelle, comme au Moyen Âge, les femmes se taisent : elles ont peur d'être assassinées par leur propre famille si on apprend leur déshonneur.

Car ce qui se joue dans le viol ne concerne pas seulement celle qui est meurtrie dans sa chair, mais également l'ensemble de sa famille et de son clan. Le viol vise bien au-delà de sa proie, ce qui en fait, depuis toujours, une arme de guerre particulièrement efficace. La conquête militaire d'un village s'est toujours à peu près partout accompagnée de l'appropriation collective du corps des femmes du camp des vaincus. Il ne suffit pas de massacrer ces derniers, de les assiéger, il faut aussi profaner le ventre de leurs épouses, de leurs sœurs et de leurs filles. Le sexe des femmes a toujours été un enjeu essentiel de la relation ami/ennemi.

En vertu de la théorie aristotélicienne de l'*homoncule*, évoquée plus haut, qui veut que la semence du père soit considérée comme seule porteuse de l'identité du fils – la femme n'étant qu'un réceptacle passif – engrosser la femme de l'ennemi, c'est nourrir le fantasme d'éteindre sa descendance. Cela passe par le corps des femmes, mais cela vise la prochaine génération des hommes.

Le viol a ainsi une fonction politique : engrosser la femme de l'ennemi est la meilleure façon d'étendre

1. Mukthar Mai, *Déshonorée*, avec la collaboration de Marie-Thérèse Cuny, Paris, Oh Éditions, 2005.

son empire et d'anéantir la lignée d'en face. C'est donc un crime contre la filiation, le meurtre symbolique de la communauté, l'extension du domaine de la folie génocidaire. Quand tout commence et tout finit dans le ventre des femmes…

Ces dernières décennies ont été marquées par une multiplication des théâtres militaires saccagés par le viol de guerre systématique, notamment au Viêtnam, au Rwanda, en Bosnie, en Centrafrique et au Soudan du Sud. C'est aujourd'hui le tour de la Syrie d'être dévastée par cette « arme de destruction massive[1] ». La menace vient de tous les côtés à la fois. Contrairement à ce que le silence des victimes pourrait laisser croire, il n'y a pas que les hommes de Daech qui se livrent à la barbarie sexuelle : le régime de Damas lui-même orchestre une politique de viols de masse, dans des conditions d'une extrême cruauté[2].

Les femmes violées par dizaines de milliers sont dignes et discrètes, mais les sévices sexuels pourraient bien être l'une des causes les plus douloureuses de la phénoménale migration de ces dernières années. Une grande majorité des demandes d'asile provient en effet aujourd'hui de femmes et d'enfants. D'après le témoignage de certaines rescapées, dans les centres de détention des services secrets de Bachar el-Assad, outre le viol à répétition, les femmes sont fouettées avec des câbles d'acier, brûlées à la cigarette, tailladées au rasoir, quand on ne leur enfonce pas un bâton électrique dans le vagin ou l'anus. Elles seraient plus

---

1. Annick Cojean, « Le viol, arme de destruction massive en Syrie », *Le Monde*, 4 mars 2014.

2. *Ibid.*

de 50 000 à avoir subi ce traitement dans les geôles d'Assad depuis le début de la révolution[1]. Et quand elles en sortent, traumatisées et physiquement détruites, c'est bien souvent le crime d'honneur qui les attend, à moins qu'elles ne soient enlevées par des terroristes et vendues, nues, sur les marchés aux esclaves de Racca ou de Mossoul ou aux enchères sur Internet. Le sort réservé aux hommes n'étant guère plus enviable, on comprend que ces hordes de familles terrorisées préfèrent encore risquer de mourir en mer sur des embarcations de fortune pour aller s'entasser dans des camps de réfugiés insalubres.

On aimerait pouvoir se dire que cette brutalité ne concerne que les États criminels, et que, dans les démocraties occidentales, les militaires et autres représentants de l'ordre se comportent toujours de manière exemplaire. Mais on sait que les Casques bleus de l'Onu, par exemple, ne sont pas toujours un exemple de vertu. Un ouvrage récent vient ternir jusqu'à l'image héroïque et sanctifiée du soldat américain en révélant un aspect méconnu de la Libération. Dans un livre intitulé *What Soldiers Do. Sex and the American GI in World War II France*, l'historienne Mary Louise Robert[2], après avoir étudié les archives des rapports de police de plusieurs villes où stationnaient des GI après

1. D'après ce qu'affirme au *Monde* Abdel Karim Rihaoui, président de la Ligue syrienne des droits de l'homme, 4 mars 2014.

2. Mary Louise Robert, *What Soldiers Do. Sex and the American GI in World War II France*, Chicago, University of Chicago Press, 2013. Voir aussi l'ouvrage du criminologue américain Robert J. Lilly, *La Face cachée des G.I. Les viols commis par les soldats américains en France, en Angleterre et en Allemagne pendant la Seconde Guerre mondiale*, trad. de l'anglais par Benjamin et Julien, Paris, Payot, 2003.

le Débarquement, en a révélé la face cachée. À Reims, Cherbourg, Caen, Brest ou au Havre, les soldats américains ont commis de nombreux viols. Il faut dire que, pour les envoyer sur le terrain, le quotidien de l'armée, *Stars and Stripes*, leur avait présenté la France comme une sorte de vaste bordel à ciel ouvert en multipliant les photos de baisers fougueux de GI enlaçant de jeunes Parisiennes sur fond de tour Eiffel argentée.

Dans l'imaginaire militaire, fortement érotisé, la capitale est une belle femme, « seule depuis quatre ans », en dette vis-à-vis de son allié américain. Du coup, la prostituée paraît un peu présomptueuse de monnayer ses charmes ; *anyway*, les maisons closes affichent complet du matin au soir. C'est donc bénévolement, et pleine de gratitude, que la Française doit s'offrir, n'importe où et le plus souvent dans la rue. Il ne faut y voir qu'un juste retour des choses. Encore une fois, tout se passe comme si les hommes n'exerçaient là rien d'autre que leur droit le plus légitime à s'emparer de force du corps des femmes : elles leur sont tellement redevables.

Quant à celles qui auraient eu la très mauvaise idée de collaborer avec l'ennemi, c'est aussi dans leur corps, sur leur visage, exhibé et humilié sans la parure des cheveux, qu'elles devront le payer. Elles ne seront pas seulement, comme les traîtres masculins, jugées, condamnées et parfois exécutées, elles subiront la *tonte*, un mot qui rime avec *honte*. C'étaient des *putains*, elles avaient couché avec l'ennemi, une charge qui ne fut en revanche jamais retenue contre leurs homologues masculins. Même si l'engagement de nombre d'entre elles était purement économique ou politique – il s'agissait souvent d'un petit trafic ou d'une dénonciation sans aucun caractère sexuel – elles furent toutes, ou presque, accusées d'avoir « couché avec les Boches », parce qu'une femme, ça n'est bon qu'à ça : la « collaboration horizontale ». Tandis que les braves étaient au front, les « féroces soldats » étaient venus « jusque dans leurs » draps « égorger les fils » et « baiser » les compagnes ; il s'agissait, en cet été 1944 où les femmes venaient d'obtenir le droit de vote, de reconstruire une virilité bafouée et de rappeler, avec toute la poigne nécessaire, que le maître était de retour et que les femmes n'avaient qu'à bien se tenir. La tonte des femmes devenait ainsi le symbole de la « reconstruction nationale » et du réveil viril.

Dans un livre très documenté, intitulé *La France « virile ». Des femmes à la Libération*, l'historien Fabrice Virgili revient sur cet épisode trouble et montre que les discours vichystes de la Révolution nationale ont tenu les femmes pour responsables du développement de l'« esprit de jouissance » qui a conduit à la défaite ; en vertu d'une étonnante continuité des mentalités, elles seront donc naturellement les premières cibles de la politique d'« épuration ». « La France sera virile ou morte », pouvait-on lire dans un article intitulé « La loi virile », publié par *La Renaissance républicaine du Gard* le 30 août 1944. Et cette virilité s'exprime de manière privilégiée à travers le déchaînement misogyne.

La violence envers les femmes semble donc bel et bien être un fait structurel, une *matrice anthropologique*, selon l'expression de Françoise Héritier, un invariant, une donnée universelle. Certes, dans les démocraties occidentales, les exactions commises sur les femmes sont sévèrement punies pas la loi ; cela ne les empêche pas d'être excessivement nombreuses. Et même si les événements révoltants qui se déroulèrent à Cologne, lors de la nuit du Nouvel An 2016, peuvent laisser penser que les agressions sexuelles sont principalement le fait d'un machisme culturel proprement musulman, méfions-nous de la sélectivité de notre indignation et rappelons que chaque année la Fête de la Bière, essentiellement fréquentée par des Allemands, est marquée par ce type de comportements. Les thèses culturalistes doivent donc être avancées avec prudence, surtout lorsqu'elles sont teintées de xénophobie.

Aucun peuple, aucune religion n'a le monopole du harcèlement sexuel et de la brutalité envers les femmes. D'ailleurs, d'après certains rapports récents[1], la première cause de mortalité et d'invalidité des jeunes Européennes (de 16 à 44 ans) est la violence intrafamiliale, avant les accidents de la route et le cancer. On a beau être éduqué, on continue souvent à considérer le corps de la femme comme une propriété dont on peut librement disposer, comme au bon vieux temps où, comme le rappelle Virginia Woolf dans *Une chambre à soi*, elle était « enfermée, battue et traînée dans sa chambre[2] ».

La femme étant par nature fautive, elle mérite tous les châtiments qu'elle subit : voilà où conduit la mythologie démoniaque du péché d'Ève. Mais si la *culpabilité*

1. Ramber, 2001 ; Amnesty International, 2004 ; Onu, 2006.

2. « Vraiment, si la femme n'avait d'existence que dans les œuvres littéraires masculines, on l'imaginerait comme une créature de la plus haute importance, héroïque et médiocre, magnifique et vile, infiniment belle et hideuse à l'extrême, avec autant de grandeur qu'un homme, davantage même, de l'avis de quelques-uns. Mais il s'agit là de la femme à travers la fiction. En réalité […] la femme était enfermée, battue et traînée dans sa chambre. »

de la femme permet de justifier la violence, elle ne suffit pas à elle seule à légitimer sa soumission. Le système viriarcal va devoir forger un autre concept pour rendre impensable toute velléité d'autonomie, celui d'*infériorité*, lequel implique une triple exclusion : politique, économique et religieuse.

La légitimation de l'exclusion par l'infériorité féminine

D'où est venue aux hommes l'idée d'une femme souffrant d'une infériorité congénitale, comme habitant un inframonde ? D'où ont-ils tiré cette parenté de la femme avec l'animal, emprisonné dans l'organique, rivé à la terre, dominé par son instinct et inapte à la pensée ? La femme est *bête*, et quand, par extraordinaire, elle ne l'est pas tout à fait, ses capacités sont toujours très limitées par rapport à celles de n'importe quel homme.

Pourquoi ? Parce qu'elle souffre d'un handicap majeur, qui la cloue au sol et la condamne, par nature, à éprouver son corps comme un chaos impossible à maîtriser : elle *perd son sang*. Tandis que l'homme a autorité sur son propre corps et peut en transcender les déterminismes pour s'adonner aux activités de l'esprit – un corps tout en extériorité, tendu vers le monde, réputé plus sec, plus chaud et plus propre –, la femme est engluée dans la matérialité d'organes humides, tournés vers l'intérieur, incontrôlables, aux manifestations encombrantes, voire invalidantes. Elle ne pourra jamais, comme l'homme, dépasser l'enracinement biologique : elle est *prisonnière de son sang*. Cette aliénation est primordiale, car elle fonde une opposition symbolique entre *sang perdu* (par la femme) et *sang versé* (par l'homme), dont les effets historiques seront immenses, puisqu'elle conditionne le partage de l'espace et la division du travail.

Pour le comprendre, il faut, ici encore, revenir à ces temps très reculés où l'un et l'autre sexe n'avaient encore qu'une très vague idée – fausse de surcroît – des mystères de la procréation et pas la moindre notion d'anatomie. Imaginons un monde dans lequel n'existait aucune sorte de « garniture périodique » permettant à la femme de dissimuler son état. Quelle est la différence entre un homme et une femme, quand on n'en connaît que ce que l'on en perçoit ? Quelle est la réalité qui s'impose comme la plus évidente, hormis la différence de poids et de taille, dont on a vu plus haut qu'elle n'était pas absolument un fait de nature ? Quel est l'élément que l'on retrouve (sauf maladie) chez toutes les femmes, universellement, même celles qui sont infécondes ou viriles, et qui les distingue par essence des hommes, de tous les hommes, même de ceux qui sont impuissants ou efféminés ? La réponse se voit à l'œil nu : elles *perdent* leur sang, pas eux. C'est une « rouge différence[1] », pour reprendre le titre du beau livre de l'écrivaine Françoise-Edmonde Morin.

Comment les premiers hommes n'auraient-ils pas jugé infirme par nature cette pauvre créature qui, dès l'adolescence, se vide périodiquement de sa substance ? Mais que lui arrive-t-il ? devaient se demander les témoins de cette hémorragie, très loin d'imaginer

1. Edmonde Morin, *La Rouge Différence ou les Rythmes de la femme*, Paris, Seuil, 1982.

l'existence des ovaires. S'est-elle blessée ? Le fluide sort de sa toison comme il jaillit du flanc d'un animal qu'on vient de harponner. Tantôt d'un beau rouge vif, tantôt d'un noir douteux, il lui tord parfois les entrailles jusqu'à l'empêcher de se tenir debout, il sort alors en caillots marengo, gluants et opaques, presque bleus. Alors elle ne sait plus comment l'arrêter, elle s'essuie avec ce qu'elle trouve, des feuilles, des herbes, des peaux de bête, elle cherche de l'eau. Le pire, c'est que le sang la prend toujours par surprise : tout à coup, elle se met à saigner, elle a mal au ventre et la tête lourde. La liqueur écarlate s'invite sans prévenir, à n'importe quel moment, y compris le plus gênant ou le plus malcommode, et s'installe sans discontinuer, nuit et jour, mais sans qu'elle sache pour combien de temps. Trois jours, cinq, huit, parfois vingt jours consécutifs, tous les *dérèglements* des *règles* sont possibles, et il y a peu de chances que nos très lointaines ancêtres aient échappé à l'*irrégularité* chronique qui, bien souvent, les caractérise.

D'autant que parfois *elles* n'arrivent pas. La femme *les* attend, mais *elles* ne viennent pas. Le sang semble alors vouloir lui laisser un peu de répit, il ne dégouline plus de son sexe ; mais voici que le ventre change de volume à vue d'œil, jusqu'à ce qu'un beau jour, elle se mette à pisser des quantités ahurissantes de sang. Ces fois-là, elle est tellement épuisée qu'elle semble quitter définitivement ce monde, mais il n'y a ni enfant qui sort de sa fourrure, ni lait qui inonde ses mamelles, juste ce flux incessant de liquide rouge qui n'en finit plus de l'exténuer, qui l'anéantit. Sans comprendre ni pourquoi ni comment, elle a fait une fausse couche.

D'autres fois, ce sont des torrents d'eau qui surprennent la femme enceinte, alors elle se contorsionne de douleur pendant des heures jusqu'à ce que le sang charrie un minuscule être, noyé dans une abondance de glaires. Pour certaines d'entre elles, cet épanchement n'a pas de fin et les emporte dans la mort, pour d'autres, c'est leur enfant qui n'a pas résisté à la violence de l'expulsion. Dans tous les cas, la femme ne contrôle rien, elle se contente de souffrir et de subir ce désordre, ce volcan permanent qu'est la vie de ses entrailles. À peine se remet-elle de cette commotion qui lui a déchiré les tripes (où est la « délivrance » ?), puis des marées rouges de lochies et autres débris de muqueuses qui la suivent pendant des semaines, et voilà parfois que son abdomen se remet à grossir, qu'elle vomit tout ce qu'elle mange et que tout recommence.

Qu'elle le veuille ou non, elle *est* son corps, elle est rivée à ses cycles, tantôt réguliers, tantôt mystérieusement irréguliers, à ses contraintes, à sa dimension d'impondérable, d'intempestif, à ses douleurs... à ses odeurs : celle du sang au contact de l'oxygène, le parfum de la pourriture et de la mort. Elle est de toute évidence plus proche de l'animal que le mâle, qui, lui, *a* son corps. Il ne change pas constamment de morphologie, ses organes fonctionnent de manière régulière et continue, il reste identique à lui-même, il ne perd son sang que s'il est blessé, il ne hurle pas de douleur, ne sécrète pas d'humeurs nauséabondes, ne vomit pas pendant des mois, n'a pas de bouffées de chaleur et de vertiges lorsqu'il vieillit et ses capacités procréatrices ne connaissent aucune limite temporelle.

C'est une évidence, l'homme se gouverne lui-même, c'est pourquoi il est *naturellement* destiné à gouverner le monde ; tandis que la femme, qui se subit elle-même, dont le corps est un fardeau, est *naturellement* destinée à subir, c'est-à-dire à obéir et à servir. Comment pourrait-elle prétendre à l'autodétermination, alors qu'elle est prisonnière de sa servitude menstruelle ? Et comment oserait-elle, en rêve, s'imaginer l'égale de l'homme, alors que tout, dans sa constitution physique instable, rappelle son infériorité, sa finitude et son aliénation à l'organique ? Elle est une « éternelle blessée », comme le dira l'historien Jules Michelet beaucoup plus tard : « C'est une personne malade, ou, pour parler plus exactement encore, une personne *blessée* chaque mois, qui souffre presque constamment et de la blessure et de la cicatrisation[1]. » Une infirmité chronique : voilà ce que les hommes ont longtemps pensé de la menstruation.

Le sang joue ainsi un rôle fondamental dans ce que Françoise Héritier a nommé la « valence différentielle des sexes », autrement dit la hiérarchie des sexes. Par opposition à cette anarchie des organes, censée caractériser la femme, l'homme cherchera toujours à s'autodéfinir par la maîtrise, l'ordre, la loi, la rationalité, la solidité et la puissance, bref la supériorité (j'aurai l'occasion d'y revenir plus longuement, quand je m'intéresserai à la place centrale qu'occupe le contrôle de l'érection et de l'éjaculation dans la construction du mythe viril). Le rapport que chacun des sexes entretient avec ses propres liquides corporels est un élément majeur de l'essentialisation des sexes. L'homme, qui gouverne ses émissions séminales et

1. Jules Michelet, *L'Amour*, 5e éd., Paris, Hachette, 1861, chap. II, « La femme est une malade » : « Quinze ou vingt jours sur vingt-huit (on peut presque dire toujours) la femme n'est pas seulement une malade, mais une blessée. Elle subit incessamment *l'éternelle blessure* d'amour. »

conserve son sang, s'oppose à la femme, incapable de dompter ses fluides, comme le chaud au froid, l'actif au passif, le fort au faible, le haut au bas, le plein au vide, la raison à la déraison, l'ordre au désordre, le transcendant à l'immanent… le premier terme du couple d'antonymes étant toujours le plus valorisé des deux. Aussi est-ce l'*ordre naturel* qui a décrété la subordination ontologique de la femme à l'homme. Tandis que l'homme est ce pur esprit capable de dépasser les déterminismes organiques, la femme est un corps blessé qui s'enfonce cycliquement dans l'animalité, se rapprochant ainsi de la décomposition organique et de la mort. Tel est le credo qui va dominer les rapports de sexe pendant des millénaires, celui de la femme *inférieure* parce que *impure*, dépendante et aliénée à son propre corps.

L'anthropologue Maurice Godelier explique très bien quelle pourrait être l'origine archaïque de cette croyance en un sang malpropre, hélas encore très profondément enracinée dans les consciences. Il observe que les Baruya de Nouvelle-Guinée ont, à l'égard de la menstruation, « une attitude presque hystérique, forte d'un mélange de dégoût, de répulsion et surtout de peur. Le sang menstruel est pour eux une chose sale, qu'ils mettent du côté des autres substances polluantes et répugnantes que sont l'urine et les matières fécales […] et qui détruirait la force des hommes s'il entrait en contact avec leur corps ». Pourquoi les règles sont-elles aussi néfastes ? Parce que la femme, dont « la fente ne peut jamais retenir totalement les liquides qu'elle sécrète intérieurement, ou le sperme que l'homme y dépose[1] »,

1. Maurice Godelier, *La Production des grands hommes, Pouvoir et domination chez les Baruya de Nouvelle-Guinée*, Paris, Flammarion, 2009.

laisse échapper des gouttes qui, tombées à terre, viennent nourrir serpents, asticots et autres vermines, qui draineront ces sécrétions vers « les gouffres abyssaux où vivent les puissances chtoniennes maléfiques [...] lesquelles utiliseront ces substances pour envoyer des maladies ou la mort aux humains, aux plantes cultivées, aux cochons qu'on élève ».

Le sang féminin n'est donc pas seulement invalidant, il est morbide : il signale l'échec de la fécondation, tout en étant lié à la pourriture. C'est pourquoi la femme indisposée devra rester confinée dans une « hutte menstruelle », en contrebas du village, avec interdiction de nourrir sa famille et de se laisser approcher. Ces croyances primitives, souvent assorties de superstitions, étaient certainement très répandues à l'ère protohistorique, puisque toutes les grandes religions[1] qui verront progressivement le jour au cours de l'histoire vont les conserver, en les réinterprétant, chacune à des degrés divers. L'expression des tabous est variable, la discrimination est plus ou moins sévère, mais le fond est toujours identique : pour les hommes de foi, la femme qui saigne est *impure*. Le mot même de « tabou » viendrait du terme polynésien *tabu* qui signifie menstrues[2].

C'est le judaïsme orthodoxe qui est le plus strict en matière de menstruations. La femme réglée est considérée comme une *nidda*, une exclue, ou une « repoussée ». « Lorsqu'une femme a un écoulement de sang et que

1. Il semblerait (mais j'avoue avoir très peu d'informations sur le sujet) qu'il n'y ait guère que la religion sikh qui ne stigmatise pas la femme pendant cette période.

2. D'après le professeur Gérard Tobelem, *Histoires du sang*, Paris, Perrin, 2013.

du sang s'écoule de son corps, elle restera pendant sept jours dans la souillure de ses règles. Qui la touchera sera impur jusqu'au soir », dit le Lévitique[1]. S'accoupler avec une femme *nidda* est même aussi grave que de se livrer à l'inceste ou à l'adultère. Mais ce n'est pas tout : la femme réglée est aussi réputée polluer l'air et tous les objets qu'elle touche, si bien qu'elle ne doit pas les tendre directement à autrui, mais les jeter à terre et servir son époux en les entourant d'un linge. Et qu'elle ne s'aventure pas à effleurer de ses mains impures le plus sacré d'entre eux, la Torah ! Une calamité s'abattrait certainement sur le Temple de Jérusalem. Aussi, pour éviter qu'un tel malheur ne se produise, l'orthodoxie lui interdit-elle l'accès à la synagogue. Il ne faut prendre aucun risque avec ce sang mortel, infâme, qui s'écoule d'un miroir si une femme qui a ses « menstrues » y voit son visage.

« Quiconque touchera un meuble, quel qu'il soit, où elle se sera assise, devra nettoyer ses vêtements, se laver à l'eau, et il sera impur jusqu'au soir », précise le Lévitique. Ne jamais lui serrer la main, cette main qui, en lavant le sang, s'est corrompue, ne pas la regarder droit dans les yeux, elle n'en est pas digne, ne pas partager sa couche, au risque d'être gravement souillé, ne pas respirer son parfum, ne pas écouter son chant ignominieux. La traiter en paria.

Heureusement, les règles ont une fin. Lorsque le sang cesse enfin de couler, la femme juive doit observer « sept jours propres » (*sheva nekiim*), une période prophylactique pendant laquelle elle reste intouchable. Enfin, au huitième jour, après s'être immergée dans le

---

1. Lévitique 15, 19.

bain rituel (*mikvé*), « elle prendra deux tourterelles ou deux pigeonneaux et les apportera au prêtre, à l'entrée du Temple d'Assignation. Le prêtre offrira l'un en sacrifice pour le péché, l'autre en holocauste ; et il fera l'expiation pour elle devant l'Éternel, à cause de l'écoulement qui la rendait impure ». Au bout de cette longue période d'isolement, quand, suivant l'exemple des filles d'Israël, elle s'est assurée qu'il ne s'écoulait plus la moindre gouttelette de sang, même « de la grandeur d'un grain de moutarde », la femme peut retourner au milieu des siens et s'unir sexuellement à son époux.

Chez les ultra-orthodoxes, il faut d'abord vérifier l'assèchement du vagin en y enfonçant une longue bandelette de tissu, priée d'en ressortir aussi blanche qu'elle est entrée. Pour peu qu'elle soit légèrement maculée, la femme repart alors pour « sept jours propres ». Aussi certaines en viennent-elles à être rejetées pendant près de la moitié, voire davantage, de leur cycle. Et comme des rites d'expiation s'imposent également après chaque enfantement (la période de purification étant deux fois plus longue s'il s'agit d'une fille – 66 jours – que d'un garçon – 33 jours), cela représente, au cours d'une vie, d'innombrables nuits d'exclusion.

Cet ostracisme envers la femme réglée s'observe aussi dans l'hindouisme, où l'on peut repérer le même type de rejet que dans le monde hébraïque. « Quand il a touché un *Candàla*, une femme menstruante, un hors-caste, une parturiente, un cadavre, il se purifie en se baignant [...] », disent les *Lois de Manu* (V, 85). Interdite de temple, de rituels, d'offrandes, de cuisine, de rapports tactiles avec son mari, d'accès à la cuisine (et à l'école pour la jeune fille), la femme réglée est, ici aussi, traitée en être nuisible et contagieux. « Un porc domestique, un coq, un chien, une femme menstruante et un eunuque ne doivent pas regarder les Brahmanes lorsqu'ils mangent. »

Dans certains pays, ces traitements d'exclusion sont encore appliqués aujourd'hui avec beaucoup de férocité. Dans l'ouest du Népal, par exemple, la coutume *Chaapaudi* impose aux femmes un exil complet pendant les jours critiques. Elles se réfugient dans des cabanes, des tentes, des niches, pour s'abriter des éléments et des animaux, avec interdiction d'utiliser une source d'eau publique et d'entrer dans une maison ou un temple, alors même que, plus qu'à aucun autre moment, elles auraient besoin d'hygiène et de confort. Nombreuses sont celles qui meurent, de froid, de faim, d'un incendie dans leur petit nid, d'une attaque de bête sauvage, ou simplement d'épuisement.

Cette vieille phobie du sang menstruel n'a pas que des effets tragiques. Elle en a aussi de ridicules, comme la superstition indienne du cornichon : si la femme qui perd son sang touche la jarre de cornichons, elle les gâte tous[1]… Une croyance qui n'est pas sans rappeler les mises en garde alarmistes du naturaliste romain Pline l'Ancien, auteur de l'encyclopédique *Histoire naturelle* : « Aux approches d'une femme dans cet état, les liqueurs s'aigrissent, les grains qu'elle touche perdent leur fécondité, les essaims d'abeilles meurent, le cuivre et le fer rouillent sur-le-champ et prennent une odeur repoussante[2]. »

---

1. Dernièrement, la marque Procter et Gamble a réalisé un spot publicitaire pour des serviettes hygiéniques dont le slogan était « Touchez le cornichon » pour inviter les femmes à briser le tabou et en finir avec les superstitions.

2. Pline l'Ancien, *Histoire naturelle*, Paris, Riveneuve, 2009.

Si l'islam peut paraître plus souple, dans la mesure où la femme indisposée n'est pas considérée comme contaminante, le Coran invite tout de même l'homme à ne pas la fréquenter durant cette période : « Éloignez-vous donc des femmes pendant les menstrues, et ne les approchez que quand elles sont pures[1]. » En outre, tant qu'elle perd son sang, la femme n'a le droit ni de prier, ni de toucher le Coran, ni de jeûner pour le ramadan. Enfin, quand le flux a cessé, elle doit se laver minutieusement, des orteils à la racine des cheveux, selon un hadith du Prophète : « Que l'une d'entre vous utilise de l'eau mélangée avec du cèdre puis procède correctement à des ablutions puis déverse de l'eau sur sa tête et la gratte fortement de manière à toucher le crâne puis qu'elle déverse encore de l'eau puis qu'elle utilise un morceau de coton parfumé avec du musc pour se nettoyer avec. »

Le christianisme, fondé sur le sang sacrificiel du Christ, n'est pas aussi rigoriste sur ce sujet que les autres religions. Toutefois, bien que, selon l'Évangile de Marc, Jésus ait guéri de son mal la femme hémorroïsse qui saignait sans interruption depuis douze ans (mais involontairement, il est vrai, puisque c'est elle qui a fendu la foule pour le toucher de dos), signifiant ainsi qu'il ne la condamnait pas, le sang menstruel est aussi traité par les chrétiens comme une substance malsaine, destructrice et menaçante. Au Moyen Âge, Albert le Grand (qui sera fait saint et docteur de l'Église) recommande aux hommes de rester à distance des femmes pendant leurs règles, car celles-ci

1. Coran, sourate 2, verset 222.

contiennent un poison porteur de lèpre ou de cancer[1]. Il en va de même du sang de la défloration, réputé porter malheur, et du sang de l'accouchement, qui impose de rigoureuses purifications rituelles, auxquelles même la Vierge Marie dut se soumettre après la naissance de Jésus pour être autorisée à pénétrer dans le temple de Jérusalem. Mourir en couches, sans avoir eu le temps de procéder à ses ablutions, revient à quitter ce monde sans s'être réconciliée avec l'Église, un manquement grave, qui a privé d'innombrables femmes d'une place au paradis, voire au cimetière… *A contrario*, aux yeux de certains religieux, comme les chrétiens anciens et médiévaux, mais aussi les Jaïns d'Inde ou les bouddhistes taïwanais, l'arrêt des règles (dû au jeûne) est considéré comme un signe de sainteté.

La nocivité du sang menstruel est une idée tellement enracinée dans les consciences que certains grands savants du XXe siècle en sont encore très pénétrés, quand ils n'œuvrent pas carrément à sa théorisation. Ainsi du grand pédiatre viennois Bela Schick (à qui l'on doit l'éradication de la diphtérie infantile) qui inventa, en 1920, la théorie des « ménotoxines », qui offrit une caution « scientifique » aux préjugés juifs orthodoxes en expliquant doctement que les règles contiennent des substances toxiques, ou plutôt « ménotoxiques », au contact desquelles les fleurs fanent d'un coup, le levain refuse de se lever et la bière de fermenter[2].

---

1. *De secretis mulierum* (Des secrets des femmes), in *Les Secrets admirables du Grand Albert* [1895], Paris, Hachette BNF, 2012.

2. Dernièrement, c'était au tour de Donald Trump, alors candidat à la Maison-Blanche, d'y aller de sa petite saillie hématophobe. Invectivant la journaliste de Fox News Megyn Kelly, coupable, selon

Les règles sont à ce point honnies que le statut de la femme ménopausée est souvent beaucoup plus enviable que celui de la femme encore féconde. Comme le rapporte l'anthropologue américain Oscar Lewis[1], chez les Indiens Piegans canadiens, à partir d'un certain âge, la femme peut devenir une « femme à cœur d'homme » dotée d'une plus grande liberté, comme celle de prendre la parole en public, de jurer, de boire de l'alcool, d'offrir des sacrifices et… d'uriner debout ! Noble femme vieillissante, elle ne perd plus son sang, elle est débarrassée de ce fardeau honteux.

Comment s'étonner que, fréquemment, l'arrivée des règles soit précédée de quelques jours de morosité et d'irritabilité, au point que cet état transitoire porte désormais le nom de « syndrome prémenstruel » ? Outre le chahut hormonal, comment la femme ne redouterait-elle pas, même inconsciemment, l'imminence de ce qui est perçu comme un fléau ? Les crampes abdominales, les incendies dans le bas des reins, les migraines invalidantes et le mal-être général dont sont victimes tant de femmes autour du déclenchement de la crise menstruelle semblent vouloir rappeler à chacune, de manière indéfiniment répétée, qu'elle n'a pas la chance d'être un homme et que les règles sont une *malédiction*.

---

lui, d'une interview agressive, il a déclaré : « On pouvait voir le sang sortir de ses yeux, sortir d'elle par n'importe où. » Le préjugé est tenace, qui veut qu'une femme incisive soit nécessairement en pleine crise menstruelle…

1. Oscar Lewis, « Manly-hearted Women among the North Piegan », *American Anthropologist*, 43, 1941, p. 173-187.

Pourtant, comme le remarque très justement la philosophe Camille Froidevaux-Metterie dans *La Révolution du féminin*, « à se focaliser ainsi sur la *malédiction* féminine, on en oublie sa dimension inaugurale et positive : l'irruption de la capacité gestative[1] ». C'est tellement vrai que certaines femmes, en ce début de XXIe siècle, ont décidé, justement, de ne pas l'oublier.

On peut au choix s'alarmer, se réjouir ou s'amuser des extravagances commises aujourd'hui par les tenantes d'un *activisme menstruel* en plein essor, au sein duquel une nouvelle génération de féministes entend briser le tabou et invite à célébrer le sang venu de leur « lune intérieure » en le recueillant dans des coupes comme le saint Graal, en l'utilisant comme engrais, en arborant de la lingerie et des bijoux rouges, en élevant le tampon hygiénique au rang d'œuvre d'art[2] ou en rejetant le compagnon qui refuserait de leur faire un cunnilingus lorsqu'elles « les » ont. Après tout, les Maoris, eux, s'en abreuvent avec bonheur et vont jusqu'à s'y baigner tout entiers. Quant aux taoïstes[3], ils pensent qu'un homme peut gagner l'immortalité en absorbant du sang menstruel, appelé jus rouge yin, à même la vulve d'une femme. D'après certains sages chinois, l'empereur jaune serait même devenu un dieu après avoir bu le précieux liquide à la source divine de

1. Camille Froidevaux-Metterie, *La Révolution du féminin*, Paris, Gallimard, 2015.

2. Une des œuvres phares de la Biennale de Venise de 2005 était un gigantesque lustre composé de milliers de tampons hygiéniques assemblés par la plasticienne Joana Vasconcelos en une œuvre intitulée *La Mariée* (*La Novia*).

3. Barbara Walker, *Women's Encyclopedia of Myths and Secrets*, Londres, Harper-One, 1983.

mille deux cents femmes. Les féministes spiritualistes, dites *matriciennes*, se réfèrent aussi au temps béni ayant précédé la naissance des grandes religions et du patriarcat, quand, lors des cérémonies sacrificielles, les prêtres de Mésopotamie ou de Perse buvaient le sang menstruel de la Déesse Mère, un élixir sacré censé regorger de vertus thérapeutiques et régénératives.

Au commencement de l'histoire, les règles auraient donc été considérées, dans certaines cultures, comme sacrées, avant que les religions patriarcales ne les stigmatisent et assimilent la femme à l'animalité dans ce qu'elle peut avoir de plus répugnant, l'obligeant à s'éloigner périodiquement de la communauté humaine à la première goutte de sang et à se décontaminer avant d'y être réintégrée.

Il se pourrait en outre que le sang menstruel ait joué un rôle encore plus important dans l'histoire de la construction des sexes que la simple exclusion *temporaire* des femmes du lit conjugal ou de la maison. Il est possible qu'il soit aussi la cause (ou plutôt le prétexte) de leur exclusion *permanente* de certaines professions, et cela dès l'époque des chasseurs-cueilleurs, donc bien avant l'apparition des grandes religions. Une division des tâches qui est aussi un partage du monde en deux, entre une sphère masculine, très vaste, mais hermétiquement close, et une sphère féminine, beaucoup plus limitée, faite d'empêchements, d'entraves et d'interdits.

Le partage de l'espace et la division du travail

Commençons par revenir sur cette idée reçue selon laquelle les femmes, cantonnées au domestique, n'auraient jamais vraiment travaillé, ou, du moins, pas de manière aussi physique que les hommes. Rappelons que, dans toutes les cultures, les femmes (hormis celles appartenant à la petite minorité favorisée) ont toujours bataillé dur, et même très dur, aux champs, à la ferme ou en tant que domestiques. Hier comme aujourd'hui, des millions de femmes – libres ou esclaves – accomplissent des besognes requérant les vertus *viriles* de force, d'endurance et de persévérance, comme d'aller chercher de l'eau, seule, à des kilomètres de chez elles, la tirer du puits et la rapporter par dizaines de litres sur la tête, en bravant le vent, le sable ou la tempête. Comme les hommes (mais bien souvent avec, en plus, un enfant sur le dos, sur le ventre ou dans le ventre), les femmes, partout à travers le monde, effectuent des tâches harassantes, sèment, piochent, taillent, récoltent, pilent, écrasent, pétrissent, transportent au prix de la même « sueur » que celle dont Dieu avait fait la punition d'Adam lors de la Chute. Pour Ève aussi, la

« terre est maudite », pleine de « ronces et d'épines » et Dieu aurait pu lui annoncer son destin de damnée dans les mêmes termes qu'à Adam dans la Genèse : « C'est avec peine que tu mangeras tous les jours de ta vie. » Sauf que, pour la femme, ce sera la « double peine » : non seulement le « travail » en couches, auquel Dieu la destine explicitement, mais aussi le travail de transformation de la matière, au même titre qu'Adam.

Si les femmes ont toujours travaillé, certaines activités leur ont pourtant été constamment interdites. Combien de femmes marins, bouchers, chasseurs, vignerons ou prêtres à travers l'histoire ? Une quantité infime. Pourquoi cette éviction ? Il se pourrait qu'il faille encore en chercher l'explication du côté du *sang*.

C'est l'hypothèse formulée par l'anthropologue français Alain Testart dans un essai passionnant, *L'Amazone et la Cuisinière*[1]. Pour être invérifiable, cette supposition n'en est pas moins très séduisante pour rendre compte de la *division sexuelle du travail*. D'après l'auteur, celle-ci renverrait moins à la différence physiologique des sexes qu'à un ensemble de représentations symboliques, conscientes et inconscientes, au sein desquelles le *sang* occupe une place centrale. Si les femmes sont exclues d'un certain nombre de pratiques, comme la chasse, ou de certains métiers, cela ne tient pas à leur plus faible constitution, mais à des croyances irrationnelles concernant la menstruation. Autrement dit, la répartition des tâches relèverait moins d'explications naturalistes (la différence

1. Alain Testart, *L'Amazone et la Cuisinière. Anthropologie de la division sexuelle du travail*, Paris, Gallimard, 2014.

de force entre les sexes) que symboliques (la valeur attribuée aux règles).

Ce qui rend la question si délicate, note Alain Testart, c'est qu'en réalité les femmes pratiquent certaines formes de chasse, notamment chez les Inuits d'Arctique (chasse au phoque) et chez les Aborigènes d'Australie, où elles traquent les animaux dans les terriers ou les arbustes. Mais l'auteur remarque que, ce faisant, elles ne manient jamais des armes coupantes et perforantes qui font jaillir le sang, comme le harpon, la lance, la flèche ou la sagaie, mais seulement des pièges ou des gourdins. Non pas que le contact avec le sang leur soit interdit, puisqu'elles dépècent les bêtes, recueillent le sang, évident les animaux ou soignent les blessés. Mais ce n'est jamais elles qui *mettent à mort* le gibier ou égorgent le cochon : elles ne *versent* pas le *sang*.

L'épanchement sanguin est l'affaire exclusive des hommes. Pourquoi ? Parce que le jaillissement du sang évoque trop « la blessure secrète et inquiétante qu'elle porte en elle » et qu'il « convient d'éviter la conjonction du même avec le même », une constante anthropologique que l'on retrouve dans la prohibition de l'inceste (qui impose la disjonction entre parents de même sang – ne pas « cumuler le sang avec le sang ») et dans l'homophobie (ne pas mêler le sperme avec le sperme).

« La femme, écrit Testart, s'est vue écartée de la chasse sanglante parce qu'elle-même saigne périodiquement, écartée de l'abattage du bétail et de la boucherie pour la même raison, écartée de la guerre et de la prêtrise dans toutes les religions qui mettent en jeu un sacrifice sanglant, écartée du four de fonderie parce que celui-ci semble être une femme qui laisse échapper sous son ventre une masse rougeoyante analogue à ses menstrues ou à du placenta, écartée de la marine, des navires qui voguent sur les océans et de la pêche en haute mer parce que la mer est susceptible de violentes perturbations tout comme l'est le corps de la femme, écartée de tous les travaux et outils qui, par des chocs répétés, font éclater la matière travaillée et révèlent son intérieur parce qu'il est question de son intérieur lors de ses indispositions périodiques, etc. » On voit ici très clairement où conduit l'hypothèse métaphysique d'une continuité entre le naturel et le culturel. La femme, être qui saigne, ne peut verser le sang. Elle est donc exclue *naturellement* d'une fonction *sociale* majeure : la *guerre.* Tandis que l'homme a un rapport actif et volontaire avec le sang – c'est lui qui en provoque le jaillissement par ses armes, s'il le décide –, la femme, elle, ne fait qu'en subir passivement les épanchements incommodants. Ils *font couler* le sang de l'ennemi ou de la bête, elles *sentent couler* leur propre sang le long de leurs cuisses. Le sang *versé*, ou sang *glorieux*, s'oppose ainsi au sang *perdu*, ou sang *impur*. Ainsi, pendant presque toute l'histoire de l'humanité, soit jusqu'au XXe siècle, les femmes n'auront pas le droit de prendre les armes.

Certes, il y eut quelques exceptions, comme Jeanne d'Arc, qui fut même un chef de guerre redouté. Mais est-elle bien une femme, une femme sexuée ? Non seulement elle était vierge, comme le rappelle son titre de Pucelle, mais aucun des soldats qu'elle commandait n'eut jamais de désir pour elle. Elle est l'exception qui vient confirmer la règle (pardon pour le mauvais jeu de mots), puisqu'elle souffrait d'aménorrhée (absence de menstruation), ainsi que cela fut consigné dans les minutes de son procès. Quant aux autres femmes guerrières, notamment dans certaines sociétés amérindiennes ou africaines, ou encore chez les Gaulois, c'étaient toujours des filles impubères ou des femmes ménopausées. Les femmes fécondes, donc réglées, demeuraient systématiquement interdites de combat.

Ne pas mêler le sang au sang. Cette hantise du mélange des sangs survit encore étonnamment dans des partages domestiques archaïques comme la *règle* tacite qui veut que ce soit l'homme qui découpe le rôti cuisiné par la femme et pas l'inverse, ou encore dans des *a priori* tenaces, comme la réticence à confier sa vie à une chirurgienne (qu'on avait d'abord prise pour une infirmière). C'est aussi peut-être pour les mêmes raisons inconscientes que les femmes, lorsqu'elles sont (plus rarement que les hommes) candidates au suicide, préfèrent l'intoxication médicamenteuse ou la pendaison à l'usage d'armes létales.

L'hypothèse d'Alain Testart nous éclaire sur l'origine de la subordination de la femme dans le monde économique. La phobie de l'alliance du « même avec le même[1] » a conduit les hommes à exclure les femmes des positions de pouvoir. En s'octroyant le monopole de la chasse, des armes et des objets sacrés, ils ont préempté les postes stratégiques dans l'immense espace public – le monde économique, mais aussi politique, intellectuel et artistique – et relégué les femmes dans

1. Dans de nombreuses tribus africaines, on considère les jumeaux comme une malédiction, en raison de cette même horreur du mimétique, et il n'est pas rare que les parents abandonnent ou éliminent l'un des deux nouveau-nés.

le petit espace privé et la vie domestique : le foyer, la demeure, la maison.

La sexuation des tâches s'est donc accompagnée d'une sexuation de l'espace : d'un côté, l'*extérieur* – la sphère publique – de l'autre, l'*intérieur* – la sphère privée –, la première étant placée *au-dessus* de la seconde, située *au-dessous*. Cette coupure symbolique du monde s'est traduite par des destins sociaux différenciés et hiérarchisés : « L'homme est producteur et transcendant ; la femme est une reproduction figée dans l'immanence, sans prise sur le monde[1] », écrit Simone de Beauvoir dans *Le Deuxième Sexe*. D'où sa condition d'éternelle « vassale ».

En écartant les femmes de la guerre, les hommes se sont arrogé le monopole de la violence, donc du pouvoir politique. Mais l'exclusion des femmes s'étendit aussi au pouvoir religieux : habilités à verser le sang, les hommes sont les seuls autorisés à offrir des sacrifices aux dieux, et donc les seuls à pouvoir les servir. Quand naîtront les grands monothéismes – judaïsme, christianisme et islam – ils postuleront un Dieu unique, masculin et tout-puissant, dont ne pourront s'approcher que les hommes, les femmes n'étant jamais admises à jouer le rôle de prêtre sacrificateur.

Dans le judaïsme, lorsqu'elles se rendaient au Grand Temple de Jérusalem, elles ne pouvaient accéder au « parvis d'Israël » et devaient se contenter de demeurer dans la cour des femmes (*ezrat nashim*), qui leur était réservée ; à la synagogue, elles demeuraient confinées au balcon ou dans un espace clairement

1. Simone de Beauvoir, *Le Deuxième Sexe*, t. II, *op. cit.*, « La femme mariée ».

séparé. Longtemps, elles n'eurent pas le droit d'étudier le Talmud ni de porter le *taleth*, ce grand châle de prière qui évoque la puissance du Verbe. Aujourd'hui, si les courants massorti et libéral[1] se sont ouverts au rabbinat féminin, l'ostracisme à l'égard des femmes est encore à l'œuvre chez les juifs orthodoxes[2], qui se félicitent chaque matin d'être des hommes en récitant leur prière : « Béni sois-Tu, ô mon Dieu, de ne pas m'avoir fait femme. »

Même dans le catholicisme, qui est pourtant une religion sans pratique sacrificielle, la femme n'a jamais eu le droit de célébrer le mystère de l'Eucharistie, en raison de la *transsubstantiation* du pain et du vin en corps et sang du Christ. Être qui saigne, elle ne peut réaliser ce rite qui met les fidèles en présence du sang « en substance » du Dieu fait Homme. Elle ne peut, d'après saint Paul, que « témoigner » du divin, par la prière, l'enfantement ou la parole prophétique, mais sans oublier qu'elle fut la première à pécher : « C'est Adam qui fut formé le premier, Ève ensuite. Et ce n'est pas Adam qui se laissa séduire, mais la femme[3] », dit saint Paul. Dès lors, il ne saurait y avoir pour elles d'*imitatio christi* (imitation du Christ). Au XXIe siècle, alors que la plupart des professions se sont

1. « Dans une synagogue libérale, une femme peut comme un homme lire la Torah et mener l'office. Les deux sexes peuvent s'asseoir côte à côte et étudier ensemble », écrit le rabbin Delphine Horvilleur, auteur de *En tenue d'Ève : féminin, pudeur et judaïsme*, Paris, Grasset, 2013.

2. À l'exception du courant Modern Orthodoxy aux États-Unis.

3. Première Lettre de saint Paul à Timothée I, 2, 13-14. Dans l'encyclique *Mulieris dignitatem* (1988), le pape Jean-Paul II se réfère au chapitre 3 de la Genèse et cite l'épître paulinienne pour développer l'idée selon laquelle Marie vient sauver la féminité salie par le péché d'Ève.

féminisées, la femme ne peut toujours pas recevoir l'ordination presbytérale ou épiscopale. Elle est vouée par nature à la subordination et au « service » : accueil, catéchisme, réunions, chants et kermesses pratiqués dans le bénévolat demeurent son horizon sacerdotal. À toutes celles qui auraient l'impudence de proposer une féminisation de la prêtrise, il sera toujours rétorqué qu'il n'y avait pas de femme parmi les apôtres du Christ et qu'aucune femme n'était présente à la Cène[1].

Aussi est-il permis de se demander si le message égalitaire de Jésus, présenté dans les Évangiles comme très respectueux des femmes (chose rare et étonnante à l'époque) et escorté dans son calvaire jusqu'au mont Golgotha par trois d'entre elles – la Vierge Marie, Marie de Béthanie et Marie Madeleine –, n'a pas été tout simplement trahi par l'Église catholique et son refus catégorique de lui reconnaître des disciples de sexe féminin[2].

L'éviction des femmes est encore plus sévère dans l'islam : non seulement elles ne peuvent devenir docteurs de la Loi ou *oulémas*, mais elles sont rarement les bienvenues à la mosquée et ne doivent pas s'y mélanger aux hommes.

Partout, c'est la même partition : à l'homme, le Verbe, le *logos*, le spirituel, le goût vertical de la transcendance, de l'universel, les activités prestigieuses, le commandement, l'action, la mobilité, la pensée, la création et la visibilité ; à la femme, symétriquement,

1. Voir Maud Amandier et Alice Chablis, *Le Déni. Enquête sur l'Église et l'égalité des sexes*, préface de Joseph Moingt, Montrouge, Bayard, 2014.

2. Le pape François fera-t-il évoluer les choses ?

terme pour terme, la Chair, l'*éros*, le matériel, l'enracinement horizontal dans l'immanence, le relatif et l'inessentiel, les tâches dépréciées, la servilité, la passivité, l'inertie, l'organique, la procréation et l'invisibilité.

Et surtout le silence, encore et toujours, vertu première de la femme. Si les femmes se mettaient à dire ce qu'elles sont ou ce qu'elles veulent être, comment l'homme pourrait-il rêver d'un *éternel féminin* ? Il est nécessaire « que les femmes se taisent dans les assemblées[1] », selon le vœu de saint Paul. Dès qu'elle ouvre la bouche pour donner son avis, comme la pugnace Xanthippe, l'épouse de Socrate, la femme est réputée acariâtre et empêcheuse de penser en rond. Et si, d'aventure, elle écrit, ses œuvres finissent souvent brûlées, comme ce fut le cas de nombreux textes savants, rédigés avant l'ère chrétienne par des pythagoriciennes, des mathématiciennes, des astronomes ou des poètes, puis effacés de la mémoire collective par des moines du Moyen Âge autoproclamés gardiens du silence féminin. Comme se plaisait à le dire Périclès, « la plus grande gloire pour une femme est qu'on ne parle pas d'elle ».

Qu'elle ne s'avise pas non plus de s'essayer à l'art. En France, cela ne fait qu'un siècle que les femmes ont le droit de fréquenter les Beaux-Arts et les salons, d'étudier le grec, le latin et la philosophie, et elles sont, encore aujourd'hui, très rares parmi les cinéastes, les metteurs en scène et surtout les chefs d'orchestre. *Où sont les femmes ?* demandait une brochure de la Société des auteurs et compositeurs dramatiques distribuée au festival d'Avignon en 2012. Réponse : pas dans les lieux où s'exercent la pensée et la créa-

1. Saint Paul, 1 Co, 14, 34-35.

tion. Depuis toujours, c'est l'homme qui *crée*, tandis que la femme, elle, *procrée.* Il est l'*Esprit*, elle est la Chair. Ils n'ont ni la même vocation, ni la même destinée et ces différences d'essence sont gravées dans les décrets de marbre de la *nature.*

Des femmes talentueuses comme Alma Mahler ou Clara Schumann furent ainsi forcées d'abandonner la composition musicale, tandis que des romancières douées durent se cacher derrière des pseudonymes masculins, comme George Sand ou George Eliot. La faible quantité de chefs-d'œuvre produits par le genre féminin est donc loin de refléter une quelconque infériorité, elle résulte de l'exclusion historique des femmes de la création artistique et littéraire. La même remarque s'applique à une quantité d'autres domaines, professionnels ou sportifs, longtemps marqués par une éviction des femmes.

Certes, depuis un siècle déjà, les femmes ont opéré une extraordinaire révolution, qui leur a permis de forcer, un à un, les bastions professionnels et sportifs masculins, y compris les plus *virils*, comme ceux de l'armée, de la police, de l'escrime ou de la boxe. En une centaine d'années, une prodigieuse révolution anthropologique s'est opérée, qui, en propulsant les femmes au cœur de l'action et de l'espace public, leur a offert un statut social et la possibilité de prendre leur autonomie. Leur remarquable réussite scolaire et universitaire leur a permis un accès massif au salariat et une fulgurante progression aux postes de cadres[1].

1. Une récente enquête réalisée par le cabinet Ethic & Boards, citée par *Le Monde* en juin 2014, a montré que les conseils d'administration du CAC 40 comptaient aujourd'hui 30,3 % de femmes, soit trois fois plus que cinq ans auparavant.

Aujourd'hui, les femmes sont, en moyenne, plus diplômées que leurs congénères masculins et constituent des concurrentes sévères à l'emploi et à la promotion.

Pour autant, on est encore très loin de l'égalité professionnelle dans la plupart des régions du monde. En France, les études de terrain conduites par les experts en sociologie du travail mettent en évidence une persistance des inégalités entre hommes et femmes. Comme l'explique l'une des meilleures spécialistes de cette question, Margaret Maruani, « on peut dire avec raison que tout a changé. On peut affirmer, non sans raison, que rien n'a bougé ». Dans le bilan détaillé qu'elle livre, avec sa consœur Monique Méron, dans *Un siècle de travail des femmes en France : 1901-2011*, elle révèle les insuffisances et les blocages auxquels est encore soumis l'univers professionnel féminin, à commencer par les effets différenciés de la parentalité sur l'un et l'autre sexe. La plupart du temps – surtout dans les milieux populaires –, c'est encore la mère qui se retire temporairement du marché du travail. Malgré la diffusion de représentations égalitaires du partage des tâches, l'« injustice ménagère[1] » est persistante et la parité domestique un horizon encore lointain[2]. C'est donc la femme qui, la plupart du temps, se voit confrontée à l'articulation conflictuelle entre vie professionnelle et vie privée. « La plupart du temps, affirme la sociologue Monique Haicault, l'homme

1. Titre d'un essai du sociologue François de Singly, *L'Injustice ménagère*, Paris, Hachette, 2008.

2. En France, en 2010, les femmes consacraient en moyenne 50 % de temps en plus que les hommes aux tâches domestiques (3 h 52 par jour contre 2 h 24). Source Insee, Enquêtes emploi du temps 1986, 1999 et 2009-2010, http ://www.insee.fr.

“aide” sa femme, qui garde l’entièreté de la préoccupation, de la charge mentale du travail domestique[1]. »

Ce déséquilibre est amplifié par l’arrivée des enfants. La maternité, qui prend du temps et introduit de la discontinuité dans une carrière, est ainsi une grande source de précarisation ; la femme est, dans des proportions nettement plus importantes que l’homme, employée à temps partiel ou au chômage.

Les femmes souffrent aussi toujours d’une ségrégation sexuée des métiers, horizontale et verticale. Les deux sexes n’exercent pas les mêmes professions (ségrégation horizontale) : les femmes sont largement majoritaires dans les secteurs – éducation, santé, aide psychologique et sociale, petite enfance, service à la personne, emplois de bureau ou de maison, administration publique – moins rémunérateurs et moins prestigieux que ceux de l’industrie et de la politique, où les trois quarts des postes sont occupés par les hommes[2].

Quand elles réussissent à pénétrer dans les secteurs dits masculins, elles se heurtent à de nombreuses inégalités, salariales et hiérarchiques (ségrégation verticale). Plus on s’élève, plus elles se font rares. Au dernier étage des sièges des grandes firmes, les femmes que l’on croise dans les couloirs sont essentiellement des secrétaires, en vertu de ce que la sociologue Catherine

1. Monique Haicault, « La gestion ordinaire de la vie à deux », *Sociologie du travail*, n° 3, 1984.

2. Dans le secteur tertiaire, les femmes sont 67,3 % dans la santé, l’éducation, le social et l’administration publique. Le secteur industriel compte, lui, 70,7 % d’hommes, l’industrie automobile 82,3 %, la construction 90 %, et les transports 71,3 %. Source Insee, http ://www.insee.fr.

Marry[1] préfère nommer « ciel de plomb » plutôt que « plafond de verre », pour marquer la lourdeur et l'opacité des obstacles qui entravent l'ascension des femmes aux postes de direction. Malgré la mise en place de dispositifs légaux visant à limiter la discrimination active[2], l'évolution des carrières féminines demeure largement tributaire d'une forme de ségrégation indirecte, moins visible mais tout aussi distinctive : celle qu'induisent les préjugés essentialistes en termes de recrutement et d'évolution de carrière.

À l'homme, les stéréotypes de genre[3] prêtent des qualités dérivées de sa *nature*, telles que l'ambition, la compétitivité, le charisme, l'audace, l'autorité, la combativité, la mobilité ou le goût du risque, qui le désignent *naturellement* aux postes de commandement. La femme se voit, elle, dotée d'aptitudes *naturelles* mobilisant l'affectivité et la prédisposant ontologiquement à se mettre au service des autres. La patience, l'écoute, la douceur, l'empathie, l'intuition, la sollicitude, le sens psychologique dont elle sait faire preuve l'orientent *naturellement* vers ce que les Anglo-Saxons ont appelé le *care work*[4], à savoir l'ensemble des professions, moins rémunérées et moins valorisées que les

1. Catherine Marry, *Les Femmes ingénieurs : une révolution respectueuse*, Paris, Belin, 2004 et *Le Plafond de verre*, Paris, Armand Colin, 2017.

2. La loi stipule que les conseils d'administration des grandes et moyennes entreprises doivent être composés « en recherchant une représentation équilibrée des femmes et des hommes » ; la proportion des administrateurs de chaque sexe ne doit pas être inférieure à 40 %. Loi Copé-Zimmermann, 2011.

3. Pascaline Gaborit, *Les Stéréotypes de genre. Identités, rôles sociaux et politiques publiques*, Paris, L'Harmattan, 2009.

4. Pascale Molinier, *Le Travail du care*, Paris, La Dispute, 2013.

activités créatrices, consistant à *prendre soin* (*to care*) des autres.

Le piège vient du fait que ces qualités dites féminines (comme la capacité à donner avec douceur son bain à une personne âgée ou handicapée) ne sont pas considérées comme de réelles compétences professionnelles acquises, mais comme des dispositions *naturelles*, ne requérant aucune qualification particulière, ce qui justifie leur moindre reconnaissance, mais n'en est pas moins un leurre. Car ce n'est pas dans sa *féminité* que l'infirmière, épuisée après sa longue nuit de travail, puise la force de sourire à son dernier patient, mais dans son *humanité*. Ce qui signifie qu'un infirmier est *a priori* aussi bien équipé pour donner ce sourire (ce que certains font d'ailleurs très aimablement), car il relève autant de l'empathie (qualité naturalisée comme féminine) que de la compétence et du professionnalisme (qualités naturalisées comme masculines). En réalité, la bienveillance n'a pas de sexe, la générosité non plus, et tant mieux.

Ce qui a un sexe, en revanche, ce sont les représentations archaïques en vertu desquelles les hommes sont reconnus pour ce qu'ils *font* et les femmes pour ce qu'elles *sont*, ou plutôt pour ce que le système viriarcal exige qu'elles soient : serviables, douces, patientes et attentionnées, mais parfaitement incapables de combativité. Certaines professions leur seront ainsi longtemps interdites, puis déconseillées, celles qui exigent du coffre, de la pugnacité et du courage. Le métier d'avocat, par exemple, ne se féminisa pas sans rencontrer l'hostilité de la profession, comme l'observe l'historienne Juliette Rennes dans l'article « Le prestige professionnel : un genre masculin ?

1880-1940 ». « Naturellement, il y a contradiction entre tout ce qui est femme et tout ce qui est bataille », déclarait un avocat à son confrère féministe Fernand Corcos[1], qui publia, en 1931, une étude sur le sujet. « À la barre, avertit un autre, il y a des moments où il ne s'agit plus de ce que l'on a préparé, il ne s'agit plus de promener son œil sur des notes, il s'agit de s'élever d'un coup, d'oublier tout un plan, et, dans une sorte d'élan, de bâtir un édifice nouveau, d'en assembler les matériaux instantanément, et par leur jet, d'écraser l'adversaire et de soumettre le juge, cela, ce n'est pas un geste de femme, c'est un geste masculin. » Cela s'appelle le *talent* et les femmes n'en ont pas. En seraient-elles dotées, de toute façon, elles n'ont pas de voix. « Je n'en ai jamais entendu qui marque le coup comme le fait la voix de l'homme quand elle est bien lancée », ajoute un troisième.

La force des préjugés sexistes est encore telle aujourd'hui que les femmes elles-mêmes les ont intériorisés. Même lorsqu'elles sont libres de leurs choix et brillantes, elles s'autolimitent en se montrant moins ambitieuses que leurs collègues mâles et hésitent à surmonter le coût psychique que représenterait le désir de s'imposer dans certains secteurs réputés masculins. Elles préfèrent aller grossir les rangs des infirmières en détresse, des professeurs sous-payées et des psychologues désarmées que de subir le sexisme régnant dans

1. Fernand Corcos, *Les Avocates*, Paris, Montaigne, 1931, cité par Juliette Rennes, « Le prestige professionnel : un genre masculin ? 1880-1940 », in Régis Revenin (dir.), *Hommes et masculinités de 1789 à nos jours. Contribution à l'histoire du genre et de la sexualité en France*, préface d'Alain Corbin, Paris, Autrement, 2007.

certains univers professionnels, notamment celui de la politique.

Dommage, car lorsque les femmes – de plus en plus nombreuses – s'y engagent, elles montrent les mêmes dispositions de sang-froid, de ténacité et de combativité que les hommes, comme l'a montré la pugnace Hillary Clinton au cours de la campagne présidentielle la plus violente de l'histoire des États-Unis (et sans doute la plus vulgaire de l'histoire de la démocratie). On pourrait d'ailleurs dresser une liste assez intimidante de femmes de pouvoir (Catherine de Médicis, Élisabeth Ire d'Angleterre, l'impératrice chinoise Cixi, Margaret Thatcher…) qui firent preuve de qualités naturalisées comme « viriles », y compris la violence et l'absence d'empathie.

La persistance de ces représentations archaïques exerce aussi ses effets sous des formes insidieuses, donc difficiles à combattre. La sociologue Claudine Haroche[1] montre ainsi que la « fermeté » est un trait valorisé chez l'homme, mais peu apprécié chez la femme, de même que l'« ambition », que l'on qualifiera alors d'« arrivisme ». Tandis que l'un est « habile », l'autre est « manipulatrice », et quand l'un est « sérieux », l'autre est « ennuyeuse ». La chercheuse note aussi des modes subtils de « disqualification subreptice », tels que le paternalisme, l'arrogance, la proximité déplacée, le ton familier, ironique, à la jovialité appuyée, avec lequel les hommes s'adressent souvent à leurs collègues de sexe féminin. Deux nouveaux termes ont récemment été créés pour rendre compte de la tendance mâle à

1. Claudine Haroche, « Anthropologie de la virilité », in *Histoire de la virilité*, *op. cit.*

disqualifier la parole des femmes : le *mansplaining*[1] (contraction de *man explaining*) désigne la propension à vouloir leur expliquer ce qu'elles savent aussi bien (voire mieux) qu'eux, et le *manterrupting*[2] (contraction de *man interrupting*[3]) dénonce l'habitude de leur couper la parole pendant une conversation ou en réunion.

Ce poids des normes de genre explique les choix d'orientation différenciés des bacheliers et bachelières. En France, le paradoxe est très étonnant : alors que les filles accomplissent de meilleurs parcours scolaires que les garçons[4], ont un meilleur taux de réussite au baccalauréat et obtiennent davantage de mentions, elles choisissent plus rarement qu'eux les filières d'élite telles que les écoles d'ingénieurs et autres grandes écoles ouvrant les portes du pouvoir. Les sociologues Christian Baudelot et Roger Establet se sont penchés sur ce phénomène dans *Allez les filles !*[5] Les meilleures notes de ces dernières s'expliqueraient, selon eux, par une socialisation plus conforme, dès l'enfance, aux attentes de l'univers scolaire que celle des garçons. Les filles seraient élevées selon un usage

1. Rebecca Solnit, *Men Explain Things to Me*, Chicago, Haymarket Books, 2015.

2. Terme créé en 2015 par la chroniqueuse au *New York Times* et au *Time Magazine* Jessica Bennet.

3. Voir la passionnante étude de Corinne Monnet, « La répartition des tâches entre les hommes et les femmes dans le travail de la conversation », *Nouvelles Questions féministes*, vol. 19, 1998.

4. En 2009, 92 % des candidates au bac S l'ont obtenu, contre 88 % des garçons. La même année, 34 % des filles ont obtenu une mention bien ou très bien, contre 28 % des garçons. Source : *Filles et garçons sur le chemin de l'égalité*, ministère de l'Éducation nationale, DEPP, 2011.

5. Christian Baudelot et Roger Establet, *Allez les filles ! Une révolution silencieuse*, Paris, Seuil, 2006.

plus limité de l'espace, une surveillance plus stricte des sorties et une orientation vers des loisirs plus calmes que les garçons, surtout dans les milieux modestes. Ceux-ci sont encouragés, dès les premiers pistolets en plastique du bac à sable, à incorporer l'*éthos* masculin de la rivalité et de la lutte, qui dévalorise la soumission et l'obéissance. Les filles seraient ainsi éduquées à se montrer plus sensibles aux attentes institutionnelles (moins de retards, d'absences, de devoirs non faits) que les garçons, ce qui expliquerait qu'elles soient plus studieuses. Mais ce sont ces mêmes différences qui justifient leur orientation hors des filières prestigieuses, qui exigent un esprit compétitif, bagarreur, entreprenant et le goût du risque, autant dire des qualités *viriles*.

Il se pourrait même que certains professeurs entretiennent cette différenciation, ne serait-ce qu'inconsciemment. La sociologue Marie Duru-Bellat[1] montre ainsi que, quel que soit leur sexe, les enseignants qu'elle a observés interagissent davantage avec les garçons. Elle remarque aussi de notables disparités dans les appréciations portées sur les copies : tandis que les garçons recueillent des commentaires sur le fond et sont complimentés pour leur originalité ou leur talent, les filles sont louées pour leur sérieux et la propreté de leur devoir. Les considérerait-on comme dotées de cerveaux différents, voire moins performants ?

C'est en tout cas un préjugé tenace. Dans l'essai intitulé *De la recherche de la vérité*, le philosophe cartésien Malebranche ne fait qu'exprimer une opinion

1. Marie Duru-Bellat, *L'École des filles : quelle formation pour quels rôles sociaux ?*, Paris, L'Harmattan, 2004.

quasiment indiscutée jusqu'au dernier tiers du XXe siècle : l'infériorité cérébrale des femmes. Elles ont de « l'intelligence pour tout ce qui frappe les sens [...] Mais pour l'ordinaire elles sont incapables de pénétrer les vérités un peu difficiles à découvrir. Tout ce qui est abstrait leur est incompréhensible [...] elles ne considèrent que l'écorce des choses[1] ».

D'où vient cette infirmité ? C'est la question qui passionnera les médecins anatomistes du XIXe siècle, convaincus qu'il faut en chercher la raison dans la petitesse du cerveau féminin. Ainsi du docteur Paul Broca, qui écrit : « Il ne faut pas perdre de vue que la femme est en moyenne moins intelligente que l'homme [...] Il est donc permis de supposer que la petitesse relative du cerveau de la femme dépend de son infériorité physique et de son infériorité intellectuelle[2]. »

On sait aujourd'hui que le paramètre du volume cérébral est loin de suffire pour expliquer les différences d'intelligence interindividuelles. À titre d'exemple, les rapports d'autopsie ont révélé que le cerveau d'Anatole France pesait un kilo, contre deux kilos pour celui d'Ivan Tourgueniev. En déduire que le premier était deux fois moins intelligent que le second a-t-il un sens ?

Si la taille du cerveau est aujourd'hui un paramètre peu retenu dans les débats, la question de savoir si le cerveau a un sexe, autrement dit si l'équipement cérébral est le même chez l'homme et chez la femme,

1. Nicolas Malebranche, *De la recherche de la vérité*, II, 2, Paris, Gallimard, 2006.

2. Paul Broca, « Sur le volume et la forme du cerveau suivant les individus et suivant les races », extrait du tome II des *Bulletins de la Société d'anthropologie*, séances du 21 mars et du 2 mai 1861.

divise aujourd'hui les experts[1]. Le problème est d'autant plus délicat que les multiples études menées sur ce thème peuvent souvent être suspectées d'être biaisées par un parti pris idéologique qui oriente l'interprétation des résultats. C'est pourquoi la plus grande circonspection s'impose.

N'étant pas une spécialiste en neurobiologie, il ne m'appartient pas de me prononcer sur la pertinence de tel ou tel argument avancé par un scientifique. Pour certains, tout est construit, pour d'autres, tout est hormonal ; la vérité se situe vraisemblablement entre les deux. S'il est indéniable que, durant la vie fœtale, l'imprégnation hormonale agit sur les circuits de neurones impliqués dans les fonctions de reproduction, l'on sait aussi que le cerveau se caractérise par une formidable plasticité, grâce à laquelle l'expérience vécue – et notamment les apprentissages – modifie et restructure en profondeur ces circuits[2]. Ce qui rend la question de l'inné et de l'acquis quasiment insoluble, puisque l'influence de l'environnement se fait sentir dès les premiers jours de la vie, voire *in utero*.

Mon propos ne consiste pas à nier les dissemblances parfois observées entre les dispositions psycho-affectives des hommes et des femmes, qu'elles soient innées ou acquises, mais à dénoncer la hiérarchisation qui en a historiquement résulté. Que les cerveaux masculin et féminin présentent des spécificités (très difficiles à identifier et mesurer), soit, mais de là à en inférer la

1. Le biologiste Jean-François Bouvet livre une synthèse des études menées sur le sujet dans *Le Camion et la Poupée. L'homme et la femme ont-ils un cerveau différent ?*, Paris, Flammarion, 2012.

2. Catherine Vidal et Dorothée Benoît Browaeys, *Cerveau, sexe et pouvoir*, Paris, Belin, 2005.

supériorité de l'un sur l'autre relève du pur parti pris viriliste.

Il ne s'agit pas non plus d'affirmer l'égalité *contre* la différence, car ces deux concepts n'appartiennent pas au même registre. L'égalité ressortit au politique, tandis que la différence est une catégorie ontologique. Ainsi, réclamer l'égalité professionnelle, ce n'est pas militer pour l'indifférenciation sexuelle, mais vouloir combattre les *inégalités*, à savoir la transformation, par la société, des *différences naturelles* en *injustices sociales*. Revendiquer l'égalité des chances et des rétributions (financières et symboliques) entre les sexes, ce n'est pas remettre en cause la dissymétrie sexuelle, mais vouloir en abolir les effets discriminants. Une telle ambition ne pourra se concrétiser que par un changement des mentalités, impliquant une remise en cause de l'archaïque essentialisation de l'un et l'autre sexe.

Troisième partie

L'ESSENTIALISATION DE LA FEMME : LA TRINITÉ VIERGE-MÈRE-PUTE

La condamnation universelle de la femme au silence n'aura pas seulement pour effet de l'asservir aux besoins procréatifs et domestiques de l'homme. Elle est aussi la source d'une *aliénation identitaire* : la femme ne pouvant jamais s'autodéfinir, elle ne se pense, ne se voit, ne se comprend elle-même qu'à travers l'image qu'en fabriquent les hommes. Elle est un *objet de pensée*, et un *objet de désir*, les deux d'ailleurs n'étant pas très éloignés l'un de l'autre, jamais un *sujet*. Jusqu'à ce que la femme (ré)obtienne le droit de s'exprimer (à partir du XVIIe siècle, en Occident, beaucoup plus tard partout ailleurs), elle n'aura conscience d'elle-même qu'à travers l'*idée de femme* construite par les religions, les lois, les normes et les traditions instaurées par les hommes. Qu'*est*-ce qu'une femme ? Ce n'est pas à elle de répondre, c'est à lui.

Mais ce n'est pas si simple. Car l'*essence féminine* postulée par le sexe mâle est, dès l'origine, très paradoxale. La femme n'est pas seulement conçue, comme on a l'habitude de le relever, à travers les *deux* figures antinomiques de la *mère* et de la *putain*, mais, de manière beaucoup plus complexe, à travers *trois* figures : *la vierge*, *la mère* et *la putain.* Un triangle redoutable, car si l'homme les a hypostasiées toutes les trois, c'est que les trois lui sont nécessaires : la première, pour garantir la pureté de la filiation, la deuxième pour l'assurer, la troisième pour lui procurer du plaisir. Le problème, c'est que les trois figures de cette trinité sont antinomiques.

Alors que l'homme aurait pu tenter de les superposer, de les unir harmonieusement en une image de femme complète, capable de lui donner des enfants bien à lui, tout en étant aimante, aimée et sexuellement désirable, il les a catégoriquement opposées, s'interdisant de jouir quand il aime et de respecter quand il jouit. Une alternative désolante ainsi résumée par Freud : « Là où ils aiment, ils ne désirent pas et là où ils désirent, ils ne peuvent aimer[1]. » En outre, une fois épousée, la femme qui leur « appartient » devra se garder à tout prix de séduire ailleurs, raison pour laquelle elle est tenue à la *pudeur* : la femme honorable s'oppose à la « traînée » comme la *pudeur* à *l'impudeur.* La première se cache, la deuxième s'expose au regard comme une marchandise. Aussi la *pudeur* joue-t-elle un rôle considérable dans le triangle *vierge-mère-pute* qui a façonné l'imaginaire masculin. C'est pourquoi ce thème viendra s'intercaler entre la *vierge* et la *putain* dans ce qui suit. Mais commençons par la *mère.*

---

1. Sigmund Freud, « Sur le plus général des rabaissements de la vie amoureuse », in *La Vie sexuelle*, Paris, PUF, 1977.

La mère et le devoir de maternité

On l'a dit, c'est sur l'idée de *nature* que s'est opérée la hiérarchisation des rapports de sexe. La femme est enfermée dans le *biologique* : la maternité est non seulement le fondement de son être, la seule finalité de son existence, mais aussi son unique vocation *sociale*. La femme est un être défini uniquement par son *sexe*, elle est *chair* et transmet la *chair*.

La *maternité* est, pour la femme, la seule façon d'expier ses fautes et de conquérir une valeur. À Rome, tant qu'une épouse n'avait pas mis au monde trois enfants vivants, elle n'était pas pleinement respectée. Une idéologie du *nombre* qu'on voit systématiquement ressurgir dans l'histoire, dès que s'annonce un péril démographique, et qu'entretiennent conjointement l'Église, fervente opposante à la contraception, l'État, car « il n'est de richesse que d'hommes », et la conscience populaire, désireuse d'accroître la main-d'œuvre de l'exploitation familiale. Longtemps, le destin de la femme mariée fut donc de passer de six à dix fois de suite de la grossesse à l'allaitement, ce que résumait fort bien le proverbe la dépeignant comme « soit aux œufs, soit au lait ».

Mais le pathétique de l'affaire, c'est qu'aussitôt « pondus », les enfants devenaient la propriété exclusive de leur père : la mère n'avait servi que de matrice. À quoi aurait-elle voulu prétendre ? Dénuée d'intelligence et de rationalité, incapable de se gouverner elle-même, comment aurait-elle pu prendre en charge l'avenir de ses fils ? Elle n'était bonne qu'à les porter et les enfanter, en vertu de sa *nature*, gouvernée par la physiologie et les entrailles. « *Tota mulier in utero* », la femme est tout entière dans son utérus, comme le déclarait le médecin Hippocrate, une formule que des générations d'hommes de science se plairont à répéter comme une vérité absolue. Tant et si bien que les femmes finirent par croire que si elles n'avaient pas d'enfant, elles n'étaient pas vraiment des femmes. *Être-mère* ou ne pas être.

Cette injonction à la maternité allait s'accompagner de l'interdiction judéo-chrétienne de la contraception et causer d'immenses préjudices aux femmes. Combien de centaines de millions de femmes se retrouvèrent ainsi mères sans l'avoir désiré, soit parce qu'elles furent mystifiées par la propagande nataliste, soit parce qu'elles tombèrent enceintes accidentellement, soit encore parce qu'elles furent violées ? C'est au nom de toutes ces *mères-malgré-elles* que s'exprimait la fervente militante féministe soviétique Alexandra Kollontaï lorsqu'elle dénonçait la situation misérable de la femme ouvrière du début du XXe siècle, sous-payée et jetée sur les routes par les progrès de l'économie : « Quelle dérision, quel blasphème dans toutes ces exclamations sentimentales de la bourgeoisie sur le “caractère sacré du foyer familial et de la maternité” quand des millions, des dizaines de millions de mères ne sont même pas en état de remplir leurs obligations les plus élémentaires[1] ! » s’indignait-elle.

La situation est la même aujourd’hui. Pour quantité de femmes, porter la vie est une tragédie. Mais les opposants, toujours nombreux, à la contraception et à l’avortement, refuseront toujours de l’entendre, tant cela va à l’encontre de leur essentialisation de la *femme-mère.*

La réduction de la femme à la maternité a un autre effet pervers : la stigmatisation des femmes qui, pour toutes sortes de raisons, ne *peuvent* pas ou ne *veulent* pas avoir d’enfant. Faut-il les ostraciser, les rejeter hors de la communauté des femmes, comme ce fut longtemps le cas de la femme infertile, de la lesbienne ou de la « vieille fille », jugées indignes de leur sexe ?

Simone de Beauvoir fut l’une des premières à condamner cette aliénante « mythologie de la maternité ». La charge du *Deuxième Sexe* pèche parfois par sa virulence, elle vise néanmoins juste. Car, depuis sa publication, partout où les femmes ont acquis la possibilité de contrôler librement leur fécondité, non seulement elles enfantent beaucoup moins, mais elles revendiquent même le droit de refuser catégoriquement la procréation, comme en atteste le mouvement « Childfree ». Dans *La Révolution du féminin*[2], la philosophe Camille Froidevaux-Metterie repère ici une « ère anthropologique nouvelle où les femmes sont en

1. Alexandra Kollontaï, *Marxisme et révolution sexuelle*, Paris, François Maspero, 1973 ; rééd. La Découverte, 2001.

2. Camille Froidevaux-Metterie, *La Révolution du féminin*, *op. cit.*

mesure d'esquiver la naturalité de leur existence et où elles apparaissent enfin comme de purs individus, au sens abstrait et universel du terme ». D'êtres « irréductiblement maternels », les femmes sont devenues des êtres « potentiellement maternels » à la faveur d'une « nouvelle norme reproductive », qui accorde la primauté à l'accomplissement de soi : « Un enfant si je veux, quand je veux[1]. »

Toutefois, même s'il s'agit là d'un tournant anthropologique majeur, la pression sociale à la procréation reste forte ; la maternité reste un idéal social, peut-être même d'autant plus valorisé qu'il est devenu optionnel. Faire un enfant, alors que rien n'y oblige, *a fortiori* lorsqu'on mène sa carrière tambour battant, devenir une *working mum*, voilà qui fait de la femme d'action une femme réellement accomplie. Au point que la grossesse devient parfois un outil marketing de promotion de soi[2], visant à diffuser l'image d'une femme surhumaine, capable de tout concilier, grâce à son dynamisme et son sens de l'organisation. Ainsi de la célèbre « mutante[3] » Marissa Meyer, qui, dès son accouchement, publia ce faire-part sur les réseaux

1. « Pour les générations de femmes nées après 1960, la proportion de celles qui ne seront jamais mères varie entre un peu moins de 15 % en France et 30 % en Allemagne, ces taux ne cessant d'augmenter », écrit Camille Froidevaux-Metterie (Enquête *Fecond* de 2010, in Charlotte Debest et Magali Mazuyn, « Rester sans enfant : un choix de vie à contre-courant », *Population et sociétés*, Ined, n° 508, février 2014).

2. Voire un accessoire mode, comme ce fut le cas lors du « défilé de mammas » de Dolce & Gabbana automne-hiver 2015-2016, où l'on vit déambuler des mannequins (toujours aussi squelettiques) portant des bébés dans les bras.

3. Marie-Laure Susini, *La Mutante. La nouvelle femme, le pouvoir et les hommes*, Paris, Albin Michel, 2014.

sociaux : « Marissa Mayer, P-DG de Yahoo, vient de donner naissance à un fils ; elle prendra une seule semaine de congé maternité pendant laquelle elle continuera à travailler de la maison. » Le message est sans équivoque : même si vous travaillez plus de quinze heures par jour, comme c'est le cas de cette stakhanoviste, vous pouvez encore trouver le temps de mettre au monde un enfant et de l'élever. Et ne venez pas nous dire que le congé maternité est indispensable à la mère et au nourrisson, c'est une vision passéiste et erronée de la maternité. Le nouveau credo consiste à être mère, tout en évitant que cela puisse avoir une quelconque incidence sur la productivité. Il est donc préférable de donner naissance à un enfant « facile » et en bonne santé, d'autant que, en règle générale, c'est à la femme qu'incombe l'essentiel du « maternage ». Cette essentialisation de la *femme-mère* a en effet accrédité l'idée d'une « complémentarité[1] » entre les sexes : tout ce qui a trait au sale – les excréments des enfants, le ménage, la vaisselle, la lessive, les ordures… – est le royaume « naturel » de la femme. Un couple est fait de deux êtres qui ne se ressemblent en rien mais dont les talents divergents s'assortissent et s'équilibrent. Le père a en charge le « symbolique », la mère le « réel ». En théorie, l'idée est séduisante, sauf qu'en pratique, la complémentarité n'est enrichissante pour les deux que si et seulement si les rôles et attributions sont, *primo*, librement consentis par chacune des deux parties et

1. Cette notion de « complémentarité » entre homme et femme a fait l'objet d'une vive polémique en Tunisie en 2012 en raison du projet de l'article 28 de la Constitution y faisant explicitement référence, signe, pour les progressistes, d'une régression du statut social de la femme.

secundo, virtuellement interchangeables. Or dans les faits, la complémentarité se traduisit presque invariablement dans le sens d'une subordination de la femme.

La paternité resta en effet très longtemps étrangère à l'implication concrète et routinière dans la vie quotidienne de l'enfant : la bouillie, les fesses sales, le vomi, ce n'était pas le domaine de l'homme. L'organique, la vérité du corps, la matière et *les* matière*s* – l'odeur des couches, le sang des plaies, la crasse du linge –, c'était le royaume naturel des femmes, en vertu de leur lien ontologique avec l'impur, le sang, la mort et les profondeurs. Plutôt que d'avouer leur répugnance à accomplir toutes ces tâches ingrates, les hommes ont postulé que l'« instinct maternel » servait à rendre leur exécution parfaitement naturelle pour la femme.

Celle-ci se voyait en outre présenter une vision idéalisée de la maternité mettant en avant la seule tâche noble parmi les corvées domestiques : *nourrir*. La mère est celle qui donne le sein ou la becquée et cette fonction sacrée de *mère nourricière*, inscrite dans son patrimoine génétique, est ce qui fait sa dignité. La cuisine est donc le lieu dans lequel elle est le plus naturellement à sa place : elle est en osmose métaphysique avec ses fourneaux, car telle est la volonté de Dieu. La femme est « au service », et c'est là son « génie », comme le rappelait le pape Jean-Paul II dans la lettre apostolique *Mulieris dignitatem*[1]. Son essence, ce qui la définit en propre, sa substance même,

1. « Dans chaque foyer, il faut une femme qui, discrètement, en esprit de service, veille », *Lettre apostolique Mulieris dignitatem sur la dignité et la vocation de la femme* du pape Jean-Paul II à l'occasion de l'année mariale, 1988.

c'est le dévouement aux siens. Le don de soi, et même l'oubli de soi, est sa vocation terrestre et céleste, la seule façon pour elle de s'approcher de Dieu, de le glorifier et de gagner la vie éternelle. Mettre au monde les enfants, nourrir les vivants, soigner les malades, veiller les morts, consoler les endeuillés : elle est l'humble « servante[1] » du seigneur et sa mission est sacrée entre toutes.

Mais cette notion d'« instinct maternel » ne va pas de soi, comme l'a montré la philosophe et historienne Élisabeth Badinter dans *L'Amour en plus*[2]. En féministe égalitariste, elle s'inquiète de ce qu'elle considère comme une régression, à savoir le retour actuel de l'idéologie, voire du fondamentalisme *maternaliste*, notamment à travers la réapparition du devoir d'allaitement[3], associé à la remise en question de l'anesthésie péridurale et de la pilule. Hier comme aujourd'hui, la femme serait socialement assignée à la maternité et sans cesse culpabilisée à l'idée d'être une « mauvaise mère ». Dans le sillage fécond de Simone de Beauvoir, l'auteure de *L'Amour en plus* déconstruit la notion d'*instinct maternel*, accusé de servir une vision essentialiste, paternaliste et phallocentrique des rapports de sexes.

Selon elle, cet *instinct* ne renverrait aucunement à une prétendue *nature féminine* : ce serait un fait socioculturel construit, « infiniment complexe et imparfait », qu'elle préfère nommer *amour maternel*. « Loin d'être inscrit dans les gènes, il est conditionné

1. Marie dit : « Je suis la servante » (Luc, I, 38).

2. Élisabeth Badinter, *L'Amour en plus. Histoire de l'amour maternel, XVIIe-XXe siècle*, Paris, Le Livre de poche, 2001.

3. Les recommandations de l'OMS en faveur de l'allaitement se sont traduites par le décret n° 98-688 du 30 juillet 1998.

par tant de facteurs indépendants de la "bonne nature" ou de la "bonne volonté" de la mère qu'il faut plutôt un petit miracle pour que cet amour soit comme on nous le décrit. Il dépend non seulement de l'histoire personnelle de chaque femme [...], de l'opportunité de sa grossesse, de son désir d'enfant, de son rapport avec le père, mais aussi de bien d'autres facteurs sociaux, culturels, professionnels, etc. »

D'ailleurs, le nombre de mères distantes, négligentes ou maltraitantes est beaucoup plus important qu'on veut bien le croire, comme l'a montré l'anthropologue et primatologue américaine Sarah Blaffer Hrdy dans *Les Instincts maternels*[1]. Cette dernière rappelle également l'importance de l'infanticide chez certaines espèces animales – comme le scarabée, l'araignée, l'écureuil, l'ours, le loup ou la souris – et dans beaucoup de sociétés humaines primitives (notamment les Yanomanis du Brésil et les Kungs d'Afrique du Sud). Quant à l'abandon, c'est un phénomène de masse à l'échelle historique, si l'on en croit l'historien américain John Boswell, auteur de *Au bon cœur des inconnus. Les enfants abandonnés de l'Antiquité à la Renaissance*[2]. Dans la Rome antique, le taux d'abandon variait de 20 à 40 % des enfants nés vivants et il était encore tout aussi élevé dans la Florence du XVIIe siècle. Ce qui tend à prouver que l'*instinct*

1. Sarah Blaffer Hrdy, *Les Instincts maternels*, trad. de l'anglais par Françoise Bouillot, Paris, Payot, 2004.

2. John Boswell, *Au bon cœur des inconnus. Les enfants abandonnés de l'Antiquité à la Renaissance*, New York, Pantheon Books, 1988, trad. de l'anglais par Pierre-Emmanuel Dauzat, Paris, Gallimard, 1993.

maternel ne saurait être considéré comme une donnée universelle qu'au prix d'une mystification.

Le dogme de l'*instinct maternel* aurait en outre un corrélat regrettable, d'après Élisabeth Badinter : l'exclusion du père, tenu de garder ses distances, en vertu de son rôle exclusivement symbolique, ce qui aurait un effet ravageur sur l'éducation des enfants, singulièrement les fils, enfermés dans la symbiose avec la mère. C'est pourquoi la philosophe encourage le père (ou l'homme qui incarne l'image paternelle) à mobiliser sa féminité pour partager le parentage avec la mère, mission dont il pourrait s'acquitter avec la même sensibilité, la même affection et la même compétence qu'elle. Il y aurait donc urgence à désexuer les soins au nourrisson et à favoriser l'éclosion d'une nouvelle paternité, je reviendrai sur ce dernier point dans la sixième partie.

L'Amour en plus a suscité une vive polémique au sein des militantes féministes. Si une partie d'entre elles a souscrit à la thèse culturaliste, une autre s'est insurgée. Comment peut-on prétendre que l'*instinct maternel* n'est qu'une chimère et nier la base biologique des émotions maternelles ? demandèrent les différentialistes (ou naturalistes). Comment ne pas reconnaître le rôle joué par les hormones – notamment la prolactine et l'ocitocyne – dans l'élaboration du lien si spécifique, si intime, si personnel, que la femme établit avec son fœtus pendant la gestation ? ajoutèrent-elles. N'est-on pas forcé d'admettre l'abyssale *différence* entre hommes et femmes, du seul fait que ce sont elles et elles seules qui portent les enfants ?

Né à la fin des années 1970 des déceptions générées par le féminisme universaliste beauvoirien, fondé sur la ressemblance des sexes, le féminisme différentialiste est l'héritier de la sociobiologie wilsonienne, définie comme l'« étude systématique des fondements biologiques de toutes les conduites humaines[1] ». Relayé par la psychologie évolutionniste[2] et la psychanalyse, il invoque les disparités génétiques entre hommes et femmes pour fonder le partage traditionnel des rôles de sexe sur les *différences naturelles*. Les militantes de ce courant considèrent que c'est par l'exaltation de la spécificité de son corps et de son appareil symbolique que la femme peut s'émanciper de la domination masculine. Beauvoir et ses émules n'auraient fait à l'inverse que stigmatiser la corporéité comme le lieu de l'aliénation féminine, invitant la femme à se désincarner pour conquérir sa liberté.

« Il y a deux sexes[3] », proclame la psychanalyste Antoinette Fouque, et ils sont irréductibles l'un à l'autre. Il n'y a pas de crime plus pernicieux, pense-t-elle, que la négation de l'altérité et le déni totalitaire de la dualité sexuelle dont se rendent coupables les tenantes de l'égalitarisme universaliste et normalisateur. Là où il faudrait clamer un *droit à la différence* et s'insurger contre les « démocraties unisexes et matricides », Simone de Beauvoir et, à sa suite, Élisabeth Badinter,

1. Edward Osborne Wilson, *Sociobiology : The New Synthesis*, Cambridge, Harvard University Press, 1975. Et *On Human Nature*, Cambridge, Harvard University Press, 1978.

2. Surtout connue du grand public dans sa version « Venus & Mars ». Rappelons au passage que le best-seller du psychologue John Gray *Les hommes viennent de Mars, les femmes viennent de Vénus* (rééd. J'ai Lu, 2003), traduit en 40 langues, s'est vendu à 15 millions d'exemplaires, ce qui en dit long sur son pouvoir de conviction.

3. Antoinette Fouque, *Il y a deux sexes : essais de féminologie, 1989-1995*, éd. rev. et augm., Paris, Gallimard, 2004.

seraient tombées, selon l'expression de la philosophe Sylviane Agacinski, dans le « piège de l'androcentrisme[1] ». Aussi les différentialistes rappellent-elles ce fait : qu'elle enfante ou non, la femme est constamment ramenée à sa vie hormonale, des premières règles jusqu'aux bouffées de chaleur et aux sécheresses vaginales promises pour la ménopause. Et ce « vécu psycho-physique » si singulier la sépare radicalement et définitivement du monde masculin, en particulier lors de la grossesse et de l'enfantement. La parentalité ne saurait donc en aucun cas être symétrique : le rapport père-enfant est à jamais irréductible au rapport mère-enfant.

La question est en effet très délicate. Le cycle menstruel qui, depuis l'adolescence, rappelle à chacune, tous les vingt-huit jours, qu'elle a une usine à fabriquer les bébés dans le ventre, constitue en effet une différence indépassable entre hommes et femmes. Elles ont leurs règles, pas eux, elles fabriquent et donnent la vie, pas eux, elles allaitent, pas eux. Leur rapport à l'enfant, à leur propre corps et, au-delà, au monde, ne peut pas ne pas être affecté par cette différence biologique.

Un homme n'aura jamais de nausées matinales, même si, comme le remarque le romancier américain Jeffrey Eugenides, dans ce chef-d'œuvre qu'est *Middlesex*, « c'est un homme qui a appelé ça "vomissements matinaux", parce qu'il n'était pas là dans la journée[2] ». Et ce même homme ne saura jamais, de l'intérieur, ce que *ça fait* que d'être enceinte, ne vivra jamais la tempête émotionnelle, physiologique et psychologique

1. Sylviane Agacinski, *Politique des sexes*, Paris, Seuil, 1998.
2. Jeffrey Eugenides, *Middlesex*, trad. de l'anglais par Marc Cholodenko, Paris, Seuil, 2004.

que représente le fait d'assister au dédoublement de sa propre identité pendant neuf mois. Il est impossible que la parentalité de l'un et l'autre sexe ne soit pas affectée par le fait que c'est la femme, et non l'homme, qui *porte* l'enfant dans ses entrailles. La mère a nécessairement un lien plus organique, plus intime, plus charnel avec le nourrisson que son père : tel est le credo des naturalistes, ou différentialistes.

Soit. Le problème, c'est qu'à vouloir à tout prix faire reconnaître l'éminence du corps maternel, les différentialistes tombent parfois dans le piège inverse de l'androcentrisme qu'elles dénoncent : le *gynocentrisme*. Car une Antoinette Fouque n'hésite pas à passer de la *différence* à la *supériorité* féminine, une supériorité morale fondée sur l'« expérience princeps » de la gestation. Elle affirme que la puissance procréatrice, parce qu'elle suppose « générosité, génie de l'espèce, acceptation du corps étranger, hospitalité charnelle, ouverture », est le « paradigme de l'éthique et de la démocratie », la « pensée première, le cœur même de la connaissance ». La physiologie féminine est, d'après elle, le socle de toutes les vertus – altruisme, responsabilité, sollicitude, empathie, générosité… – tandis que la culture patriarcale serait fondée sur le « sacrifice, le crime et la guerre ».

C'est en ce sens que la féminité (douce, chaleureuse et pacifique) est invoquée comme une arme politique, la seule capable de lutter contre l'individualisme mâle et de renverser la « culture phallique ». L'expérience maternelle, comme le pensent aussi Nancy Chodorov[1],

1. Nancy Chodorov, *The Reproduction of Mothering*, Berkeley, University of California Press, 1978.

Carol Gilligan[1] Luce Irigaray[2], ou des « écoféministes » comme Lynda Birke, représenterait l'avenir radieux de l'humanité.

Mais ne serait-on pas là en train de remplacer le sexisme viriliste par un sexisme féministe ? Pourquoi faudrait-il opposer à l'idée de supériorité masculine l'idée inverse, tout aussi hypothétique, de supériorité féminine ? Et surtout, en faisant de la maternité le point d'ancrage indépassable de l'identité féminine, en réassignant la femme à son utérus, le projet différentialiste ne risque-t-il pas de réactiver les vieux ressorts de la domination masculine fondés sur l'essentialisation de la *femme-mère* ? Comment ne pas craindre que l'*éthique du care*, qui fait de la femme un être naturellement aimant et bienveillant, ne contribue à la reconduction des femmes dans les travaux ancillaires ? Est-il possible de sortir de cette impasse ? De sauver le principe d'une spécificité corporelle féminine, sans pour autant réassigner la femme à la procréation et la domesticité ?

Peut-être serait-il bon de rappeler la distinction entre une potentialité et un déterminisme. Que la femme soit biologiquement équipée pour la maternité, qu'elle puisse en retirer d'immenses joies, cela ne fait aucun doute. Mais déduire de cet appareillage biophysique une *essence* féminine *nécessairement* dévolue à la maternité ne peut se faire qu'au prix d'une négation de son libre arbitre. La maternité est un choix, non un destin.

---

1. Carol Gilligan, *Une si grande différence*, trad. de l'anglais par Annie Kwiatek, Paris, Flammarion, 1986.

2. Luce Irigaray, *Le Temps de la différence*, Paris, Le Livre de poche, 1989.

Sans nier la spécificité anatomique de la femme et l'expérience sensorielle, émotionnelle, extraordinaire et incommunicable que représente le fait d'être mère, il faut cesser de penser la maternité comme l'horizon indépassable de la femme. La femme doit se sentir parfaitement libre de disposer comme elle l'entend des attributs dont la *nature* l'a dotée. « Vous êtes libre, écrit Jean-Paul Sartre dans *L'existentialisme est un humanisme*, choisissez, c'est-à-dire inventez. Aucune morale générale ne peut vous indiquer ce qu'il y a à faire [...] l'homme n'est rien d'autre que son projet [...] rien d'autre que sa vie [...] nous choisissons nous-même notre être[1]. » Entre sa prédisposition physiologique à la maternité et sa décision de porter la vie s'interposent quantité de paramètres individuels extrêmement complexes qui appartiennent en propre à chaque femme. Ce sont ces paramètres qui définissent sa *subjectivité*, et que le système viriarcal a ignorés pendant des siècles, en traitant systématiquement la femme en *objet*, et jamais en *sujet*.

L'essentialisation de la *femme-mère* ne va d'ailleurs pas sans poser un dernier problème. L'idéalisation de la maternité est, en effet, profondément paradoxale. Dans toutes les religions, l'état le plus pur, celui dont la signification morale et spirituelle est la plus haute, plus sainte encore que la maternité, c'est la *virginité*. Mais comment devenir *mère* tout en restant *vierge* ?

1. Jean-Paul Sartre, *L'existentialisme est un humanisme*, Paris, Folio Essais, 1996.

La vierge et la sacralisation de la virginité

La fascination pour la virginité est très ancienne. En Grèce, on attribuait déjà à la chasteté des déesses Athéna, Artémis, ou Hestia des vertus magiques, garantissant la pureté, l'immortalité et la cohésion de la cité. Chez les Hébreux, elle avait surtout une vocation sociale, celle de préserver l'intégrité de la lignée, d'où l'importance considérable attribuée à la non-défloration avant le mariage. Le Deutéronome prévoit des sanctions sévères pour toute forme d'atteinte à la chasteté de « celle qui n'a pas été ouverte » : la femme doit impérativement se marier vierge.

Cette obsession est commune à toutes les religions. Dans certaines communautés, c'est encore un impératif absolu, comme en témoigne le succès croissant de l'hymenoplastie, cette opération visant à la reconstruction de l'hymen, grâce à laquelle le drap est bien maculé de sang lors de la nuit de noces. Si l'on veut éviter de voir sa fille en arriver là, on peut, comme les chrétiens évangélistes américains, la faire participer à un « bal de virginité », encore appelé « bal de pureté », au cours duquel elle s'engagera solennellement, auprès de son père, à préserver sa virginité jusqu'au mariage et à ne pas retirer son « bracelet de chasteté ».

Car c'est surtout le christianisme qui, par la voix des premiers Pères de l'Église, sacralisera la virginité, sous l'influence conjuguée du judaïsme, du puritanisme stoïcien et du pessimisme de la chair hérité de la gnose. Au point de la préférer même au mariage : l'apôtre Paul considère que celui qui ne donne pas la main de sa fille « fait mieux » que celui qui lui donne un époux[1]. Quant aux Pères du désert, ils craignent l'imminence de la fin du monde et encouragent les fidèles à ne plus procréer.

La « supériorité de la virginité sur le mariage » sera, par la suite, constamment réaffirmée, notamment dans la lettre encyclique *Sacra Virginitatis* du 25 mars 1954 rédigée par le pape Pie XII. Considérant que la virginité est « le plus beau fleuron de l'Église », car elle permet de « servir Dieu plus librement [...], facilite l'élévation de la vie spirituelle et féconde l'apostolat », le souverain pontife affirme que « la virginité l'emporte sur le mariage ». Cette vertu sublime vise en effet « à réaliser une fin plus excellente », puisqu'elle permet de « s'adonner totalement au service de Dieu », alors que l'âme de celui qui est engagé dans le mariage est « partagée ».

Aussi le pape donne-t-il ce précieux conseil à celles qui se révèlent impuissantes à « vaincre les charmes du péché » : « Pour garder une chasteté sans tache et parfaite, et pour la faire grandir, il existe un moyen remarquable et qui n'a cessé de faire ses preuves au cours des siècles : c'est une dévotion solide et fervente envers la Vierge Mère de Dieu. »

---

1. 1 Co, 7, 36-38.

Il est vrai que la Vierge Marie, celle qui sauve l'humanité du péché d'Ève, fournit au sexe féminin un contre-modèle glorieux. Son culte est révélateur du fait qu'une religion ne se construit pas tant sur la lettre du texte sacré que sur son interprétation. C'est cette dernière qui fonde les rites et les positionnements idéologiques sur les grandes questions métaphysiques. La Mère de Jésus n'est citée que dans quelques versets des Évangiles et des Actes des Apôtres, mais, à partir de cette base, l'Église catholique va élaborer une importante *théologie mariale*, qui s'enrichira au fil des siècles de nouveaux éléments doctrinaux, notamment l'affirmation, à la fin du IVe siècle, de la *Virginité perpétuelle* de Marie – avant, pendant et après l'enfantement (*virginitas* « *ante partum* », « *in partu* » et « *post-partum* ») – puis la promulgation, en 1854, du dogme de l'*Immaculée Conception*, bientôt suivi, en 1950, de celui de l'*Assomption*.

Le corps de Marie n'a jamais été souillé par le péché et c'est pour cette raison qu'il peut être le temple de Dieu, la « sainte chapelle » abritant le trône de Jésus. Depuis deux millénaires, fêtes liturgiques, prières, hymnes, pèlerinages et dévotions viennent entretenir la piété à l'égard de la « Très Sainte Vierge Marie », celle qui est demeurée, selon les termes du docteur de l'Église Bernard de Clairvaux, « vierge de corps, vierge d'esprit, vierge aussi par décision et engagement[1] ».

À travers la sainteté de Marie, la virginité revêt une très haute signification spirituelle : être vierge est une condition nécessaire pour parvenir « à une intimité

1. Bernard de Clairvaux, *Les Louanges de Marie. Homélie en l'honneur de la Mère de Dieu*, Nabu Press, 2012.

toujours plus grande avec Dieu[1] ». D'où la dimension mystique, voire prophétique, de la virginité, qui explique les vérifications réitérées de l'hymen de Jeanne d'Arc. Le Seigneur, en effet, ne peut s'être adressé personnellement qu'à une femme *pure*, à savoir une « pucelle ».

Par sa foi, sa piété et sa chasteté, Marie la rédemptrice rachète le péché d'Ève la tentatrice. Par sa maternité, elle triomphe de Lilith l'infanticide et donne à toutes les femmes l'exemple d'un amour maternel oblatif, absolu, douloureux et sacrificiel. À l'*érotisme non maternel* de la sorcière, elle oppose ainsi la *maternité non érotique* de la Vierge : elle est la *femme sans sexe* et la *mère sans ventre.*

Mais Marie peut-elle vraiment servir d'exemple ? N'offre-t-elle pas aux femmes un modèle irréalisable ? Sauf à porter le fils de Dieu, comment être *mère* et *vierge* à la fois ? N'est-ce pas, là encore, une façon, détournée, de culpabiliser les femmes, sinon de les déréaliser ? Quoi qu'elle fasse, aucune n'arrivera jamais à transcender la physiologie pour parvenir à enfanter sans être fécondée : ce qu'a fait Marie, donner naissance à un fils *ex utero clauso* (d'un utérus fermé), elle était « une entre toutes les femmes » à avoir pu le faire. Parce qu'elle était touchée par la grâce divine. Les autres, toutes les autres, sont habitées par le péché.

Et si l'idéalisation/désincarnation de la femme n'était qu'un piège de plus pour lui faire accepter sa soumission et sa relégation ? C'est ce que pense le

1. Lors d'une audience générale intitulée « Le rôle de la femme à la lumière de Marie », le pape Jean-Paul II a dit : « Vierge par excellence, elle a mûri dans son cœur le désir de vivre dans cet état pour parvenir à une intimité toujours plus grande avec Dieu » (6 décembre 1995).

théologien protestant et libertaire Jacques Ellul : « Le culte de la Vierge n'est en rien la preuve que l'on plaçait la femme très haut : il en est exactement l'inverse, écrit-il dans *La Subversion du christianisme.* Il joue le rôle d'une idéologie et, justement, dévoile le mécanisme de dépouillement de la femme, de minorisation, de négation. Le modèle est parfait, mais il est unique. Parce que aucune femme ne peut en approcher, alors toutes doivent être, au nom même de l'excellence de la Vierge, réduites en tutelle[1]. » L'adoration de la Vierge semble vouloir révéler la haute estime dans laquelle on tient la femme, mais, en réalité, « plus le modèle est parfait, plus il autorise la réjection du concret ».

Marie est d'autant plus intimidante que les chrétiens ne sont pas les seuls à la considérer comme le personnage féminin le plus sublime et le plus édifiant de tous les temps. Les musulmans, sans toutefois l'adorer, sont également fascinés par la figure de Maryam, la femme la plus digne de louanges qui ait jamais été créée, citée trente-quatre fois dans le Coran, et seule de son sexe à être désignée par son nom (et non comme mère, épouse, sœur ou fille de). Selon la tradition mystique, elle sera la première des élus à entrer au paradis.

Si son exemple est si déroutant pour le commun des mortelles, c'est que l'islam ne la considère pas comme un personnage surnaturel, mais comme une femme réelle, de chair et d'os. Simple créature, elle s'est pourtant montrée capable d'un courage immense et d'une bonté infinie en allant au bout du dessaisissement de soi et de la soumission à la volonté divine,

1. Jacques Ellul, *La Subversion du christianisme*, Paris, La Table ronde, 2001.

ce qui ne peut que jeter la suspicion sur toutes les autres femmes. Dans la sourate 19 du Coran, qui porte son nom, elle répond à l'archange Gabriel : « Comment aurais-je un fils, quand aucun homme ne m'a touchée, je ne suis pas prostituée ? » Dans cette courte question, qui exprime l'incompréhension de Maryam devant l'annonce de sa grossesse, se trouve résumé le binarisme qui a presque universellement façonné l'imaginaire masculin autour de deux archétypes : la femme est soit « vierge » (« aucun homme ne m'a touchée ») soit « prostituée ». Elle ne peut être qu'idéalisée ou dégradée : comme chez les chrétiens, elle est soit madone asexuée, soit putain réduite à son sexe, soit Sainte Marie, soit *Marie-couche-toi-là*.

Mais la difficulté ne s'arrête pas là. Il faut encore qu'elle corresponde à un autre archétype : celui de *mère*, comme on l'a vu plus haut. Mais comment enfanter, tout en demeurant respectable ? Réponse de l'Église catholique : en acceptant l'accouplement, tout en se comportant *comme une vierge*. La femme convenable se devra donc d'être innocente des choses du sexe, auxquelles elle consentira pour les besoins de la reproduction, mais sans en tirer de plaisir[1]. La frigidité deviendra ainsi le seul facteur rédempteur pour celles qui choisiront la maternité plutôt que la sainteté. L'indifférence et l'apathie sexuelles seront perçues comme les signes manifestes de la pureté féminine, de même qu'une autre vertu considérée comme cardinale : la *pudeur*.

1. C'est ici une différence avec l'islam, qui ne condamne pas le plaisir sexuel entre époux, mais au contraire l'encourage et le codifie.

La pudeur et le voile

Il faut s'arrêter un instant sur cette dimension fondamentale de l'essentialisation de la femme : la *pudeur*, censée être son habitat naturel. Ici encore, Marie est le modèle suprême : elle est la quintessence de la réserve, de la décence et de la modestie, ces vertus contenues dans le concept hébraïque de *tsniout*. Alors qu'Ève se promenait nue dans le jardin d'Éden, Marie, comme le voulait la coutume en Palestine à l'époque messianique, était voilée et drapée de la tête aux pieds. Rien ne paraissait alors plus impudique que de montrer sa chevelure, à l'instar de la « pécheresse », dont l'Évangile de Luc raconte qu'après avoir arrosé de ses larmes les pieds de Jésus, elle les essuya sensuellement de ses longs cheveux parfumés en les couvrant de baisers, ce dont il lui fut reconnaissant, mais qui choqua le Pharisien témoin de la scène[1].

Parce qu'ils dégagent une puissante charge érotique, les cheveux ont toujours enivré les hommes : « Laisse-moi respirer longtemps, longtemps, l'odeur de tes

1. Luc VII, 36-50.

cheveux, y plonger tout mon visage, comme un homme altéré dans l'eau d'une source [...] Dans les caresses de ta chevelure, je retrouve les langueurs des longues heures passées sur un divan[1] [...], écrit Baudelaire dans *Un hémisphère dans une chevelure.* Laisse-moi mordre longtemps tes tresses lourdes et noires... » Les cheveux, parce qu'ils sont doux, odorants, fluides, mobiles, ondulants, souples, évoquent la lascivité, la langueur et la sensualité, ce qui fait d'eux non pas seulement une métonymie du sexe féminin, mais une métonymie du *péché de chair* lui-même. La chevelure est un piège maléfique, un sortilège dangereux.

Les nombreuses réminiscences littéraires du mythe de Lilith[2] en attestent : noirs, blonds ou roux, ses longs et luxuriants cheveux évoquent toujours la capture et l'enchaînement ; ce sont les attributs rois de la dominatrice. Lorsque le Faust de Goethe rencontre Lilith dans la Nuit des Sorcières, Méphistophélès le prévient : « Tiens-toi en garde contre ses beaux cheveux, parure dont elle seule brille : quand elle peut atteindre un homme, elle ne le laisse pas échapper de sitôt[3]. »

Il est donc plus prudent de ne pas laisser la femme les exposer, si l'on veut éviter le piège dans lequel est tombé Serge, le héros du roman d'Émile Zola *La Faute*

1. Charles Baudelaire, *Le Spleen de Paris. Petits poèmes en prose*, Paris, Le Livre de poche, 2003.

2. Comme l'a très bien montré Pascale Auraix-Jonchière dans *Lilith, avatars et métamorphoses d'un mythe entre romantisme et décadence*, *op. cit.*

3. Johann-Wolfang von Goethe, *Faust*, trad. de l'allemand par Gérard de Nerval, Paris, Flammarion, GF, 1964.

de l'abbé Mouret[1]. Fou des cheveux de sa maîtresse, dont il embrasse chaque mèche en brûlant ses « lèvres à ce rayonnement de soleil couchant », il fait un jour un « songe douloureux » : « Tu cachais tes cheveux, soigneusement, sous un linge ; et moi je n'osais écarter ce linge, parce que tes cheveux étaient redoutables et qu'ils m'auraient fait mourir. » Toutes les sorcières, toutes les femmes vénéneuses ont les cheveux longs, comme si elles s'en servaient pour agripper et traîner les hommes, et surtout leurs amants, vers la luxure et la mort.

Là encore, *le danger justifie la violence* de l'injonction faite aux femmes de les cacher, soit en les retenant en chignon, soit en les voilant. Une obligation qui, en dépit de ce que l'on a souvent tendance à penser, est loin de ne concerner que la religion musulmane, même si c'est bien sûr là que la question est aujourd'hui la plus débattue et la plus brûlante.

En réalité, l'usage du voile est déjà attesté des milliers d'années avant l'apparition de l'islam, chez les peuples sémitiques, ancêtres des Phéniciens, des Cananéens, des Hébreux et des Arabes. La tradition s'observe ensuite dans la religion juive, qui assimile l'exhibition de la chevelure à la nudité et exhorte les femmes à la *modestie.* Comme l'indique la rabbin Delphine Horvilleur dans *En tenue d'Ève*[2], le *devoir de pudeur*, invoqué par le verset biblique « le trésor de la fille du roi est à l'intérieur », s'impose à toute

1. Émile Zola, *La Faute de l'abbé Mouret*, Paris, Le Livre de poche, 1998.

2. Delphine Horvilleur, *En tenue d'Ève : féminin, pudeur et judaïsme*, *op. cit.*

femme dès lors qu'elle prend un époux, selon une coutume que l'on peut également observer dans le monde gréco-romain.

La femme « nubile » (un mot formé à partir de *nubes*, le voile, le nuage) était littéralement celle qui était en âge de se voiler, c'est-à-dire de se marier, puisqu'une fois épousée, elle devait se couvrir la tête. Son changement de statut était entériné, au cours du mariage, par un rituel au cours duquel elle voilait et dévoilait son visage, selon un jeu de « découvrement-recouvrement » que l'on retrouve dans le mariage juif orthodoxe avec la même signification : réserver le spectacle de la chevelure à l'époux, dans le strict cadre de l'intimité conjugale. Est-ce parce que exhiber ses cheveux, c'est lever une partie du mystère de son sexe, en révélant la couleur, voire l'épaisseur de la toison ? Ou par superstition, en vertu du principe rabbinique énonçant : « Maudit soit l'homme qui laisse les cheveux de son épouse être vus, une femme qui expose ses cheveux apporte la pauvreté » ? Dans les siècles ayant précédé notre ère, les femmes juives sortaient fréquemment dans la rue, la tête enfouie sous une couverture, ne laissant paraître qu'un œil, comme le rapporte le professeur de littérature biblique Menahem M. Brayer. Aujourd'hui encore, les femmes juives ultrareligieuses sont voilées ; certaines, notamment dans les communautés Haredim d'Israël, du Canada et des États-Unis, portent même la *frumka*, un long manteau noir ressemblant étrangement à la *burqa* saoudienne.

Ce fut ensuite au tour du christianisme, et singulièrement de l'apôtre Paul, d'inviter les femmes à la bienséance dans la Première Épître aux Corinthiens :

« Toute femme qui prie ou prophétise, tête nue, fait affront à son chef, c'est exactement comme si elle était tondue. Si donc une femme ne met pas le voile, alors qu'elle se coupe les cheveux[1] ! » Ce que saint Paul souligne ici, ce n'est pas tant l'érotisation de la chevelure que la *soumission* symbolisée par le voile, comme l'indique la suite : « L'homme, lui, ne doit pas se couvrir la tête, parce qu'il est l'image et le reflet de Dieu ; quant à la femme, elle est le reflet de l'homme. Ce n'est pas l'homme en effet qui a été tiré de la femme, mais la femme de l'homme et ce n'est pas l'homme, bien sûr, qui a été créé pour la femme, mais la femme pour l'homme. Voilà pourquoi la femme doit avoir sur la tête un signe de sujétion. » Le voile est donc bien, pour l'apôtre, le signe de la subordination de la femme à l'autorité supérieure de l'époux.

Si Paul ne souligne pas explicitement le caractère démoniaque de la chevelure, un autre Père de l'Église, l'évêque Cyprien de Carthage, la condamne vigoureusement dans un texte intitulé *De la conduite des vierges*, datant du IIIe siècle de notre ère : « Lorsque vous vous coiffez superbement et, que, paraissant ainsi en public, vous attirez sur vous les yeux et les soupirs de toute la jeunesse et que vous allumez dans leur cœur le feu de l'amour, [...] vous êtes plus dangereuse que le fer et le poison. » Comment, dès lors, « prétendre que vous êtes chaste d'esprit[2] » ?

---

1. 1 Co, XI, 4-6.

2. Saint Cyprien de Carthage, *De la conduite des vierges*, traduction originale à partir des *Œuvres de saint Cyprien, évêque de Carthage et martyr*, traduites par Monsieur Lambert, avec des remarques, une nouvelle vie de saint Cyprien tirée de ses écrits et une table des matières, Paris, 1672.

La messe est dite : si la femme est tenue à la pudeur, c'est qu'elle doit avoir honte d'appartenir au sexe maudit et d'attiser la concupiscence masculine, ce que confirme ce propos de l'influent théologien carthaginois Tertullien, dans un texte de la même époque intitulé *Du voile des vierges* : « Femme, tu devrais toujours porter le deuil, être couverte de haillons et abîmée dans la pénitence, afin de racheter la faute d'avoir perdu le genre humain[1]. »

La coutume du voile renvoie donc sans ambiguïté à la culpabilité féminine. Elle a étonnamment perduré dans l'Europe méditerranéenne, où les Siciliennes, les Espagnoles, les Portugaises, les Sardes, les Corses et les Grecques ont longtemps porté le foulard noir, de même que les femmes appartenant à certaines sectes chrétiennes, notamment les Amish et les Mennonites. On l'a peut-être oublié, les chrétiennes ne sont autorisées à pénétrer tête nue dans les églises que depuis le concile Vatican II (1964), où elles obtinrent le droit d'abandonner la voilette, la mantille ou le fichu.

Mais c'est aujourd'hui dans l'aire islamique que cette pratique se perpétue, voire se durcit, au point de devenir un enjeu politique majeur, aussi bien dans le monde arabe que dans des démocraties occidentales comme la France, où le port du foulard, de la *burka* ou du *burkini*, vient heurter les valeurs républicaines de laïcité et d'égalité des sexes.

À l'origine, il s'agissait d'une prescription coranique ayant pour but de protéger les femmes contre (ce que l'on n'appelait pas encore) le harcèlement sexuel :

---

1. Tertullien, *De virginibus velandis*, *Du voile des vierges*, Paris, Cerf, 1997.

« Ô prophète ! Dis à tes épouses, à tes filles et aux femmes des Croyants de serrer sur elles leurs voiles. Cela sera le plus simple moyen qu'elles soient reconnues et ne soient point offensées[1] », dit la sourate 24.

Au fil du temps, le voile s'est chargé de nouvelles significations, jusqu'à devenir aujourd'hui – et c'est ce qui le rend si difficile à étudier – un vêtement polysémique. Il ne traduit plus seulement une vision idéologique des rapports de sexe, mais également une radicalisation religieuse (symbolisée par le passage du *hijab* au *nikab*, puis à la *burka*), tout autant qu'une « islamisation de la radicalité[2] ». Des phénomènes complexes, que le contexte des attentats terroristes contribue aujourd'hui à brouiller encore davantage, d'autant que le discours islamophobe porté par l'extrême droite se plaît à hystériser les peurs. Ce qui transcende les époques, en revanche, c'est le caractère paradoxal du symbole : en visant à désérotiser les femmes, les jeunes filles, et parfois même les fillettes, le voile ne fait au contraire que les surérotiser, puisque l'érotisme naît, précisément, de l'interdit, de l'équivoque du visible et de l'invisible, de l'échancrure, du trouble généré par ce que l'on ne montre pas. Forcer les femmes à se dissimuler des pieds à la tête, c'est érotiser chaque parcelle de leur corps, coudes et genoux compris, c'est doter chaque centimètre de peau dérobé à la vue d'un irrésistible pouvoir d'attraction, bref c'est faire de la femme non pas une personne, mais un *objet*

1. Coran, « Les factions », 33, trad. Régis Blachère.
2. Expression du politologue Olivier Roy, « Le djihadisme est une révolte générationnelle et nihiliste », Le Monde, 24 novembre 2015.

sexuel, un *corps-sexe*, un corps entièrement sexualisé, intégralement défini par le regard désirant des hommes.

Le voile voudrait rendre les femmes invisibles, il ne fait que les hypervisibiliser en accroissant la curiosité et la concupiscence masculines. « Impossible d'ignorer les regards insistants, accrocheurs, des hommes dans les pays musulmans, écrit la romancière iranienne Chahdortt Djavann dans *Bas les voiles !* Le regard salace, le regard illicite, le regard aux aguets, le regard qui *pénètre* le voile. Et les filles réprimandées, car, malgré leur voile, leur corps dissimulé, elles ont attiré les regards illicites[1]. »

Pourquoi est-il si grave de déroger à la pudeur ? La romancière l'explique très bien : l'honneur sexuel de l'homme (*Nâmous*), ainsi que le zèle viril qu'il met à le préserver (*Qeyrat*) dépendent entièrement de la pudeur (*Hojb*) et de la honte (*Hayâ*) de sa mère, de sa femme, de sa sœur et de sa fille. « Plus une femme est honteuse et pudique, plus son père, ses frères, son mari ont de l'honneur et du zèle. Autrement dit, la construction de l'identité masculine chez les musulmans est tributaire de la pudeur et de la honte de la femme. » Être vertueuse, c'est être invisible. La femme non voilée, ou qui laisse dépasser une « mèche de cheveux subversive », « peut ébranler l'édifice de l'identité masculine. » Voilà pourquoi certains musulmans sont si intransigeants face à l'obligation faite à la femme de se couvrir.

Du moins en public. Car, une fois refermée la porte de la maison, il faut au contraire se montrer appétissante, surtout quand la concurrence est rude au harem.

1. Chahdortt Djavann, *Bas les voiles !*, *op. cit.*

C'est ainsi que l'on peut croiser, dans les centres commerciaux des émirats ou d'ailleurs, des silhouettes entièrement vêtues de noir faisant l'acquisition de pièces de lingerie qu'on pourrait qualifier non seulement de kitsch, provocantes ou « coquines », mais de « pas possibles ». Dans le souk de Hamidyé, menant à la mosquée des Omeyyades de Damas, on trouve de petites merveilles comme des strings à lumière clignotante, à canari gazouillant, en peluche, en dentelle, en cuir, en fourrure, à volants, à frou-frou, à plumes, en vinyle, goût chocolat, goût fraise, bref de quoi combler tous les goûts et toutes les bourses[1].

Voilée mais *sexy* : c'est aussi ce que révèle un autre phénomène, apparu récemment, celui des *hijabistas* (contraction de *hijab* et *fashionista*) ou encore des *Mipsterz* (de *musulman* et *hipster*). On peut être jolie, attirante, chic et *glamour*, tout en cachant ses cheveux, voire *parce qu'*on les cache. La coquetterie a en effet toujours eu partie liée avec ce jeu du montrer-cacher, variation de l'avancer-reculer qui constitue le mouvement même de l'érotisme. Une chevelure, et, par extension, un sein, ou tout autre attribut féminin, soustrait au regard, est d'autant plus désirable qu'il excite l'imagination et les sens, mettant ainsi l'esprit et le corps en mouvement ; tandis que la *vue* de ces mêmes attributs, qui ne voit que ce qu'elle voit, peut décevoir ou lasser.

Le foulard peut donc devenir un extraordinaire atout de séduction, ce qu'a très bien compris l'industrie de la mode. La *mode islamique*, ou *mode pudique*, est en

1. Louai Beshara, dépêche AFP, 4 mars 2009.

effet un marché mondial en pleine expansion[1]. La question du voile islamique est ainsi devenue très délicate, puisque de nombreuses femmes musulmanes occidentales déclarent le porter de leur plein gré, et, comble du paradoxe, pour en faire l'étendard de leur liberté de conscience. Il s'agit pour elles d'un geste identitaire, relevant de ce que le féminisme américain appelle *empowerment* et que l'on traduit parfois par « responsabilisation » ou « autonomisation » : le droit à revendiquer son propre schéma d'émancipation et de dire, en substance : « Laissez-moi porter librement un symbole de soumission si je l'ai décidé. » Ces femmes sont d'ailleurs aujourd'hui soutenues par une foule d'anonymes des deux sexes, musulmans ou non, qui postent, sur les réseaux sociaux, des photos d'eux souriant à la caméra, les cheveux couverts, sous le hashtag « tous#voilés ». Aussi la symbolique de cette pièce de tissu est-elle de moins en moins lisible dans les démocraties laïques.

Jusqu'à quel point ces femmes, quelles que soient leurs déclarations, portent réellement le voile, la *burka* ou le *burkini* par « choix » délibéré ? Il ne suffit pas en effet de vivre en Occident pour être épargnée par les effets liberticides et manipulatoires du patriarcalisme coutumier, religieux et familial. Celles qui se déclarent libres le sont-elles réellement ? Se voilent-elles par décision souveraine de leur conscience morale ou sont-elles mystifiées par leur entourage, leurs père et grand-pères, leurs oncles, frères, cousins et voisins ? Peut-on évoquer la « liberté individuelle » sans penser

1. Marché qui devrait, selon l'agence Reuters, rapporter 500 milliards d'euros d'ici à 2019.

le système d'oppression – religieux, ethnique, social, intellectuel – dans son ensemble ?

Dans un article célèbre, intitulé « Quand céder n'est pas consentir », la sociologue Nicole-Claude Mathieu a défendu l'idée selon laquelle le prétendu *consentement* de nombreuses femmes à leur propre servitude était une supercherie, puisque leur état de dominées leur interdisait, précisément, de voir qu'elles l'étaient. Selon elle, il serait donc plus juste de parler de *collaboration* que de *consentement*[1].

Mais cela concerne-t-il toutes les femmes voilées ? Sont-elles toutes manipulées ? C'est faire injure à leurs capacités de jugement que de le penser. Cela dépend, pour chacune, de son niveau d'éducation, de son âge, de son identité culturelle, de son degré de foi, de celui de ses parents, de ses opinions politiques, et d'une foule d'autres facteurs individuels qui lui sont propres, à commencer par le sens philosophique donné au mot « liberté ». Cette impossibilité de se prononcer au nom de toutes les femmes concernées, cette variabilité extrême des situations et des positions personnelles rend la tâche du législateur très épineuse dans les démocraties laïques, lorsqu'il s'agit d'interdire, ou non, le voile intégral, ou le *burkini*, dans l'espace public.

Ce qui me paraît certain, c'est qu'il y a un fossé entre le fait de se couvrir les cheveux sous un *hidjab* (ce qui ne perturbe pas l'échange interpersonnel, et en est hélas bien souvent la condition nécessaire) et celui

1. « Quand céder n'est pas consentir. Des déterminants matériels et psychiques de la conscience dominée des femmes, et de quelques-unes de leurs interprétations en ethnologie », in *L'Arraisonnement des femmes*, Paris, EHESS-L'Harmattan, 2001.

de disparaître sous un voile intégral, ou *niqab*. Des cheveux couverts au visage masqué, il n'y a pas qu'une différence de degré, mais une différence de nature. Car, en camouflant, non seulement sa chevelure, mais également ses traits, une femme, outre le fait qu'elle s'interdit d'ouvrir la bouche en public (impossible de parler, manger ou boire hors de chez soi), se dérobe à toute forme d'intersubjectivité, puisque celle-ci a pour condition le fait de voir et d'être vu, ou d'entendre et d'être entendu. Se soustraire à cette symétrie, c'est s'exclure d'une communauté de citoyens égaux devant l'exposition du *visage*, qui est à la fois un droit, un devoir et un geste revêtant une haute signification morale.

Comme l'a montré le philosophe Emmanuel Levinas, qui en a fait un concept central de son œuvre, le *visage*, en plus d'être le marqueur essentiel de la différenciation individuelle, est ce qui révèle la pure humanité d'autrui. Découvert, il est « démuni » et « sans défense » ; son « humble nudité » est « d'emblée éthique », sa vulnérabilité m'interdit l'indifférence et requiert ma sollicitude. Le visage m'enjoint le respect de la dignité et de la vie d'autrui. *A contrario*, le mal, lui, « n'a pas de visage[1] ».

Quels sont en effet les individus qui, d'ordinaire, portent un masque ? Tous ceux qui incarnent le mal[2], la violence et la mort : les bourreaux, les kamikazes, les cambrioleurs et autres membres du Ku Klux Klan, les plus sympathiques d'entre eux étant certainement les adeptes du fétichisme sadomasochiste, qui ne font que

1. Emmanuel Levinas, *Totalité et Infini*, La Haye, Nihoff, 1971.
2. À l'exception, notable j'en conviens, de Zorro, Batman et autres super-héros…

parodier la cruauté des tortionnaires pour en jouir. Ainsi, forcer les femmes à rejoindre la cohorte de ces êtres malfaisants, à s'assimiler à eux, ce n'est pas seulement leur ôter leur identité et les dépersonnaliser, c'est les ensevelir vivantes sous un linceul de honte et de mépris.

Pourquoi toutes les femmes du monde n'ont-elles pas le droit de sentir le soleil sur leurs joues et le vent dans leurs cheveux ? La question n'a rien de futile, elle est même éminemment politique. Elle est surtout problématique, car elle oppose deux conceptions se réclamant l'une et l'autre du respect des droits humains.

D'un côté, les partisans du relativisme culturel et du modèle communautaire libéral anglo-saxon estiment que la société est composée de différentes communautés aux valeurs et aux pratiques différentes, qu'il s'agit de respecter pleinement, *au nom des droits humains*. Il faut donc laisser les femmes porter le voile. De l'autre, les partisans de l'universalisme pensent, au contraire, que ce sont précisément l'universalité et l'imprescriptibilité des *droits humains* qui imposent à ces pratiques identitaires liberticides de disparaître de l'espace public. Ainsi de la philosophe Élisabeth Badinter, qui appelle au boycottage des marques lancées dans le juteux commerce de la mode islamique.

Son indignation n'est pas nouvelle : en 2009 déjà, elle dénonçait l'isolement de la femme voilée dans une virulente « Adresse à celles qui portent volontairement la burqa ». Elle y accusait ces dernières de désintérêt et de mépris pour le reste du genre humain : « Sommes-nous à ce point méprisables et impures à vos yeux pour que vous nous refusiez tout contact, toute relation, et jusqu'à la connivence d'un sourire ? Dans une démocratie moderne, où l'on tente d'instaurer transparence et égalité des sexes, vous nous signifiez brutalement que tout ceci n'est pas votre affaire, que les relations avec les autres ne vous concernent pas et que nos combats ne sont pas les vôtres. » Et elle ajoutait : « Subversion, provocation ou ignorance, le scandale est moins l'offense de votre rejet que la gifle que vous adressez à toutes vos sœurs opprimées qui, elles, risquent la mort pour jouir enfin des libertés que vous méprisez. C'est aujourd'hui votre choix, mais qui sait si demain vous ne serez pas heureuses de pouvoir en changer ? Elles ne le peuvent pas… Pensez-y[1]. »

De fait, depuis une quarantaine d'années, le Moyen-Orient est le théâtre d'une contre-réforme islamiste antimoderne, qui s'accompagne du revoilement des femmes et d'une extension de leur réclusion. Dans de nombreux pays de cette région, les droits des femmes sont en pleine régression. Et, même si l'on veut bien concevoir que quantité de femmes se couvrent les cheveux de leur plein gré, il n'y a en revanche aucune chance qu'une femme puisse désirer vivre emprisonnée dans une *burka*, les yeux cachés derrière un grillage de fer, comme en Afghanistan, ou étouffée sous un *tchador*, comme en Iran.

La lecture de *Bas les voiles !* dissipe toute ambiguïté à ce sujet. « J'ai porté dix ans le voile, écrit Chahdortt Djavann. C'était le voile ou la mort. Je sais de quoi je parle[2]. » Aussi s'en prend-elle aux « femmes musulmanes qui ont pu s'en sortir grâce aux lois et à

1. Élisabeth Badinter, « Adresse à celles qui portent volontairement la burka », Source : nouvelobs.com, no 2331, 9 juillet 2009.

2. Chahdortt Djavann, *Bas les voiles !*, *op. cit.*

l'éducation républicaines et laïques de la France et qui aujourd'hui revendiquent le voile » avec la même virulence qu'Élisabeth Badinter : « Pensent-elles jamais à ces autres femmes, ensevelies sous le voile, qui dans leur pays n'ont aucun droit ? Je me demande si elles mesurent la situation de ces femmes privées de l'éducation la plus élémentaire, qui n'ont, pour les plus pauvres d'entre elles, pas même un acte de naissance, ces femmes écrasées, ces femmes très nombreuses des régions les plus désertiques et les plus isolées des pays musulmans. Peut-être un séjour dans un pays comme l'Afghanistan ferait-il le plus grand bien à celles qui se prétendent "libérées par le voile" ? Peut-être pourraient-elles faire partager leur "liberté" aux femmes afghanes ? » Souvenons-nous aussi, écrit-elle, des « femmes tirées par les cheveux, jetées à terre, frappées dans les rues de Téhéran parce qu'elles ne voulaient pas porter le voile ». Leur martyre semble étranger à celles qui le portent dans les pays libres, et dont le choix constitue un « encouragement à la répression de toutes les femmes qui, dans les pays musulmans, essaient d'échapper à l'emprise totalitaire du hijab au risque de leur vie ».

Mais que faire ? Des lois ? Interdire et sanctionner, comme le suggère la droite identitaire en France ? Soit, mais qui dit lois dit surveillance policière et répression. On verrait alors naître une nouvelle délinquance : le délit consistant à ne pas en montrer assez, ou *délit de pudeur*, au nom duquel un gendarme pourrait forcer une femme trop couverte, en *burkini*, en robe de nonne, ou, pourquoi pas, en tenue de plongée, à se déshabiller devant tout le monde, comme ce fut le cas sur une plage française en août 2016. Après l'*outrage public à la pudeur*, voici l'*outrage public à l'impudeur*. Mais qui souhaite une police des mœurs aussi intransigeante que l'est celle des régimes théocratiques dont nous combattons les valeurs ? Allons-nous forcer les femmes à se découvrir, comme, ailleurs, on les force à se couvrir ? Le ridicule des situations auxquelles mènerait une telle loi devrait suffire à en montrer la vanité.

Au-delà de l'absurdité et de l'inélégance auxquelles son interdiction pourrait mener, l'affaire du *burkini* pose un problème de fond aux sociétés libérales et démocratiques laïques. Celles-ci ne doivent en principe interdire une quelconque pratique qu'à condition que celle-ci porte atteinte à un droit fondamental d'autrui. Or, dans le cas présent, qui sont les victimes d'une femme qui se baigne tout habillée dans la mer ? Si l'on peut à juste titre invoquer des règles d'hygiène pour l'accès à la piscine, celles-ci ne sauraient s'appliquer dans une eau de mer que chacun pollue à sa manière. On est donc bien forcé de reconnaître que c'est le *symbole* du *burkini* qui nous heurte – un symbole de soumission et d'infériorité – et pas le *burkini* en lui-même.

Or, là encore, les choses ne sont pas si simples, car, à supposer que l'on veuille légiférer au nom du respect de la liberté et de la dignité de la femme, encore faudrait-il être en mesure de prouver que ce vêtement constitue une entrave réelle – et non pas seulement symbolique – à la liberté de celle qui le porte. Ce qui semble bien difficile, puisque, précisément, ce costume est conçu pour permettre à des femmes qui, sans ça, n'y seraient pas autorisées, à exercer leur liberté de profiter, comme les autres, des joies des bains de mer.

On est donc forcé de reconnaître qu'il s'agirait donc simplement de proscrire un symbole.

Mais est-on bien certain que l'interdiction d'un symbole d'oppression permette de lutter efficacement contre ladite oppression ? Les démocraties libérales ne sont-elles pas justement des États de droit, dans lesquels la réprobation morale n'est pas une condition suffisante pour justifier la coercition par la loi ? Des sociétés tolérantes, au sein desquelles on peut désapprouver certaines pratiques, sans pour autant les condamner légalement, du moment qu'elles ne nuisent à personne ? Faudrait-il, d'un côté, défiler pour défendre une liberté d'expression illimitée et, de l'autre, manifester pour défendre des interdits vestimentaires ? Une telle incohérence ne risquerait-elle pas de faire le jeu de ceux que l'on prétend combattre ?

Soulignons au demeurant à quel point serait problématique la caractérisation d'un code vestimentaire susceptible de porter atteinte à la liberté et à la dignité de la femme. Faudrait-il songer à réclamer l'interdiction de la gaine amincissante, bien connue pour comprimer la silhouette jusqu'à la torture et entraver la liberté de mouvement ? Ou envisager l'abolition du mini-short troué dans l'espace public, qui peut apparaître comme attentatoire à la dignité de la femme ? Et que dire des naturistes ? Une femme entièrement nue sur le sable ne constitue-t-elle pas un trouble à l'ordre public potentiellement plus important qu'une femme trop couverte se baignant dans la mer ? Où tout cela nous mènerait-il ? Qui serait juge de ce qui est, ou non, *digne* ou *indigne* ?

Et quand bien même on parviendrait à établir que le *burkini* constitue une aliénation – réelle et non pas seulement symbolique – pour la femme, est-il légitime de forcer par la loi des femmes à revendiquer leur liberté ? Ne risquerait-on pas de tomber dans le travers, décrit par Kant, du *despotisme bienveillant*, consistant à vouloir le bien d'autrui contre son gré, en le considérant comme un éternel mineur ? « Personne ne peut me contraindre à être heureux d'une certaine manière », écrit-il dans la *Doctrine de la vertu*, « mais il est permis à chacun de chercher le bonheur dans la voie qui lui semble, à lui, être la bonne, pourvu qu'il ne nuise pas à la liberté qui peut coexister avec la liberté de chacun [...]. Un gouvernement qui serait fondé sur le principe de bienveillance envers le peuple, tel celui du père envers ses enfants, c'est-à-dire un gouvernement paternel, où par conséquent les sujets, tels des enfants mineurs incapables de décider de ce qui leur est vraiment utile ou nuisible, sont obligés de se comporter de manière uniquement passive [...], un tel gouvernement, dis-je, est le plus grand despotisme que l'on puisse concevoir[1] ». Si l'État devait en effet décider en permanence ce qui est « bon » pour chacun, nous étoufferions sous une camisole d'interdits et de sanctions, comme tous ceux qui subissent l'oppression totalitaire.

Le paradoxe, dans ce débat, est que le paternalisme par lequel on voudrait, en lui interdisant le *burkini*, restreindre la liberté d'une femme (celle de porter un *burkini*) au nom même de la défense de sa liberté (de se baigner en maillot) risquerait de lui ôter la liberté (d'aller à la plage) et donc, d'accroître son isolement. Autrement dit, dans ce domaine comme en d'autres,

1. Emmanuel Kant, *Métaphysique des mœurs, II, Doctrine du droit, Doctrine de la vertu*, Paris, Garnier-Flammarion, 1994.

il est liberticide d'interdire au nom de la liberté. C'est en ce sens que le Conseil d'État, invité à se prononcer sur l'arrêté municipal qui avait condamné le *burkini*[1], décida de le suspendre, considérant qu'il constituait une « atteinte grave et manifestement illégale aux libertés fondamentales que sont la liberté d'aller et venir, la liberté de conscience, la liberté personnelle ». Sage décision. Le meilleur gouvernement n'est pas celui des censeurs, mais celui des pédagogues.

Tout ce qui contribue à éclairer la conscience des femmes voilées est utile, tout ce qui ne sert qu'à les emprisonner dans le carcan de la loi, elles qui subissent déjà l'oppression des lois religieuses, des coutumes familiales et des rituels ethniques, est vain. Ne défendons pas la liberté des femmes en les stigmatisant, en les traquant, en les humiliant, en les sanctionnant, en les diabolisant, en leur faisant subir le même sort qu'aux *sorcières* d'autrefois. Ce sont souvent des victimes, n'en faisons pas des coupables. Qu'on les laisse se coiffer comme elles veulent, tant qu'elles ne troublent pas l'ordre public, et qu'on les éduque, quand elles n'ont pas eu la chance d'accéder à la culture qui leur permettrait de penser la signification de leurs pratiques.

Il existe un dernier argument, et pas des moindres, pour décourager l'interdiction du *burkini* : le risque de contre-productivité de la loi. En effet, qu'espère-t-on d'une telle mesure ? Qu'elle soit un frein à la radicalisation islamiste et à la dégradation des droits féminins. Or rien n'est moins sûr. Il est possible au contraire qu'elle ne fasse qu'aggraver et l'un, et l'autre. Les politiques

1. À Villeneuve-Loubet, en juillet 2016.

qui ont interdit la burka en 2011 s'horrifient aujourd'hui de voir le nombre de ses adeptes augmenter. Ne savent-ils pas que la prohibition démultiplie souvent les phénomènes qu'elle prohibe ? Ne comprennent-ils pas que plus on l'interdira, plus on la verra s'afficher, l'interdit ne faisant que transformer un vêtement en outil radical de militantisme contestataire, voire en étendard féministe ? Ne voient-ils pas s'opérer le même « retournement de stigmate » que lors de la guerre d'Algérie, lorsque les colonisées firent du hidjab le porte-drapeau de la résistance anti-impérialiste ?

Aussi paradoxal que cela puisse paraître, il n'y a finalement pas une si grande différence entre les Femen, qui se dénudent pour faire entendre leur irréligion, et les musulmanes qui se couvrent pour faire valoir leur droit à la religiosité. Les deux ont compris que la visibilité de leur corps était un enjeu politique majeur et leur arme de combat la plus efficiente.

Mais qui a peur d'une telle arme ? Pourquoi cela déchaîne-t-il autant de passions et de hargne ? La République est-elle menacée ? Si oui, quel est le plus grave péril : quelques femmes trop couvertes, ou l'islamophobie que la fièvre prohibitionniste concourt à exacerber ? Ne voit-on pas qu'en flattant l'électorat radical et xénophobe, on accroît d'autant l'influence de fondamentalistes musulmans dont on nourrit le discours de victimisation ? Plus on agite le chiffon rouge, plus on attise à la fois l'intégrisme musulman qu'on prétend combattre et l'islamophobie sur laquelle on prospère.

Quant à la laïcité, c'est un principe républicain trop important pour se voir instrumentalisé par une rhétorique incantatoire qui en dénature le sens. Plutôt que de la marteler comme un slogan, mieux vaudrait en repenser le sens. Qu'elle soit jalousement sauvegardée à l'école publique, au collège et au lycée (pour garantir l'égalité de tous les élèves) et de la part des agents et représentants de l'État (au nom de la séparation de l'État et de la religion), est une excellente chose, qui justifie les restrictions au port du voile dans ces cadres précis. Mais qu'on invoque sans cesse la laïcité, comme un mantra, pour s'indigner de l'« islamisation » de la société revient à en pervertir la signification. L'État laïc est tenu à la neutralité à l'égard des religions, il n'a pas vocation à soumettre les consciences. Le régime qui entend uniformiser les pensées, les désirs, les croyances, les goûts, les aspirations et la tenue vestimentaire de ses sujets existe : cela s'appelle le totalitarisme.

Forcer une femme à se découvrir est aussi coercitif que de la forcer à se couvrir. On ne sauvera pas les femmes de l'oppression en les opprimant, mais en leur donnant la parole. En cette période de vacarme identitaire, il serait plus intéressant d'écouter les femmes voilées que de penser à leur place. On comprendrait peut-être pourquoi elles sont si nombreuses à affirmer qu'elles ne retireraient leur voile pour rien au monde, qu'elles préféreraient mourir que de sortir tête nue. C'est que le voile a une dernière signification, plus rarement soulignée : il ne matérialise pas uniquement la hiérarchie homme/femme, mais aussi, et de manière encore plus discriminatoire, la distinction entre les femmes dites *honorables* et les *prostituées*.

Car c'est là sa signification depuis la seconde moitié du deuxième millénaire avant J.-C., lorsque les *Lois assyriennes* tracèrent une stricte ligne de partage entre celles qui étaient autorisées à le porter – les filles bien nées, les épouses, les concubines et les veuves –

et celles à qui cela était rigoureusement interdit – les esclaves et les prostituées. « Les femmes mariées [...] qui sortent dans la rue n'auront pas leur tête découverte. Les filles d'hommes libres seront voilées. La concubine qui va dans les rues avec sa maîtresse sera voilée. La prostituée ne sera pas voilée, sa tête sera découverte. Qui voit une prostituée voilée l'arrêtera[1]. » Cette dernière était passible de lourdes peines en cas de port illicite du voile – coups de bâton, effusion de poix sur la tête, amputation des oreilles... – car elle avait commis le sacrilège de se draper dans ce tissu qui symbolise la dignité de la femme vertueuse, alors qu'elle était une paria, tout juste bonne à se faire insulter.

Il y avait les femmes chastes d'un côté et les fornicatrices de l'autre. Les deux figures n'étaient pas superposables ; la femme ne pouvait être que prude ou pute. La dame convenable était tenue de repousser les avances, de décourager les propos ambigus, de baisser les yeux ; rien dans sa conduite ne devait laisser soupçonner, de près ou de loin, un quelconque intérêt pour la sexualité autre qu'utilitairement reproductif. Faute de quoi, tous les méfaits diaboliques contenus dans la boîte de Pandore seraient venus souiller et avilir le monde.

D'où l'hypothèse suivante : c'est le fétichisme de la virginité, couplé au devoir de pudeur, voire de pudibonderie, prescrit à l'épouse, autrement dit le déni de sa vie érotique, qui rendent les services de la prostituée et les délices de l'adultère aussi indispensables. Le clivage, voire, dans certains cas, l'extrême polarisation de

---

1. Loi assyrienne, attribuée au roi Téglath Phalazar Ier (1112-1407 avant J.-C.). Tablette A40, cité par Odon Vallet, *Le Dieu du Croissant fertile*, Paris, Gallimard, 1999.

l'imaginaire masculin entre la femme respectable-idéalisée d'un côté, et la séductrice-érotisée de l'autre, aura en effet trois conséquences majeures, très étroitement corrélées les unes aux autres : la condamnation de l'érotisme conjugal, l'esthétisation de l'adultère et la nécessité de la prostitution.

La pruderie et la condamnation de l'érotisme conjugal

« Une lady ne remue pas », aurait déclaré un jeune lord anglais, offusqué par les transports de sa jeune épouse, au théoricien de la révolution sexuelle Wilhelm Reich. Depuis l'Antiquité, le ventre de l'épouse ne peut pas être à la fois la noble demeure des futurs fils et un « puits à plaisir », du moins en Occident : une épouse vertueuse est une femme chaste et étrangère à l'érotisme. *Éros* et *gamos* renvoient à deux sphères exclusives l'une de l'autre : un temps pour jouir, un temps pour se reproduire.

Dans l'Athènes classique, la vocation première de l'épouse, éternelle mineure qui ne disposait d'aucun droit ni d'aucune liberté, était d'assurer la continuité de la famille, en offrant à son époux une descendance légitime. Mais elle n'était pas seulement mère, elle était aussi celle qui administrait l'*oikos*, terme signifiant à la fois la cellule familiale, la maison et le patrimoine, et dont dérive le mot économie (*oikonomikè*). Les Grecs ont ainsi placé la conjugalité dans le monde de la rationalité et de l'utilité, comme en atteste le texte de l'historien et philosophe Xénophon *L'Économique*, où le riche Ischomaque enseigne à sa femme l'art de bien gérer un domaine. L'épouse est pensée comme rattachée à la sphère du calcul, de la rentabilité et de la sécurité, où la raison instrumentale commande. La sexualité entre époux doit se maintenir dans les strictes limites de la fonctionnalité et de l'efficacité reproductives, quitte à ce que les intéressés se morfondent dans la rétention de la pudibonderie.

Mais cela peut-il suffire à l'époux ? Comment imaginer qu'une femme que l'on n'a pas choisie, qui nous a été désignée par le groupe familial, se devant d'être une oie blanche, innocente et prude, puisse satisfaire tous les désirs d'un homme, une vie durant ? D'après l'écrivain Georges Bataille, l'édification d'un monde du travail, préservé, rassurant et régulier, n'est possible qu'à condition que les désirs et les passions trouvent à s'assouvir ailleurs, dans l'exubérance, le déchaînement, l'« excès déraisonnable[1] » et la « luxueuse dilapidation d'énergie » qui caractérise l'*érotisme*. Tandis que le mariage (*gamos*) s'inscrit dans le temps et la transmission, le monde d'*éros* donne la primauté à l'*instant* sur le temps et à l'*individu* sur la collectivité. Seules les maîtresses et les prostituées, qui règnent sur un monde étranger à la régularité de la production et du travail, sont en mesure d'offrir à l'homme l'occasion d'en transgresser les normes étouffantes par la dépense inconsidérée. L'adultère – vénal ou non – offre un espace de rapports charnels déliés du sentiment, de la responsabilité et de l'utilité, mais dévolus au seul *plaisir*, lequel n'a que faire de l'*économie*.

D'après Bataille, la somptuosité des cadeaux reçus par la courtisane (on ne fait pas de « folies » pour sa

1. Georges Bataille, *L'Érotisme* [1957], Paris, Minuit, 2011.

« régulière ») donne à l'homme le sentiment d'échapper temporairement au monde du commerce intéressé et de la raison pour se situer du côté du monde du désir, de la consumation, de la prodigalité et de la démesure, sans la fréquentation duquel il s'étiole. Comment espérer qu'un coït utilitaire puisse mener à l'orgasme ? « Plus la jouissance érotique est pleine, écrit l'auteur de *L'Érotisme*, moins nous sommes soucieux des enfants qui peuvent en être l'effet. » Bref, s'il veut de la sensualité, de la volupté, de l'extase, le citoyen doit fréquenter d'autres femmes que la sienne.

À Athènes, si *gamos* était un espace occupé par une épouse unique, en revanche, l'univers d'*éros* était celui de la multiplicité. Sans parler de l'appétit pour les éphèbes et la chair masculine, dont il sera question plus tard, le désir d'un sexe féminin accueillant trouvait à se satisfaire auprès des concubines (*pallakè*), des courtisanes (*hétaïrè*) et des prostituées (*pornè*). Celle des quatre figures (en comptant la *gunè*, l'épouse) dont le sort était le plus enviable était assurément l'*hétaïrè*. Tandis que la *pornè* était méprisée, que la *gunè* était vouée à l'ignorance, au silence et à l'invisibilité, tout comme la *pallakè* – trop pauvre pour être épousable et souvent juste vouée à fournir des enfants supplémentaires pour lutter contre la dépopulation – l'*hétaïrè* était une femme dont la compagnie était très recherchée. Elle était experte en jeux amoureux et appréciée pour sa conversation, à l'image de la belle Aspasie, une Milésienne[1] à laquelle son statut d'étrangère permettait de jouir de grandes libertés,

1. Danielle Jouanna, *Aspasie de Milet, égérie de Périclès*, Paris, Fayard, 2005.

voire d'une réelle influence intellectuelle et politique, puisqu'elle ouvrit une école de rhétorique très réputée à Athènes et fut l'habile conseillère de Periclès (dont le nom signifie « entouré de gloire »), le plus grand stratège de l'Antiquité grecque.

On retrouve ce clivage entre *éros* et *gamos* à Rome. L'historien Thierry Éloi[1] nous apprend même que lorsqu'un homme libre prenait trop de plaisir avec sa femme, celle-ci pouvait aller s'en plaindre à son beau-père, qui se chargeait de réprimander son fils. Les maris considérés comme *uxoriosis*, c'est-à-dire trop ardents avec leur épouse, étaient traînés au tribunal où ils s'entendaient dire, dans le langage fleuri qui caractérise la Rome antique : « Si vous avez envie de vous vider les couilles, allez donc au lupanar ! » L'historien raconte à ce sujet une anecdote, célèbre à l'époque : Caton l'Ancien, austère citoyen romain, croise la route d'un jeune homme qui hésite à entrer dans un de ces lieux de débauche et lui assène : « Mais si, si, vas-y ! Il faut que tu y ailles car c'est la preuve que tu n'auras pas de comportement indécent avec ton épouse ! »

Préserver la chasteté de cette dernière sera aussi une préoccupation incessante des théologiens chrétiens, fidèles à la sentence de saint Augustin : « Adultère est aussi l'amoureux trop ardent de sa femme. » Si « la luxure est fille du diable[2] », comme le rappelle saint Thomas d'Aquin, elle est encore plus condamnable entre époux. « Pèchent mortellement les personnes mariées qui pratiquent l'acte conjugal d'une manière

1. Auteur, avec Florence Dupont, de *L'Érotisme masculin dans la Rome antique*, Paris, Belin, 2013.

2. Thomas d'Aquin, *Somme théologique*, *op. cit.*

qui s'oppose à la génération[1] », répète inlassablement l'Église. Les pratiques ne visant pas la perpétuation de l'espèce – cunnilingus, masturbation, fellation, sodomisation, *coïtus interruptus* (« étreinte réservée ») ou *inter femora* (entre les cuisses), etc., – relèvent de la *fornication* ou des *sodomies*. S'y adonner avec son épouse est une faute encore plus lourde qu'avec une prostituée, car cela constitue une profanation du ventre chaste de la mère. Rien ne renseigne mieux sur ce sujet que les manuels des confesseurs, écrits au Moyen Âge par les évêques, et destinés à instruire les abbés, forcément puceaux, des subtiles distinctions entre *péché véniel* et *péché mortel*. Ils étaient complétés par les *pénitentiels*, qui établissaient une nomenclature exhaustive des péchés, classés en fonction de leur gravité, et des châtiments encourus. On ne peut qu'être amusé par la précision maniaque, obsessionnelle et scabreuse de la description des actes jugés « honteux » et par l'indiscrétion attendue du confesseur lors de ses minutieux interrogatoires pour départager le licite de l'illicite, absoudre ou condamner. Ainsi, par exemple, la « délectation morose », qui se définit comme « une titillation de la chair qu'accompagne une certaine commotion dans les esprits, et dans laquelle on se complaît positivement et délibérément », n'est un *péché mortel* que si elle est pratiquée en vue de produire des « sensations vénériennes » et d'« exciter la pollution » ; mais si « l'éjaculation se produit dans le vase légitime[2] », alors

1. *Les Livres secrets des confesseurs*, d'après les traités de luxure destinés aux séminaires, avertissement de R. Gagey, Paris, France laïque, 1931.
2. *Ibid.*

le péché n'est plus que *véniel*. Les questions posées devront donc être très précises, afin de s'assurer que le précieux liquide séminal ne soit jamais « perdu ». « As-tu goûté la semence de ton mari, afin qu'il s'enflamme davantage d'amour pour toi grâce à tes agissements diaboliques[1] ? peut-on lire dans le *Pénitentiel* de Burchard, évêque de Worms. Si oui, tu feras pénitence sept ans aux jours établis. »

Parfois, il semble que cette injonction de l'aveu, qui aurait réjoui le marquis de Sade, n'ait pas tant vocation à extorquer la vérité qu'à émoustiller le confesseur zélé : « T'es-tu caressée légèrement avec la paume la partie supérieure de la matrice ? » D'autres fois, on se demande même si l'auteur ne cherche pas à suggérer des idées à l'intéressée : « As-tu fait ce que certaines femmes ont coutume de faire : fabriquer un objet en forme de membre viril, de la longueur qui te plaît et après l'avoir muni de sangle, le mettre dans ton sexe ou celui de quelqu'un d'autre ? » ou, encore mieux : « T'est-il arrivé de prendre un poisson vivant et de te le mettre dans le sexe, de l'y laisser jusqu'à ce qu'il meure, puis, une fois cuit ou frit, de le donner à manger à ton mari ? Si oui, tu feras pénitence cinq ans aux jours établis. » La pudeur des pénitentes, complaisamment interrogées, risquait d'être légèrement bousculée. Il est possible que ces questions indiscrètes les aient souvent informées de pratiques dont elles ne soupçonnaient même pas l'existence. La confession devenait ainsi le plus précis, le plus explicite et le plus inventif des cours d'éducation sexuelle…

1. Burchard, *Wormociensis Ecclesiae Decretorum, libri XX*, Coloniae 1548, Paris, 1549.

L'Église fut loin d'être la seule à vouloir normaliser les conduites ; elle trouva bientôt de nouveaux alliés dans son combat contre la luxure. À partir de la seconde moitié du XVIe siècle, les monarchies traditionnelles, volontiers somptuaires et libertines, sinon dépravées, cèdent la place à des États bureaucratiques, froids et technocratiques. L'influence de la Réforme protestante[1], qui promeut un *éthos* austère, régulier et laborieux, se fait en outre sentir bien au-delà du cadre spirituel : plus que jamais, la morale est au service de l'économie. Ce n'est pas seulement parce que la luxure éloigne l'âme de Dieu qu'elle est condamnable, mais parce que, dans sa folle propension à la dilapidation de temps et d'argent, elle nuit foncièrement à la dynamique capitaliste qui fonde la puissance de l'État moderne. L'érotisme est contraire aux valeurs de famille, de travail, d'accumulation, de rendement et de profit : il ne *sert* à rien. Il est même contre-productif, c'est pour cela qu'il faut le combattre.

Mais pas seulement à coups de pénitences spirituelles, comme autrefois. Désormais, le dispositif répressif est beaucoup plus sévère : ce ne sont plus seulement les *lois religieuses* qui sont transgressées, mais les *lois civiles*. Le *puritanisme religieux* est devenu un *puritanisme d'État*, un puritanisme politique, idéologique, industriel. La vie érotique de chacun n'est plus surveillée uniquement par le confesseur, elle est quadrillée par la mairie, le tribunal, la prison et l'asile. C'est ce que Michel Foucault a nommé l'« archipel punitif généralisé ». Sous l'Empire, l'abbé n'est plus le seul à

---

1. Max Weber, *L'Éthique protestante et l'esprit du capitalisme*, Paris, Presses Pocket, 1991.

regarder par le trou de la serrure, voire sous les draps : la justice toute-puissante a pénétré dans la chambre à coucher. Au nom des *bonnes mœurs*, elle contrôle la légitimité du mariage, vérifie qu'il est consommé, recueille les témoignages diffamatoires, traque le délit d'adultère, encourage l'espionnage et la délation, arbitre les séparations.

Au XIXe siècle, c'est au tour de la médecine de devenir l'instance majeure de diffusion des normes. Le discours rigoriste trouve à présent un appui appréciable dans la médicalisation du sexe, ou *scientia sexualis*[1]. Le *moralisme savant* vient prendre le relais d'un *moralisme religieux* dont la sécularisation de la société tend à affaiblir l'influence. Le *docteur de la science* a supplanté le *docteur de l'Église*. La politique nataliste encourage la diffusion d'un discours idéologique qui impose un hygiénisme productiviste et psychiatrise le plaisir « pervers » ; c'est l'heure des manuels[2] (cette fois « scientifiques », et non plus religieux) établissant une codification rigoureuse de l'acte sexuel à visée reproductive.

Tout ce qui concerne le « devoir conjugal » (l'expression elle-même en dit long) y est explicitement consigné. À commencer par le lieu des ébats – la chambre conjugale exclusivement, plongée dans l'obscurité – et la tenue à respecter par les deux époux – la longue et épaisse « chemise cagoule » percée d'un orifice pour les parties génitales, la nudité étant stricte-

1. Michel Foucault, *Histoire de la sexualité*, t. I, *La Volonté de savoir*, Paris, Gallimard, 1994.

2. Voir notamment *La Petite Bible des jeunes époux*, du docteur Ch. Montalban, texte présenté par Alain Corbin, Paris, Jérôme Millon, 2008.

ment interdite. Sont aussi réglementées la durée – trois minutes, seuls les « débauchés » s'attardent au-delà – et la périodicité – pas plus de deux fois par semaine, en respectant le calendrier des interdits liturgiques liés aux fêtes religieuses[1]. Outre les périodes de règles, de grossesse et d'allaitement, les rapports sexuels sont formellement proscrits le lundi (en hommage aux défunts), le vendredi (jour de la mort du Christ), le samedi (en hommage à la Vierge Marie), le dimanche (jour de la Résurrection), les jours de fête, de jeûne, pendant le Carême, l'Avent, la Pentecôte, la semaine de Pâques… Bref, ils sont beaucoup plus souvent interdits qu'autorisés. La copulation fréquente, contraire à l'économie spermatique, est en effet réputée détruire les yeux et abréger la vie.

Il faut aussi bannir les « positions déviantes », tel le « cheval érotique », où la femme chevauche l'homme, et se borner à celle qui favorise la reproduction : l'homme au-dessus de la femme. Quant aux précautions à prendre : n'être ni à jeun, ni en digestion lourde, mais surtout, ne pas faire jouir l'épouse. Certains, comme le docteur Moreau de la Sarthe, estiment même que la frigidité féminine est un gage de fertilité. Inutile de s'esquinter les reins dans la chambre nuptiale. Si l'épouse a soif de rêver, de trembler, d'exulter, de se pâmer, il faut lui offrir un bon livre pour lui tenir compagnie pendant que l'on vaque à ses occupations.

1. À l'époque carolingienne, il y avait environ 250 jours d'abstinence par an, d'après Jacques Rossiaud, *Les Sexualités au Moyen Âge*, Paris, Gisserot, 2012.

C’est en effet probablement la littérature, et, plus largement, la culture, qui sauvera les femmes, du moins celles qui y auront accès, en leur permettant de résister, par l’imagination, à cette tyrannie exercée sur leur corps consistant à leur interdire d’en jouir.

L'esthétisation de l'adultère

En Occident, à mesure que la morale conjugale devenait de plus en plus étouffante, la littérature allait offrir une échappatoire virtuelle en esthétisant l'aventure clandestine. À l'*éthique de la fidélité* conjugale, les grands textes fondateurs de la culture européenne répondirent par une *esthétique de l'infidélité*, héroïsant les amants fautifs et magnifiant l'impossible. C'est ainsi que le mythe romantique de la passion interdite, sublime et absolue allait devenir le thème central des œuvres les plus célèbres de la littérature[1], de *Tristan et Iseult* à *L'Amant de lady Chatterley*, en passant par *Manon Lescaut*, *Le Rouge et le Noir*, *Anna Karenine* ou *La Princesse de Clèves*. Partout, le mariage est présenté comme le tombeau de la sensualité, et l'infidélité comme la seule façon d'y survivre, grâce aux délices d'un érotisme défendu.

La littérature a ainsi tendu à la femme un miroir non seulement plus romanesque, mais infiniment plus

1. Voir Denis de Rougemont, *L'Amour et l'Occident*, Paris, 10/18, 2001.

valorisant. Belle, souveraine, et idéalisée, muse chantée, glorifiée et pleurée, un troubadour à ses pieds, l'*héroïne* gouverne le monde céleste et poétique, et permet ainsi à la simple femme d'échapper, par projection, à la modestie et l'aliénation de sa vie terrestre.

Le malheur de l'héroïne est d'être affreusement mal mariée (ou en voie de l'être). Le roi Marc est âgé, Clifford Chatterley est paraplégique, et pratiquement tous les époux des farces médiévales ou des pièces de Molière sont ridiculisés, jusqu'au petit Adrien Deume, l'époux étriqué et assommant d'Ariane, la *Belle du Seigneur* d'Albert Cohen. *A contrario*, du *fin'amor* courtois à la collection Harlequin, qui déclinera ce thème *ad nauseam*, l'amant, lui, est toujours séduisant, viril et fascinant : irrésistible.

Ainsi, alors que l'Église s'attachait à persuader les femmes qu'elles ne *devaient* pas jouir avec leur époux, la littérature les a convaincues que, de toute façon, elles ne le *désiraient* pas. Comment auraient-elles envie, demandera lucidement Albert Cohen, d'un « mari à laxatifs » quand l'amant est une « promesse de vie sublime » ? Le pauvre mari, lui, ne peut pas être « poétique ». Lorsque Ariane quitte les bras de son amant pour rentrer chez elle, la comparaison ne peut qu'achever de discréditer le pauvre homme : « Tout à l'heure, le séducteur l'entourait de guirlandes, l'appelait déesse de forêts et Diane revenue sur terre, et la voilà maintenant transformée en poulette, ce qui la vexe. Tout à l'heure, suave et charmée, elle écoutait le séducteur la gorger de sujets élevés, peinture, sculpture, littérature, culture, nature, et elle lui donnait délicieusement la réplique, bref deux cabots en représentation, et voilà que maintenant le pauvre mari en toute innocence lui demande ce qu'elle pense de la façon d'agir des Boulisson qu'ils ont eus à dîner il y a deux mois, et depuis, rien, silence, dîner pas rendu. Et le plus fort de café, c'est que j'ai appris qu'ils ont invité les Bourrassus ! [...] Et caetera, y compris le touchant tu sais chouchou ça a bien marché avec le boss, il me tutoie. Bref, pas de sublimités avec le mari, pas de prétentieux échanges de goûts communs à propos de Kafka, et l'idiote se rend compte qu'elle gâche sa vie avec son ronfleur, qu'elle a une existence indigne d'elle. »

Mais attention : si l'amant la sauve, l'adultère la perdra. Les romances sentimentales qui peuplent les rêves de la femme lui rappellent aussi, immanquablement, que la passion conduit à la souffrance, à la folie, au désespoir et à la mort. La passion emporte bien souvent l'héroïne dans la tragédie, reliant d'un fil invisible, mais extrêmement serré, *éros* et *thanatos*. La femme, dans la littérature, ne sait aimer que dans la démesure, l'hybris, la folie, « sans restriction, sans nul égard pour quoi que ce soit[1] », écrit Nietzsche dans *Le Gai Savoir*. L'amour est pour elle « un don total de corps et d'âme [...] C'est cette absence de condition qui fait de son amour une foi, la seule qu'elle ait ». Simone de Beauvoir a consacré un chapitre extraordinaire du *Deuxième Sexe* à l'« amoureuse[2] ». Elle y montre le rôle qu'a joué cette culture du masochisme sentimental dans l'élaboration féminine de l'*idée*

---

1. Friedrich Nietzsche, *Le Gai Savoir*, trad. de l'allemand par Patrick Wotling, Paris, Flammarion, 2007.

2. Simone de Beauvoir, *Le Deuxième Sexe*, t. II, « L'amoureuse », *op. cit.* J'ai commenté de larges extraits de ce chapitre dans *Je t'aime à la philo – Quand les philosophes parlent d'amour et de sexe*, *op. cit.*

d'amour. La femme aimante se plaît à s'aliéner à un souverain qu'elle divinise. « À travers sa chair, ses sentiments, ses conduites, elle exaltera souverainement l'aimé, elle le posera comme la valeur et la réalité suprêmes : elle s'anéantira devant lui. L'amour devient pour elle une religion », une idolâtrie, une mystique, sa seule vocation terrestre. Elle s'y abandonne sans retenue, au point de s'y anéantir et de s'y perdre. Dans la littérature, en effet, « les jeunes beautés » sont présentées en « victimes » : « toute une cohorte de tendres héroïnes meurtries, passives, blessées, agenouillées, humiliées, enseignent à leur jeune sœur le fascinant prestige de la beauté martyrisée, abandonnée, résignée. Il n'est pas étonnant, tandis que son frère joue au héros, que la fillette joue si volontiers à la martyre : les païens la jettent aux lions, Barbe-Bleue la traîne par les cheveux, le roi son mari l'exile au fond des forêts ; elle se résigne, elle souffre, elle meurt et son front se nimbe de gloire ». D'où le goût des larmes, fréquent chez les jeunes filles : elles « aiment tant à pleurer que j'en ai connu qui allaient pleurer devant un miroir pour jouir doublement de cet état », poursuit-elle.

Mais la tragédie promise par la passion ne pouvait qu'inviter la lectrice plus mûre à se résigner : elle ne pouvait pas vouloir le destin de damnée de Phèdre, d'Iseult, de Manon, d'Emma, d'Anna, de Mme de Tourvel et de toutes celles qui avaient, un jour, rejoint, le cœur battant, un amant brûlant qui les conduisit à leur perte. La passion étant une maladie mortelle, mieux valait accepter son sort et rester fidèle à son mari, même si on n'éprouvait pas, ou plus, de désir pour lui. Jusqu'à l'invention, tardive, du mariage d'amour[1], bientôt suivie d'une érotisation des rapports conjugaux, si la femme pouvait investir la lecture d'une fonction cathartique ou sublimatoire, même là, elle était implacablement ramenée au devoir.

Quant à celles qui, malgré les mises en garde, imitaient tout de même leurs héroïnes en se livrant pleinement à la passion, la violence de la réprobation morale et sociale à laquelle elles s'exposaient était telle que plus d'une sombra dans cette pathologie que les médecins appelèrent longtemps *hystérie.* Depuis Hippocrate, cette maladie, dont le nom, *hustera*, désigne la matrice, était en effet réputée résulter d'une migration de l'utérus dans le cerveau, liée à l'inassouvissement des désirs. Considéré comme l'œuvre du diable, ce fléau était même *soigné* par l'exorcisme au Moyen Âge, où le thème de la folie des femmes s'exprimait aussi dans les nombreuses images de maris entraînant leur épouse dans la forge céphalique du Père Lustucru, pour qu'il lui redresse la tête à coups de marteau. L'hystérie féminine donnera même lieu à des séances d'exhibition publique à la Salpêtrière au XIXe siècle, époque par excellence de ce que Michel Foucault a nommé l'« hystérisation du corps de la femme[2] ».

N'est-ce pas là une des injustices entre les sexes les plus douloureuses : l'*inégalité érotique*, qui prévalut longtemps entre hommes et femmes ? L'homme avait

---

1. Pour davantage de précisions sur ces thèmes, voir *Je t'aime à la philo*, *op. cit.*

2. Michel Foucault, *Histoire de la sexualité*, t. I, *La Volonté de savoir*, *op. cit.*

droit au plaisir, pas la femme. Tandis que le premier assumait et revendiquait ses tendances érotiques comme une preuve de puissance, la seconde devait au contraire s'en défendre et se montrer ignorante des choses du sexe. Ainsi, pendant que son épouse l'attendait sagement au foyer, l'homme pouvait librement s'offrir, non seulement une maîtresse, mais quantité de prostituées, ces « sacrifices humains sur l'autel de la monogamie », selon l'expression d'Arthur Schopenhauer. La *putain* est ainsi la troisième figure primordiale de la trinité *vierge-mère-pute* dans laquelle se condense l'essentialisation de la femme.

La *putain* ou le « mal nécessaire »

À la différence de ceux des femmes, les désirs sexuels mâles sont toujours passés pour légitimes, comme porteurs d'un droit impérieux à l'assouvissement, en vertu de ce que Françoise Héritier nomme la « licéité absolue de la pulsion masculine ». L'homme éprouverait l'irrépressible besoin d'expulser fréquemment sa semence et d'en jouir. Il aurait aussi faim de jeu, de sensualité, de transgression, de variété et de nouveauté. Son épouse ne pourrait donc le satisfaire ni quantitativement, ni qualitativement ; plutôt que de la dégrader, mieux vaudrait recourir à une femme que l'on respecte moins, voire pas du tout.

Un choix raisonné expliqué par Freud, qui affirme, dans *La Vie sexuelle*, qu'un homme ne peut parvenir à une jouissance pleine et entière que lorsqu'il est en mesure de « s'abandonner sans réserve », ce qui est impensable avec son « épouse pudique », en raison du *devoir de pudeur* qui lui est imposé. C'est pourquoi il éprouve « le besoin d'un objet sexuel rabaissé, d'une femme moralement inférieure à laquelle il n'ait pas à prêter des scrupules esthétiques, qui ne le connaisse pas dans sa vie et ne puisse le juger ». D'ailleurs, ne disait-on pas au Moyen Âge que « jouir en payant, c'est jouir sans pécher[1] » ? Le coupable, en *achetant* une professionnelle, ne *rachète-t-il pas* en quelque sorte le crime consistant à jouir d'elle ?

Mais il y a une autre raison, plus pragmatique, d'encourager les amours vénales : « jouir en payant » d'une femme est beaucoup moins grave que de la violer. Or, dans l'Europe médiévale, il y a urgence à juguler les hordes d'« efforceurs[2] », de « chasseurs de garces » ou d'« hommes joyeux », qui ne cessent de se livrer à des rapts et autres violences sexuelles. D'après l'historien médiéviste Jacques Rossiaud[3], durant la seconde moitié du XVe siècle, dans de grandes villes comme Lyon, 70 % des jeunes gens avaient violé une fille ou participé à une agression sexuelle : il fallait absolument leur fournir de la chair fraîche.

La sexualité tarifée eut donc d'abord vocation à canaliser l'agressivité masculine. Mais elle rendait aussi d'autres précieux services : elle éduquait les jouvenceaux, préservait la virginité des jeunes filles, défendait l'honneur de leur mère, protégeait la famille en limitant l'adultère, détournait de la masturbation et de l'homosexualité (les deux pires crimes sexuels de l'époque), tout en permettant à une immense quantité de femmes – orphelines, mères célibataires, vierges violées, servantes enceintes et chassées, épouses répudiées, migrantes

1. « Jouir en payant, c'est jouir sans péché » est un célèbre adage médiéval.

2. Le terme « viol » n'apparaît qu'au XVIIIe siècle. Auparavant, on parle d'« efforcement » ou de « défloration » si la victime est vierge.

3. Jacques Rossiaud, *La Prostitution médiévale*, préface de Georges Duby, Paris, Flammarion, 1992.

venues de la campagne, veuves et autres miséreuses – de ne pas mourir de faim. Le commerce sexuel garantissait ainsi la sécurité, la paix sociale et l'ordre matrimonial.

Peut-être même aussi l'ordre clérical, car les ecclésiastiques avaient beau faire vœu de chasteté, ils étaient violemment tourmentés par la question sexuelle. Or, la « fornication simple » avec une professionnelle était jugée infiniment moins peccamineuse que la « fornication qualifiée » accompagnée de « stupre », en vertu d'une casuistique complexe, dont seuls les prêtres médiévaux avaient le secret. Aussi les membres du clergé constituaient-ils, au XVe siècle, 20 % de la clientèle des « bordelières » de Dijon. « Supprimez les prostituées, écrivait déjà saint Augustin dix siècles auparavant, et les passions bouleverseront le monde » : elles sont un *moindre mal.*

La prostitution sera ainsi idéologiquement construite comme un *mal nécessaire* pour éviter les désordres charnels et la corruption. Il faudra donc la tolérer, mais en l'encadrant, par la surveillance, la régulation et la réglementation, une mission d'utilité publique à laquelle s'attelleront municipalités, seigneurs et ecclésiastiques, tout au long de l'histoire.

Au bas Moyen Âge (du XIIe au XVe siècle), à la ville, l'honnête homme trouve partout des « filles de joie » pour le distraire, surtout dans les cités méridionales. « On ne peut traverser le pont d'Avignon sans rencontrer deux moines, deux ânes et deux putains », dit un adage médiéval. Outre le *prostibulum publicum*, administré par les autorités municipales dans une grande partie de la chrétienté, on peut fréquenter les châteaux gaillards, les « maisons de fillettes », les « maisons lupanardes », les étuves et les « bordelages », autant de lieux semi-clandestins lourdement taxés, tantôt par l'État, tantôt par le clergé, qui en tirent tous deux un important profit financier… et sexuel.

État et Église ont ainsi institutionnalisé leur propre proxénétisme, à l'image de l'évêque de Genève qui, si l'on en croit Voltaire, gérait personnellement tous les bordels situés sur son territoire, comme beaucoup d'autres dignitaires religieux de l'époque. La plupart du temps, les autorités municipales, elles-mêmes souvent clientes des lieux, avaient bien du mal à contenir une demande toujours croissante et se bornaient à circonscrire des espaces réservés et, bonnes mœurs obligent, à faire respecter les grandes fêtes religieuses. Jacques Rossiaud indique que, dans les villes d'Uzès, d'Arles ou d'Albi, par exemple, pendant la semaine sainte, même les prostituées baissaient le rideau. Et, pour ne pas soumettre les hommes à la tentation, on logeait temporairement les filles à l'écart et on les dédommageait du manque à gagner.

Sous l'influence du rationalisme des Lumières, le XIXe siècle verra l'activité prostitutionnelle entrer dans une phase de réglementarisme, d'ailleurs moins moraliste qu'hygiéniste. L'auteur de référence sur le sujet n'est-il pas le docteur Alexandre Parent du Châtelet[1], le père des égouts parisiens ? « Les prostituées sont aussi inévitables, dans une agglomération d'hommes, que les égouts, les voiries et les dépôts d'immondices »,

1. J.-B. Baillière, *De la prostitution dans la ville de Paris, considérée sous le rapport de l'hygiène publique, de la morale et de l'administration : ouvrage appuyé de documents statistiques puisés dans les archives de la Préfecture de police*, 1836, cité par Alain Corbin, *Les Filles de noces*, Paris, Flammarion, 2015.

déclare-t-il. La prostitution est considérée comme un « égout séminal », ou encore un « phénomène excrémentiel », qui protège le corps social de toutes les pathologies en lui permettant une saine évacuation des vices.

À condition toutefois que l'état de santé des « filles » soit dûment contrôlé, car la syphilis rôde. Ce sera donc la police sanitaire, mandatée par le pouvoir judiciaire, qui se chargera d'endiguer le péril vénérien, comme l'a bien montré l'historien Alain Corbin dans *Les Filles de noces*. De *mal nécessaire*, la sexualité vénale est devenue un *mal médicalisé.* Les « filles soumises », qu'elles soient « à numéro » (dans les lupanars) ou « à la carte » (en liberté surveillée) sont enregistrées et régulièrement examinées. Un dispositif d'enfermement dans lequel tout ce petit monde de « verseuses » (qui font boire), d'« agenouillées » ou de « grandes horizontales » se voit passer successivement de la maison close à la prison, et de l'hôpital à la maison de repentance, voire à la déportation dans les colonies. Ce qui fait dire à Alain Corbin : « L'histoire du réglementarisme sera celle d'un effort inlassable pour discipliner la fille publique, l'idéal étant la création d'une classe de prostituées-moniales, bonnes travailleuses mais automates et surtout mauvaises jouisseuses[1]. »

Mais il s'agit aussi de surveiller le client et de vérifier que la « décharge spermatique » s'opère au cours d'un coït honnête, dont la conformité est surveillée, derrière une vitre discrète, par la maquerelle, dite *la mère* ou *la matrone*, et les agents de la police des mœurs : les ébats doivent se dérouler entre un homme et une femme seuls (pas question de se livrer à des

1. Alain Corbin, *Les Filles de noces*, *op. cit.*

orgies), dans une chambre dont le verrouillage est interdit. Ils ne doivent être ni trop longs ni trop voluptueux. « La lumière purifiante du pouvoir doit rendre aussi peu nocif que possible le soulagement d'un homme qu'il s'agit de rendre intact à sa famille, sans que la relation charnelle ait trop perverti son imagination, sans qu'elle se soit accompagnée de sentiment », poursuit Alain Corbin. C'est la raison pour laquelle le système réglementaire tatillon du Consulat et de l'Empire va s'essouffler dès la fin du XIXe.

Au tournant du XXe siècle, le client ne cherche plus seulement l'exutoire sexuel, mais rêve de sélectivité, de séduction, de conquête, de sentimentalité, de tendresse, de baisers et de préliminaires, bref de *flirt*, mot qui dérive de « fleureter » ou « conter fleurette ». Ces désirs nouveaux conduisent à une réorientation des conduites vénales : c'est le triomphe du *simulacre.* Le client ne va plus au *bordel* se payer une *pute*, mais à la *maison de rendez-vous* retrouver sa coûteuse maîtresse, sa *cocotte.* Tout le (*demi*-) monde fait semblant, et chacun y trouve son compte, la frontière entre amour et vénalité étant souvent très poreuse… Surtout quand on y met vraiment le prix : pour les plus fortunés, dans les maisons de luxe, on peut acheter non seulement un semblant d'amour, mais également de l'exotisme et du raffinement, en s'adonnant à toutes les débauches et perversités que le rigorisme de la maison de passe ordinaire réprouve. On peut s'y livrer, tour à tour, au sacrilège, en violant une religieuse, à l'abjection, en urinant sur une naine, à l'expérimentation, en testant les nouveaux appareils électriques, ou au jeu, en demandant à la professionnelle de se déguiser en bonne vieille épouse…

Braves et loyales, saintes prostituées ! Non seulement elles ne dénonçaient ni les hommes mariés, ni les clients prêtres, ni leur proxénète quand elles en avaient un, mais elles suivaient vaillamment les bataillons des armées, en se mêlant aux lavandières et aux cantinières[1]. Le premier « bordel à soldats[2] » fut ouvert lors de la croisade de Philippe Auguste, pour réagir à l'excès de pratiques sodomites et de viols perpétrés par les Francs. Puis on les retrouvera presque immanquablement à proximité des garnisons, sous étroite surveillance militaire et médicale. Depuis toujours, dès qu'un homme s'éloigne de chez lui, où qu'il aille, il sait qu'il trouvera, moyennant quelques sous, une femme pour réchauffer son corps, apaiser ses tensions et, bien souvent, l'écouter. Toutes les armées du monde devraient les glorifier. Sans la prostitution, les guerres, y compris les guerres « saintes », auraient sans doute été encore plus meurtrières qu'elles ne l'ont été. Et, hier comme aujourd'hui, quand il n'y a pas, ou pas assez, de « filles », les viols se multiplient. Définitivement, le commerce du sexe est un « moindre mal ».

Mais alors pourquoi, alors que les prostituées rendent un tel service à l'humanité, les a-t-on toujours stigmatisées, méprisées, ostracisées, au point que « sale pute ! » est, pour une femme, l'insulte suprême ? Comment comprendre ce paradoxe d'une prostituée considérée comme un être à la fois nécessaire et repoussant ? Hypocrisie ou schizophrénie ? La *chose* est permise,

1. Au cours de la première croisade, entre 1096 et 1099, l'État versa un salaire à 13 000 prostituées.

2. Jean-Marc Binot, *Le Repos des guerriers, les bordels militaires de campagne pendant la guerre d'Indochine*, Paris, Fayard, 2014.

mais la femme avec laquelle elle se commet est honteuse et ne mérite pas le respect. Le besoin d'évacuer sa semence est sain et légitime, mais celle qui se charge de la recueillir n'est pas traitée comme une personne. On a même le droit de la violenter, car elle n'est pas une femme « comme il faut ».

Impossible de dénombrer avec exactitude le nombre de femmes mais aussi de très jeunes filles et fillettes à travers le monde condamnées par la misère au trottoir et si souvent battues, amochées, brûlées, mutilées, poignardées, étouffées ou lapidées. Elles sont probablement des dizaines de millions. Et cela dans une relative impunité, en raison même de la profession qu'elles exercent. Une pute ne *vaut* rien. Forcée de porter le ruban, puis le châle jaune (couleur de la honte et du bannissement, de l'urine, qui sera aussi celle de l'étoile juive), la prostituée est méprisée par les *honnêtes gens*, qui l'exploitent pour mieux la sacrifier et la honnir, comme cette pauvre *Boule de Suif* créée par Maupassant.

Cette dévalorisation de la prostituée est une tragédie de portée universelle. Plus la morale est puritaine, plus la prostitution, obligée à la clandestinité, est fragilisée et donc vouée à être récupérée par le monde du crime. En outre, plus elle est pourchassée, plus elle se fait rare, et plus la « fille » excite le désir, à commencer par celui des censeurs. Parfois jusqu'à l'obsession. La tartufferie atteint alors son comble. C'est, ici encore, à la romancière Chahdortt Djavann que j'emprunte sa plume acérée. Dans *Les putes voilées n'iront jamais au paradis*, elle montre à quel point les mollahs, qui lapident par milliers les femmes impures, sont en réalité obsessionnellement travaillés par le sexe et gros consommateurs d'une viande fraîche qu'ils disent abhorrer.

Les austères silhouettes noires et silencieuses qui circulent comme des ombres dans les ruelles de Téhéran, de Mashad ou de Kerman, ne calment pas les ardeurs des hommes, bien au contraire : imaginer ce qu'il y a sous le voile les rend fous… et terriblement violents : « Je suis restée quatre-vingt-dix nuits accroupie dans une cellule vide, sans rien, à dormir à même le sol, sans qu'on me donne une couverture, un matelas. Rien […]. Ils te traitent pire qu'un chien », dit l'une des héroïnes du roman. Tandis qu'une autre déclare : « La plupart des hommes éjaculent en nous comme ils pissent aux chiottes : sans aucun respect. C'est ça qui est le plus dur dans ce métier : les préjugés. Le regard des autres. Le rejet. Le mépris. La condamnation[1]. »

Comme l'explique la romancière, si ces avanies s'accompagnent, en Iran, d'une telle violence, c'est en vertu du concept de « sang sans valeur » (*mahdourodam*), un terme juridique sans équivalent dans les langues occidentales et qui signifie, dans la charia, « ceux et celles dont le sang peut être versé sans péché ». Au nom de ce principe, des centaines de femmes, dont une grande partie ne s'étaient d'ailleurs jamais prostituées, furent pendues ou lapidées dès les premiers mois de l'arrivée au pouvoir des mollahs chiites en 1979. Pour autant, depuis l'instauration du régime khomeyniste, le nombre de prostituées a connu une augmentation phénoménale, notamment

1. Chahdortt Djavann, *Les putes voilées n'iront jamais au paradis*, Paris, Grasset, 2016.

chez les adolescentes[1]. Partout « des gamines de dix ans se prostituent pour un repas chaud ». Cela n'a rien d'un paradoxe : c'est la conséquence logique de la phallocratie des dirigeants, tant il est vrai que le regard posé sur la prostituée dépend du regard porté plus généralement sur la femme. La prostitution est en quelque sorte un miroir grossissant, donnant à voir la forme la plus exacerbée de l'assujettissement sexuel des femmes.

On peut aussi s'interroger sur la vision du paradis promis aux kamikazes par le fanatisme islamiste : une béatitude éternelle, dans laquelle des jeunes filles sont offertes à titre de *récompense sexuelle.* La mystique terroriste les présente comme de belles vierges aux yeux noirs, les *houris*, éternellement jeunes et vierges, mais il faut bien comprendre que ce sont des *vierges* dont on attend qu'elles se comportent en *putes*, le salaire en moins. Même dans l'au-delà, les femmes sont vouées à demeurer des esclaves sexuelles.

Le rigorisme islamiste est un exemple extrême de misogynie et de haine des prostituées. Fort heureusement, elles ne subissent pas un sort aussi tragique dans les démocraties occidentales. Pour autant, elles souffrent aussi chez nous du regard méprisant que l'on porte sur leur activité. Une stigmatisation qui mérite d'être questionnée, puisqu'elle est au principe des positions abolitionnistes et des politiques de pénalisation du client, centrées sur l'idée de *dignité* de la personne. Mais qu'est-ce que la *dignité humaine* ? Sur

1. Augmentation de 635 %, d'après l'ONG Coalition Against Trafficking in Women.

quoi est-elle fondée ? Là, comme pour le voile, qui est habilité à en juger ?

Pour une grande partie des militantes féministes actuelles, volontiers puritaines, la prostitution est *indigne* et il faut l'interdire. Leur argumentation repose principalement sur deux concepts, considérés comme dégradants pour la prostituée : celui d'*objectivation sexuelle* et celui de *soumission.* Les deux sont discutables.

Qu'est-ce qu'*objectiver sexuellement* une personne ? C'est d'abord opérer une réduction d'un être humain à ses organes sexuels ; c'est ensuite instrumentaliser lesdits organes à des fins personnelles. Le concept est hérité de Kant : « Aussitôt qu'une personne devient un objet d'appétit pour autrui, tous les liens moraux se dissolvent et la personne ainsi considérée n'est plus qu'une chose dont on use et se sert », écrit-il dans les *Leçons d'éthique.* Selon lui, cette *objectivation*, qui est un rapport de pouvoir, conduit à une dégradation et une déshumanisation de la personne, laquelle doit toujours être considérée comme une *fin en soi* et jamais comme un *moyen* pour ses propres fins. Sous ce rapport, le client, qui traite la prostituée « comme un rôti de porc que l'on mange pour apaiser sa faim », commet donc un délit d'*objectivation.* Fidèles à la doctrine kantienne, les féministes les plus radicales, parmi lesquelles figurent les théoriciennes américaines Andrea Dworkin[1] et Catharine MacKinnon[2], considèrent la prostitution, mais aussi la

1. Andrea Dworkin, *Pouvoir et violence sexiste*, préface de Catharine MacKinnon, Montréal, Sisyphe, 2007.

2. Catharine MacKinnon, *Traite, prostitution, inégalité*, Montréal, M Éditeur, 2014.

pornographie, comme attentatoires à la dignité humaine et militent activement pour leur abolition.

Mais il est permis de se demander si le concept d'*objectivation* a une réelle pertinence pour discréditer la prostitution. Tout rapport sexuel n'implique-t-il pas, à un degré ou à un autre, l'*objectivation* de l'autre, puisqu'il est précisément mû par le désir d'en tirer une jouissance ? La relation sexuelle n'est-elle pas nécessairement *objectivante* ? Et ne peut-on même ressentir une intense volupté à se laisser traiter en pur *objet* de désir ?

En réalité, ce qui est indigne, et condamnable, en matière de sexualité, ce n'est pas tant de considérer l'autre comme un objet que de dénier l'altérité, l'autonomie, la subjectivité de cet objet, d'en faire un objet par essence et non pas seulement pendant la parenthèse du rapport sexuel. La frontière entre ce qui est répréhensible et ce qui ne l'est pas se situe dans les *conditions* de l'objectivation et non dans l'objectivation elle-même. Dès lors que la personne est traitée en être humain porteur de droits imprescriptibles, dont on ne cherche pas à la priver, l'*objectivation* n'est pas aliénante. D'ailleurs, on pourrait aussi bien considérer que la prostituée *objective* le client pour le soumettre à ses propres fins, puisqu'elle s'intéresse moins à son être qu'à son argent.

Lorsqu'on accuse le client d'*objectiver* la prostituée, on lui reproche d'opérer une *fragmentation* de la personne en ne s'intéressant qu'aux organes génitaux de la professionnelle, de la découper, sans se préoccuper du reste de son individualité. Mais ne pourrait-on pas considérer que la prostituée, elle aussi, *fragmente* le client, en fétichisant son portefeuille, plutôt que son âme ? Or deux fragmentations *objectivantes* symétriques ne sont-elles pas vouées à se neutraliser l'une l'autre ? Dans ce cas, l'échange sexuel ne porte pas atteinte à la dignité des protagonistes.

Quant au grief de *soumission* de la femme, il faut avoir une vision bien angélique de la sexualité pour penser que celle-ci peut, même en dehors du cadre vénal, échapper à une forme de domination d'un côté, de reddition de l'autre. Bien normative aussi, puisque cela consiste à définir la bonne et la mauvaise sexualité, dans l'utopie d'une transparence, égalitaire, policée et vertueuse des âmes. Bien peu érotique enfin, si l'on considère que l'érotisme authentique se distingue de la sexualité fonctionnelle et organique des animaux par sa dimension d'élaboration mentale et sa propension à la transgression, au jeu, à l'équivoque, ainsi que par son goût de la mise en scène, laquelle s'accompagne parfois d'un certain coefficient de violence (maîtrisée), voire de souillure[1], en acte ou en parole. C'est ce qu'ont si bien compris des auteurs comme Bataille, Kundera, Henry Miller, Joyce ou encore Apollinaire. S'il y a un plaisir de soumettre, il y a aussi un plaisir d'être soumise. Au désir de possession répond un désir d'être possédée, subjuguée, c'est-à-dire, littéralement, de tomber sous le joug. La volupté de l'abandon, de l'assujettissement, voire de la capitulation, est ce qui permet de comprendre la justesse de la formule de Jacques Lacan : « Toute femme cherche un maître sur lequel elle règne. » D'ailleurs, certaines des *Lettres à Lou*, écrites par Guillaume Apollinaire à la jeune femme qu'il aimait éperdument, sont signées « Ton maître, Gui ». Elles témoignent du lien étroit existant

1. Voir Olivia Gazalé, *Je t'aime à la philo*, *op. cit.*, chap. II.

parfois entre érotisme et soumission, sensualité et violence : « Je veux que tu sois obéissante en tout, jusqu'à la mort et pour t'y réduire, belle indomptée, ce sont tes fesses que je veux cingler, tes grosses fesses veloutées qui s'agitent, s'ouvrent, et se ferment voluptueusement quand je suis dessus à les fouetter [...] Je te les ferai tordre de douleur et de délices jusqu'à ce que pantelante je te prenne profondément, bouche à bouche et si tu ne te rends pas, c'est le supplice du pal que je te réserve, Ton maître, Gui[1]. » Chacun comprendra pourquoi cette correspondance n'est jamais étudiée au lycée...

Que traduit cette lettre, qui aurait pu tout aussi bien, signée par James Joyce, être adressée à Nora et comporter quantité de « ma petite pute », sinon qu'entre adultes qui, par ailleurs, se respectent, ou, comme ici, s'aiment follement, la relation érotique constitue un domaine artificiellement isolé du reste, circonscrit et codifié, dans lequel l'*objectivation* et la *soumission* (voire un certain degré de brutalité) peuvent être aphrodisiaques pour les deux partenaires[2] ?

On peut même être ardemment féministe, comme Marguerite Duras, et éprouver de la fascination pour le

---

1. Apollinaire, *Lettres à Lou*, lettre du 8 janvier 1915, Paris, Gallimard, 1969.

2. Extrait d'une lettre de James Joyce à Nora du 15 décembre 1909 : « Ce sont des bêtises, ma chérie, ce que j'ai dit sur mon désir de t'enculer. Ce que j'aime, c'est seulement le son répugnant du mot, l'idée d'une belle jeune fille timide comme Nora relevant ses vêtements par-derrière et dévoilant sa mignonne culotte blanche de jeune fille afin d'exciter le sale bonhomme qu'elle aime tant ; puis le laissant enfoncer sa grosse tige noueuse rouge et sale à travers la fente de sa culotte et bourrer, bourrer, bourrer dans l'adorable petit trou entre ses fesses fraîches et rebondies », in James Joyce, *Lettres à Nora*, trad. de l'anglais par André Topia, Paris, Rivages, 2012.

désir d'asservissement, être une femme émancipée et trouver voluptueux d'être la *chose* d'un homme. Ainsi de Bérénice : « Elle se livre d'elle-même au sort qui se propose. Elle veut bien être reine. Elle veut bien être une captive. C'est selon ce que lui (Titus) désire qu'elle soit[1] », écrit-elle dans *Le Dialogue de Rome*. Les femmes, chez Duras, possèdent leur amant comme lui les possède, et c'est dans la symétrie de cette possession que chacun se sent absolument et pleinement sujet[2].

C'est dire que la sexualité est par essence un *jeu de soumission*, de l'un ou l'autre partenaire, les rôles étant d'ailleurs permutables : de nombreux hommes ne demandent-ils pas à être punis, châtiés et insultés ? Ils sont même beaucoup plus nombreux qu'on ne le croit. Dans *Une vie de putain*, où sont rassemblés des témoignages de professionnelles, l'une d'entre elles, C., les décrit ainsi : « En général ce sont des hommes qui ont de la culture, qui ont du fric et qui ont des vices assez incroyables. Ils veulent qu'on les frappe, qu'on leur écrase des cigarettes sur les seins, qu'on leur transperce le sexe avec des épingles, qu'on les tire avec une ficelle dans la chambre par le bout de la langue, qu'on leur défèque dans la bouche, qu'on les insulte. Eux ils répondent "oui maîtresse, bien maîtresse"[3]. » Chacun sait qu'il s'agit là d'un jeu.

La soumission est donc inhérente à la sexualité elle-même, raison pour laquelle elle peut difficilement être

1. *Le Dialogue de Rome*, film écrit et réalisé par Marguerite Duras en 1982.

2. Chloé Chouen-Ollier, « Se prostituer, dit-elle. La prostitution comme enjeu poïétique dans l'œuvre de Marguerite Duras », *Les Cahiers du Cerac*, nº 7, 2014.

3. Claude Jaget, *Une vie de putain*, Paris, Gallimard, 1975.

invoquée pour discréditer, voire interdire, la prostitution. D'ailleurs, le succès, auprès des femmes, de *best-sellers* dans la veine de *Cinquante nuances de Grey*, prouve qu'elles ne sont guère choquées par les rapports de domination et d'emprise qui y sont auscultés. Car là n'est pas là le fond du problème.

En définitive, ce qui heurte tant les contempteurs de la prostitution, ce n'est pas tant la soumission au désir masculin que la soumission à l'*argent.* Car, si la sexualité n'est plus un tabou, l'*argent*, lui, l'est encore, et probablement pour longtemps. La femme qui monnaye ses charmes pâtit de l'indignité dans laquelle on tient non seulement sa disponibilité sexuelle mais l'*argent* lui-même. C'est l'hypothèse formulée par le philosophe et sociologue allemand Georg Simmel dans sa *Philosophie de l'amour*. Pourquoi, se demande-t-il, alors que les sociétés primitives ne trouvaient « rien de choquant à la prostitution[1] », et la pratiquaient, comme à Babylone, dans les temples, en est-elle venue à être aussi discréditée ?

D'après Simmel, tout aurait changé à l'avènement de l'économie monétaire. Quand « l'argent devient l'étalon de toutes les autres choses, il dévalue tout ce dont il est l'équivalent ». L'arrogance du client viendrait du déséquilibre entre la prestation et sa contrepartie : « Le bien le plus personnel est échangé contre le bien le plus impersonnel. » L'avilissement de la prostituée tiendrait au fait que son commerce « dégrade la possession la plus réservée de la femme, à un point tel que

---

1. Georg Simmel, « Quelques réflexions sur la prostitution dans le présent et dans l'avenir » (1982), in *Philosophie de l'amour*, trad. de l'allemand par Sabine Cornille, Paris, Rivages, 1991.

la valeur la plus neutre et la plus anonyme passe pour son équivalent adéquat ». Voilà donc ce qui fait de la « putain » une « moins-que-rien » : en s'échangeant contre le vil métal qui sert au commerce des choses, elle s'inscrit de plain-pied dans l'immense empire de la marchandisation. Elle *vend* son corps. C'est pourquoi celles qu'on appelait les *charity girls* aux États-Unis, après la Seconde Guerre mondiale, acceptaient d'offrir leurs services sexuels contre un kilo de viande, mais pas contre de l'argent.

Mais là encore, que d'hypocrisie et d'aveuglement ! La prostitution est-elle la seule activité professionnelle où s'exerce une *soumission* du corps à la loi de l'argent ? N'y a-t-il pas quantité de métiers dans lesquels le corps du travailleur est *pro-stitué*, c'est-à-dire littéralement exposé devant[1], voire malmené, mis en danger ? Le travail à l'usine, à la mine, voire dans le mannequinat[2], n'implique-t-il pas une mise à disposition du corps, dans des conditions souvent dégradantes ? Au nom de quelle idéologie sexuelle sanctifiante juge-t-on que le sexe tarifé est plus indigne que d'autres contrats impliquant une instrumentalisation du corps et une marchandisation de la force de travail ?

Écoutons encore une de celles à qui Chahdortt Djavann donne la parole : « Mon cul ? Je ne le vends pas, je ne le loue pas non plus. […] Je ne vends pas plus mon corps qu'un éboueur, ou qu'une femme de

1. Le latin *prostituere* signifie placer devant, exposer, de *pro* (devant) et *statuere* (poser, placer).

2. Dans un essai passionnant intitulé *Beauté fatale. Les nouveaux visages de l'aliénation féminine*, Paris, Zones, 2012, l'essayiste Mona Chollet dénonce la « prédation cynique qui règne dans ce grand trafic de chair fraîche ».

ménage qui passe sa vie à respirer la poussière et à laver l'urine et la merde des autres. […] Je vends de la jouissance. Je m'occupe du corps, du sexe de mes clients. Et j'estime que le contact intime que j'ai avec eux n'ôte rien à ma dignité[1]. » Autrement dit, chacun est libre de la dose de sacralité qu'il met dans son cul, qui n'a aucune vocation à être le siège de la dignité.

Dans un autre passage du livre, la romancière va encore plus loin et ose exprimer une idée dont la formulation abrupte pourra heurter : la parenté entre le contrat prostitutionnel et le contrat matrimonial. Au XIXe siècle, le philosophe Charles Fourier avait déjà évoqué la dimension marchande du lien conjugal : « La jeune fille n'est-elle pas une marchandise exposée en vente à qui veut en négocier l'acquisition et la propriété exclusive[2] ? » demandait-il. Une question que Chahdortt Djavann pose dans un langage beaucoup plus cru : « Il y a des centaines de millions de femmes dans le monde qui couchent avec leur mari sans plaisir. Femmes au foyer, elles s'occupent du ventre et du bas-ventre de leur mari et n'ont nulle part où aller. […] Nous, les autres femmes, nous nous faisons dédommager en cash, ça fait toute la différence. […] Et pourtant, ces femmes mariées nous condamnent du haut de leur vertu mercantile. »

Et elles condamnent aussi le client, forcément libidineux, forcément pervers, forcément salaud, sans se demander si, parmi eux, il n'y a pas aussi de braves

---

1. Chahdortt Djavann, *Les putes voilées n'iront pas au paradis*, *op. cit.*

2. Charles Fourier, *Vers la liberté en amour*, extraits réunis par Daniel Guérin, Paris, Gallimard, 1975.

types qui, sans les prostituées, n'auraient jamais accès au corps d'une femme, parce que privés de charme ou de position sociale, ou encore affectés de pathologies psychologiques ou physiques. Se préoccupe-t-on du respect de la leur, de *dignité* ? Pourquoi l'assistance sexuelle aux personnes en situation de handicap est-elle obstinément condamnée en France, alors que d'autres pays européens l'autorisent[1] ? Où est le mal ? Faire tort au moralisme, est-ce nécessairement faire tort à la morale ?

L'ultime argument des abolitionnistes consiste à répondre que le *mal* réside dans l'*aliénation* de la femme : la prostituée ne serait pas libre, mais contrainte, de se prêter à un commerce qui lui fait horreur. Mais comment en sont-ils à ce point convaincus ? Et n'est-il pas nécessaire de distinguer la prostitution *choisie* et la prostitution *forcée*, qu'il faudrait plutôt qualifier d'*esclavage sexuel*[2] ?

Ce que récusent la plupart des théories féministes actuelles, c'est que le commerce du corps puisse être, parfois, une option délibérée ; elle est « *toujours*[3] le fruit d'une contrainte ou, au mieux, une forme d'adaptation résignée à une situation marquée par la détresse, le manque ou la violence[4] », écrit le sociologue français Lilian Mathieu. Il est certain que la pauvreté, la marginalisation, le manque d'éducation, la toxicomanie, voire

---

1. Notamment le Danemark, la Suisse, la Belgique, les Pays-Bas et l'Allemagne.

2. Marcela Iacub, *Qu'avez-vous fait de la révolution sexuelle ?*, Paris, Points, 2007.

3. C'est moi qui souligne.

4. Lilian Mathieu, « La prostitution, zone de vulnérabilité sociale », *Nouvelles questions féministes*, vol. 21, 2, 2002.

l'antériorité d'abus sexuels sont des conditions propres à altérer le libre arbitre et verrouiller l'aptitude, inscrite en chaque humain, à transcender ses déterminismes par la décision de la volonté. Une femme sans aucune ressource n'est pas *libre* de se prostituer, *a fortiori* si elle est *accro*, qu'elle ait ou non un *mac*, c'est certain. Dans les pays européens comme ailleurs, une majorité de prostituées est constituée d'étrangères en situation de grande précarité et réduites à l'esclavage sexuel par des réseaux mafieux. Personne ne songe à le nier. Mais cela ne doit pas faire oublier toutes celles qui déclarent avoir choisi librement cette activité et auxquelles on refuse d'accorder une quelconque capacité d'autodétermination. Leur parole n'aurait-elle donc aucune valeur ? S'illusionnent-elles toutes sur leur propre condition ? Parce qu'elles font commerce de leur sexe, elles ne seraient pas capables d'exercer leur liberté de pensée ? Elles seraient dénuées d'intelligence, incapables de comprendre leur propre aliénation ? N'est-ce pas, comme pour le voile, une manière de les mépriser, de les dépersonnaliser, de les déresponsabiliser et de les humilier ? Certes, elles ne sont sans doute qu'une minorité, mais elles existent, aiment, font des enfants, réclament des droits, se syndiquent et ne demandent qu'à devenir des citoyennes comme les autres. Écoutons l'une des plus célèbres d'entre elles, Grisélidis Réal, auteur du *Carnet de bal d'une courtisane* et pionnière de la défense des « travailleuses du sexe » : « La prostitution est un art, un humanisme et une science [...] Quoi qu'en disent nos détracteurs, ces intégristes de la morale [...], nous sommes et nous resterons libres, libres de nos corps, libres de notre esprit, libres de notre argent gagné à la sueur de nos culs et de nos cerveaux [...] La seule prostitution authentique est volontaire [...] Seules la violence et la cruauté qui contraignent des êtres à se prostituer sont à proscrire[1]. »

Ce qui anime ces femmes, c'est un *désir de reconnaissance*, un désir universellement inscrit dans la nature humaine. Au XIXe siècle, le philosophe Fichte avait proposé de faire de la *reconnaissance d'autrui* le fondement du droit : chacun d'entre nous doit *reconnaître l'autre* comme une conscience *raisonnable* et *libre.* S'inspirant de cette analyse, Hegel a magistralement montré, dans la fameuse *dialectique du maître et de l'esclave*[2], que l'aspiration à *être reconnu* par autrui est le sens profond des relations humaines. Le désir humain le plus essentiel est le *désir de reconnaissance.* « Les hommes n'ont pas, comme les animaux, le seul désir de persévérer dans leur être, d'être là à la façon des choses, ils ont le désir impérieux de se faire reconnaître comme conscience de soi[3] », écrit Alexandre Kojève, le grand commentateur de l'œuvre de Hegel. Et ce n'est que grâce à la *reconnaissance* que le sujet peut conquérir sa liberté et son identité propres.

Si Hegel a révélé l'importance de ce concept dans les relations sociales et politiques, c'est à Paul Ricœur qu'il revient d'en avoir, dans *Parcours de la reconnaissance*, révélé la signification existentielle profonde. Ou plutôt

---

1. Grisélidis Réal, *Carnet de bal d'une courtisane*, Paris, Verticales, 2005.

2. Georg W. F. Hegel, *Phénoménologie de l'Esprit*, trad. de l'allemand par Gwendoline Jarczyk, Paris, Gallimard, 1993.

3. Alexandre Kojève, *Introduction à la lecture de Hegel : leçons sur la Phénoménologie de l'Esprit, professées de 1933 à 1939 à l'École des hautes études*, Paris, Gallimard, 1980.

la double signification, puisque le terme renvoie à la fois à l'*identification* – je te reconnais – et à la *gratitude* – je te suis reconnaissant. Une polysémie qui lui inspire une *philosophie de la reconnaissance* fondée sur cette idée : plus tu me reconnais, plus je te suis reconnaissant. « N'est-ce pas dans mon identité authentique que je demande à être reconnu ? Et si, par bonheur, il m'arrive de l'être, ma gratitude va vers ceux qui, d'une manière ou d'une autre, ont reconnu mon identité en me reconnaissant[1]. » Or qu'est-ce que *reconnaître*, au sens actif ? C'est suivre les conseils dispensés par Descartes dans le *Discours de la méthode*, que Ricœur analyse dans la première étude, intitulée *La Reconnaissance comme identification*. Reconnaître une chose, écrit Descartes, c'est la distinguer de ce qu'elle n'est pas et ne pas se méprendre sur ce qu'elle est. Ce qui exige de la prudence et de la circonspection. Si l'on désire « ne recevoir en sa créance » que des choses vraies, alors il nous faut d'abord renoncer aux « idées préconçues ».

Or c'est bien de cela dont souffre une prostituée : les préjugés. Le fait qu'elle soit la personne universellement la plus insultée en fait aussi naturellement la plus handicapée dans la lutte pour la reconnaissance. « Pour identifier, il faut distinguer, poursuit Paul Ricœur, c'est en distinguant qu'on identifie [...] C'est à être distinguée qu'aspire une personne humiliée. » Or, cela est refusé à celle qui vend ses charmes. En ne la reconnaissant pas, en la privant de toute forme de visibilité et de gratification, en la traitant en paria,

1. Paul Ricœur, *Parcours de la reconnaissance*, Paris, Folio Essais, 2005.

on lui interdit tout simplement de se reconnaître elle-même comme ayant une valeur. Non seulement elle doit se cacher, mais, en plus, elle doit avoir honte de ce qu'elle *est*. Comment s'étonner qu'elles soient si nombreuses à s'autopunir dans l'alcoolisme ou la toxicomanie ? De quoi souffrent-elles le plus ? De « vendre leur corps » ou d'être honnies par la bien-pensance ?

Il est important que le traitement politique de ces questions ne s'enferme pas dans des présupposés idéologiques, mais envisage les choses avec lucidité et pragmatisme : la prostitution ne disparaîtra pas, quoi qu'en dise la loi. On aura beau la prohiber, jamais on ne pourra l'abolir, à moins d'une extinction de la misère et d'une transformation, en profondeur, des rapports de sexe. L'omniprésence de la prostitution traduit avant tout celle de la pauvreté, mais elle est aussi l'un des effets les plus douloureux de la hiérarchisation des sexes et du puritanisme conjugal, lesquels génèrent une insondable frustration sexuelle, en perpétuant une image erronée et discriminante de chacun des deux sexes, sans correspondance authentique avec la réalité des désirs : d'un côté une épouse-mère-vierge tenue à la pudeur, de l'autre un homme qu'on persuade que l'essence de sa virilité réside dans sa vitalité sexuelle. Partout où ces deux archétypes demeureront la norme, la prostituée maintiendra son empire sur le genre masculin, et demeurera, qu'on le veuille ou non, le meilleur rempart contre le viol et l'alliée la plus constante, la plus fidèle et la plus vaillante des deux sexes.

Bien sûr, dans les sociétés démocratiques laïques, la femme s'est aujourd'hui affranchie du devoir de pudeur et de chasteté et a abandonné le *modèle virginal* pour conquérir sa liberté sexuelle et son droit au plaisir. Mais l'homme, lui, reste toujours prisonnier du *modèle viriliste* qui sacralise son érection, décrète l'urgence de ses pulsions et l'enjoint à faire sans cesse la démonstration de sa puissance, de sa force et de son succès.

C'est sans doute là le point le plus sensible et le plus méconnu de l'histoire des sexes : le *système viriarcal* n'a pas seulement essentialisé et opprimé les femmes, il a également aliéné les hommes au *mythe de la virilité*, un mythe en forme de piège, que les évolutions sociales allaient venir peu à peu contrarier, puis renverser, livrant le mâle des sociétés postmodernes à des difficultés identitaires et existentielles sans précédent.

Quatrième partie

LA CONSTRUCTION DU MYTHE VIRIL

On ne naît pas « homme »

Jusqu'ici, j'ai employé le terme *hommes* comme s'il s'agissait d'une catégorie homogène, celle des oppresseurs, et je n'ai examiné le système viriarcal que sous l'angle de la domination exercée par cet ensemble sur celui des femmes. Si ce découpage a le mérite de mettre en évidence l'assujettissement historique d'un sexe par l'autre, il présente le défaut de considérer les hommes comme un ensemble uniforme, composé d'individus identiques, aux pensées, aux pouvoirs, aux désirs et aux croyances analogues. Or c'est une vision simplificatrice des choses. L'observation de ce que l'homme fait à la femme exige en effet d'être complétée par l'examen de ce que l'homme fait à l'homme, à *l'autre* homme. Car le *mythe viril* n'a pas seulement nourri la misogynie, mais aussi la xénophobie, le racisme, l'esclavagisme, l'homophobie, le fascisme et toutes les formes d'exploitation et d'anéantissement de l'homme par l'homme : toutes dérivent de *l'idée d'homme* élaborée par ceux qui s'en sont toujours passionnément réclamés pour mieux asservir les autres. Tant et si bien qu'on ne devrait pas dire « les hommes ont toujours opprimé les femmes », mais « une partie des hommes a toujours opprimé les femmes et une autre partie des hommes ».

De même que le sexe masculin a dessiné, touche par touche, siècle après siècle, l'image d'une femme infériorisée pour s'autoriser à la dominer, il a construit, pierre par pierre, une représentation idéalisée (le *vir*, l'*homme*) ou dégradée (le *sous-homme*) du sexe masculin, qui lui a permis de légitimer, voire de sacraliser, la force, le pouvoir, l'appétit de conquête et l'instinct guerrier tout en considérant la brutalité à l'égard des enfants comme la meilleure des pédagogies.

C'est cette idéologie viriliste, porteuse de violence et de haine, qui, aujourd'hui, se déconstruit en Occident, et il y a tout lieu de s'en réjouir. Pour le comprendre, il faut d'abord avoir pris conscience de la dimension aliénante du modèle viril à l'égard de l'homme lui-même. En réalité, le véritable pendant de la célèbre formule de Simone de Beauvoir « On ne naît pas femme, on le devient » n'est pas « On ne naît pas homme, on le devient », mais « On ne naît pas viril, on le devient[1] » : car on *naît homme*, et ce qu'il s'agit de devenir, c'est un homme *viril.* Autrement dit, naître *homme* est un fait biologique, devenir *viril* une construction sociale. La *virilité* désigne un idéal normatif, celui de l'excellence masculine. Si tout porteur d'un sexe masculin est un homme, tout homme n'est pas viril : seuls les meilleurs d'entre eux méritent ce qualificatif, aussi difficile à conquérir qu'à conserver. Mais là est

1. Arnaud Baubérot, « On ne naît pas viril, on le devient », in Alain Corbin, Jean-Jacques Courtine et Georges Vigarello, *Histoire de la virilité*, t. III, *op. cit*.

l'écueil, puisque, en vertu d'un amalgame entre le biologique et le normatif, seuls sont reconnus comme *hommes* les représentants du sexe masculin conformes au canon *viril*, les autres étant rejetés dans l'inframonde des *sous-hommes.* C'est en ce sens que le sociologue Pierre Bourdieu qualifie le « privilège » masculin de « piège », « qui impose à chaque homme le devoir d'affirmer en toute circonstance sa virilité [...] La virilité entendue comme capacité reproductive, sexuelle et sociale, mais aussi comme aptitude au combat et à l'exercice de la violence, est avant tout une charge. Tout concourt à faire de l'idéal de l'impossible virilité le principe d'une immense vulnérabilité[1] ».

Avant de voir comment s'opère la discrimination entre les « vrais » hommes et les autres, et pour en appréhender les violentes manifestations, il faut d'abord se pencher sur le *complexe masculin*, à savoir cette faille profonde, cette fragilité originelle qui pourrait en partie expliquer la hantise de l'impuissance et la propension du sexe masculin à l'inflation de soi.

---

1. Pierre Bourdieu, *La Domination masculine*, Paris, Points Essais, 2014.

Le complexe identitaire masculin

Si *naître* femme constitue, à bien des égards, un handicap, *devenir homme* est beaucoup plus difficile que *devenir* femme. Car la fillette *est* naturellement femme, puisqu'elle a le même sexe que sa mère, tandis que le garçonnet doit *devenir* un homme, en se différenciant d'elle par un long processus d'intériorisation des codes masculins.

D'ailleurs, les expressions « Sois un homme ! » ou « Agis en homme ! » n'ont pas d'équivalent féminin, sauf à leur adjoindre un qualificatif. « Comporte-toi en femme » n'a de sens que si l'on ajoute « respectable », « honnête », « vertueuse », « féminine », ou encore « du monde ». Mais personne ne songe à prescrire à une fillette d'être simplement *une femme*. Non pas seulement parce que cela ne saurait constituer un idéal, mais surtout parce que l'identification de la fillette à son propre sexe ne lui pose pas les mêmes difficultés physiques, hormonales et psychologiques qu'à son frère : pour elle, il s'agit d'une donnée, pour lui, d'une conquête.

L'anthropologue Margaret Mead a proposé une explication de cette différence dans *Mœurs et sexualité en Océanie*, après avoir étudié sept peuplades des mers du Sud. Selon elle, la gestation intra-utérine, prolongée par l'allaitement, et le lien organique qu'ils établissent avec le sein maternel constituent des éléments essentiels du *sentiment d'identité de genre.* Or, tandis qu'une petite fille allaitée s'identifie aisément à son genre de future allaitante, qui représente une continuité de sa propre nature, le petit garçon, lui, devra, pour grandir, se dégager de la symbiose originaire et renverser les rôles établis à la naissance. « La mère introduit et il reçoit. Pour devenir un homme, il lui faudra abandonner cette passivité[1]. » S'il veut exister, il devra se différencier nettement de sa mère. Autrement dit, là où la fille apprend à *être*, le garçon apprend à *réagir* par un effort de séparation.

Devenir, pour lui, c'est intégrer le monde des hommes en se démarquant activement de sa mère par un lent travail d'opposition, dont la fillette est dispensée, puisqu'elle a le privilège de naître du ventre d'un même sexe. Plus elle ressemble à sa mère, plus elle est confirmée dans son sentiment identitaire. Aussi le noyau d'identité de genre est-il d'emblée moins conflictuel et problématique pour la fille, qui doit simplement se maintenir dans sa féminité sans changer de statut, que pour le garçon, qui doit se dégager activement de l'emprise du féminin en triomphant constamment de la menace de régression vers l'état originel de fusion avec le sein maternel. De la prime enfance à l'âge adulte, il aura à se défendre contre la puissance féminine et la tentation du retour à l'androgynie primordiale. Toute l'éducation

1. Margaret Mead, in Jean Malaurie (dir.), *Mœurs et sexualité en Océanie*, trad. de l'anglais par Georges Chevassus, Paris, Pocket, 2001.

du garçon aura donc pour mission de lui apprendre à se *séparer*, à rompre avec l'indifférenciation originelle, océanique, dont il est issu, à s'affirmer comme pleinement et ostensiblement mâle.

C'est à ce besoin de réassurance virile que répondent les rites de passage, ces séquences cérémonielles qui solennisent les changements de statut, telles que la circoncision rituelle[1] (du latin, *circumcisio*, signifiant couper autour, découper), pratiquée depuis l'Égypte ancienne par de nombreuses communautés, juives, musulmanes (bien que n'étant pas une prescription coranique), africaines et chrétiennes d'Orient[2], à l'image du Christ, qui était circoncis. Chez les juifs, ce rituel (*Brit milah*) répond au désir de sceller l'alliance avec Dieu (*Brit* signifie alliance). Mais il se pourrait qu'il ait aussi une autre signification, comme le suggère le médecin et psychanalyste Georg Groddeck[3] : l'ablation du prépuce renverrait à la volonté d'ôter au garçonnet cette formation plissée qui évoque les petites lèvres féminines, afin de l'aider à renoncer à la bisexualité originaire. Seul Dieu, en effet, peut prétendre à l'androgynie. (Symétriquement, un des motifs de l'excision des fillettes, comme nous l'avons vu, est la nécessité de les amputer du clitoris, cet appendice érectile qui présente une analogie anatomique avec le

1. À distinguer de la circoncision prophylactique, ou instrumentale, qui se pratique d'office dans certains pays comme les États-Unis ou la Corée du Sud, dans un but purement hygiénique.

2. La circoncision rituelle est pratiquée par les églises coptes d'Égypte et d'Éthiopie, ainsi qu'au Liban et dans d'autres régions du Moyen-Orient.

3. Georg Groddeck, « Le double sexe de l'être humain », *Nouvelle Revue de psychanalyse*, n° 7, printemps 1973.

pénis masculin. Mais la comparaison s'arrête là, car, à la différence de cette mutilation barbare, la circoncision, lorsqu'elle est pratiquée dans le respect des règles d'hygiène, n'a ni les conséquences sanitaires catastrophiques que peut avoir l'excision, ni pour ambition de priver le futur homme de l'accès à la jouissance sexuelle.) La circoncision renverrait ainsi à la phobie de l'indifférenciation sexuelle et aurait pour finalité de récuser la similitude avec la femme en instaurant une séparation sacrée entre les deux sexes.

La fonction essentielle des rites initiatiques masculins (et singulièrement de ceux étudiés dans les chapitres suivants) est ainsi de tenter de répondre au complexe identitaire originel en marquant clairement les différents paliers de l'arrachement au monde maternel, comme autant d'étapes d'abandon du féminin au profit du masculin. La question importante n'est donc pas :

« Qu'est-ce qu'un homme ? », mais : « Que *doit être* un homme pour se démarquer de la femme ? »

Ecce vir

Que doit être un homme ? En Occident, les canons virils ont été clairement définis dès l'Antiquité gréco-romaine.

À Athènes, un *homme* doit afficher fièrement les marqueurs de la virilité : force, vigueur, combativité, courage et maîtrise, à l'image d'Héraclès (Hercule), considéré comme le plus digne représentant de l'*andreia*[1] pour sa puissance physique et son audace, mais également pour ses qualités morales d'opiniâtreté face à l'adversité. Un *homme* est, avant tout, un individu qui se distingue clairement de l'espèce inférieure des femmes par ses facultés d'autocontrôle : tandis que les femmes sont soumises à leur corps et à leurs émotions, l'homme, lui, en a la parfaite maîtrise. C'est ce qui fait son « excellence » ou encore sa « perfection ».

Chez les Romains, s'affirmer comme *vir* (terme, rappelons-le, dérivé du sanskrit *virâ*, signifiant le mâle, le héros), c'est faire preuve, non seulement de vaillance,

1. Notamment par le poète comique Aristophane, dans *Les Grenouilles.*

de fermeté, voire de dureté, mais aussi, comme y invite la sagesse stoïcienne, de mesure, de contrôle de soi et de *pudor*, à savoir d'autorépression du sentiment et des émotions. C'est cette retenue, ce refus de l'exhibition sentimentale, qui le place au-dessus de la femme, bien sûr, mais aussi du Gaulois ou du Barbare, « impulsif, colérique, téméraire, irréfléchi, irrationnel[1] », comme le rappelle l'historien Jean-Paul Thullier.

Dès qu'il devient homme, à l'âge de dix-sept ans, le citoyen romain couvre son corps d'une toge blanche, en signe de virilité, pour dissimuler sa sensibilité, considérée comme une faiblesse. Il ne doit montrer ni sa peur, ni ses larmes, ni ses fragilités, ni ses doutes. Loyal, fidèle et constant, il est celui qui dompte, gouverne et décide. À l'image de César, Thésée et Pompée, modèles offerts par Plutarque, il doit faire preuve de *virtus*, cette capacité, considérée plus tard par Machiavel comme l'apanage du prince, à conquérir honneur et gloire en imposant sa loi à la *fortune*, dont l'imprévisibilité capricieuse rappelle l'inconstance féminine. Le monde lui appartient : à lui d'en faire la conquête par son commandement, son esprit de décision et son sens de l'ordre.

Les qualités morales de l'homme viril se reflètent dans l'harmonie de ses proportions physiques, d'où l'importance revêtue par la beauté dans la construction de l'idéal viril. Les Grecs ont placé dans la perfection du corps la quintessence de la virilité, un

1. Jean-Paul Thullier, « Virilités romaines. *Vir*, *virilitas*, *virtus* », in Alain Corbin, Jean-Jacques Courtine et Georges Vigarello, *Histoire de la virilité*, *op. cit.*, t. I, *L'invention de la virilité, de l'Antiquité aux Lumières*.

corps athlétique, qui s'expose nu et huilé au gymnase ou lors des compétitions sportives et autres concours de beauté auxquels participent les plus fortunés, et que les sculpteurs Polyclète, puis Praxitèle, représenteront dans toute sa gloire.

Même culte de la beauté masculine à Rome, où il convient, en outre, d'être bronzé, à la différence des femmes et des mignons, dont la peau est blanche et douce comme celle de l'empereur Carinus, dont les *Épigrammes* du poète Martial nous apprennent qu'il était un « lèche-vagin[1] ». « Que les corps brunissent sur le Champ de Mars[2] », déclare Ovide, qui encourage chacun à pratiquer, en plein soleil, la course équestre, le lancer du disque, la balle, la lutte ou encore le cerceau. Ceux qui passent leur vie à l'ombre (les *umbraticuli*) sont des « mous » et des « frisottés », de même que ceux qui s'épilent. Ainsi de ce célèbre agitateur qu'est Chrestus, dont se moque cruellement Martial :

« Avec tes couilles épilées
Ta verge en cou de vautour
Ton crâne plus lisse qu'un cil de giton
Tes jambes sans poil autour
Tes joues parfaitement imberbes… », tu n'es qu'un *mollis*, un mou, ce qui, à Rome, est considéré comme une infamie.

Le corps du citoyen romain est en effet l'objet d'une attention toute particulière : il s'agit de traquer sévèrement la *mollitia*, laquelle va parfois se loger dans de minuscules détails de toilette ou de gestes.

1. Jean-Paul Thullier, de même que les citations de Martial et Ovide qui suivent, in « Virilités romaines, *Vir*, *virilitas*, *virtus* », *op. cit.*

2. Ovide, *L'Art d'aimer*.

« Un sénateur [...] se tient droit. Il ne renifle pas, il se mouche dans un mouchoir. Il crache comme tout le monde mais n'écrase pas ses crachats. Il doit retenir ses bâillements, car il passerait pour mou et même efféminé [...] L'homme ne doit pas non plus éternuer, car c'est encore un signe d'ambiguïté sexuelle. On lui apprend à retenir son regard, à ne pas laisser échapper de cris [...] Il apprend à régler le ton de sa voix et son expression vocale [...] à poser sa voix dans les graves et à parler lentement[1]. »

Cette importance accordée au corps masculin se renforcera encore à l'ère chrétienne. La beauté masculine se verra même attribuer une dimension sacrée, puisque le corps d'Adam a été créé à l'image de celui de Dieu, comme l'indique la Genèse : « Le dernier jour de sa création, Dieu dit : Faisons l'homme à notre image, selon notre ressemblance » (1, 26). Une phrase décisive, amenée à influencer profondément toutes les représentations, artistiques ou médicales du corps humain dans le monde chrétien. Le peintre Rubens écrira ainsi : « La forme virile est la vraie perfection de la figure humaine. L'idée parfaite de sa beauté est l'ouvrage immédiat de la divinité, qui l'a créée unique et selon ses propres principes[2]. » La femme, issue de la côte d'Adam, est moins parfaite, les formes idéales s'y trouvant « dégénérées de leur excellence primitive ».

1. A. Rousselle, « Gestes et signes de la famille dans l'Empire romain », in André Burguière, Martine Segalen *et al.*, *Histoire de la famille*, vol. I, Paris, LGF, 1986, cité par Florence Dupont et Thierry Éloi, *L'Érotisme masculin dans la Rome antique*, Paris, Belin, 2013.

2. Rubens, *Théorie de la figure humaine*, Paris, Rue d'Ulm, 2003, cité par Nadeije Laneyrie-Dagen, « Le témoignage de la peinture », *Histoire de la virilité*, t. I, *op. cit.*

Chez elle, le triangle équilatéral, caractéristique du mâle, « parfait par l'égalité de ses deux côtés » et symbole de la trinité, se dégrade en triangle isocèle, tandis que le noble et régulier carré s'abâtardit en mol ovale. Seul digne d'admiration, le corps viril aura donc naturellement le privilège exclusif d'illustrer les premiers traités d'anatomie dès le début de la Renaissance, de l'écorché de *La Fabrique du corps humain* du médecin Vésale à *L'Homme vitruvien* de Vinci, en passant par les *Leçons d'anatomie* de Rembrandt ou le *Codex Huygens* d'Urbino.

Cette prérogative masculine de représenter le meilleur du matériau humain en une certitude que confirmera le naturalisme savant de la fin du XVIIIe siècle, produit encore ses effets discriminants de nos jours, comme l'a montré la sociologue Christine Détrez[1] en se livrant à l'étude d'un corpus de vingt et une encyclopédies scientifiques pour enfants, publiées entre 1990 et 2003. Les deux tiers des livres documentaires concernés ne représentent que des corps masculins ; et lorsqu'ils figurent le corps féminin, c'est en lui rattachant des propriétés et des symboles hiérarchisés. Tandis que l'anatomie mâle sert à illustrer le travail musculaire et cérébral, ainsi que toutes les fonctions volontaires et complexes, l'anatomie féminine n'est là que pour rendre compte des phénomènes passifs et involontaires, comme le système hormonal ou lymphatique. Sans même revenir ici sur l'absence, dans de nom-

1. Christine Détrez, « Il était une fois le corps… La construction biologique du corps dans les encyclopédies pour enfants », *Sociétés contemporaines*, Paris, Presses de Sciences-Po (PNFSP), 2005/3, n° 59-60.

breux croquis, d'un organe complet, le clitoris (au point que j'évoquais, dans la deuxième partie, une longue excision des manuels scolaires), il faut bien admettre que ces encyclopédies contribuent ainsi, comme à la Renaissance, à proposer, sous couvert de neutralité et d'objectivité scientifiques, une vision essentialiste et naturalisée des sexes qui légitime les différenciations et les hiérarchies sociales. Ce qui fait dire à la chercheuse : le corps n'est pas seulement un « construit social », mais également un « construit biologique », et ceci depuis les débuts de l'histoire naturelle.

La force de cette construction est telle que le corps viril semble parfois plus proche de celui de la bête que de celui de la femme. La virilité est en effet volontiers assimilée à la force animale, en une symbolique d'ailleurs très variable d'une culture à l'autre. Chez les Mayas, par exemple, le jaguar est considéré comme le plus viril des animaux, tandis que les Chinois révèrent le tigre et les Africains l'éléphant ou le léopard. En Europe, à partir du Moyen Âge, le lion détrônera l'ours pour incarner la supériorité souveraine et invincible. L'homme puissant se fera volontiers représenter, à l'instar de Louis XIII ou d'Henri IV, main sur la hanche, chevelu, poilu et coiffé de la léonté, cette peau de lion portée par Hercule, qui signale à la fois la majesté, la chaleur et la nervosité de la musculature. Comme l'homme viril, le roi des félins, « a la figure imposante, le regard assuré, la démarche fière, la voix terrible[1] », écrira le savant naturaliste Buffon dans son

1. Cité par Alain Corbin, « La virilité considérée au prisme du naturalisme », in *Histoire de la virilité*, *op. cit.*, t. II, *Le Triomphe de la virilité. Le XIXe siècle.*

Histoire naturelle des animaux (1749), une pilosité abondante et une odeur forte. L'homme a aussi la rapidité du cheval et le flair du chien, autant d'animaux auxquels il est souvent associé dans la peinture.

Devenir un homme, ce serait donc, *in fine*, s'animaliser ? En aucun cas. Car il ne s'agit nullement de devenir une bête sauvage, qui userait de sa puissance et de sa témérité pour ses propres fins, mais un animal domestiqué, qui mettra ses atouts au service du groupe social qui les lui a inculquées. D'où l'importance extrême accordée au *dressage* de l'enfant de sexe mâle.

Le dressage des corps masculins

Le terme de *dressage* peut paraître un peu fort, s'agissant d'êtres humains. Il est néanmoins parfaitement approprié pour qualifier ce long travail d'intériorisation des normes viriles longtemps imposé aux garçons, visant tout autant à faire l'apprentissage de la puissance qu'à refouler énergiquement l'impuissance. Mourir à l'enfance pour renaître à la vie civique est un processus équivalent à une « mutation ontologique du régime existentiel », au terme de laquelle le novice devient *autre*, comme l'écrit l'historien des religions Henri Jeanmaire[1]. Les rites initiatiques masculins marquent ainsi le passage de l'ignorance irresponsable à la connaissance responsable, un changement de statut qui s'opère par la coercition et la violence.

Dans les sociétés tribales, comme les Baruya de Nouvelle-Guinée, l'entrée dans le monde masculin s'accompagne d'épreuves multiples exercées sur le

1. Henri Jeanmaire, *Couroi et courètes : essai sur l'éducation spartiate et sur les rites d'adolescence dans l'Antiquité hellénique*, Lille, Bibliothèque universitaire, 1939.

corps des jeunes hommes par leurs aînés ou leurs pairs. Comme le montre l'anthropologue Maurice Godelier dans *La Production des grands hommes*, le garçon doit « prouver cette supériorité à travers de multiples preuves, physiques et psychologiques, [...] : la faim, le froid, le manque de sommeil, les marches harassantes, les moqueries, les coups, les humiliations, l'obligation de se taire et une multitude d'interdits [...] Épreuves sans aucune commune mesure avec ce que connaît une fille dans son enfance et son adolescence. Épreuves qui prouveront aux garçons comme aux filles [...] la légitimité de la domination des hommes sur les femmes, sur toutes les femmes, sur la femme[1] ».

Dans le monde antique, c'est à Sparte et en Crète[2] que l'adolescent reçoit l'éducation la plus rude. Décrit par Plutarque dans sa *Vie de Lycurgue*, l'*agogè* (système éducatif) spartiate soumet les garçons à un entraînement très rigoureux, placé sous l'autorité du *pédonome*. Après leur avoir rasé la tête, on les force à marcher nus, sans chaussures, et à dormir par bandes sur des paillasses, sans se laver. La finalité de cette formation est de faire naître et de consolider le pilier central de l'*andreia*, l'esprit de compétition ou *agôn* (se mesurer sans cesse aux autres et les surpasser), ainsi que le courage au combat. Celui qui se montre « le plus acharné à la bataille » est désigné comme chef de bande. Mais ce qui est valorisé par-dessus tout, c'est la capacité de l'hoplite à obéir aux ordres en toutes

1. Maurice Godelier, *La Production des grands hommes : pouvoir et domination chez les Baruya de Nouvelle-Guinée*, *op. cit.*

2. Voir Maurice Sartre, « Virilités grecques », *Histoire de la virilité*, t. I, *op. cit.*

circonstances. Dans cette « cité-caserne[1] » qu'est Sparte, le citoyen-soldat, qui appartient au corps collectif comme l'abeille à son essaim, ne doit, en aucun cas, faire preuve d'audace individuelle, mais se soumettre en permanence à la discipline militaire et à la hiérarchie : « Il n'y avait pas un seul instant ni un seul endroit où le jeune homme qui commettait une faute ne trouvât un aîné pour le réprimander et le punir », note Plutarque. Seuls ceux qui meurent au combat auront droit à l'inscription de leur nom sur leur tombe, tandis que les trembleurs (*tresantes*) et autres fuyards seront déclassés avec mépris. Quant à ceux qui demeurent célibataires, particularité qui constitue une forme de désobéissance civique, ils subissent un châtiment public humiliant et ne peuvent assister aux gymnopédies. Obéir et servir, respecter les lois et la discipline, tels sont les maîtres mots de l'éducation spartiate, sans doute le premier régime totalitaire de l'histoire.

Si l'éducation athénienne est plus souple que l'*agogè* spartiate – la formation militaire obligatoire, ou *éphébie*, y étant limitée à deux ans – elle n'en est pas moins très dure et scandée par des rites de passage éprouvants[2], incluant une phase redoutable de *marginalisation.* L'éphèbe, rejeté hors de la communauté, arraché au milieu maternel et enfantin, abandonné à ses seules forces dans un milieu hostile, doit se cacher le jour et voler ou chasser la nuit pour se nourrir.

---

1. J'emprunte cette expression, et la citation de Plutarque, à Maurice Sartre, « Virilités grecques », *op. cit.*

2. Voir Sophie Lalanne, *Une éducation grecque. Rites de passage et construction des genres dans le roman grec ancien*, Paris, La Découverte, 2006.

L'historien Henri Jeanmaire[1] souligne que cette phase d'isolement et de renversement radical des normes sociales, que l'on retrouve dans de nombreuses autres sociétés, comprend toutes sortes de mortifications et d'épreuves visant à la mort symbolique de l'enfant, comme l'immersion prolongée ou le simulacre d'enterrement. Lors de sa *réintégration*, le jeune homme fait une entrée solennelle dans la cité avec ses camarades et reçoit trois présents, symbolisant les trois vocations auxquelles le destine sa vie d'*homme* : un équipement militaire pour guerroyer, un bœuf, pour en offrir le sacrifice aux dieux, et une coupe pour célébrer, au symposium[2], l'ivresse collective.

À cette occasion, l'éphèbe, alors âgé de vingt ans, doit prêter serment : « Je ne déshonorerai pas les armes sacrées, je n'abandonnerai pas mon compagnon d'armes [...] je combattrai pour les choses saintes et sacrées [...] j'obéirai à ceux qui commandent [...] je vénérerai le culte de mes pères. » Une profession de foi par laquelle le jeune citoyen s'engage à prouver sans cesse son *virilisme*, encore d'avantage que sa virilité, à savoir son adhésion pleine et entière à une *idéologie virile* faite d'obéissance, de force physique, de courage martial, d'adresse, de maîtrise de soi, d'esprit de sacrifice, d'énergie conquérante, de sens de l'honneur, de goût pour la compétition, l'exploit et la performance, de mépris de la douleur, de contrôle des émotions et d'horreur de l'effémination.

---

1. Henri Jeanmaire, *Couroi et courètes : essai sur l'éducation spartiate et sur les rites d'adolescence dans l'Antiquité hellénique*, *op. cit.*
2. Sorte de beuverie collective réservée aux hommes, en hommage à Dionysos.

Mais le dressage ne s'arrête pas là ; il comporte également un important volet sexuel, dans le cadre de la pédagogie pédérastique (*paiderastia*), une tradition très codifiée, qui n'a rien à voir avec l'*homosexualité* telle que nous l'entendons aujourd'hui.

La pédagogie pédérastique

À Athènes, la pédagogie pédérastique joue un rôle majeur dans la socialisation du garçon (*paid*). L'Antiquité grecque est pourtant loin d'être le paradis gay perdu dont peuvent rêver certains. L'homophilie est un passage obligé dans la haute société, qui s'inscrit dans le processus d'intégration du futur citoyen à la collectivité. Elle n'est nullement l'indice d'une *orientation sexuelle* (concept inconnu des Grecs) choisie, assumée, exclusive, intime et définitive. C'est au contraire un rituel social, à la portée hautement civique, plus ou moins imposé temporairement à tout jeune aristocrate, et auquel il convient de donner une publicité maximale. Le tout dans la plus stricte homophobie…

Dès l'âge de la puberté, l'*éromène*, qui s'entraîne nu au gymnase, s'y fait admirer et courtiser par un homme plus âgé, l'*éraste*, un citoyen en vue et suffisamment fortuné pour être en mesure d'offrir les trois présents – l'armure, le bœuf et la coupe – ainsi que le banquet qui consacreront l'entrée du jeune homme dans la communauté des hommes, au terme de sa formation militaire, nommée *éphébie*. Ces réjouissances futures marqueront aussi le moment où la relation sexuelle entre l'*éraste* et l'*éromène* devra impérativement cesser, pour se muer en un sentiment d'indéfectible amitié, dénué d'érotisme (*philia*).

Jusqu'à ce que le garçon atteigne l'âge de dix-sept ans, les relations pédérastiques sont donc non seulement licites, mais valorisées. « Tu rencontres mon fils alors qu'il quitte le gymnase tout propre sorti des bains, se lamente un personnage des *Oiseaux* d'Aristophane, et tu ne l'embrasses pas, tu ne lui dis pas un mot, tu ne lui palpes même pas les couilles ! Et tu prétends être un de nos amis ! » Quel affront à sa jeunesse !

Mais si elle est encouragée dans l'enfance, au-delà de dix-huit ans, la pédérastie devient une infamie. Il s'agit donc, au sens strict, de *pédophilie* (de *paid*, l'enfant, et *philia*, l'amour-amitié), car ce qui est jugé profitable à un garçon est considéré comme excessivement dégradant, honteux, pour un adulte. C'est pourquoi certains *érastes* font épiler leur protégé dès qu'apparaissent les premiers poils de barbe sur ses joues, car leur soudaine naissance annonce la fin de l'enfance, donc de la légitimité du rapport sexuel. Mais ce subterfuge est très mal vu. Le recours à l'épilation, qui trahit le désir de se maintenir en position dominée au-delà de l'âge convenable, passe pour un signe de féminité honteux. Les *épilés* sont couverts de quolibets méprisants par Aristophane, qui traite les « culs rasés » comme Agathon[1] de *katapygonai* (enculés) : un homme viril se doit d'arborer un « cul noir ».

Même mépris pour l'épilation – cet artifice dont usent les femmes – à Rome, où il ne sera pas bien vu

1. L'hôte du *Banquet* de Platon.

d'avoir « le corps plus poli que les coquilles de Vénus[1] » et où l'on admire l'abondante pilosité et la chevelure hirsute[2] des barbares, qui leur donnent l'apparence terrible qui sied aux guerriers.

Mais avant d'en arriver à l'épilation, qui signale le terme de la relation, il faut d'abord l'amorcer, en séduisant le jeune homme. Après l'avoir repéré pour sa beauté, l'homme d'âge mûr doit lui faire la cour à coups de poèmes, de cadeaux et d'escapades, s'il veut être autorisé à parfaire son éducation en « fécondant son esprit ». Mais ce n'est évidemment pas la seule chose qu'il aura à féconder. Il devra aussi nourrir les deux orifices naturels du jeune homme de son sperme bienfaiteur et civilisateur. Sur ce point, la règle est des plus strictes : dans l'échange sexuel, l'*éraste* doit toujours être le pénétrant et l'*éromène* le pénétré, l'inverse étant considéré comme une honteuse perversion. En aucun cas un homme accompli ne peut jouer le rôle passif, c'est-à-dire féminin, consistant à se donner servilement ou à pratiquer une fellation, forfaits certes moins abominables que de se faire « chevaucher » par une femme ou de lui faire un cunnilingus, mais tout de même très déshonorants. L'essentiel est de « sabrer sans être sabré[3] », ce qu'illustre la riche imagerie des vases attiques, qui figure, la plupart du temps, le mâle dominant avec une barbe et le mâle dominé les joues glabres.

---

1. Ce dont le poète Martial accuse Gallus dans les *Épigrammes*.
2. D'où l'expression de « rois chevelus » pour qualifier les rois francs.
3. « Sabrer et ne pas se faire sabrer » est une formule de l'historien Paul Veyne, « L'Empire romain », in Philippe Ariès et Georges Duby (dir.), *Histoire de la vie privée*, vol. I, Paul Veyne (dir). *De l'Empire romain à l'an mil*, Paris, Seuil, 1985.

Ce qui départage les hommes, ce n'est pas l'*orientation* sexuelle, qui leur est parfaitement étrangère, mais uniquement le *pouvoir* sexuel. Le seul clivage existant est celui de la position – dominant/dominé – occupée dans le rapport. Il ne s'agit donc pas d'*homosexualité*, au sens que nous donnons aujourd'hui à ce terme, qui n'existe pas dans la langue grecque. Les conduites sexuelles ne sont pas classées selon les catégories hétérosexualité/homosexualité : l'*éraste* est généralement un homme marié et l'*éromène* se prépare à le devenir, à donner des fils à la patrie et à devenir *éraste* à son tour. En langage moderne, nous dirions que les Grecs sont plutôt polysexuels que bisexuels. Ils mènent plusieurs sexualités parallèles : l'une, relevant du devoir, pour donner des fils à la cité, et les autres, relevant du désir, avec les éphèbes, les courtisanes, les hétaïres et les prostituées. Mais de tous les plaisirs, le seul réellement noble est celui qui s'obtient avec les jeunes garçons. C'est en ce sens que l'historien Henri-Irénée Marrou a pu dire de la pédérastie hellénique qu'elle était « une certaine forme de sensibilité, de sentimentalité, un idéal misogyne de virilité totale[1] ». En effet, « quel besoin a-t-on des femmes, se demande Eschyle, quand l'esclave est là pour les travaux ménagers et l'adolescent désirable pour les ébats amoureux ? ».

La pédérastie, à savoir le détournement temporaire de la sexualité adolescente vers l'homoérotisme, présente ainsi deux avantages sociaux majeurs : *primo*, elle permet de préserver la virginité des jeunes filles

---

1. Henri-Irénée Marrou, *Histoire de l'éducation dans l'Antiquité*, t. I, *Le Monde grec*, Paris, Seuil, 1981.

(dont on a vu à quel point elle était essentielle), *secondo*, elle enseigne aux garçons l'obéissance et la soumission aux aînés. Elle ne menace donc ni le mariage, ni l'ordre, ni la génération, bien au contraire : elle canalise les désirs, tout en maintenant les structures fondamentales de la société. Bref, elle est tout aussi utile que la prostitution, mais infiniment plus morale, puisqu'il en va de la formation intellectuelle et spirituelle du futur citoyen.

On souligne trop rarement la violence de cette pédophilie, qui implique la subordination sexuelle et psychologique du jeune homme, et dont la brutalité est manifeste lors du service militaire. Pour mériter de faire son retour triomphal lors du rite de *réintégration*, l'éphèbe devra, en plus du rite de *marginalisation* (qui l'entraîne à l'endurance et à l'autonomie), se soumettre au rite d'*inversion sexuelle*. Il lui faudra se vêtir et se comporter en femme pendant toute cette période, en s'aliénant corps et âme au pouvoir de son *éraste.* Tout adolescent est donc obligé d'endurer une période de féminisation forcée et d'absolu assujettissement. N'est-ce pas d'une rare cruauté, dans une société qui a l'effémination et la servilité en horreur ? Tout se passe comme si l'autorité virile ne pouvait s'exercer qu'après avoir triomphé de l'expérience de la soumission, une idée que l'on retrouve, aujourd'hui encore, chez les défenseurs des bizutages avilissants (et dangereux) sur les nouvelles recrues d'une école ou d'un régiment.

La croyance selon laquelle un jeune homme se construit en étant fécondé par la virilité d'un autre, plus âgé, est, en fait, assez répandue. Les anthropologues

Gilbert Herdt[1] et Maurice Godelier, en étudiant respectivement les Sambia et les Baruya[2] de Nouvelle-Guinée, ont découvert des peuples tellement persuadés des pouvoirs virilisants du sperme que les jeunes initiés doivent, tout au long de leur adolescence, pratiquer la *fellation rituelle* auprès de leurs aînés. Cette coutume est réputée faire renaître les garçons dans le monde des hommes, en vertu d'une conviction selon laquelle, tandis que le lait maternel et l'amour des femmes féminisent le petit homme, le sperme et l'amour des hommes le masculinisent et le confortent dans son identité mâle. Plus l'insémination de l'adolescent aura été abondante et répétée, plus sa virilité en sortira fortifiée.

La pédagogie pédérastique fut également pratiquée au Japon par les moines bouddhistes et leurs novices, une tradition reprise par les samouraïs de l'époque médiévale jusqu'à la fin du XIXe siècle sous le nom de *wakashudo*[3] (la voie des jeunes hommes). Comme à Athènes, cette initiation, qui s'inscrivait dans la formation militaire, était reconnue pour transmettre sagesse et sens du beau au jeune homme, le contact charnel étant le vecteur par lequel se diffusent le savoir et la connaissance. On repère également cette coutume, depuis des temps très anciens, chez des peuples méso-américains tels que les Aztèques ou les Mayas, ainsi qu'en Asie centrale, notamment en Afghanistan,

1. Gilbert Herdt, *The Sambia : Ritual, Sexuality, and Change in Papua New Guinea (Case Studies in Cultural Anthropology)*, Belmont, Wadsworth Publising, 1987.

2. Maurice Godelier, *La Production des grands hommes : pouvoir et domination chez les Baruya de Nouvelle-Guinée*, *op. cit*.

3. Site Le Mouvement matricien, plateforme de connaissances sur le matriarcat et les sociétés tribales, https ://matricien.org/

où elle est encore vivace sous le nom de *bacha bazi* (jouer avec les enfants), malgré les condamnations de l'Onu qui l'assimilent à une forme d'esclavage sexuel[1].

Bien qu'à la différence des jeunes Afghans d'aujourd'hui les *éromènes* fussent réputés libres et consentants, il est tout de même permis de douter des vertus de la *paiderastia.* Car il s'agissait en réalité d'une relation totalement asymétrique. Tandis que l'*éraste*, lui, avait de réels désirs homoérotiques – rien n'obligeait en effet un citoyen adulte à être amateur de garçons – l'*éromène*, lui, était plus ou moins forcé, non seulement de se plier à ce jeu, quelle que soit la nature de ses désirs, mais d'y tenir le rôle *passif*, c'est-à-dire *féminin.* Si l'on ajoute qu'en Crète et à Sparte le jeune homme était victime d'un rapt, à l'image de Ganymède, ce jeune et beau prince troyen enlevé par Zeus déguisé en aigle, on est en droit de s'interroger sur la violence que cette pédagogie initiatique a pu représenter pour de nombreux adolescents à peine pubères.

Socrate aura beau se refuser à Alcibiade dans *Le Banquet*[2] et, jugeant « contre la nature la copulation des mâles avec les mâles, ou des femelles avec les femelles[3] », proposer un modèle pédérastique privilégiant

1. En 2009, le représentant spécial de l'Onu du secrétaire général pour les enfants et les conflits armés a déclaré : « Il est temps d'affronter ouvertement cette pratique et de mettre un terme à cela. Les chefs religieux en Afghanistan font appel à moi pour les aider dans la lutte contre ces activités. Des lois doivent être adoptées, des campagnes doivent être menées, et les responsables doivent être punis. Les garçons ainsi que les filles doivent être protégés pour qu'ils puissent profiter d'une enfance sans exploitation. »

2. J'ai commenté cette œuvre et ce refus dans *Je t'aime à la philo*, *op. cit.*

3. Platon, *La République*, Paris, Garnier-Flammarion, 2002.

l'amour spirituel et la sublimation des désirs, sa tempérance ne doit pas faire oublier que des générations de jouvenceaux se sont fait sodomiser, dès l'âge de douze ans, par des hommes d'âge mûr, pour leur bien et leur éducation. Comment comprendre que cette civilisation, qui avait l'effémination en horreur et considérait ses jeunes garçons comme l'élite de l'humanité, les ait encouragés à se prêter aux actes sexuels qu'elle considérait comme avilissants pour un adulte : la fellation et la pénétration passive ? Et comment ne pas imaginer que cela n'ait pas été, au moins dans certains cas, vécu comme un abus et une humiliation ?

Ce que laisse en tout cas penser l'abondante littérature traitant de ce thème chez les Grecs, c'est que les choses n'allaient pas de soi. Le penseur Michel Foucault, qui l'a passionnément lue, en a tiré la conclusion que « l'amour des garçons leur posait un problème[1] » et qu'il était un « thème d'inquiétude ». Pourquoi ? Parce qu'un jeune homme respectable est censé éprouver de la répugnance pour la position passive qu'il est voué à occuper dans l'échange sexuel. Y trouver goût serait un signe de perversion, comme l'indique l'historien Xénophon dans son *Banquet* : « Un garçon en commerce avec un homme ne partage pas comme la femme les jouissances de l'amour, il regarde avec la froideur d'un homme à jeun un homme enivré d'amour[2]. » C'est ce que Foucault appelle le « dilemme de l'*éromène* » : s'il est violenté, il ne peut

1. Michel Foucault, « À propos de la généalogie de l'éthique : un aperçu du travail en cours » (entretien avec Hubert Dreyfus et Paul Rabinow), in *Dits et écrits*, IV, Paris, Gallimard, 1994.

2. Xénophon, *Le Banquet*, VIII, Paris, Gallimard, 1994.

que ressentir de la haine à l'égard de l'*éraste*, mais s'il est consentant, il se couvre d'opprobre.

L'*éraste* devra donc jouer finement : il lui faudra préserver son protégé du mépris avec lequel sont traités ceux qui cèdent trop complaisamment aux désirs de leur soupirant – attitude de soumission typiquement féminine – en offrant au garçon un motif honorable d'accorder ses faveurs. Ce motif, c'est la gratitude. L'homme mûr devra être suffisamment habile pour convaincre le jeune homme de la pureté de ses intentions et du désintéressement de son amour. Il devra prouver à l'*éromène* que son dévouement inconditionnel à l'égard de son protégé nourrit comme unique ambition de l'aider à se hisser au statut d'homme. Et il le persuadera adroitement que le but ultime de cette relation pédérastique ne sera atteint qu'à son terme, quand, sous l'effet de la poussée de la première barbe, les *aphrodisia* devront céder la place à la belle et généreuse *philia* (amitié non érotique) entre hommes.

Or la *philia* virile est une valeur cruciale pour la cité, car elle est le ciment des troupes armées : un bon hoplite est un soldat fiable et secourable, qui peut compter sur la solidarité de ses amis. Aussi la pédérastie, qui cultive la *philia* virile, a-t-elle une visée hautement civique : la cohésion des bataillons militaires. Si bien qu'en définitive, c'est en se laissant pénétrer analement par un homme plus âgé que le futur citoyen défend le mieux sa cité… Comment, dans ce cas, ne pas céder au désir de l'*éraste* ?

On comprend que les leçons des sophistes, ces professeurs de rhétorique itinérants qui enseignaient l'art du discours, aient eu autant de succès dans le monde grec : on y apprenait sans doute autant à manier l'argumentaire politique qu'à cultiver l'art d'aimer, c'est-à-dire d'attendrir les garçons en vue de les soumettre sexuellement.

Cette problématique morale n'existe pas chez les Romains, qui ne pratiquent la pédophilie qu'avec leurs petits esclaves. Ici, comme à Athènes, l'abomination réside dans l'homophilie passive, dont se rendent coupables les *cineadi*, les *pathici* et autres *impudici*, termes que l'on pourrait traduire tous trois par « enculés ». Mais là où le jeune Grec était encouragé à avoir des relations sexuelles avec un homme plus âgé, le jeune Romain libre, lui, y aurait perdu son honneur et aurait sali sa famille, comme l'expliquent les historiens Florence Dupont et Thierry Éloi dans *L'Érotisme masculin dans la Rome antique*. Ils rapportent que les procès pour « homosexualité » y concernent des abus sexuels commis sur de jeunes officiers par leurs supérieurs, des actes graves, relevant du *stuprum*, ou violation du corps ingénu.

À Rome, ce qui départage le licite et l'illicite, c'est la position sociale du pénétré. « *Impudicitia in ingenuo crimen est, in servo necessitas, in liberto officium* », déclare Sénèque le Rhéteur dans ses *Controverses* : « La soumission sexuelle d'un homme libre peut donner lieu à un procès, celle d'un esclave est une contrainte de la servitude, celle d'un affranchi un service qu'il doit à son maître[1]. » Les seuls partenaires autorisés sont donc les *pueri* – jeunes esclaves ou affranchis –, sur lesquels le *dominus* a droit de cuissage. Les *pueri delicati*, aussi appelé *deliciae*, sont des

1. Sénèque Le Rhéteur, *Controverses*, IV, cité par Florence Dupont et Thierry Éloi, *L'Érotisme masculin dans la Rome antique, op. cit.*

« petits garçons de plaisir », des sortes de « jouets sexuels[1] » qui complètent le service de table par un service de lit. Formés dans des écoles spécialisées pour venir agrémenter les banquets de leur grâce, de leur sensualité, de leur parfum, de leur teint de lait, de leur peau lisse et imberbe, de leurs cheveux longs, souples et bouclés, ils sont voués à être rejetés dès l'apparition du premier poil de barbe, et remplacés par de plus jeunes, voire de très jeunes garçonnets, comme ceux qu'affectionne l'empereur Tibère. Son bain quotidien est égayé par les caresses buccales de ceux qu'il appelle ses « petits poissons », des enfants en bas âge entraînés, dans sa piscine, à nager en apnée entre ses cuisses pour sa plus grande délectation.

Cette attirance pour les Ganymède prouve, si besoin était, que les Romains sont tout aussi sensibles que les Grecs à la jeune chair masculine. S'ils ne jouissent que de leurs petits esclaves, c'est en raison d'une conception différente de la paternité. Rome est la « cité des pères[2] », là où Athènes était la « cité des frères ». Alors que, chez les Grecs, le lien civique passait par la fraternité, chez les Romains, il réside tout entier dans la paternité. Comme l'indiquent Florence Dupont et Thierry Éloi, le *pater* est la figure emblématique de l'autorité : celle du père sur ses fils, mais aussi celle des sénateurs (appelés *patres*) sur le peuple, voire celle de Jupiter (*Ju-pater*) sur les hommes. La *patria potestas* (puissance paternelle) étant absolue, un père

---

1. Voir Florence Dupont et Thierry Éloi, *L'Érotisme masculin dans la Rome antique*, *op. cit.*

2. Selon l'expression de Yan Thomas, « À Rome, pères citoyens et cité des pères », in André Burguière, Martine Segalen *et al.*, *Histoire de la famille*, *op. cit.*

romain n'aurait jamais pu souffrir que l'éducation de son fils lui échappât au profit d'un *éraste.* D'où la méfiance des Romains à l'égard des gymnases, mais aussi de la nudité hellénique, accusés de propager la pédérastie au sein de la jeunesse aristocratique. En revanche, soumettre sexuellement les petits esclaves ne représente aucunement une faute morale puisque, de toute façon, ils n'ont pas vocation à devenir des *hommes.* Qu'y a-t-il de mal à violer un *puer* condamné à demeurer éternellement une bête de somme ?

Je reviendrai plus longuement sur l'érotisme romain lorsque je m'intéresserai au contrôle de l'érection et à la terreur de l'impuissance. Mais il faut d'abord poursuivre l'examen des traitements infligés aux garçons pour les viriliser. Un futur *homme* ne doit pas seulement apprendre à obéir – à son père, à son amant ou à son chef – il doit aussi, et surtout, apprendre à mourir et à donner la mort.

Mourir en héros

Bien que certaines civilisations aient connu des femmes combattantes – souveraines barbares[1], reines guerrières égyptiennes, nubiennes, celtes, Amazones du Dahomey… –, la lutte armée et la chasse demeurent l'apanage du sexe masculin, comme nous l'avons vu : la femme *perd* son sang, l'homme *donne* son sang et *verse* le sang. Être un homme, c'est se montrer capable de risquer sa vie et de prendre la vie.

L'éducation des garçons devra ainsi comporter un enseignement militaire propre à développer chez eux le courage, l'endurance, le mépris de la douleur et de la mort, la discipline, le sens de l'honneur et le patriotisme. Rien n'est plus authentiquement mâle que de se battre (voire de commander une armée), de vaincre l'ennemi, de pénétrer et soumettre son territoire, le *summum* de la virilité étant la « belle mort » : la mort au combat. Les garçons sont invités à méditer les exemples des héros, réels ou mythiques, ayant fait

1. La reine des Francs, Brunehaut, sauva le royaume d'Austrasie en arborant le baudrier militaire.

le sacrifice de leur vie, à l'image d'Achille, qui personnifie l'« idéal moral du parfait chevalier homérique[1] », ou de Caton l'Ancien, *summus imperator* (grand chef) romain, admiré pour sa fermeté et sa force d'âme. La littérature médiévale fournira, à son tour, son lot de figures magnifiques, comme celle de Roland, le chevalier franc qui, « blême, livide, décoloré et pâle[2] », meurt en dégorgeant des caillots de sang, ou de son compagnon, Vivien, qui, horriblement blessé, empoigne ses entrailles, les remet dans son ventre ouvert, puis « arrache le gonfanon de sa lance, s'en fait un bandage, se redresse sur son destrier et s'élance encore contre les païens qu'il refoule jusqu'à la mer[3] ».

Tandis que le déserteur, paralysé par la couardise, est assimilé à un impuissant, un sodomite, ou, pire, une femme, la martyrologie guerrière n'en finit plus de compter les valeureux soldats morts dans la dignité, l'épée, le glaive, le fusil, la baïonnette ou la grenade à la main. La peinture, l'architecture, et même l'urbanisme investissent à l'envi cette figure du soldat, même « inconnu », qui a fait le sacrifice de sa vie pour la patrie. La traversée de Paris est éloquente : du Champ-de-Mars à l'Arc de triomphe en passant par la colonne Vendôme ou l'hôtel des Invalides, partout les pierres rappellent l'héroïsme des combattants « morts pour la France ».

---

1. Henri-Irénée Marrou, *Histoire de l'éducation dans l'Antiquité*, t. I, *Le Monde grec*, *op. cit*.

2. *Chanson de Roland*, éd. et trad. Gérard Moignet, Paris, Bordas, 1969.

3. Jean Frappier, *Les Chansons de geste du cycle de Guillaume d'Orange*, Paris, Sedes, 1955, cité par Claude Thomasset, « Le médiéval, la force et le sang », in *Histoire de la virilité*, t. I, *op. cit*.

Mais il est difficile, et même très difficile, de devenir un bon guerrier, capable de donner sa vie. C'est pourquoi il convient d'abord d'endurcir le garçon en lui apprenant à subir les coups et la violence dès son plus jeune âge. À Rome, les pédagogues n'hésitent pas à manier la *ferula* (palette de bois ou de cuir), la *scutica* (martinet) et le fouet aux lanières parfois alourdies d'osselets, comme le raconte Horace, régulièrement battu par son précepteur Orbilius (d'où le nom d'*orbilianisme* donné plus tard à l'usage des châtiments corporels). Ici encore, comme pour la pédérastie, c'est « pour leur bien » que les enfants sont abusés par les adultes et violentés un peu partout, par éducateurs et parents, au point qu'on a pu parler de « flagellomanie » en Angleterre ou encore de « pédagogie noire[1] » en Allemagne et en Autriche à la fin du XIXe siècle.

En France, il faudra attendre les années 1920 pour que des médecins[2] fassent campagne contre la pédoplégie (pédagogie par les coups) au nom du progrès de la civilisation, ce qui provoquera l'ire des conservateurs. Ainsi de l'écrivain nationaliste Maurice Barrès : « Ne nous hâtons pas de maudire ces vieilles disciplines (la verge, le cachot, le fouet, le piquet). Elles avaient du bon, car elles ont formé nos pères, qui étaient de forts braves gens et s'en souvenaient sans rancune[3]. » N'est-ce pas, d'ailleurs, écrit dans la

1. Alice Miller, *C'est pour ton bien. Racines de la violence dans l'éducation de l'enfant*, trad. de l'allemand par Jeanne Étoré, Paris, Flammarion, 2015.

2. Notamment les docteurs Pavet de Courteille et Simon de Metz.

3. Cité par Ivan Jablonka, « L'enfance ou voyage vers la virilité », in *Histoire de la virilité*, t. II, *op. cit.*

Bible ? « Qui aime bien châtie bien[1] », ou encore, « frappé de la verge, ton fils n'en mourra pas[2] », dit le livre des Proverbes.

Les pères cognaient toutefois moins que les maîtres d'école, pour qui la correction corporelle passa longtemps pour le meilleur des procédés didactiques. La grammaire et le calcul se sont longtemps enseignés à coups de bâton et de taloches, conformément aux préceptes établis au Moyen Âge dans les écoles des monastères. Saint Benoît y ajoutait le jeûne prolongé pour les plus récalcitrants. Quant au pape Grégoire le Grand, il distribuait généreusement ses coups de fouet aux enfants de chœur pour leur apprendre le rythme et l'harmonie en s'appuyant sur les Saintes Écritures. Pour fabriquer un homme, il faut lui apprendre à souffrir, d'autant que le dogme théologique de la corruption de la chair voit dans la douleur le seul moyen d'expier ses fautes, en imitant les souffrances du Christ.

Il est également nécessaire de commencer la formation virile très tôt. Au Moyen Âge[3], l'apprentissage militaire débute dès l'âge de quatre ans : le garçonnet doit s'entraîner à endurer le froid, la douleur et les brimades, ainsi qu'à refouler ses larmes. Les enfants, qui grandissent en bandes, sont éduqués à « mettre leur glaive au service et à la gloire de Dieu » et à « soutenir veuves et orphelins ». La remise des armes a lieu à l'adolescence, entre treize et quinze ans.

---

1. Car l'Éternel châtie celui qu'il aime, comme un père l'enfant qu'il chérit, Proverbes III, 12.

2. Proverbes XXIII, 14.

3. Voir Claude Thomasset, « Le médiéval, la force et le sang », in *Histoire de la virilité*, t. I, *op. cit*.

L'épreuve suprême consiste à se mesurer à l'ours, au cours d'un combat qui marque l'étape finale de l'initiation. L'historien Michel Pastoureau s'est intéressé au culte dont cet animal faisait l'objet dans la littérature européenne, asiatique et amérindienne depuis la préhistoire dans *L'Ours. Histoire d'un roi déchu* : « Ancienne divinité, créature vénérée, fauve invincible, maître de la forêt, incarnation de la force et du courage, l'ours est non seulement le roi des animaux mais aussi l'animal attribut de tous les rois[1]. » Comme l'homme, il est puissant, se tient verticalement sur ses pattes postérieures et prend sa femelle *more hominum*, face à face, ce qui donne lieu à toutes sortes de fantasmes terrifiants au sujet de sa sexualité. Au Moyen Âge, on craint qu'en venant enlever et violer les jeunes filles il n'engendre une espèce diabolique, mêlant humanité et animalité.

C'est pourquoi tout bon guerrier doit triompher de cette bête sauvage, menaçante comme le sont les forces de la terre. Mais si l'on glorifie les exploits des hauts chevaliers de la Table ronde, qui tous ont terrassé l'animal, on s'empresse d'oublier tous les pauvres malheureux qu'il a dévorés. Dans la Russie médiévale, le tsar et son entourage raffolent du spectacle de combat d'ours, qui a lieu après le déjeuner, et qu'on appelle l'« amusement du palais », un divertissement qui finit souvent mal : les combattants meurent déchiquetés par les griffes et les dents de la bête, sous les yeux amusés de la galerie[2]. Un homme viril doit jouir

1. Michel Pastoureau, *L'Ours. Histoire d'un roi déchu*, Paris, Seuil, 2007.

2. Giles Fletcher, *La Russie au XVIe siècle*, Boston, Adamant Media Corporation, Elibron Classics, 2001.

du spectacle sans tressaillir, crier ou pleurer comme le font les femmes : son éducation l'a endurci. Depuis son âge le plus tendre, il a assisté à des scènes de cruauté et de violence où gicle le sang.

En France, le mythe du guerrier invincible connaîtra son apogée à la Révolution, qui renoue avec le militarisme de la Rome antique, voire de l'*agogè* spartiate. En 1798, le Directoire instaure la conscription obligatoire des jeunes célibataires âgés de vingt à vingt-cinq ans et destine le corps du soldat à être le bouclier de la nation. Un corps qui se doit d'abord d'être grand, comme le note l'historien Jean-Paul Bertaud dans un article au titre explicite, « L'armée et le brevet de virilité » : « Lors du conseil de révision, l'officier n'a d'yeux que pour la recrue de bonne taille. Il ne voit qu'elle dans le jeune homme qui s'avance vers lui [...]. S'il est petit, le gradé lui lance un regard condescendant accompagné d'un geste de méprisante familiarité, lui passant la main sur la tête comme pour lui reprocher son infirmité[1]. » Mais la taille, seule, ne fait pas l'homme : la recrue doit aussi avoir le torse charpenté, les membres nerveux et présenter un membre viril et des testicules en bon état de marche, un point décisif sur lequel je reviendrai bientôt.

Ce n'est pas tout : les médecins militaires, qui pensent que « le corps est le miroir de l'âme », poussent très loin la description du soldat idéal. Pénétrés de physiognomonie, cette étude, alors très en vogue, des relations entre les traits du visage et la personnalité d'un individu, ils scrutent des détails, tels que l'ouverture

---

1. Jean-Paul Bertaud, « L'armée et le brevet de virilité », in *Histoire de la virilité*, t. II, *op. cit*.

des narines et la taille de la bouche, qui sont des signes de hardiesse, la texture des chairs, qui indique la force d'âme, la forme du front, du menton et des lèvres, pour y déceler la présence ou l'absence de magnanimité et de courage. Ceux qui ont « la taille haute et droite, les sourcils élevés, le marcher noble, les yeux vifs[1] » forment l'élite destinée à la gloire, tandis que ceux qui ne sont pas déclarés « bons pour le service », les réformés, sont disqualifiés et suspectés de ne pas être « bons pour les femmes », puisque les deux sont réputés aller de pair.

Ces humiliantes épreuves une fois passées, le jeune homme est tondu et rasé, seuls les gradés étant habilités à porter la moustache. Là encore, le rapport de pouvoir passe par les poils. Commence alors une vie de brimades, d'insultes et de vexations incessantes, que rend encore plus insupportable l'odeur de pourriture, d'urine et de paille humide des tentes, sans parler des démangeaisons causées par les poux et la vermine. L'apprentissage est harassant. Le jeune homme doit d'abord se défaire de tout ce qui le constituait comme personne singulière hors de l'armée, et notamment de son lien avec sa mère, pour se transformer en une nouvelle personne : le soldat.

Il faut déconstruire le garçon pour construire le guerrier, ce qui ne peut s'obtenir que par la brutalité, la dureté du règlement, les règles tatillonnes de la discipline, la scansion du temps au rythme du clairon et l'entraînement intensif : obéir aux ordres, marcher

1. M. Cureau de La Chambre, *L'Art de connoistre les hommes*, Paris, P. Rocolet, 1659, cité par Jean-Paul Bertaud, « L'armée et le brevet de virilité », *op. cit.*

en cadence, le regard fixe, former des lignes, des colonnes, des carrés, sauter, grimper, courir dans la boue, exécuter des corvées dégradantes, faire des jours de « trou », mépriser l'eau froide, ne jamais écouter son corps, attendre patiemment la virée au bordel et l'ivresse qui apaiseront les tensions… une vie de mortifications qui provoque une souffrance psychique profonde appelée « mélancolie » ou « nostalgie », analogue à celle qui affecte souvent les soldats au front. L'incorporé, qui souffre de migraines, de fortes fièvres et de dyspepsie, est sujet à un amaigrissement brutal, accompagné d'une grande agitation et de bouffées délirantes. Un mal d'autant plus violent que le jeune homme qui en est la victime se sent coupable de faiblesse, à l'image de Céline, qui confessera, au siècle suivant, dans *Casse-pipe*, ses nuits de détresse et de découragement dans son régiment de cuirassiers : « Que de fois seul sur mon lit, pris d'un immense désespoir, j'ai, malgré mes dix-sept ans, pleuré comme une première communiante. Alors j'ai senti que j'étais vide […] que je n'étais pas un homme […] alors là j'ai vraiment souffert, aussi bien du mal présent que de mon infériorité virile et de la constater[1]. » Le faible doit se sentir vil pour que le fort se sente viril. Seuls ceux qui ont « des couilles » auront accès à la gloire, cette gloire martiale dont l'idéologie viriliste fait le principal ressort du civisme.

Au XIXe siècle, l'épopée impériale, qui exalte la bravoure (au point de voir dans la tragédie de Waterloo une « défaite glorieuse »), devient le mythe fondateur d'une armée qui inspire la fierté citoyenne à tout un

1. Louis-Ferdinand Céline, *Casse-pipe*, Paris, Gallimard, 1950.

peuple. Le *devoir de virilité*, lequel exige l'épreuve du feu, est perçu comme l'unique moyen de conjurer le spectre de la dégénérescence, de la « dévirilisation » et de la « féminisation » de la société.

La propagande martiale est omniprésente : ceux qui ne servent pas sous les drapeaux vivent au rythme des parades, des défilés, des marches et des discours louant le dévouement, l'honneur et le sacrifice des soldats. Alfred de Vigny (né en 1797) se souvient ici de sa jeunesse nourrie de légende napoléonienne : « J'appartiens à cette génération née avec le siècle qui, nourrie de bulletins, avait toujours devant les yeux une épée nue [...]. Nos précepteurs ressemblaient à des hérauts d'armes, nos salles d'études à des casernes, nos récréations à des manœuvres et nos examens à des revues[1]. » Sous la IIIe République, on créera même des bataillons scolaires dans les écoles, pour apprendre à se servir d'un fusil et à développer le courage. Tandis que les cours d'histoire déroulent le grand récit national, les leçons de géographie enseignent l'amour du sol. Et partout, la propagande impériale rappelle que l'honneur est, selon l'expression de Vigny, la « poésie du devoir[2] ».

L'honneur, vertu cardinale de la mythologie virile[3] : Bonaparte, qui l'a compris mieux que quiconque, en fait même une institution, en créant la Légion d'honneur, en 1802, pour « les militaires ayant rendu des services majeurs à l'État dans la guerre de la Liberté »,

---

1. Alfred de Vigny, *Servitude et grandeur militaires*, Paris, Le Livre de poche, 1965.

2. Alfred de Vigny, *Journal d'un poète*, Paris, Calmann-Lévy, 1882.

3. André Rauch rappelle dans *Histoire du premier sexe*, Paris, Hachette, 2006, qu'à cette époque « une femme n'a pas d'honneur *en propre*, elle ne possède que l'honneur que lui accorde un homme ».

mais également pour les citoyens qui « par leur savoir, leurs talents, leurs vertus, ont contribué à établir ou à défendre les principes de la République ou fait aimer et respecter la justice ou l'administration publique ». Être un homme d'honneur, tout est là, comme le rappelle l'historien Jules Michelet aux étudiants : « Il y a une autorité supérieure à toutes, c'est celle de l'honneur. Sachez mourir de faim. C'est le premier des arts, puisqu'il donne la liberté de l'âme[1]. »

Cette vénération de l'honneur a pourtant des effets dangereux, comme l'importance accordée au rituel du *duel*. Un homme digne de ce nom ne saurait laisser une provocation impunie, au risque d'être la cible de ce que Joseph Proudhon nomme le « soupçon de poltronnerie[2] », qualifié de « mortel ». Seuls les femmes et les impuissants sont des pleutres qui n'ont pas le courage d'exiger la réparation d'un affront au cours d'un combat singulier. Le sang-froid manque à ces créatures dépourvues de la maîtrise de soi et du goût du défi qui caractérisent l'homme véritable. Le duel, c'est l'épreuve de vérité : être homme, c'est considérer la flétrissure publique comme un mal pire que la mort. Être prêt à perdre la vie pour sauver son honneur, voilà ce que signalent les bravades continuelles des hommes se mesurant les uns aux autres. Mais combien de milliers de veuves et d'orphelins aura-t-il fallu pour que

1. Jules Michelet, *L'Étudiant*, Paris, Calmann-Lévy, 1885, cité par Jean-Paul Bertaud, « L'armée et le brevet de virilité », in *Histoire de la virilité*, t. II, *op. cit*.

2. *Carnets de P.-J. Proudhon*, texte établi par P. Haubtmann, Paris, Marcel Rivière, 1968, cité par François Gillet, « Le duel et la défense de l'honneur viril », in *Histoire de la virilité*, t. II, *op. cit*.

l'on définisse l'*honneur*[1] autrement qu'en l'assimilant à la vengeance, pour que les pratiques évoluent vers moins de sang versé, pour que la précision technique de la touche soit préférée à l'attaque brutale qui transperce et pourfend, pour que l'escrime substitue la beauté du geste à la haine meurtrière ?

1. André Rauch, « Le défi sportif et l'expérience de la virilité », in *Histoire de la virilité*, t. II, *op. cit.*

La régénération par le muscle

À partir du début du XXe siècle, le sport devient le haut lieu de la construction sociale des corps masculins. Au prestige du guerrier et du duelliste s'ajoute à présent celui du sportif, archétype de l'homme viril, comme l'explique l'historien Georges Vigarello dans l'article « Virilités sportives[1] ». La compétition sportive définit en effet un espace dont les femmes[2] sont exclues depuis la création antique des jeux Olympiques, auxquels elles ne pouvaient même pas assister en tant que spectatrices, sous peine de mort. Trop peureuses, trop émotives, trop indisciplinées. Quant à en faire des athlètes, ce serait aussi absurde que contre nature, comme le déclarera Pierre de Coubertin, le fondateur des Jeux modernes : « Donner la femme en spectacle est *ambigu*, la soumettre à l'effort physique est *excessif*, l'exposer à la brutalité est *dangereux*, faire appel à ses

1. Georges Vigarello, « Virilités sportives », in *Histoire de la virilité*, t. II, *La Virilité en crise : XXe-XXIe siècles*, *op. cit.*

2. Du moins les femmes en âge de procréer ; les vierges et les femmes âgées y étaient autorisées. Encore une affaire de sang ?

nerfs dans une compétition est *monstrueux*[1]. » Le sport, dit-il, est « le symbole même de la virilité ».

Bien qu'il s'inscrive dans l'imaginaire, nouveau, du *loisir*, il n'a pourtant rien à voir avec un vulgaire divertissement : il s'agit d'un enjeu « sérieux », qui se substitue en partie à la ferveur religieuse déclinante[2]. Si le *cross*, qui deviendra *footing*, puis *jogging*, remplace la messe dominicale, c'est qu'il vise à la même perfection morale et exalte les mêmes qualités de grandeur et d'abnégation que celles qu'on attribue aux anachorètes.

Se dessine alors le portrait d'un homme nouveau, tenant à la fois du saint et du guerrier : l'athlète, qui, selon les mots de Coubertin, « exalte sa patrie, sa race et son drapeau ». Il ne se confronte pas seulement au rival, mais aussi et surtout à lui-même, défiant les éléments et les forces naturelles pour faire triompher le mérite personnel. Là encore, le modèle provient du monde grec. La force exceptionnelle du champion de lutte Milon de Crotone[3], qualifié d'Héraclès (Hercule) vivant, célèbre jusqu'à la cour de Perse et détenteur de six victoires olympiques, sera admirée durant des siècles. De grands auteurs, comme Rabelais, Shakespeare, Dumas ou Hugo rendront hommage à celui qui accomplit l'exploit d'abattre d'une main un taureau ou un chêne. Les Grecs, friands de lancer, de lutte, de courses de char et d'épreuves équestres,

---

1. Pierre de Coubertin, *Essais de psychologie sportive* [1913], Grenoble, Jérôme Million, 1992, cité par Georges Vigarello, « Virilités sportives », *op. cit.*

2. Georges Vigarello, « Virilités sportives », *op. cit.*

3. Jean-Manuel Roubineau, *Milon de Crotone ou l'Invention du sport*, Paris, PUF, 2016.

considéraient la victoire comme un gage d'immortalité accordé par les dieux. Car vaincre l'adversaire, c'est d'abord se vaincre soi-même. C'est cet idéal viril qui est ressuscité à la Belle Époque.

Le cycliste, capable de se mesurer à la côte pluvieuse ou écrasée de chaleur, figure le modèle d'un héros populaire obstiné, endurant et maître de lui-même[1], dont les vertus morales rappellent celles du soldat. Du champ de bataille à la piste de stade, au tapis de lutte ou au ring de boxe, ce sont les hommes qui « ont de l'estomac » qui se battent : même lexique martial du combat, de la victoire et de la défaite, même culte rendu aux valeurs viriles de puissance et de courage, même ferveur communautaire autour du vainqueur, même patriotisme emphatique, qu'il s'exprime par l'entonnement collectif de l'hymne national ou, comme aujourd'hui lors des matchs de football, par le déploiement hyperbolique des couleurs du drapeau. Même fascination pour la blessure et le sang enfin, dont se repaît une presse avide de corps martyrisés.

Les grands champions aux muscles saillants et galbés, qui s'offrent aux photographes dans la posture du lutteur – la poitrine en avant et le menton agressif – deviennent ainsi des personnages aussi légendaires[2] que l'étaient autrefois les soldats valeureux. Comme eux, ils offrent le portrait idéal de l'homme de la

---

1. Ce qu'a très bien compris Nicolas Sarkozy, qui se montrait volontiers en *winner*, sur son vélo, en sueur et le visage crispé avant chaque élection. D'après son site de campagne, il a parcouru, en un an, 1 560 km à vélo, soit 3 km par jour. Vladimir Poutine, quant à lui, est 8e dan de karaté.

2. Le boxeur Georges Carpentier sera une idole pendant plusieurs décennies.

régénération ou de la *réaction.* Dans la rhétorique dégénérative du début du XXe siècle, obsédée par la décadence, la « déficience », l'hérédité des tares et la « disparition du sentiment viril », le sport passe pour le meilleur « remède à notre infirmité publique », selon l'expression de Pierre de Coubertin. Dans les dures années de dépression économique de l'entre-deux-guerres, les gymnases rassemblent les hommes surmenés par la vie de bureau et ceux que le chômage a laissés en manque du contact physique avec les machines. Ils retrouvent là un entre-soi masculin et la discipline, familière, rassurante et mécanique, d'une routine qui n'est pas sans rappeler la « besogne » puritaine. À Muscle Beach, quartier de Los Angeles, ils posent crânement devant l'objectif, exhibant leurs biceps sur un fond balnéaire de carte postale, et fournissent à l'industrie hollywoodienne du péplum ses premiers contingents de légionnaires, de gladiateurs et autres gardes. Ils sont les pionniers d'un marché promis à devenir bientôt un continent économique : celui du muscle.

Cette morale de l'effort physique et du dépassement de soi, associée au culte de la « régénération spirituelle », explique le succès des mouvements de jeunesse, à partir de la deuxième moitié du XIXe siècle. S'ils suscitent l'enthousiasme, c'est qu'ils offrent la possibilité unique de rendre le dimanche et les vacances triplement profitables : le garçon y aguerrira son corps, y fortifiera son âme et sera séparé de l'influence néfaste de sa mère et des institutrices qui lui ramollissent l'esprit et le corps. La socialisation homosexuée est alors vue comme le meilleur moyen de renforcer une virilité menacée par les revendications féministes et l'influence grandissante des femmes dans la société[1].

En Grande-Bretagne, dès le début du XIXe siècle, l'idéologie de la Chrétienté musculaire (*Muscular Christianity*) s'épanouit d'abord dans les milieux privilégiés des *public schools* et des universités, avant de se démocratiser à travers d'autres mouvements, tels que les Young Men Christian Association (YMCA) ou la Boy's Brigade. Cette « croisade du muscle et de la santé[2] » invite les chrétiens à développer la virilité de leur corps, à l'image de Jésus, dont la parfaite musculature est érigée en exemple.

Si le Christ guérissait les malades, c'est qu'il entretenait virilement sa condition physique, se plaît-on à penser. Comme le note l'historien Jean-Jacques Courtine dans l'article habilement intitulé « Balaise dans la civilisation », Jésus, dont le corps a échappé à la dévirilisation due à l'âge, et dont l'immortalité est un « vecteur éternel d'exemplarité », devient ainsi le « géniteur originel de la virilité[3] ». Le sport apporte à la fois le salut et la résurrection. Une phraséologie dont s'emparera plus tard l'un des pionniers de « la grande pastorale américaine de la sueur », Bernarr Macfadden, « l'évangéliste du body-building », baptisé par ses adeptes « père de la culture physique et apôtre de la santé ».

1. Michael Kimmel, « Men's Responses to Feminism at the Term of the Century », *Gender and Society*, 1 (3), 1987, cité dans Laure Bereni, Sébastien Chauvin, Alexandre Jaunait et Anne Revillard, *Introduction aux études de genre*, Louvain-La Neuve, De Boeck, 2012.

2. Expression de Jean-Jacques Courtine, « Balaise dans la civilisation », in *Histoire de la virilité*, t. III, *op. cit.*

3. *Ibid.*

Le christianisme conquérant des mouvements de jeunesse anglo-américains prendra une coloration plus civique et patriotique[1] avec la création, par le militaire britannique Robert Baden-Powell, du scoutisme, dont l'ambition est de « décrasser » les corps et de donner « une éducation virile qui développe le caractère, le véritable patriotisme, l'adresse physique et la capacité de s'adapter aux circonstances[2] ». Au grand air, l'énergie débordante de l'adolescent, « toujours prêt », s'épanouit dans un imaginaire de l'aventure qui ressuscite l'ardeur des chevaliers et des héros légendaires, et privilégient les jeux de conquête, au cours desquels des bandes rivales, symbolisant des puissances politiques (territoires, États, tribus…) s'affrontent durement, comme à la guerre. Sauf qu'ici, il ne s'agit que de s'amuser à se faire peur et à se détester. Les scouts sont invités à faire preuve de rectitude morale et à fraterniser le soir à la veillée, en chantant tous ensemble l'amour du prochain.

Hélas, on ne peut pas en dire autant de toutes les fraternités que l'on verra fleurir dans l'entre-deux-guerres, et dont certaines prendront une coloration nettement haineuse, voire criminelle. Les horreurs du premier conflit mondial auraient dû convaincre les hommes de l'absurdité de la guerre et les inviter à changer de paradigme. Or c'est exactement le contraire qui allait se produire…

1. Arnaud Baubérot, « On ne naît pas viril, on le devient », *op. cit.*

2. D'après Nicolas Benoît, fondateur des Éclaireurs de France, in *Les Éclaireurs de France*, Paris, Journal des voyages, 1911, cité par Arnaud Baubérot, « On ne naît pas viril, on le devient », *op. cit.*

La dérive fasciste du modèle guerrier

Le traumatisme de la Première Guerre mondiale va réactiver les fantasmes d'impuissance et de dégénérescence et conduire à la constitution des milices paramilitaires et autres mouvements de jeunesse d'extrême droite, qui ressuscitent l'*éthos* guerrier en allant étouffer les révoltes des travailleurs. Le culte païen du muscle, de la dureté et de la force est mis au service d'une idéologie politique révolutionnaire, voire d'une nouvelle religion, aussi idolâtre que vindicative. « La définition la plus profonde du fascisme, écrira l'auteur collaborationniste Drieu la Rochelle, c'est celle-ci : c'est le mouvement politique qui va le plus franchement, le plus radicalement dans le sens de la grande révolution des mœurs, dans le sens de la restauration du corps – santé, dignité, plénitude, héroïsme[1]. »

Aux sentiments de vulnérabilité et d'humiliation générés par la défaite de 1918 et le traité de Versailles,

1. Pierre Drieu la Rochelle, « Le PPF, parti du corps vivant », in *Chronique politique, 1934-1942*, Paris, Gallimard, 1943, cité par André Rauch, *Histoire du premier sexe*, *op. cit.*

l'Allemagne vaincue va répondre par une exacerbation du culte de la force et de la vitalité juvéniles opposées au déclin d'une république de vieillards épuisée et décadente. Il faut soigner le mal par le mâle. La *régénération* de la race passe par le mépris de l'intellectualisme humaniste et la célébration d'une *hypervirilité* du muscle et de la violence primitive, qui s'exprime dans le canon nazi du guerrier nu. Les œuvres, volontiers monumentales, d'Arno Breker[1] ou Josef Thorak, sculpteurs officiels du Troisième Reich, s'inspirent de la statuaire hellénique pour représenter des athlètes au visage figé, aux traits durs et à la musculature hypertrophiée, brandissant fièrement leur glaive et leur bouclier, le corps projeté vers le haut. Si Hitler n'est pas sportif, Mussolini, qui ne l'est en réalité pas davantage, se plaît à poser torse nu, à ski, ou en plein crawl, afin de montrer l'exemple à suivre pour lutter contre la débilisation bourgeoise et l'influence nocive de l'Église, qui a « amolli, dévirilisé, désarmé » les Italiens. La régénération par la guerre, voilà l'objectif du Duce, qui veut « créer la classe des guerriers, toujours prête à mourir ». « La guerre, dit-il, doit être la forge de l'Italien nouveau, en trempant dans le fer et le feu une virilité nouvelle[2]. »

Dans son œuvre colossale, récemment traduite en français sous le titre *Fantasmâlgories*, le sociologue allemand Klaus Thewelheit a proposé une minutieuse analyse de la personnalité fasciste[3], après avoir étudié

1. Voir notamment *La Garde*.

2. Mussolini au congrès du parti national fasciste de 1925, cité par Stéphane Audoin-Rouzeau, « Armées et guerres : une brèche au cœur du modèle viril ? », in *Histoire de la virilité*, t. III, *op. cit*.

3. *Fantasmâlgories* (*Männerphantasien*, Verlag Roter Stern, 1977), trad. de l'allemand par Christophe Lucchese, Paris, L'Arche, 2016.

un important corpus littéraire[1] issu des corps francs allemands, composés de soldats ayant refusé de déposer les armes après l'armistice de 1918. S'attachant à décrire la structuration « psycho-physique » du soldat, il identifie, sous la cuirasse, une peur primitive : celle de la fragmentation, de la « dissolution des limites corporelles » et de l'effondrement psychique. La construction d'un corps invulnérable répondrait ainsi au besoin de façonner une « armure musculaire », qui serve de « carapace » solide, rigide, sèche et fermée, à un moi menacé de désintégration et effrayé par le « grouillement » de ses propres entrailles. Au sein des corps francs, il s'agit de conjurer la dispersion individualiste en valorisant l'obéissance fanatique, le contact quasi fusionnel de mâle à mâle, à travers le partage de chambrées, les excursions, la ferveur des chants autour du feu de camp et les nuits sous la tente. Seul, on n'est rien, ensemble, on est invincible. Chacun doit avoir le sentiment que la fraternisation collective est la seule et unique riposte possible à la fragilité individuelle. L'homme singulier n'est rien hors de l'agrégation solidaire de toutes les énergies masculines. La discipline et le dressage par l'exercice physique ne viseraient ainsi pas tant à cultiver la puissance qu'à refouler le sentiment d'*impuissance* et de morcellement du moi.

Chacun doit nourrir les mêmes exécrations et les mêmes fascinations que tous les autres : haïr ensemble et vénérer ensemble, telles sont les bases de cette nouvelle orthodoxie de l'hyperpuissance virile qui conduira à la construction du mythe du *surhomme* aryen.

1. Deux cent cinquante romans et mémoires écrits dans les années 1920.

La seule réponse radicale au sentiment de dépossession et de dépersonnalisation est la sauvagerie du meurtre. Il faut éliminer tous les êtres ontologiquement inférieurs : les handicapés, les homosexuels, et, bien entendu, les juifs. La déshumanisation, voilà où conduit le mythe viriliste du surhomme.

« Surhomme » et « sous-homme »

L'idéologie nazie, qui porte le culte viriliste de la force à son paroxysme, en révèle aussi la logique profonde : pour qu'il y ait des *hommes*, et, *a fortiori*, des *surhommes*, il faut qu'il y ait des *sous-hommes*. Si une certaine catégorie d'hommes entend incarner l'idéal du genre humain, elle doit clairement caractériser son *autre*, pour mieux s'en démarquer. Il lui faut donc dessiner un contre-modèle, celui de l'*Untermensch* (sous-homme) qui soit l'antithèse parfaite de l'*Übermensch* (surhomme).

Dans l'imaginaire nazi, le *surhomme* s'oppose trait pour trait au contretype juif. Là où le combattant aryen exhibe un corps athlétique, nu et structuré, le juif présente un corps disgracieux, à la fois maigre et adipeux, difforme, dissimulé derrière châles, caftans, franges et barbes[1]. S'il est aussi malfaisant, c'est que la féminité de son caractère – fuyant, lâche et pulsionnel – et de ses idéaux – pacifisme et internationalisme – représente un

1. Voir le film de propagande antisémite *Le Juif éternel*, de Fritz Hippler, réalisé en 1941.

danger d'émasculation pour la race nordique. La thématique du complot juif s'enrichit ainsi de thèmes homophobes et misogynes d'une rare violence.

De même qu'il y a un péril juif, il y a un péril homosexuel, et les deux ont partie liée. La politique nazie se montrera extrêmement féroce envers l'homosexualité, pénalisée et réprimée[1] dans des proportions que certains historiens qualifient d'*homocauste*[2]. L'idéologie de la pureté et de l'hygiène raciale est une haine de tous les métissages, qu'ils soient d'ethnie ou de genre. L'homosexuel, parce qu'il hante les marges et trouble la frontière entre les sexes, représente la figure paradigmatique du danger : celui de l'indéfinition sexuelle, de la porosité des limites, de la dissolution. Il porte à son paroxysme la terreur de la dégénérescence. La virilité nazie exige l'hétérosexualité et l'absolue différenciation des sexes comme elle exige l'absolue différenciation des races ; plus les identités sexuées seront marquées, attestées, authentifiées dans leur radicale opposition, mieux le mâle imposera sa domination. Le devoir de virilité est donc, par essence, un devoir d'hétérosexualité[3].

Paradoxalement, plus le Troisième Reich s'enfonce dans le délire homophobe et plus il favorise les rapprochements physiques entre hommes dans le cadre des Jeunesses hitlériennes, exaltant à l'envi la beauté du corps masculin. En esthétisant, dans le marbre ou sur la pellicule, les postures agressives du combat,

1. En 1936, Heinrich Himmler crée un service du Reich contre l'homosexualité et l'avortement.

2. Voir notamment Régis Schlagdenhauffen, *Triangle rose. La persécution nazie des homosexuels et sa mémoire*, Paris, Autrement, 2011.

3. Je reviendrai sur ce point dans la cinquième partie.

le régime récupère ainsi à son profit la charge érotique des soldats héroïques, ces *Dieux du stade*[1] magnifiés par la réalisatrice Leni Riefenstahl dans le documentaire sur les Jeux de Berlin de 1936 que lui a commandé Hitler. Jamais sans doute les liens ambigus existant entre le désir homoérotique et la haine anti-homosexuelle n'auront été aussi évidents.

Je reviendrai plus longuement sur les ressorts souterrains de l'homophobie, mais je voudrais faire remarquer ici le lien, classiquement établi par le discours antisémite, entre « juiverie » et homosexualité, autrement dit le lien entre antisémitisme et homophobie. Dans un article intitulé « Genre, homophobie et antisémitisme dans la France des années 1930 à travers les discours d'extrême droite[2] », l'historien Jérémy Guedj ressuscite la figure du *juif efféminé*, ce personnage dont la dépravation des mœurs a précipité la *décadence française*[3], ce symbole de *l'anti-France*, perverse et contagieuse, qui gangrène la vraie France à la façon d'un cancer. Léon Blum, rebaptisé « Mamzelle Blum » par la presse d'extrême droite, est ainsi régulièrement accusé de sensiblerie, quand il n'est pas qualifié de « fifille », de « folle », voire de « pute ». Pourtant, la haine n'est pas à une incohérence près : le juif a beau passer pour un incorrigible inverti, il n'en est pas moins aussi considéré comme un dangereux prédateur

1. Le titre allemand du documentaire de Riefensthal est *Olympia.*

2. Jérémy Guedj, « Genre, homophobie et antisémitisme dans la France des années 1930 à travers les discours d'extrême droite », in Régis Thévenin et Alain Corbin (dir.), *Hommes et masculinités, de 1789 à nos jours : contributions à l'histoire du genre et de la sexualité en France*, Paris, Autrement, 2007.

3. Voir le roman *Gilles* de Pierre Drieu la Rochelle.

sexuel, comme un péril immense pour la gent féminine, et, par voie de conséquence, pour la pureté de la race. Séducteur, hâbleur, beau parleur, le juif attire les femmes, autant que lui-même est attiré par l'argent. C'est ce pouvoir sur le sexe faible qui le rend si exécrable.

Mais que savent les fascistes des femmes ? L'idéologie nationale-socialiste ne se signale pas seulement par sa profonde misogynie mais aussi par l'effacement de la femme en tant que personne. Dans les écrits des corps francs, Klaus Thewelheit relève que les soldats n'évoquent jamais aucune femme, hormis l'épouse légitime, laquelle est privée de prénom. Comme chez les Anciens, elle est l'anonyme qui tient la maison et fait des enfants, de préférence des garçons. Au reste, comme l'a montré l'écrivain Jonathan Littell dans *Le Sec et l'Humide*, la femme est souvent perçue par les nazis comme un être malpropre et humide, dont le sang s'épanche en flots impurs sur les cuisses. Ces flux ignobles évoquent l'instabilité, la trahison, la lâcheté de la fuite, le « marais » de Weimar et la « marée rouge » bolchevique, par opposition à la fermeté sèche, fiable et stable de la virilité aryenne[1].

La misogynie nazie n'empêchera pas les femmes de soutenir massivement le régime[2], peut-être parce qu'il leur apportait enfin une forme de valorisation en reconnaissant leurs rôles de mère et de ménagère, traditionnellement invisibles. Elles furent aussi des

1. Voir Jonathan Littell, *Le Sec et l'Humide : une brève incursion en territoire fasciste*, Paris, Gallimard, 2008.

2. En 1933, le parti nazi compte autant d'électrices que d'électeurs. Dans les années suivantes, 17 millions de femmes (de 6 à 60 ans) rejoindront les organisations féminines nazies.

centaines de milliers à contribuer au fonctionnement de la machine génocidaire, en tant que surveillantes de camps, infirmières, épouses d'officiers SS, secrétaires ou militantes. Mais, malgré leur zèle, elles furent largement perdantes, puisque les droits que leur avait octroyés la République de Weimar, comme celui de voter – et qu'elles furent nombreuses à utiliser pour porter Hitler au pouvoir – leur furent vite retirés. L'émancipation féminine est une « invention juive », qu'il convient de réprimer avec vigueur : « Le monde de la femme se borne à son mari, à sa famille, à ses enfants, à son foyer[1] », déclare Adolf Hitler aux membres de la NFSO (Organisation des femmes nationales-socialistes). Quant au monde de l'homme, il est celui, éminemment viril, de la camaraderie des corps francs et de la haine de l'autre.

Si les nazis se distinguèrent par la démesure de leur cruauté, ils sont loin d'être les seuls, dans l'histoire, à avoir compté pour rien la vie de ceux qu'ils jugeaient inférieurs. La xénophobie, ou hostilité envers l'étranger, est aussi vieille que l'humanité. Les Grecs appelaient « barbares » tous ceux qui ne parlaient pas leur langue et qui, de ce seul fait, ne pouvaient que vivre dans un univers dénué d'intelligibilité. La peur de l'inconnu est universelle et « chacun appelle barbarie ce qui n'est pas de son usage », selon la formule de Montaigne[2]. Mais c'est surtout à partir de la découverte du Nouveau Monde que la vieille Europe va découvrir le véritable

1. Déclaration aux membres de l'Organisation des femmes nationales-socialistes (NSFO), septembre 1934, cité par Christine Bard, « La virilité au miroir des femmes », in *Histoire de la virilité*, t. III, *op. cit.*

2. Michel de Montaigne, *Essais* [1595], Paris, Gallimard, « Bibliothèque de la Pléiade », 1950.

contre-modèle de l'homme viril : le « sauvage », cette créature brutale et sale, mi-animale, mi-démoniaque, qui ne connaît ni Dieu, ni loi, ni honneur, ni civilité, et dont la sexualité frénétique est tout entière gouvernée par la perversité du Malin[1].

C'est l'infériorité ontologique des « indigènes » qui justifie leur domestication par l'homme civilisé, lequel a pour mission sacrée de les mettre sur le « chemin de la vérité ». La guerre contre les autochtones est une guerre juste, une guerre sainte, telle est la thèse défendue, lors de la Controverse de Valladolid, par le théologien Juan Ginés de Sepúlveda, qui juge que l'exploitation esclavagiste de ces êtres « monstrueux » est « voulue par Dieu ».

Toutes les mythologies coloniales se nourrissent de l'héroïsation du conquérant et de la dépréciation essentialisante des autochtones. L'Algérie en est un autre cas exemplaire, comme le montre l'historienne Christelle Taraud dans l'article « La virilité coloniale, de la fin du XVIIIe siècle à la Grande Guerre[2] ». Dans les récits de conquête et les premiers ouvrages sur l'Algérie, tandis que les colons guerriers incarnent une virilité saine, agressive, ostentatoire, pugnace et productive, les « indigènes » sont décrits comme des êtres « bestiaux », au corps malsain, en état de dégénérescence morale et physique, usés par le kif, l'alcool, la syphilis et la chaleur.

---

1. Voir Georges Vigarello, « Le viril et le sauvage des terres de la découverte », in *Histoire de la virilité*, t. III, *op. cit.*

2. Christelle Taraud, « La virilité coloniale, de la fin du XVIIIe siècle à la Grande Guerre », in *Histoire de la virilité*, t. III, *op. cit.*

Il est d'ailleurs assez frappant de voir que la dévalorisation du « sous-homme » se polarise invariablement sur la sexualité, avec deux obsessions récurrentes : le rejet passionné de l'homosexualité, bien sûr, mais aussi la fixation sur la taille du membre viril, nous le verrons plus loin, comme si celle-ci était le critère suprême de la moralité et de la civilité.

Face à cette déliquescence du sauvage, l'emploi de la force s'impose. Enfumades, emmurades, têtes coupées, mutilations, exécutions sommaires, usage du fouet et de la chicote, esclavage sexuel des « boys » : la colonisation organise avec méthode la domestication des populations arabes et kabyles. Et si l'impérialisme est un des « lieux majeurs de l'affirmation de la puissance virile », c'est que la dimension sexuelle du processus d'assujettissement est omniprésente. Comme le fait observer Christelle Taraud, la guerre de conquête s'apparente à la pénétration virile et la reddition des vaincus est un signe de faiblesse, donc de féminité. La colonie, élément féminin passif, est transpercée par des canaux et des tunnels, que des trains lancés à toute vitesse viennent pénétrer en sifflant bruyamment. Quant à la grande route rectiligne qui perfore la terre conquise, elle est en soi un symbole viril[1], qui s'oppose, en les dominant, aux courbes féminines de la nature.

Qu'est-ce, en effet, que soumettre un peuple, sinon le *déviriliser* ? Assiéger, c'est d'abord désarmer. Les armes sont en effet bien davantage que des outils destinés à se défendre ; elles sont investies d'une symbolique très riche, mêlant la conquête, la justice, le courage,

1. Sylvain Venayre, « Les valeurs viriles du voyage », in *Histoire de la virilité*, t. III, *op. cit.*

l'honneur et la puissance, à l'image du glaive. Les nombreux termes empruntés au lexique guerrier pour qualifier le pénis (lance, pique, matraque, fusil, pistolet, hache, arbalète, braquemart, gourdin, épée, torpille, bazooka…) révèlent clairement l'analogie communément établie entre arme et phallus[1].

Une fois désarmés, les colonisés sont ensuite dépersonnalisés par l'abolition des prénoms individuels et leur remplacement, péjoratif et systématique, par les plus sacrés. Tous les hommes arabes ou kabyles sont appelés Mohamed, comme le Prophète, et toutes les femmes Fatma (ou Fatmuche), du nom de sa fille, à moins que l'on ne préfère l'insulte banalisée en nom commun : « mouquère[2] » (pute) pour elle, et « raton », « bicot », « négro », « crouille » ou « bougnoule » pour lui.

La reddition se parachève enfin par l'exercice d'une violence sans contrepartie sur le corps du vaincu, celui de sa femme et de ses filles. Tout porte ainsi à croire que, pour revigorer les corps meurtris par la défaite française de 1870 face à la Prusse, la France ne devait pas seulement ressusciter le mythe impérial[3] et gagner de nouveaux territoires : elle devait asservir des populations, la régénération passant autant par la possession des femmes que par l'émasculation des hommes.

1. Les bombes possèdent aussi une forte symbolique sexuelle : lors de la guerre du Golfe, en 1991, l'aviation américaine était couverte d'inscriptions « Soddom Hussein ».

2. De l'espagnol *mujer* (femme, du latin *mulier*).

3. Paul Leroy-Beaulieu déclare : « La colonisation est pour la France une question de vie ou de mort » dans la dissertation *De la colonisation chez les peuples modernes* [1882], Paris, Hachette Livre BNF, 2012.

Sur ce point, les colons de l'ère moderne n'inventèrent absolument rien et témoignèrent même probablement d'une violence sexuelle très largement inférieure à celle qui s'est toujours pratiquée sur les théâtres militaires. Depuis les premières civilisations, le pénis constitue le trophée de guerre le plus recherché. Les anciens Égyptiens, Babyloniens, Hébreux et Éthiopiens en tenaient même le compte exact. Lorsque les Égyptiens conquirent la Libye, en 1200 avant J.-C., ils en revinrent avec un trésor de 13 240 pénis[1] et mieux vaut ne pas imaginer combien de castrations eurent lieu lors des croisades, de la guerre de Cent Ans, ou pour alimenter le juteux marché aux esclaves eunuques, très prisés du temps des Empires ottoman et chinois.

Un homme émasculé n'est plus un homme. Faudrait-il alors croire que, de même que « toute la femme est dans l'utérus », comme on l'a longtemps pensé, « tout l'homme est dans le phallus » ?

1. D'après Tom Hickman, *Le Bidule de Dieu. Une histoire du pénis*, Paris, Robert Laffont, 2013.

Cinquième partie

PUISSANCE ET IMPUISSANCE

Se pourrait-il que le fond du complexe viril réside dans le rapport que l'homme entretient avec l'étrange compagnon qui habite son pantalon ? Quelle est cette chose qui gonfle, se durcit, change de taille, se ramollit, le tout sans la moindre intervention de la volonté ? Ce curieux être, qui semble jouir d'une vie propre, n'est-il pas le plus grand défi que la raison ait à affronter ? Comment l'homme, et *a fortiori* l'*honnête homme* occidental, promis au rêve cartésien de se « rendre comme maître et possesseur de la nature », peut-il accepter que son propre corps puisse ne pas lui répondre ? Ou plutôt que son esprit puisse ne pas en répondre ?

Si l'homme peut aisément domestiquer ce qui lui est extérieur, comme la femme, l'esclave ou l'animal, parce qu'ils sont autres, donc faciles à objectiver, et, de là, à chosifier, en revanche, ce qui relève de sa propre intériorité est beaucoup plus complexe à gouverner. L'organe masculin est indomptable, capricieux, et possiblement humiliant, du fait, précisément, qu'il n'est pas *autre*, mais *soi*. L'érection est le seul processus au monde sur lequel même un roi aussi puissant que

Louis XIV n'a pas de prise : il aura beau tout régenter, la cour, la flotte, l'armée, il ne peut rien (ou si peu) contre les douleurs et la fatigue qui diminuent l'ardeur sexuelle, rien non plus contre le vieillissement de toutes ses fonctions organiques, à commencer par celle consistant à durcir sur commande.

L'organe sexuel mâle jouirait-il d'une vie propre, parfaitement autonome ? C'est l'impression qu'il donne, comme le fait observer Léonard de Vinci dans ses *Carnets* : « De la verge. Celle-ci a des rapports avec l'intelligence humaine et parfois elle possède une intelligence en propre ; en dépit de la volonté qui désire la stimuler, elle s'obstine et agit à sa guise, se mouvant parfois sans l'autorisation de l'homme ou même à son insu ; soit qu'il dorme, soit à l'état de veille, elle ne suit que son impulsion. [...] Il semble donc que cet être a souvent une vie et une intelligence distinctes de celle de l'homme[1]. » Ce dernier peut, en théorie, tout maîtriser, sauf l'engin capricieux qui balance entre ses deux jambes et dont le contrôle est absolument crucial pour sa virilité. Là réside son immense vulnérabilité. Ne pas durcir, c'est s'exposer au désastre.

L'histoire de la virilité est marquée par l'angoisse terrible, irrationnelle, de l'impuissance, laquelle s'est traduite par deux tendances opposées : d'un côté, le *culte phallique de la puissance sexuelle*, de l'autre, l'idéal de la *sublimation*, qui fait culminer la virilité dans la domestication, la spiritualisation ou l'esthétisation du désir sexuel.

---

1. Léonard de Vinci, *Carnets*, t. I, trad. de L. Servicien, Paris, Gallimard, 1989.

Dans le premier tome de l'*Histoire de la sexualité*, intitulé *La Volonté de savoir*, Michel Foucault nomme « dispositif de sexualité » l'ensemble des discours, des normes, des interdits, des représentations et des mises en scène qui contribuent à faire de la sexualité bien davantage qu'une simple fonction physiologique : une construction culturelle. S'il n'existe rien, en apparence, de plus intime que l'usage que chacun fait de ses organes sexuels, il n'est rien, en réalité, de plus codifié et de plus normalisé que cet usage.

Pour être jugé viril, un homme doit impérativement satisfaire à un certain nombre d'exigences. En 1633, l'avocat général au Parlement de Paris, Vincent Tagereau[1], résuma les choses, en un triptyque devenu canonique : un homme doit « dresser, entrer, mouiller », trois verbes très explicites, auxquels j'en ajouterai deux autres : *prouver*, avant même de « dresser », et *fanfaronner*, une fois qu'on a « mouillé ». Autrement dit, ce qui fait l'homme, c'est de *prouver*, *dresser*, *entrer*, *mouiller* et *fanfaronner*. La virilité, c'est la preuve, l'érection, l'intromission, l'émission et la vantardise.

1. Vincent Tagereau est l'auteur du traité *Discours de l'impuissance de l'homme et de la femme*, Paris, 1611. Il lutte contre la pratique juridique du « congrès », qui impose d'humiliants examens médicaux aux époux accusés d'impuissance sexuelle (allant jusqu'à l'obligation d'accomplir le devoir conjugal devant experts !), Bibliothèque de Laurent Bouchel, édition de 1667, au mot « Séparation ».

Prouver : l'injonction à la « preuve » sexuelle

La virilité doute-t-elle tant d'elle-même qu'il faille sans cesse en produire la *preuve* ?

Le premier impératif est de présenter des organes en bonne et due forme. Une attention toute particulière est accordée aux testicules, lesquels, dérivant du mot *testis*[1] (signifiant *témoin*), *attestent* la virilité de leur porteur. Leur présence *témoigne* objectivement, indubitablement, indiscutablement, du fait qu'on a bien là affaire à un homme. Pendant des siècles, chez les Égyptiens, les Hébreux, les Sémites, les Arabes ou les Romains, les hommes s'empoignaient par les testicules lorsqu'ils prêtaient serment. Tandis que les Arabes psalmodiaient : « Ô Père des organes virils, sois le témoin de mon serment », les Hébreux, agrippés aux mêmes organes, se référaient aux paroles adressées par Abraham à son serviteur dans la Genèse :

1. Les testicules sont « n*ommez* en latin testes, parce qu'ils sont les témoins de la virilité »*, Jan Palfijn, Anatomie du corps humain, avec des remarques utiles aux chirurgiens dans la pratique de l*eurs opérations, Première partie, Paris, Guillaume Cavelier, 1726.

« Pose ta main sous ma cuisse et jure par le Seigneur… que tu ne prendras pas femme parmi les femmes de Canaan. » Par ce serment génital, les premières civilisations firent ainsi des gonades mâles le fondement du droit coutumier[1], avant que Galien (le plus grand médecin de l'Antiquité gréco-romaine après Hippocrate) en fasse la partie la plus noble du corps masculin, « et même par-dessus le cœur[2] ». Depuis toujours, les *bourses*, symbole de la puissance créatrice, sont considérées comme un marqueur viril extraordinairement précieux, ce que traduisent des expressions argotiques beaucoup plus tardives, telles que « bijoux de famille ».

En France, sous la royauté, la naissance du Dauphin était l'occasion, pour toutes les dames de la cour, de venir rendre un hommage admiratif à la splendeur de ses bourses, symboles de la transmission du sang royal[3]. *A contrario*, un homme qui s'en trouvait dépourvu se voyait traité d'eunuque avec le plus grand mépris par les docteurs, les juristes, le public, et, bien sûr, l'Église, fidèle à la sévérité du Deutéronome (23, 1) : « Celui qui est eunuque, soit pour avoir été froissé, soit pour avoir été taillé, n'entrera pas dans la congrégation de l'Éternel. » Ne pas posséder de testicules, c'était s'exposer au bannissement. Une vie de paria attendait tous ceux auxquels la nature, ou la vie, avait joué un mauvais tour, en les privant de la *preuve* formelle de leur virilité.

---

1. *Tom Hickman, Le Bidule de Dieu. Une histoire du* pénis, op. cit.
2. Cité par Rafael Mandressi, « La chaleur des hommes. Virilité et pensée médicale en Europe à l'époque moderne », in Alain Corbin, Jean-Jacques Courtine et Georges Vigarello, *Histoire de la virilité*, t. I, *L'Invention de la virilité. De l'Antiquité aux Lumières*, Paris, Seuil, 2011.
3. Voir Jacques André, *La Sexualité masculine*, Paris, PUF, 2009.

Les charges retenues contre cet être exécré étaient très lourdes. En 1707, dans son *Traité des eunuques*, l'historien français Charles Ancillon dressait un portrait accablant de cet infrahomme : c'est « un bœuf dont l'apparence répugne. Sa voix est grêle et languissante, ses manières efféminées, il n'a aucun courage ni hardiesse. Chétif et méprisable dans son corps, il vaut encore moins du côté de l'esprit. Gens abominables et sans honneur, ils sont jaloux, féroces, gourmands, avares, inconstants, soupçonneux, furieux, insatiables[1] ». Les testicules seraient-ils les modérateurs, les stabilisateurs d'une sexualité masculine qui, si elle n'était livrée qu'à la loi du pénis, serait à la fois trop hasardeuse et trop impétueuse ? C'est en tout cas ce que semblent indiquer les termes anglais de *rocks* et de *stones* pour les qualifier.

Être *couillu*, c'est être solide, résister avec audace, *tenir* fermement sa position, ne pas lâcher. Même s'il présente un pénis fonctionnel, celui qui n'a *pas de couilles* n'est pas considéré comme viril. Car ce sont elles qui « vivifient le corps » et lui confèrent sa « chaleur naturelle[2] ». Et il faut qu'*elles* se voient. C'est ce qui perdit le malheureux baron d'Argenton au procès que lui intenta sa femme, comme le raconte l'historien Pierre Darmon dans *Le Tribunal de l'impuissance*. La bien-nommée Magdeleine de La Chastre avait pourtant été, comme il se doit, déflorée lors de la nuit de

1. Cité par Pierre Darmon, *Le Tribunal de l'impuissance. Virilité et défaillances conjugales dans l'ancienne France*, Paris, Points Histoire, 1986. Voir aussi Pierre Darmon, « Un procès pour impuissance sexuelle : l'affaire d'Argenton », *Les Collections de l'histoire*, juin 1999.

2. Rafael Mandressi, « La chaleur des hommes. Virilité et pensée médicale en Europe à l'époque moderne », *op. cit.*

noces : le drap avait été taché de sang. Le mariage avait donc bel et bien été consommé. Mais elle en demanda l'annulation, au motif que son époux, n'ayant pas de « témoins apparents », était un « impuissant ». Le juge ecclésiastique de Sens ordonna l'inspection des parties génitales du baron, qui révéla qu'il « n'avait point de témoins extérieurement, mais comme une bourse sans boulettes, laquelle se retirait au-dedans quand il se renversait, de manière qu'il n'avait autre chose qu'une verge, encore était-elle beaucoup plus courte que l'ordinaire des autres hommes ». Le mariage fut déclaré nul. Le baron se tourna alors vers le primat de Lyon, sans succès, avant de s'en remettre au pape lui-même, en clamant : « Je ne suis point châtré, j'ai de la barbe au menton et ma voix n'est point grêle, mais semblable à celle des autres hommes, forte et virile ! » Las, personne ne voulut admettre que ses testicules fussent, comme il le prétendait, « cachés au-dedans » et la sentence fut encore confirmée. Trois ans après ce jugement, en 1603, il mourut sans avoir obtenu gain de cause. Mais, à la stupéfaction générale, lors de l'autopsie, « ses deux témoins, que la nature avait cachés, apparurent », ce qui valut au baron d'être déclaré « puissant » à titre posthume[1].

Présenter des gonades bien formées ne suffit pas : il faut aussi veiller à la fermeté du scrotum, comme l'indique l'anatomiste et chirurgien flamand Jan Palfijn au XVIIIe siècle : « On juge de la force, de la vigueur et

1. La Faculté de médecine de Paris décida alors, par un décret qui fit jurisprudence, « qu'il n'est pas besoin, pour être capable d'engendrer, de trouver les testicules dans la bourse d'un homme, pourvu, toutefois, qu'il ait d'autres marques suffisantes de virilité ».

de la santé d'un homme quand ses bourses sont fort courtes, & ses testicules pressez contre ses fesses[1]. » C'est de cette masse ferme, compacte et tonique que doit jaillir le pénis, le siège de la puissance virile, l'élément le plus prestigieux de l'anatomie du mâle, celui dont il s'enorgueillit le plus.

Enfant, chacun l'invite à en tirer fierté, à commencer par les mères et les nourrices d'autrefois. Dès qu'il « commença à explorer sa brague », Gargantua fit la joie de ces dernières. Elles frottaient l'objet entre leurs mains « comme un rouleau à pâtisserie » et, « quand il commençait à dresser l'oreille », elles éclataient de rire. Quant au futur roi Louis XIII, ses premières érections le fascinaient comme un jouet extraordinaire, dont il montra un jour le fonctionnement à sa gouvernante : « Ma bite ressemble à un pont-levis, lui déclara-t-il. Voyez comme elle monte et elle descend. » Mais lorsqu'il voulut réitérer l'exploit devant son père, le pont-levis ne se leva pas. « Il n'y a pas d'os dedans, mais parfois il y en a un[2] », dit-il, à la fois déçu et fier comme un soldat. Il lui faudra apprendre à jouer avec ce petit personnage facétieux.

Dans le chapitre « Enfance » du *Deuxième Sexe*, Simone de Beauvoir, s'inspirant des analyses de Freud et d'Adler, montre comment on insuffle au garçonnet l'orgueil de sa virilité en « incarnant » cette notion abstraite dans son pénis. Jusqu'à l'âge tendre où on lui coupera ses premières boucles (et où, à l'époque où

1. Jan Palfijn, *Anatomie du corps humain, avec des remarques utiles aux chirurgiens dans la pratique de leurs opérations*, *op. cit.*, cité par Rafael Mandressi, « La chaleur des hommes. Virilité et pensée médicale à l'époque moderne », *op. cit.*

2. Tom Hickman, *Le Bidule de Dieu*, *op. cit.*

elle écrit, on ne l'habillera plus, comme ses sœurs, de robes et de dentelles), l'enfant n'éprouve pas particulièrement de « fierté à l'égard de son petit sexe indolent ». Mais l'attitude de son entourage va le convaincre de sa haute valeur, en lui faisant comprendre que les efforts qui lui sont désormais imposés pour se démarquer de ses sœurs (« Un homme ne demande pas qu'on l'embrasse… Un homme ne se regarde pas dans les glaces… Un homme ne pleure pas ») sont justifiés par sa supériorité : il a quelque chose qu'elles n'ont pas. C'est pourquoi on a sur lui de plus grands desseins. « Loin que le pénis se découvre comme un privilège immédiat d'où le garçon tirerait un sentiment de supériorité, sa valorisation apparaît au contraire comme une compensation – inventée par les adultes et ardemment acceptée par l'enfant – aux duretés du dernier sevrage : par là, il est défendu contre le regret de ne plus être un nourrisson, de ne pas être une fille. Par la suite, il incarnera dans son sexe sa transcendance et sa souveraineté orgueilleuse[1]. »

Car cet organe, « qui se laisse voir et saisir », s'offre tout naturellement à l'admiration de chacun, à la différence des parties génitales de ses sœurs, non visibles, secrètes, taboues, honteuses. Là où le petit pénis du garçon est déjà pour lui un « symbole de puissance et d'autonomie », les mystérieuses « parties intimes » de la fille lui sont impénétrables et génèrent un sentiment confus de honte et d'angoisse de l'inconnu. Tandis que le garçon est encouragé à regarder sa verge comme « un alter ego d'habitude plus rusé, plus intelligent

1. Simone de Beauvoir, *Le Deuxième Sexe*, t. II, Première partie, *op. cit.*

et plus adroit que l'individu », la fillette est amenée à considérer avec inquiétude ses « intérieurs », qui n'inspirent ni révérence, ni tendresse aux mères et aux nourrices. « Elles n'attirent pas son attention sur cet organe secret, dont on ne voit que l'enveloppe et qui ne se laisse pas empoigner ; en un sens, elle n'a pas de sexe » et « ne peut s'incarner dans aucune partie d'elle-même », à la différence de son frère.

Ce que Freud a nommé « l'envie de pénis » de la fillette va bientôt se fixer sur le grand privilège qu'a le garçon de pouvoir uriner debout, après avoir été initié par le père. « Cette différence est pour la fillette la différenciation sexuelle la plus frappante, poursuit Beauvoir. Pour uriner, elle doit s'accroupir, se dénuder et, partant, se cacher ; c'est une servitude honteuse et incommode », sur laquelle s'est longuement penché le psychiatre et sexologue britannique Havelock Ellis dans *L'Ondinisme*[1]. Le personnage de Florrie ressent une honte profonde de devoir baisser son pantalon et sa culotte, découvrant ainsi ses fesses, tandis que le garçon, capable d'actionner de ses mains la direction du jet et d'arroser loin devant lui, en tire un sentiment de toute-puissance.

Du moins devant les filles. Car, face aux autres garçons, il semblerait que le petit, puis le grand mâle, se sente nettement moins sûr de lui. « L'homme devient en général très pudique dès qu'il s'agit de son pénis, écrit l'essayiste français Emmanuel Reynaud[2]. Étant rarement sûr de la qualité de ses proportions, il préfère bien sou-

---

1. Havelock Ellis, *Études de psychologie sexuelle. L'Ondinisme, la cleptolagnie*, Paris, Bibliothèque des Introuvables, 2003.

2. Emmanuel Reynaud, *La Sainte Virilité*, Paris, Syros-La Découverte, 1981.

vent le cacher plutôt que risquer d'être ridiculisé par une taille qui pourrait se révéler au-dessous de la "moyenne". Cette pudeur rend la quête de la norme d'autant plus difficile : l'homme a non seulement du mal à s'informer, mais en plus, quand se présente une occasion, il est ballotté entre son désir de se renseigner et sa peur de se dévoiler [...]. La situation la plus ridicule se produit d'ordinaire dans les toilettes publiques : l'homme se sent souvent coincé devant l'urinoir entre son désir de voir, sa peur d'être vu et l'inquiétude qu'une trop grande curiosité fasse planer un doute sur son hétérosexualité ; si bien qu'obsédé par les mensurations du petit bout de chair qui entoure son urètre, il se soulage mais ne se détend pas. D'un organe qui pourrait être si pratique pour uriner, l'homme fait le symbole du pouvoir, et il se pisse parfois sur les doigts, dans ses tentatives pour en dissimuler la taille aux regards indiscrets. »

L'homme aurait-il peur de la taille et de la puissance du pénis des autres hommes, encore davantage que du vagin des femmes ? L'*angoisse de la comparaison* semble en tout cas être un phénomène universel : « Nu et me comparant à mes condisciples, je découvris que mon pénis était petit, pitoyable et flasque », confesse Salvador Dalí, dans ses *Aveux inavouables*. Pourquoi cela le désole-t-il autant ? « Je me souviens d'un roman pornographique dans lequel le séducteur [...] dit qu'il adore entendre les femmes craquer comme des pastèques, poursuit-il. Il m'a fallu admettre que je ne serais jamais capable de faire craquer une femme comme une pastèque[1]. »

1. Salvador Dalí, *Comment on devient Dalí. Les aveux inavouables de Salvador Dalí*, adaptation André Parinaud, Paris, Robert Laffont, 1973.

L'obsession de la jauge est d'autant plus anxiogène que, hormis les rares situations (thermes, vestiaires, piscine…) où le sexe adulte est à découvert (comme ici pour Dalí), elle porte sur la seule partie du corps qui soit habituellement occultée par le vêtement. Le pénis se devine davantage qu'il ne se voit, ce qui laisse une place décisive à l'imagination. Mais comment se comparer à ce qu'on ne peut que conjecturer ? D'autant que, dans ce domaine, comme dans tant d'autres, les apparences sont trompeuses : un homme peut fort bien être grand et bien bâti et avoir un petit pénis, et *vice versa*. Mystère supplémentaire, la taille du pénis en état de flaccidité ne préjuge en rien de ses dimensions en état d'érection.

Si l'inquiétude au sujet des mensurations de la verge semble bien être un phénomène universel, les moyens d'exorciser cette angoisse ont, historiquement, hésité entre deux tendances contraires. La première consiste à se rassurer, en stigmatisant les gros organes et en valorisant les petits ; la seconde à tenter par tous les moyens d'accroître la taille et le volume du sien. Comble de la difficulté : les deux options cohabitent souvent chez le même individu.

Ce rapport inquiet aux mensurations remonte à l'Antiquité grecque, où il relève à la fois d'une éthique et d'une esthétique. Devant les statues des *kouroï*[1], on est frappé par le contraste entre la largeur des épaules et la petitesse du sexe. Alors que la beauté et la perfection des proportions physiques passent pour la quintessence de la virilité, que le corps masculin est sans cesse exalté, les éphèbes, représentés nus, ont une verge minuscule, comme celle des enfants, ce qui signale la bonne

1. Le *kouros* est une statue de jeune homme.

éducation, l'obscénité n'étant pas située dans l'exposition des organes, mais dans leur dimension. Pour être digne d'être désiré et admiré, le jeune homme idéal, tel que le décrit Aristophane dans *Les Nuées*, a les joues imberbes, « la poitrine robuste, le teint vermeil, les épaules larges, le discours bref, la fesse rebondie et la verge menue ». Aristote n'a-t-il pas démontré « scientifiquement » que la petitesse favorisait la reproduction, le sperme ayant une moindre distance à parcourir pour arriver encore tout chaud à destination ?

A contrario, ceux qui ont un gros phallus évoquent l'animalité et sont caricaturés dans les scènes burlesques, volontiers pornographiques. Seuls les satyres de comédie, les barbares ou les esclaves sont ithyphalliques, c'est-à-dire dotés d'un affligeant priapisme. L'homme vertueux, lui, se distingue par la modestie de son sexe, ce qui indique qu'il n'en subit pas sans cesse les appels impétueux, qu'il le domine, qu'il le gouverne, qu'il en a la pleine et entière maîtrise.

On retrouve cette méfiance à l'égard des sexes protubérants chez les Romains, qui en font le comble de l'obscénité. Aussi le petit dieu Priape, qui souffre d'une érection douloureusement continue, passe-t-il pour un enfant monstrueux, rejeté par sa propre mère, la belle Aphrodite, en raison de son membre *terribilis*[1] et de sa laideur. Il est la figure inverse du jeune et bel Éros, ou Cupidon, l'enfant chéri de Vénus et du peuple. Tandis qu'Éros est la figure solaire du désir, Priape, figé dans la contraction indéfinie de son sexe tumescent et déme-

1. In Florence Dupont et Thierry Éloi, *L'Érotisme masculin dans la Rome antique*, *op. cit.* (Apollonios de Rhodes, *Argonautiques*, I, 932 ; Columelle, X, 33).

suré, ne parvenant jamais à la jouissance, incarne la pathologie du désir. Les Romains considèrent tout excès comme dégradant. Ceux qui se livrent à la débauche sont des âmes sales et corrompues, tout entières prisonnières de leur sexe. Lorsque les « parties impudiques » prennent le dessus sur la *pudor* attendue du citoyen romain, l'homme n'est plus un homme, mais une « bite » (*mentula*) ou un « cul » (*culus*), et se fait couvrir d'insultes, tel Mamurra, l'ami de César, que Catulle appelle, d'épigramme en épigramme, *Mentula*, en raison de sa suractivité sexuelle : « Ce n'est pas un homme (*homo*) mais une grande bite menaçante (*mentula magna minax*)[1] », « une bite épuisée par la baise[2] » (*mentula diffututa*).

La dévalorisation des hommes suréquipés est également très largement présente en Orient. Au Tibet, une longue tradition de phallomancie (discipline permettant de faire des présages à partir du pénis) prophétise le pire à celui dont le pénis atteint les talons lorsqu'il s'accroupit, tandis que celui dont la longueur du membre ne dépasse pas la largeur de six doigts sera prospère et bon époux. Même pronostic chez les hindous : un traité astrologique sanscrit datant du XVIe siècle annonce la pauvreté et la stérilité à l'homme trop bien doté, tandis que celui dont le pénis est droit, court et tendineux est promis à la richesse et à une descendance nombreuse[3].

Le mépris à l'égard des porteurs de gros sexes prend aussi souvent une coloration explicitement raciste. Les

1. Catulle, *Épigrammes*, 41, 1, cité par Florence Dupont et Thierry Éloi, *L'Érotisme masculin dans la Rome antique*, *op. cit.*
2. *Ibid.*
3. Voir Tom Hickman, *Le Bidule de Dieu*, *op. cit.*

colons européens attribuaient aux « indigènes » un « membre monstrueux », dont les appétits tyranniques conduisaient à toutes les perversions : polygamie, zoophilie, nécrophilie, sodomie, viol[1], etc. L'hypertrophie de l'organe des « nègres », des Arabes, des ouvriers et des domestiques, était reconnu comme l'indice majeur de leur bestialité. À en croire les Français, la capitulation des « bicots » était inéluctable, en raison d'une sensualité excessive, qui les aliénait aux délices du harem et les détournait des ardeurs viriles du combat.

Mais alors, comment expliquer qu'à la même époque les petits sexes étaient attribués aux délinquants de la métropole, dépeints comme affligés d'un sexe atrophié, ridiculement court, signe d'une « dégénérescence criminogène[2] » ?

Aussi paradoxal que cela puisse paraître, les cultures qui ont ostracisé les gros pénis les ont aussi constamment recherchés, élaborant des techniques d'extension plus ou moins savantes, de la suspension de poids, comme en Égypte, aux techniques manuelles, en passant par toute la gamme des potions, onguents, herbes, et autres recettes ancestrales en Inde. Chez les Arabes, de nombreuses légendes considèrent que l'homme le plus puissant est celui qui domine par la taille de son membre. *Idem* au Japon, où un manuel pour geishas du VIIIe siècle donne ce conseil précieux aux expertes des jeux amoureux : « Toujours tu diras de son membre

---

1. En dépit du paradoxe que soulève cette double essence, l'indigène est donc, comme le juif, à la fois un prédateur sexuel et un pédéraste efféminé…

2. Bruno Nassim Aboudrar, « Exhibitions : la virilité mise à nu », in Alain Corbin, Jean-Jacques Courtine et Georges Vigarello, *Histoire de la virilité*, t. III, *op. cit.*

viril qu'il est énorme, merveilleux, plus gros qu'aucun autre, plus gros que celui de ton père quand il se déshabillait pour prendre son bain. Et tu ajouteras : "Viens me remplir, ô ma merveille."[1] » Ce fantasme du sexe énorme, nourri par la profusion de « superbes vits » et de « splendides bâtons » de la littérature érotique, puis par la déferlante d'images pornographiques présentant des sexes très volumineux, alimente aujourd'hui un marché extrêmement lucratif de phalloplastie, d'implants, de stimulants vasculaires et de pistolets graisseurs à haute pression. De nombreuses voix féministes se sont élevées contre l'avilissement de la femme dans la pornographie, mais on évoque rarement les complexes dysmorphophobiques qu'elle génère chez les hommes, peu nombreux, en effet, à posséder un engin comparable à celui de Rocco Siffredi…

Comment comprendre cette contradiction entre la prédilection pour les petits organes et la fascination pour les énormes ? Il suffit sans doute de rappeler que les humains ont une fâcheuse propension à dénigrer ce qu'ils jalousent en secret. Mais c'est aussi, probablement, parce que le sexe de l'homme n'a pas une taille constante et que son agrandissement est lié au processus de l'érection. Or, ce que l'homme redoute par-dessus tout, c'est l'*impuissance*, laquelle se manifeste au premier chef par une désolante obstination du pénis à demeurer petit et flaccide. S'il est impératif, pour l'homme viril, de *prouver* qu'il est convenablement équipé, il doit surtout démontrer que cet appareillage fonctionne, autrement dit qu'il est capable de *dresser*.

---

1. Cité par Tom Hickman, *Le Bidule de Dieu*, *op. cit.*

Dresser : la vénération de l'érection

Si les hommes s'étaient contentés d'avoir un *pénis*, c'est-à-dire un sexe biologique, ils se seraient peut-être accommodés sans mal de ses dysfonctionnements occasionnels. La défaillance, ou l'idée de la défaillance, ne les aurait pas plongés dans des abîmes d'angoisse. Mais ils ont fait de leur *pénis* un *phallus*, c'est-à-dire un *sexe-symbole-de-puissance*, et de l'érection l'expression la plus manifeste de cette puissance. C'est cela qui rend la perspective de la débandade aussi alarmante.

Certes, le pénis est un organe important, car c'est de lui que dépend la reproduction. Mais tous nos systèmes physiologiques fonctionnent de manière imparfaite, et l'on aurait pu imaginer, dans un hypothétique état de nature, que la panne érectile soit un incident somatique aussi insignifiant qu'une digestion lourde, un petit rhume, ou un léger bleu. L'idéologie de la suprématie phallique la transformera au contraire en déroute humiliante, en cataclysme symbolique, en blessure narcissique, en indignité, au point que l'on peut parler d'un véritable *complexe d'impuissance*[1].

L'individu incapable de maîtrise, inapte à la possession, déchoit de son statut d'homme et vit un effondrement de tout son être, à l'instar de Gilles, ce personnage du roman *Molécules*, de François Bégaudeau : « Il est très excité, il en a très envie, il l'assure, le répète, le martèle, mais voilà, le machin reste comme qui dirait un peu mou. Les premières fois, Lucie bien sûr ne se formalise pas. Ça arrive à tout le monde, c'est le surmenage, ça viendra quand ça viendra, l'important c'est qu'on s'aime, et autres formules usuelles [...] Gilles ne partage pas ce diagnostic fluvial. Trouve que c'est très grave au contraire. Prendre une femme, c'est prendre une femme sinon ce n'est pas prendre une femme. [...] Plus il se crispe moins il est dur, moins il est dur plus il se crispe, plus il se crispe moins il supporte qu'elle se démène pour le stimuler, [...] l'entreprenant avec bouche mains pieds [...] Avant de mourir de honte, Gilles décrète la chambre à part et n'en parlons plus[2]. »

S'il est ici question de « honte », c'est qu'il existe un *devoir d'érection*. Et si la culpabilité est aussi forte, c'est que, depuis plus de deux millénaires, la virilité du mâle dépend de sa capacité à remplir ce devoir, à se montrer capable d'expansion, de dilatation, d'augmentation, d'agrandissement. L'érection est l'étendard de sa virilité et l'acte sexuel une épreuve de vérité : « Je bande, donc je suis[3]. »

1. Yves Citton, *Impuissances. Défaillances masculines et pouvoir politique de Montaigne à Stendhal*, Paris, Aubier, 1993.

2. François Bégaudeau, *Molécules*, Paris, Verticales, 2016.

3. La formule est de Georges Falconnet et Nadine Lefaucheur, *La Fabrication des mâles*, Paris, Seuil, 1975.

En Occident, c'est de Rome que nous vient cette terreur du sexe qui ne *dresse* pas. Là plus qu'ailleurs se sont manifestés ce que l'historien Paul Veyne appelle les « droits de la conscience publique sur la conduite individuelle[1] », pour évoquer l'importance majeure du contrôle social sur la vie sexuelle des citoyens. Dans un univers de « sociabilité permanente[2] », chacun observe chacun et juge de la conformité de sa vie intime aux normes établies par l'ensemble. À Rome, la virulence avec laquelle certains comportements sont socialement réprouvés, honnis, conspués, la rapidité avec laquelle la rumeur fait et défait les réputations, la violence des insultes à caractère sexuel est telle, que chacun ne peut pas ne pas être obsédé par la perspective apocalyptique d'être jugé *impotent*. « Un homme (*homo*) n'est un homme (*vir*) que quand il est en érection », note l'écrivain Pascal Quignard dans *Le Sexe et l'Effroi*, le beau livre qu'il a consacré à l'érotisme romain et à la « terreur liée à l'*impotentia* soudaine, involontaire, ensorcelée, démoniaque » qui hantait les Romains. La description qu'Ovide fait du *fiasco*, dans le troisième livre des *Amours*, ressemble d'ailleurs étonnamment à celle livrée, deux millénaires plus tard, par François Bégaudeau : « Je l'ai tenue entre mes bras en vain. J'étais inerte (*languidus*). Je gisais, comme un fardeau sur le lit. J'avais du désir. Elle avait du désir. Mais je n'ai pu brandir mon sexe. Mes reins étaient morts. Elle a eu beau entourer mon cou de ses bras plus blancs que la neige de Sithonia, glisser sa langue au fond de

---

1. Paul Veyne, *La Société romaine*, Paris, Seuil, 1991.
2. Florence Dupont et Thierry Éloi, *L'Érotisme masculin dans la Rome antique*, *op. cit.*

ma bouche, provoquer ma langue. Elle a eu beau passer sa cuisse sous la mienne, m'appeler son maître (*dominum*), chuchoter tous les mots qui excitent. Mon membre engourdi, comme frotté de la froide ciguë, ne m'a pas secondé. Je gisais inerte, apparence pure, poids inutile, à mi-chemin entre le corps d'un homme et une ombre des enfers [...]. À tout cela s'est ajoutée la honte (*pudor*). La honte a amplifié la défaillance [...]. La vie avec la virilité s'étaient détachées de moi. »

Pascal Quignard cherche à comprendre comment l'empire d'Auguste transforma, en une trentaine d'années à peine[1], « l'érotisme, joyeux, anthropomorphe et précis des Grecs » en « mélancolie effrayée ». Les Romains vont nommer *fascinus* le phallus dressé que les Grecs nommaient *phallos*, un terme dont dérive le mot *fascination* – qui évoque la pétrification devant une angoisse insurmontable –, ainsi que celui de *fascisme*, qui relève de la même esthétique de l'effroi. La Rome impériale « lia en un seul faisceau (*fascis*) la puissance sexuelle, l'obscénité verbale et la domination phallique ».

Ce qui rend le *fascinus* aussi terrifiant, ce n'est pas seulement sa propension à ne pas obéir à la volonté de son porteur, c'est aussi le fait qu'il est voué à se rabougrir après l'acte : « le *fascinus* disparaît dans la *vulva* et il ressort *mentula »*, c'est-à-dire petit et flaccide, *mentula* désignant la « bite », mais dérivant de « étroit d'esprit ». Cette rétraction du *membrum* viril s'apparente à une « petite mort » : « la virilité de l'homme s'engloutit dans la jouissance zoologique de la même façon que l'homme disparaît dans la mort », écrit

1. De 18 avant J.-C. à 14 après J.-C.

Quignard. C'est l'une des raisons qui expliquent les vieilles élucubrations relatives à la dangerosité du vagin et la peur de la castration évoquées plus haut.

On comprend mieux l'assimilation du phallus à un dieu : cette énergie autonome du sexe, qui le pousse à jaillir soudain, à croître comme un végétal, à faner, puis à se regonfler de sève, le tout par sa seule dynamique interne, ne peut qu'être l'œuvre du divin. « Les Vestales, gardiennes des pénates et fétiches du peuple romain, vénéraient un sexe d'homme érigé », poursuit Quignard. Encombrés de rituels conjuratoires, les Romains, friands d'amulettes, de colliers, de pendeloques de forme priapique, gravaient des pénis sur les murs des maisons et cuisinaient des gâteux phalliques pendant les fêtes pour implorer les dieux de leur donner la vigueur et conjurer le *fiasco* de l'impuissance. Un sexe qui demeure mou ne peut être le fait que d'un *mollis* méprisable. L'érection traduit bien davantage que la seule énergie sexuelle, elle révèle la noblesse morale de l'homme viril.

Les Romains héritèrent ici d'une longue tradition de vénération du phallus. La verge a longtemps fait l'objet d'un culte, nommé *phallusie*, aussi ancien que les premières civilisations. Tandis que les Égyptiens croyaient que le dieu Amon avait engendré le monde en avalant sa propre semence avant de la recracher, les Mésopotamiens pensaient que le dieu Enki avait créé le Tigre et l'Euphrate en les emplissant de son éjaculation. Quant aux Phéniciens, ils baptisèrent leur dieu principal du nom d'Assur, signifiant à la fois le pénis et l'Heureux.

Les cultes phalliques prirent une ampleur remarquable en Grèce antique, où ils vinrent parfois s'établir au cœur même des rites chtoniens, traditionnellement féminins. Plutarque raconte que, durant les trois jours de liesse orgiaque des grandes dionysies, où l'on célébrait, dans une frénésie enthousiaste, le dieu terrestre de la sève, de la vigne, des énergies végétatives, de l'humidité et de tous les excès, l'un des temps forts de la liturgie était la *phallophorie*, cette procession solennelle d'hommes coiffés d'une couronne de laurier et de violettes, défilant au rythme de chants *ityphalliques*[1] à la gloire de l'érection, un phallus raide brandi au bout d'un bâton. À chaque croisement de routes, se dressaient des colonnes carrées en pierre lisse, figurant le dieu Hermès en prodigieuse érection. Ces monuments étaient destinés à protéger les voyageurs, invités à palper le membre viril en l'oignant d'huile ou de vin. On retrouve ces pierres phalliques sacrées au Japon, en Égypte et en Inde, mais aussi chez les Hébreux, les Arabes[2] et les autres peuples sémites, ainsi que dans les tribus celtes et scandinaves d'Europe. En Inde, l'adoration du pénis, les rituels et les légendes phalliques se perpétuent depuis la préhistoire. On raconte que la verge de Shiva, surgie du monde inférieur, a grimpé jusqu'aux cieux, et que tous les dieux se sont prosternés pour la vénérer. Dans certaines régions comme l'est de l'Inde, les dévots considèrent encore leur sexe comme une divinité dont ils ne sont que les modestes porteurs.

On peut donc avancer que la divinisation de l'érection est un phénomène universel. Et si l'Occident a

1. De *ithos*, droit, et *phallos*, pénis en érection.

2. Tom Hickman rapporte qu'au Moyen-Orient il n'était pas rare que le nouveau roi mange le pénis de son défunt prédécesseur pour absorber son pouvoir.

abandonné ces pratiques depuis longtemps, cela ne doit pas faire oublier que l'Église, malgré des pénitences sévères, eut beaucoup de mal à lutter contre la vénération du phallus. Les croyances phalliques et monothéistes ont en effet coexisté jusqu'au Ve siècle, encourageant la gravure de sexes mâles sur les parois des édifices sacrés ou leur exhibition lors des processions religieuses. L'Europe médiévale considère encore le pénis comme un talisman et fait grand usage de pierres et d'amulettes phalliques.

Mais si l'érection est la marque du divin, le risque est grand d'en inférer que la défaillance est une punition divine. C'est le pas que franchira, dans *La Cité de Dieu*[1], l'évêque Augustin d'Hippone, dont l'influence sur la théologie chrétienne sera considérable. Pourquoi diable est-ce si difficile de gouverner son phallus ? Il en est convaincu : les caprices de l'érection sont la conséquence de la Chute. Adam a refusé d'obéir à Dieu, tant pis pour lui. À partir de maintenant, c'est son corps qui refusera de lui obéir. Alors que, dans le jardin d'Éden, « la concupiscence ne faisait pas mouvoir ses membres contre le consentement de la volonté » et qu'il ressentait à son gré « l'émotion charnelle », il en ira tout autrement après le péché originel. Tantôt il sera importuné malgré lui par les turpitudes de son membre, tantôt, à l'inverse, il restera « glacé » tandis que son âme est « tout en feu[2] ».

Les désordres de la chair et autres émissions involontaires de liquide séminal seraient donc une sanction

1. Au livre IV, consacré à la concupiscence.

2. *La Cité de Dieu*, XIV, 16, in *Œuvres complètes de saint Augustin*, sous la direction de M. Raulx, Bar-le-Duc, 1869.

divine infligée aux hommes pour les corriger de leur intempérance. Si seulement Adam avait écouté les avertissements divins ! Les hommes n'auraient pas hérité de cette malédiction ancestrale et « les parties destinées à la génération auraient été mues, comme les autres membres, par le seul commandement de la volonté ». Mais il a péché, plongeant avec lui tous les hommes dans la damnation et les sortilèges d'un *éros* maléfique et démoniaque. Le caractère évanescent, voire capricieux, de la puissance érectile est donc le signe de la déchéance consécutive à la faute primitive d'Adam.

Ce caractère spirituellement fautif de la panne érectile explique le rôle majeur joué par l'Église dans le *tribunal de l'impuissance*, très actif en France du XVIe au XVIIIe siècle. C'est elle, comme l'a montré l'historien Pierre Darmon dans le livre qu'il a consacré à ce sujet, qui « prend l'initiative, déclenche le processus de culpabilisation et s'impose comme médiateur idéologique[1] », car elle considère que l'injonction à la virilité sans faille est une ordonnance divine. Même les clercs y sont soumis, alors que leur membre est voué à l'inaction.

Un époux *doit* honorer sa femme : le cas échéant, il viole le sacrement du mariage. Tandis que l'institution matrimoniale s'accommode parfaitement bien de l'incompatibilité d'humeurs, voire de la désunion des cœurs, elle ne tolère pas, en revanche, la désunion des corps. L'« union des chairs » (*copula carnalis*) *doit* se faire, le mariage *doit* être *consommé*, le devoir conjugal *doit* être accompli. L'homme qui manque à

1. Pierre Darmon, *Le Tribunal de l'impuissance : virilité et défaillances conjugales dans l'ancienne France*, Paris, Seuil, 1979.

son devoir se voit menacé d'être traîné par son épouse devant le tribunal de l'impuissance, qui jugera sur pièce s'il y a lieu d'annuler le mariage et d'octroyer des dommages et intérêts à la plaignante, dévalorisée sur le marché matrimonial. Au cours de ce procès, rien n'est épargné au mari sacrilège : ni les enquêtes de voisinage, ni les expertises médicales poussées, ni l'obligation de faire la preuve publique de la « tension élastique » de son membre, voire de se livrer à l'acte sexuel face à cinq matrones et cinq médecins (épreuve dite du « congrès[1] »). Pour qu'un homme soit déclaré *puissant*, « il faut que la présence de la femme que son cœur a choisie fasse naître dans son sang cette chaleur et ce mouvement qui, inspirant des désirs, donnent aux organes de l'homme un mouvement et une étendue qu'ils n'ont point dans leur état de tranquillité... il faut encore qu'il renferme en lui les germes de la génération, et qu'il soit capable de les déposer dans le sein de la femme au moment de leur union[2] ». S'il s'en montre incapable, il sera déchu de son statut viril, calomnié et traité en hérétique, voire en meurtrier.

Pour Pierre Darmon, ces procès en impuissance ne révèlent rien d'autre que la terrible « angoisse de castration » dont souffrent les juges, qui s'érigent en « pourfendeurs zélés de l'impuissant » pour donner des gages de leur propre conformité aux normes sexuelles homologuées. L'action en justice prend alors la forme d'un « sacrifice païen », au cours duquel

1. On ne connaît cependant qu'un seul homme ayant réussi à prouver le bon fonctionnement de son appareil génital. Le « congrès » fut aboli en 1677 et remplacé par un examen des organes génitaux.

2. P. Guyot, *Répertoire universel et raisonné de jurisprudence*, Paris, 1779, t. XXX, Garat, art. « Impuissance », cité par Pierre Darmon.

le sacrificateur se décharge de ses névroses sur ses victimes, le tout dans une atmosphère de grande kermesse voyeuriste. Honte à l'impuissant : il ne souffre pas seulement d'un trouble organique, c'est un être malfaisant, lâche et pusillanime, ce qui permet aux « puissants » de se présenter, *a contrario*, comme bienfaisants, courageux et énergiques.

Rien d'étonnant à ce que la Renaissance soit aussi la période de la mode masculine de la braguette[1] copieusement rembourrée, qui s'exhibe triomphalement à l'entrejambe du haut-de-chausses. Assortie au pourpoint, agrémentée de pierres précieuses et de rubans, elle exprime une puissance phallique ostentatoire, comme pour mieux conjurer le spectre de l'impuissance, et ne disparaîtra qu'avec le vent prude de la Contre-Réforme, à la fin du XVIe siècle.

C'est encore un accès de pudibonderie qui explique que, près de deux siècles plus tard, au XIXe siècle, le discours des docteurs de l'Église s'abrite derrière celui des docteurs de la science pour opérer un retour des procédures d'Inquisition. Le bannissement de l'impuissant a désormais un fondement scientifique. Le verdict est encore pire que pour l'Église. Les médecins prédisent les pires maux à ceux qui n'évacuent pas leur semence, j'y reviendrai dans le chapitre « Mouiller ».

Le devoir d'érection s'impose partout de manière si impérieuse qu'il explique, non seulement l'engouement littéraire pour les scènes de *fiasco* (notamment chez Montaigne, et son obsession du « membre inobédient »,

---

1. Voir Colette Gouvion et Khadiga Aglan, *Braguettes, une histoire des mœurs et du vêtement*, Paris, Rouergue, 2010.

Rousseau et Stendhal[1]) mais surtout l'infinie variété des traitements envisagés pour remédier aux dysfonctionnements éventuels. En matière d'aphrodisiaques, les croyances sont aussi diverses que fantaisistes : là où les Chinois plébiscitent (entre autres potions) le bouillon d'hippocampe ou la corne de rhinocéros, les Européens s'injectent un composé de testicules de chien ou de cochons d'Inde, quand ils ne recourent pas carrément à la xénotransplantation en se faisant greffer des testicules de chimpanzé, de bouc ou de babouin. Il existe aussi des remèdes « désespérés[2] », quand les Romains en viennent à manger leurs excréments ou les élisabéthains à uriner à travers l'alliance de leur épouse ou dans la serrure de l'église le jour du mariage.

Au XIXe siècle, la médecine s'empare de la question de l'érection[3], et met au point des appareillages orthopédiques élaborés, tout en prescrivant aux « malades » des lits électriques, des vapeurs chaudes et des règles diététiques strictes. La restauration de la virilité s'accompagnera, au XXe siècle, de nouveaux traitements hormonaux et de toute une pharmacopée aphrodisiaque, avant l'énorme succès de la chirurgie pénienne. Étudiant les demandes de corrections esthétiques du sexe, l'historien Bruno Nassim Aboudrar rapporte ces propos d'un chirurgien français : « Le profil des patients est assez stéréotypé : trente à cinquante ans, sportif, bodybuilder, fréquentant les salles de sport,

---

1. Voir *Armance*, de Stendhal et *Les Confessions* de Rousseau (épisode du téton borgne de Zulietta).

2. J'emprunte les exemples et l'expression à Tom Hickman.

3. Alain Corbin, « L'injonction de la virilité, source d'anxiété et d'angoisse », in Alain Corbin, Jean-Jacques Courtine et Georges Vigarello, *Histoire de la virilité*, t. II, *op.cit.*

avec un désir que certains qualifient de frime, d'autres d'exhibitionnisme. En fait, de même que ces hommes musclent leur torse, leurs épaules, leurs cuisses, un souci de cohérence et de "paraître un peu plus que le voisin" les conduit à vouloir se muscler les organes génitaux[1]. » Il cite la réflexion d'un patient, comparant son opération à l'achat d'une « voiture plus grosse ».

L'idée que le pénis puisse, comme les biceps et les pectoraux, se « muscler », renvoie à un modèle de « tension » qui contribuera à l'élucidation tardive de la mécanique de l'érection. Ce n'est que dans les années 1980 que le docteur Virag[2] découvrira, fortuitement, qu'elle procède, au contraire, d'un relâchement commandé par le système parasympathique. Le succès actuel (fulgurant et planétaire) du Viagra, médicament le plus commercialisé de l'histoire pour ses propriétés de dilatation des vaisseaux sanguins péniens, révèle, si besoin était, que l'érection demeure, pour la grande majorité des hommes, une préoccupation majeure. Certes, tout homme peut, un jour ou l'autre, faillir, mais cela lui laisse toujours un goût amer, comme à Prosper Mérimée, qui dérogea un jour à sa réputation de technicien expérimenté en faisant *fiasco* avec la peu secourable George Sand.

L'allongement de la vie dans les sociétés développées n'arrange rien à l'affaire, puisque la sénescence est devenue un processus s'étalant sur des dizaines d'années. Tous les hommes, écrivait Romain Gary, même

1. « Exhibitions : la virilité mise à nu », Marc Bonnard et Michel Schouman, *Histoires du pénis. Le sexe de l'homme vu au travers de la médecine, la psychologie, la mythologie, l'histoire, l'ethnologie et l'art*, Monaco, Rocher, 1999.

2. Inventeur du Viagra.

ceux qui furent les plus vaillants, sont un jour menacés de tomber dans la virilité « approximative », alors même que leur espérance de vie est encore longue. Dans un roman au titre éloquent, *Au-delà de cette limite, votre ticket n'est plus valable*, le personnage de Jim Dooley, « géant fissuré » par sa cinquantaine finissante, connu (ce n'est pas anodin) pour avoir organisé un concours entre ingénieurs en vue de redresser la tour de Pise, exprime sa révolte au héros, lui-même victime du même trouble : « J'ai perdu au moins deux centimètres en un an et je ne durcis plus complètement. Oui, mon vieux, c'est comme ça. On y passe tous, y a pas de bon Dieu. En 1944, je débarquais en Normandie, à Omaha Beach, sous les mitrailleuses, je libérais Paris ; vous, vous étiez un héros de la Résistance, colonel à vingt-six ans dans le maquis ; et maintenant, on ne peut plus bander. Vous ne trouvez pas ça dégueulasse[1] ? »

Rien de plus douloureux que le deuil du phallus, lorsque l'homme y a placé le centre de son être. Plus le membre viril est investi du pouvoir de *faire l'homme*, plus il le rend vulnérable. Et l'hypermédicalisation actuelle de la défaillance aggrave paradoxalement les choses, puisqu'elle contribue à inscrire le trouble érectile dans le registre de la pathologie, physique et psychologique, nécessitant une prise en charge thérapeutique. *Idem* pour la vieillesse, dont on refuse le lent

1. Gary écoute malgré lui ses confidences : « Dès qu'un homme se met à me parler “femmes”, au pluriel, sur un ton de complicité masculine entre connaisseurs de viande sur pied, je ressens à son égard une montée de haine presque raciste. Et j'ai toujours eu horreur de ces racolages confidentiels qui impliquent la fréquentation des mêmes bas-fonds psychologiques. »

et patient travail de corrosion des tissus et des fonctions, dans un vertigineux déni de la mort.

Mais ce n'est pas tout. Il ne suffit pas de *prouver* et de *dresser* pour être reconnu comme *viril* : il faut aussi *entrer*. S'il est impératif de donner la preuve formelle et indiscutable qu'on a la capacité physiologique de s'ériger, il serait trop simple d'en déduire que toute érection est bonne en soi. Car tout dépend de ce qu'on *fait* de cette tumescence et du chemin que l'on emprunte pour la mener à la détumescence. Que le vit s'érige, c'est bien, c'est signe que la mécanique fonctionne, mais où et comment il se vide, là est la vraie question morale.

Entrer : l'exigence de pénétration

L'érection a beau être une condition nécessaire à la virilité, elle est loin d'en être la condition suffisante. Une fois dressé, l'homme doit impérativement *entrer* dans un autre corps pour s'affirmer pleinement homme. Mais pas avec n'importe qui, n'importe comment, par n'importe quel orifice. Il y a la pénétration licite et la pénétration illicite. Le *devoir d'intromission*, qui renvoie à l'idée de soumission de l'autre, apporte un éclairage des plus crus sur trois phénomènes, étroitement liés l'un à l'autre : l'horreur de la masturbation, le mépris pour l'homosexuel et la normalisation de l'érotisme.

Le devoir de coït et l'interdit de la masturbation

La condamnation de la masturbation révèle à quel point l'érection, si ardemment désirée, peut devenir encombrante lorsqu'elle advient dans une situation où la pénétration d'un corps est impossible. L'homme a beau vénérer l'érection, lorsqu'elle l'honore de sa capricieuse épiphanie au mauvais moment, il ne sait parfois qu'en faire. Il est donc loin de se réjouir inconditionnellement de la vigueur de son membre. Quand l'homme, ou le garçon, *dresse* sans être en mesure d'*entrer*, c'est-à-dire de s'épancher en toute quiétude dans le « vase adéquat », sa main pourrait matériellement lui être d'un grand secours, si cette issue commode ne souffrait depuis longtemps d'une très mauvaise réputation. Le terme même de « masturbation » est, en soi, péjoratif, puisqu'il est formé à partir de *manus* (la main) et de *stupratio* (souiller), le mot « manustupration » apparaissant pour la première fois sous la plume de Montaigne[1] dans l'*Apologie de Raimond Sebond.*

Pourtant, le plaisir solitaire ne fut pas toujours diabolisé. Dans l'Antiquité, les Grecs et les Romains avaient beau le juger peu viril, ils le justifiaient par le besoin pressant d'évacuer l'excédent de fluides corporels accumulés dans le corps. C'est l'explication que le médecin Galien donnera du geste de Diogène le Cynique, qui jugeait préférable de se masturber sur l'agora, plutôt que de se laisser consumer par un « désir inassouvi ». En bon ascète, le sage Diogène se félicitait de la simplicité de procédé, qui lui offrait un soulagement efficace et rapide : « Si seulement on pouvait chasser la faim en se frottant l'estomac ! » disait-il. Ce que ses contemporains moquèrent, ce n'est pas le fait d'avoir commis ce geste, mais de l'avoir fait sur la place

1. Le terme « masturbation » apparaît au livre II des *Essais*, au sujet de Diogène, dont il défend la liberté et désire que les moralistes « n'ordonnent aux voluptés d'autre bride que la modération et la conservation de la liberté d'autrui ».

publique. L'habitude universelle de s'autosatisfaire manuellement, en privé, n'était pas encore honnie.

C'est un passage de la Genèse qui va servir de fondement théologique à la condamnation de la masturbation, désormais nommée « crime d'Onân », du nom du second fils de Juda. Er, le fils aîné, était mort sans descendance ; on appliquait dans ce cas la règle du lévirat[1], qui imposait au frère d'un défunt de poursuivre la lignée de ce dernier en s'accouplant avec sa veuve. « Juda dit à Onân : Va vers la femme de ton frère, remplis avec elle ton devoir de beau-frère et assure une postérité à ton frère. » Mais Onân refusa : cette descendance ne serait pas la sienne, il le savait, et « chaque fois qu'il s'unissait à la femme de son frère, il laissait perdre à terre pour ne pas donner une postérité à son frère. Ce qu'il faisait déplut à Yahvé, qui le fit mourir lui aussi ».

La nature exacte de l'acte commis par Onân n'est pas spécifiée dans la Bible et se prête à diverses interprétations. Les premiers exégètes juifs et chrétiens se sont empressés d'y voir une condamnation de la masturbation – alors même qu'Onân s'unissait à (sa belle-sœur devenue) sa femme. Mais, comme le pensent la plupart des commentateurs modernes, le crime d'Onân n'est pas tant de s'être livré à l'autoérotisme que d'avoir refusé de perpétuer la lignée en commettant un *coïtus interruptus*, autrement dit de s'être *retiré* avant d'avoir joui, et de l'avoir fait à terre. La faute n'a donc pas tant consisté à se satisfaire tout seul qu'à s'être adonné à un rapport non fécondant, et d'avoir ainsi enfreint la

1. Le *levir*, signifiant le frère du mari. Le lévirat est un type de mariage où le frère d'un défunt épouse la veuve de son frère, afin de poursuivre la lignée.

règle du lévirat[1]. Car s'il est un message des Écritures qui, lui, est parfaitement explicite, c'est l'injonction à la procréation : « Soyez féconds, multipliez, remplissez la terre », ordonne l'Éternel dans la Genèse.

Inscrire la faute d'Onân dans le registre du *coïtus interruptus*, c'est déplacer la faute, et (sans toutefois la dégager de la culpabilité du *plaisir*) la recentrer sur la culpabilité de la *contraception.* C'est aussi expliquer la plus grande indulgence des juifs et des chrétiens à l'égard de la masturbation féminine, qui ne présente pas cette dimension de scandaleuse dilapidation. Que la femme « se congratule », cela heurte la morale, mais cela ne menace en rien la fécondation. Tandis qu'un homme qui gaspille sa semence commet un crime contre le devoir d'enfanter.

Malgré la forte réprobation religieuse[2], l'autoérotisme passa longtemps pour une activité relativement inoffensive, et largement tolérée par la société, comme le montre l'historien Thomas Laqueur dans *Le Sexe en solitaire*[3], le livre savant qu'il a consacré à la question. Sa vaste enquête sur les discours relatifs à la

1. Thomas W. Laqueur, *Le Sexe en solitaire. Contribution à l'histoire culturelle de la sexualité*, trad. de l'anglais par Pierre-Emmanuel Dauzat, Paris, Gallimard, 2005.

2. Réprobation toujours aussi vigoureuse, notamment dans le *Catéchisme de l'Église catholique*, Paris, Mame-Plon, 1994 : « Par masturbation, il faut entendre la stimulation délibérée des organes génitaux afin d'en éprouver du plaisir. Le Magisterium de l'Église tel qu'il s'est exercé au cours d'une tradition constante, et le sens moral des fidèles, ont tous reconnu, sans l'ombre d'un doute, et ont fermement maintenu, que la masturbation est une action gravement et intrinsèquement maladive. »

3. Thomas W. Laqueur, *Le Sexe en solitaire. Contribution à l'histoire culturelle de la sexualité*, *op. cit.*

« manuélisation » lui a permis de postuler qu'en Europe, jusqu'au XVIIIe siècle, elle n'était pas regardée comme un véritable problème, sauf dans les monastères[1]. Ce n'est qu'à partir des Lumières que le plaisir solitaire va générer, pendant deux cent cinquante ans, une névrose obsessionnelle généralisée, un traumatisme collectif, jusqu'à ce que la génération hippie réclame l'abolition de tous les interdits moraux.

Ce qu'invente la modernité du XVIIIe siècle, c'est l'idée que la masturbation n'est pas seulement un crime religieux, un « péché de mollesse » – expiable pour le croyant et indifférent à l'athée – mais un suicide physique. À l'ère dite positiviste, la science prend le relais de la théologie pour dire le vrai et définir le bien et le mal ; elle est la nouvelle instance de production des normes. Le corps médical s'empare du discours moralisateur traditionnellement tenu par l'Église et lui confère une légitimité « scientifique ». La médecine fait entrer la masturbation dans le registre de la maladie grave, potentiellement fatale. Le plaisir solitaire n'est plus seulement un *péché* – faute contre l'esprit –, mais un *vice* – faute contre l'esprit *et* le corps, qu'il précipite tous deux dans la déchéance.

Le premier responsable de ce pessimisme masturbatoire est un charlatan londonien anonyme, qui eut la géniale idée d'inventer une pathologie[2] – nommée « onanisme » – pour en commercialiser l'antidote : un

1. Thomas Laqueur écrit : au sujet de la masturbation, « en tout et pour tout, je trouverais moins de trois pages imprimées avant le XVIIIe siècle en comparaison de l'avalanche des siècles suivants et du flot constant de livres sur le péché, l'éducation des enfants et la pédagogie ».

2. Voir Pierre Humbert et Jérôme Palazzolo, *Petite histoire de la masturbation*, Paris, Odile Jacob, 2009.

traitement à base de « teinture revigorante » (dix shillings la bouteille) et de « poudre prolifique » (douze shillings le sachet), disponible dans les librairies proposant l'ouvrage. Très imaginatif, il donna une description clinique apocalyptique des effets de la masturbation dans une brochure qui rencontra, dès sa parution, en 1712, un immense succès en Europe, s'étoffa et conquit les États-Unis, sous le titre, on ne peut plus explicite, d'*Onania, ou l'Odieux Péché de la masturbation, et toutes ses conséquences affreuses pour les deux sexes*, *avec des conseils d'ordre moral et d'ordre physique à ceux qui se sont déjà livrés à cette pratique abominable.*

Les prédictions ont en effet de quoi terroriser tout porteur de phallus, d'autant que la maladie offre une grande variété de symptômes : tuberculose, épuisement, amaigrissement, cécité, épilepsie, troubles digestifs, démence, ulcères, convulsions, sans parler des retards de croissance… Tout dérangement physiologique est donc suspect. Ce catastrophisme se répandra comme une traînée de poudre dans les facultés de médecine, jusqu'à la parution, en 1760, du célèbre traité intitulé *L'Onanisme, Dissertation physique sur les maladies physiques produites par la masturbation*, du très respecté médecin suisse Samuel Tissot. Porté par la réputation de son auteur, qui n'est autre que le médecin personnel du roi de Pologne, de l'électeur de Hanovre et d'autres éminentes personnalités, l'ouvrage connaîtra un retentissement considérable et sera constamment réédité jusqu'en 1905. On y apprend avec effroi que cette perversion débilitante est « bien plus à craindre que la variole », en raison des « excroissances charnues » et autres « pustules suppurantes » qui défigurent celui qui dissipe la précieuse liqueur. Ce geste infâme ayant pour effet d'éventer les autres humeurs, le corps devient alors vulnérable aux pires maladies. Le plaisir solitaire est accusé d'affaiblir l'intelligence, d'altérer toutes les fonctions organiques, de tarir les humeurs, de dessécher le corps, de corrompre l'âme, causant les pires infirmités, la dépression, la surdité, l'anémie, la folie, voire la paralysie générale, accompagnée de tremblements, de crampes, de convulsions et d'engourdissements.

Le médecin lausannois, en prophète laïc, invente la parabole de l'horloger : l'histoire tragique d'un malheureux jeune homme de dix-sept ans qui s'adonnait à cette funeste habitude et qui offrit un jour à Tissot un « spectacle dont on ne peut concevoir l'horreur ». Tel « un cadavre gisant sur la paille, maigre, pâle, sale, répandant une odeur infecte, presque incapable d'aucun mouvement », perdant « par le nez un sang pâle et aqueux », une bave lui dégoulinant continuellement de la bouche, il était « attaqué de diarrhée et rendait les excréments dans son lit sans s'en apercevoir ». Si bien que « l'on avait peine à reconnaître qu'il avait appartenu à l'espèce humaine ». Le pauvre garçon mourut au bout de quelques semaines, en délivrant un message sans équivoque : le masturbateur n'est pas un homme.

Tissot fera de très nombreux émules. L'abondante littérature médicale du XIXe siècle[1] fournit toutes sortes de cas aussi pathétiques que celui de l'horloger. « Qui

---

1. L'historien Roger-Henri Guerrand s'est plongé dans l'abondante littérature médicale du XIXe siècle pour en relever quelques passages savoureux dans un article intitulé « Haro sur la masturbation », publié dans le mensuel *L'Histoire*, janvier 1984.

n'a vu, au moins une fois dans sa vie, de ces ruines d'hommes qu'a dévastés la volupté, et où l'on ne saurait plus apercevoir aucun vestige des nobles facultés qui y habitaient autrefois ? Qui n'a vu errer, comme des spectres sortis de leurs tombeaux, de ces cadavres dont le regard éteint, la bouche vide de sourire, les traits fanés ne peuvent plus fleurir sous un rayon de joie et de bonheur, dont les membres alourdis ne se prêtent qu'avec peine aux plus simples mouvements et dont le corps tout entier paraît affaissé sous le poids des iniquités qui chargent leur vie[1] ? » demande le docteur Céleste Bouglé, partisan d'un hygiénisme strict.

La panique gagne bientôt les philosophes. L'*Encyclopédie* comporte un article alarmiste intitulé « Manustupration », qui rappelle au lecteur que « la seule façon de vider la semence superflue qui soit selon les vues de la nature est celle qu'elle a établie dans le commerce et l'union avec la femme ». Dans l'*Émile*, Rousseau met en garde le jeune lecteur contre cette déviation antisociale de l'instinct naturel : « S'il connaît une fois ce dangereux supplément, il est perdu. Dès lors il aura toujours le corps et le cœur énervés ; il portera jusqu'au tombeau les tristes effets de cette habitude, la plus funeste à laquelle un jeune homme puisse être assujetti. » Quant à Voltaire, qui réside à Lausanne, la ville du médecin suisse, il est si choqué par la lecture de son livre qu'il ajoute une entrée « Onan, onanisme » à son *Dictionnaire philosophique*, pour prévenir contre les « suites funestes de cette malheureuse habitude, la perte des forces, l'impuissance,

1. *Les Vices du peuple*, suivi de *L'Histoire du traitement des maladies vénériennes*, 1888.

la dépravation de l'estomac et des viscères, les tremblements, les vertiges, l'hébétation, et souvent une mort prématurée ». Comme Rousseau, Voltaire estimait que l'œuvre de Tissot était « un service rendu au genre humain ».

À quelques exceptions près, comme Diderot, qui, dans *Le Rêve de D'Alembert*, ne voit que « sottise » et « plaisir manqué » dans la condamnation des « actions solitaires[1] », même les esprits les plus libertaires, comme Casanova, ou, au siècle suivant, Proudhon ou Bakounine, la rejettent comme une dangereuse démission de la raison, livrant l'individu aux fantasmes délétères de l'imagination.

Le pire est qu'il ne suffit pas de s'abstenir par la volonté. Car le sommeil est pourvoyeur de ce que le docteur Lallemand, sommité de la faculté de médecine de Montpellier, nomme les « pertes séminales involontaires », lesquelles exposent aux mêmes dangers que la masturbation active. À l'époque victorienne, la panique de la « spermatorrhée » se répand dans toute l'Europe et installe durablement une culture de la peur et de la culpabilité. Qu'il veille ou qu'il dorme, nul n'est à l'abri de cette « grosse bêtise ».

---

1. Dans *Le Rêve de D'Alembert*, le docteur Bordeu parle à Mlle de Lespinasse des « actions solitaires » : « Oui, mademoiselle [...], c'est un besoin, et quand on n'y serait pas sollicité par le besoin, c'est toujours une chose douce. [...] Eh quoi ! Parce que je ne puis consacrer mon action par le sceau de l'utilité, je m'interdirai un instant nécessaire et délicieux ! [...] La nature ne souffre rien d'inutile ; et comment serais-je coupable de l'aider, lorsqu'elle appelle mon secours par les symptômes les moins équivoques ? Ne la provoquons jamais, mais prêtons-lui la main dans l'occasion ; je ne vois au refus et à l'oisiveté que de la sottise et du plaisir manqué. »

Les arguments antimasturbation du docteur Lallemand ne se bornent d'ailleurs pas à la dégénérescence physique individuelle. L'onanisme, pratique solitaire et secrète, est un fléau social, un mal politique : « La masturbation, écrit-il, mine le corps social, elle relâche ou détruit le lien conjugal, elle attaque par conséquent la famille, base essentielle de toute société[1] » et peut mener à la ruine d'une maison, scandale suprême à l'heure où se construit l'économie de marché. Par la rétention, la bourgeoisie, et singulièrement la bourgeoisie protestante[2], entend ainsi se démarquer à la fois des mœurs dispendieuses de l'aristocratie et de « l'imprévoyance » du peuple. L'épargne, voire la cupidité, est devenue une vertu publique.

La croisade antimasturbatoire ordonne la mise en place d'une politique de prévention, de surveillance et de répression extraordinairement active, qu'un florissant marché thérapeutique vient sans cesse réinventer. Cela commence par la surveillance des adolescents et le climat de suspicion qui s'installe à l'internat, obligatoire pour les garçons au début du XIXe siècle. Qu'ils soient laïcs ou religieux, les enseignants déploient le même zèle fanatique. Les premiers[3] n'hésitent pas à traiter les fautifs de « corrompus, vicieux et pervers », les seconds préconisent des méthodes radicales. À Paris, au collège royal Saint-Louis, tenu par des jésuites, le docteur Pavet de Courteille, en charge de la santé des

1. François Lallemand, *Des pertes séminales involontaires*, Paris, Béchet jeune, 1836-1842.

2. Tissot, Rousseau, Kant… sont protestants.

3. Comme le rapporte Roger-Henri Guerrand, les enseignants laïcs adoptent l'ordre sexuel de la classe dominante, par souci d'ascension sociale autant que par conformisme moral.

élèves, cherche la meilleure méthode : « Il serait bon, je crois, de faire porter, la nuit, des chemises qui descendraient au-dessous des pieds, à certains enfants soupçonnés de se livrer à de funestes habitudes. Il serait nécessaire que ces chemises fussent munies intérieurement d'une coulisse que l'on devrait serrer le soir après avoir fait satisfaire les besoins d'excrétion[1]. » À ce propos, les latrines sont un lieu à surveiller de près ; le même docteur conseille de couper le haut des portes, afin que la tête du jeune homme soit visible. Il est, en outre, prévenu qu'au cas où il se livrerait à des « actes honteux », il serait immédiatement repéré « à son regard sournois et la manière dont il abaisse sa casquette pour dissimuler ses yeux ». En cas d'« autopollution », avérée ou soupçonnée (on reconnaît les « malheureux manu-sexuels à l'odeur pénétrante de sperme qu'ils dégagent[2] »), la seule et unique sanction est l'*exclusion.*

Une fois qu'il est « rendu à sa famille », il s'agit d'émousser « l'appétence vénérienne » du garçon. On veille ainsi à ce qu'il ne se couche jamais sur le dos, on lui fait prendre trois bains glacés par jour, on le lave au vinaigre et à l'eau de goudron, on lui applique sur les parties honteuses de la neige pilée et du sel, on lui fait des bandages, on lui glisse sur le pénis un anneau garni de picots qui provoque de vives douleurs à chaque érection, on lui enferme le sexe dans une cage à serrure, on y injecte du potassium et de l'hydrate de chloral,

1. *Hygiène des collèges et des maisons d'éducation*, 1827. C'est l'une des pépites citées dans l'article de Roger-Henri Guerrand, « Haro sur la masturbation », *op. cit.*

2. Roger-Henri Guerrand, « Haro sur la masturbation », *op. cit.*

on essaie sur lui les nouvelles ceintures électrifiées, les harnais, les alarmes, on lui enduit le périnée de cataplasmes de ciguë, on y place des ventouses ou des sangsues pour en extraire le sang, on lui enfonce dans le rectum des œufs de métal ou de caoutchouc afin de masser la prostate[1], on lui fait avaler de la glace et boire du bromure de potassium tous les soirs, on lui administre du camphre, de la belladone et même de l'opium, on l'enveloppe dans des draps froids, on lui attache les mains à la tête de lit et on les gante dans des mitaines de fer, et, bien sûr, on le fouette. S'il s'agit d'un cas vraiment récalcitrant, il ne reste plus que la cautérisation de l'urètre au nitrate d'argent.

Épiés, traqués, torturés, horrifiés, incités à la délation, comment les garçons, puis les adultes, n'auraient-ils pas ressenti un immense sentiment de honte face à ce geste simple, rapide et efficace, qui les aurait pourtant soulagés de leur tension sans nuire à personne ? La culpabilité poursuivra longtemps ceux qui firent « l'aveu humiliant » de s'adonner à l'« infâme manège », comme en témoigne cette lettre envoyée au docteur Tissot par un patient angoissé : « Vers treize ou quatorze ans, entraîné par l'exemple de mes camarades, je contractai l'habitude funeste de me polluer. [...] La lecture de votre traité *De l'onanisme* me fait trembler sur les suites d'une maladie aussi opiniâtre que destructive », écrit un certain M. de Linière, un exemple parmi tant d'autres de ces hommes désespérés, qui s'adressaient au célèbre médecin comme à un messie capable de les délivrer de la *tentation*. « Monsieur, l'excès du mal qui me tourmente et contre lequel ont échoué les

1. Voir Tom Hickman, *Le Bidule de Dieu*, *op. cit.*

conseils des différents médecins que j'ai consultés me met dans le cas d'implorer les vôtres, pour essayer de recouvrer une existence dont j'ai peine à vous peindre l'horreur, et que la raison seule me fait encore supporter[1] », lui écrit un habitant de Bordeaux.

Docteur, *sauvez*-moi, délivrez-moi du *mal*, je vous en supplie. Ce ton de prière est révélateur du glissement qui s'opère, à l'âge moderne des Lumières, entre une interprétation théologique et une interprétation rationnelle, scientifique, positiviste, du monde. Le sauveur, désormais, c'est celui qui détient le savoir. La vérité n'est plus de l'ordre de la révélation, mais de l'expérimentation. Celui qui guérit les blessures, c'est à présent le médecin ; et, comme le prêtre d'autrefois, c'est lui qui absout, ordonne, culpabilise et punit.

Au XIXe siècle, le cabinet médical fait office de confessionnal : c'est là, que, tout nu face à un savant en nœud papillon et blouse blanche qui lui donne des ordres – « Déshabillez-vous, toussez, levez le pied, tirez la langue, tournez-vous, baissez-vous en avant… » –, l'homme des temps modernes avoue ses fautes en baissant les yeux. Il attend le pronostic du docteur et la *solution* qu'il propose, comme il attendait autrefois l'*absolution* du prêtre : « Trempez-vous dans l'eau glacée, faites de l'exercice, ingurgitez tout ce que je vous prescrirai et ne vous livrez qu'au coït fécondant. »

Jamais le dispositif nommé « biopouvoir[2] » par Michel Foucault n'aura à ce point surveillé et « pénétré

1. Cité par Micheline Louis-Courvoisier dans « Tissot, médecin et confident », *L'Histoire*, n° 393 novembre 2013.

2. Michel Foucault, *La Volonté de savoir*, premier volume de *Histoire de la sexualité*, Paris, Gallimard, 1994.

les corps » qu'en ce XIXe siècle économe et puritain. C'est l'« archipel punitif généralisé ». Cette « nouvelle pastorale » ramène les brebis égarées dans le droit chemin et prêche la chasteté, au nom d'une nouvelle orthodoxie du sexe : aux catégories du licite et de l'illicite se superposent désormais celles du normal et du pathologique[1]. Celui qui s'éloigne de ce qui est postulé comme étant la « norme » (au prix d'un jugement, lui-même normatif, dont on ne remet jamais en question le bien-fondé) est désormais non seulement un pécheur, mais un *malade.* Ce qui est beaucoup plus grave.

La déculpabilisation – partielle – viendra pourtant d'un médecin : le psychiatre Sigmund Freud. Selon lui (puis ses disciples du Cercle de Vienne, réunis durant l'hiver 1912-1913 pour discuter de la question), la masturbation n'a rien d'inquiétant pour l'enfant et le jeune homme. Mais, « lorsque l'onanisme persiste jusqu'à la puberté, nous assistons à la première déviation importante du développement qui doit être celui de l'homme civilisé », comme il l'écrit dans les *Trois essais sur la théorie de la sexualité.* Que Freud, lui-même témoin et acteur d'une époque de remise en question des normes sexuelles, ait encore vu dans la masturbation adulte une perversion incompatible avec les progrès de la civilisation est une preuve du profond enracinement du préjugé antisocial encore attaché à l'autoérotisme au début du XXe siècle.

Même l'époque contemporaine, que la révolution sexuelle a « libérée », conserve toujours la trace, consciente ou inconsciente, de la faute. Le pauvre

1. Voir Georges Canguilhem, *Le Normal et le Pathologique*, Paris, PUF, 2013.

Portnoy, le personnage de juif new-yorkais passablement névrosé créé par le romancier américain Philip Roth, se désole d'être le « Raskolnikov de la branlade[1] », signe que la masturbation se situe encore, dans la deuxième moitié du XXe siècle, dans le registre du *crime* et du *châtiment.* Et c'est ce qui la rend obsessionnelle et convulsive : « J'étais totalement incapable de ne pas me tripoter la bite une fois qu'elle s'était mise à me grimper le long du ventre. En plein milieu d'un cours, je levais la main pour obtenir la permission de sortir, me ruais le long du couloir jusqu'aux lavabos et, en dix ou quinze furieux coups de poignet, déflaquais debout dans un urinoir. À la séance de cinéma du samedi après-midi, je laissais mes copains pour aller jusqu'au distributeur de bonbons et grimpais m'astiquer sur un lointain siège de balcon, lâchant ma semence dans l'enveloppe vide d'une barre de chocolat »… quand ce n'est pas dans la tranche de foie de veau du dîner familial.

Ce tabou de la masturbation nous a longtemps empêchés d'en comprendre l'immense mérite civilisationnel. Non seulement la médecine a eu parfaitement tort d'affirmer que l'onanisme était nuisible à la santé (elle nous démontre aujourd'hui les bénéfices attachés à l'orgasme, solitaire ou non), mais les penseurs des Lumières se sont totalement égarés en y voyant un fléau social : il y aurait eu infiniment moins de viols et de prostitution dans l'histoire de l'humanité si la masturbation n'avait pas fait l'objet d'un tel anathème, si le soulagement autarcique des pulsions n'avait pas été

1. Philip Roth, *Portnoy et son complexe*, trad. de l'anglais par Henri Robillot, Paris, Folio, 1973.

aussi diabolisé, si le fait de « ne pas entrer » n'avait pas été criminalisé.

Pour être viril, en effet, il faut *entrer*, c'est-à-dire ne pas se satisfaire tout seul. Cependant, et c'est là une souffrance supplémentaire pour l'homme, *pénétrer* ne s'oppose pas seulement à *ne pas pénétrer* : l'attentat le plus grave à la virilité consiste à *se faire pénétrer*. Et le déchaînement homophobe est bien pire encore que la folie antimasturbatoire. Car, tandis que l'onanisme est une *pratique* dont on peut faire l'économie, l'homosexualité est une *identité* dont on peut difficilement se départir. D'où la honte, voire la détestation de soi, ressentie par tous ceux qui, parce qu'ils sont attirés par le même sexe, sont traités en inférieurs, voire en sous-hommes.

Pénétrant mais pas pénétré : la stigmatisation de l'homosexuel

La virilité exige la pénétration, donc, mais, bien plus, c'est la pénétration qui fait la virilité, et cela quel que soit le genre du corps pénétré. En effet, sodomiser un individu mâle n'est pas, en soi, dévirilisant, c'est même, dans certains cas, valorisant. Dans la Grèce et la Rome antiques, la puissance phallique s'affirmait de manière privilégiée par la pédérastie : du moment que le *vir* occupait la position « active », aucun soupçon de féminité ne venait le salir. Un homme est pénétrant, mais jamais pénétré. Pour parler le langage cru qu'affectionnaient les Romains, un *vir encule* mais n'est pas *enculé*.

Si, comme je l'écrivais plus haut, les catégories d'homosexualité et d'hétérosexualité n'existaient pas dans l'Antiquité, c'est qu'elles sont largement artificielles.

Aujourd'hui encore, dans l'univers carcéral, les caïds peuvent se permettre de violer leurs codétenus, sans que cela nuise à leur réputation de dominant. Cela vient plutôt la renforcer. Un rapport de Human Rights Watch[1], portant sur le sujet tabou du viol carcéral aux États-Unis, révèle que les violeurs sont, en général, des hétérosexuels convaincus hors les murs et que les « vrais » homosexuels sont très rarement prédateurs. Les victimes, extrêmement nombreuses, sont perçues comme « féminines » en raison de leur jeune âge, de leur voix, de leur chevelure, de leur taille, de leur minceur, de leur timidité, de leur peu d'appétit pour la bagarre ou de tout autre détail qui les situe du côté des « faibles », donc des femmes. Que ces hommes soient ou non homosexuels dans le monde libre n'importe pas.

Pénétrer un homme, ou en obtenir une fellation, n'est donc pas dévirilisant. Des expressions comme « Je t'encule » et sa variante « Je te nique », très prisées au volant, le disent d'ailleurs d'elles-mêmes, puisqu'elles signifient « Je te soumets analement à mon phallus », sans faire porter le moindre soupçon d'homosexualité sur celui qui les profère. Bien au contraire : celui-ci parle de la puissance de son membre et de sa capacité à charger et assaillir l'autre comme une arme, à l'écraser, à le démolir. C'est pourquoi les « enculés » ont la mine aussi défaite chez les Romains. Leur teint brouillé et leur haleine ignoble rappellent qu'ils sont des « culs larges » et d'obscènes « suceurs de bites[2] ». « Tu prétends, Zoilus, que les avocats et les poètes

1. http://www.hrw.org/reports/2001/prison/report4.html#_1_23
2. Expressions courantes à Rome, d'après Thierry Éloi et Florence Dupont, *L'Érotisme masculin dans la Rome antique*, *op. cit.*

puent de la bouche, écrit Martial, mais un fellateur pue encore plus[1]. »

L'infamie, c'est d'occuper la position de la femme, celle de l'infériorité, de la faiblesse, de la soumission, du sexuellement approprié. Les liens entre misogynie et homophobie sont étroits depuis toujours ; plus une société déconsidère les femmes, plus elle traque les homosexuels. Leur existence inquiète, car elle remet en question les fondements même du système viriarcal. Elle en constitue pourtant la pierre angulaire, car *être* homme, c'est d'abord et avant tout *ne pas être* homosexuel, ni même efféminé. Avant d'être définie positivement, la virilité l'est négativement, par ce dont il faut à tout prix se démarquer. Mais faudrait-il le faire avec autant de violence et de fanatisme si la frontière entre homo- et hétérosexualité n'était pas aussi poreuse ? La virilité n'est-elle pas sans cesse travaillée par l'effémination et l'homoérotisme comme par des rêveries, des regrets ou des fantasmes secrètement refoulés ?

La question ne porte pas ici sur l'homosexualité en elle-même, ni sur l'infini débat autour de sa genèse individuelle (génétique ou psychologique ?), sujets immenses qui nous emporteraient trop loin, mais sur le discours homophobe, en tant qu'il constitue l'une des expressions les plus constantes et les plus douloureuses de l'oppression de l'homme par l'homme, tout en révélant l'incommensurable faillibilité du mythe viril. Diriger sa hargne contre l'homosexuel, n'est-ce pas, pour certains hommes, une manière de se défendre psychiquement contre l'ambiguïté de leurs propres

1. Martial, *Épigrammes*, XI, 30, *op. cit.*

pulsions ? Extérioriser un conflit intérieur est en effet le meilleur moyen de le rendre vivable.

L'obstination à désigner comme « contre nature » des penchants que ladite *nature* a aussi généreusement distribués sous toutes les latitudes et à toutes les époques signale la volonté de maintenir la préférence homosexuelle verrouillée dans la monstruosité. L'Ancien Testament en fait une « abomination », une offense impardonnable au dessein divin, une négation de l'alliance entre Dieu et les hommes, bref une « idolâtrie » : « Si un homme couche avec un homme comme on couche avec une femme, ils ont commis tous deux une action abominable. Ils seront punis de mort : leur sang doit retomber sur eux », dit sévèrement le Lévitique. Aussi est-ce parmi les « idolâtres » que Paul rangera, dans l'Épître aux Romains, ceux qui se livrent à cette « passion infâme », jugée, comme chez Platon, « contre nature ».

À l'époque, l'argument du « contre nature » pouvait passer pour intellectuellement recevable, l'anthropologie n'ayant pas encore révélé son omniprésence chez les humains, ni la biologie sa fréquence chez les animaux. Mais depuis que l'on sait que l'homosexualité apparaît invariablement dans toutes les cultures[1] et chez plus de quatre cents espèces animales[2], notamment des

1. D'après Frederick Whitam, qui a travaillé dans les communautés homosexuelles de pays aussi différents que les États-Unis, le Guatemala, le Brésil et les Philippines, « Culturally Invariable Properties of Male Homosexuality : Tentative Conclusions from Cross-cultural Research », *Archives of Sexual Behavior*, vol. 12, n° 3, 1983, cité par Élisabeth Badinter, *XY. De l'identité masculine*, *op. cit.*

2. John Sparks, *La Vie amoureuse et érotique des animaux*, Paris, Belfond, 1978.

mammifères proches de l'homme, comme le bonobo, le macaque, ou encore le lion, l'éléphant de mer, le dauphin, le canard col-vert, le goéland femelle et certaines lézardes[1], le doute n'est plus permis[2]. Comme l'écrit l'anthropologue canadienne Helen Fisher, « en fait, l'homosexualité animale est si courante – et elle saute aux yeux dans une telle variété d'espèces et de circonstances – qu'en comparaison, l'homosexualité humaine étonne plus par sa rareté que par sa fréquence[3] ».

N'en déplaise à ceux qui la diabolisent, il faut donc accepter l'idée que l'homosexualité est l'une des formes fondamentales de la sexualité. Qu'elle ne soit pas majoritaire n'enlève rien à son caractère d'universalité. C'est la nature qui a généré l'homosexualité. De même que c'est la Nature (ou Dieu si l'on est croyant) qui a voulu que l'hétérosexualité soit plus répandue dans le monde, afin de favoriser la perpétuation de l'espèce. On pourra toujours, comme c'est encore le cas dans de nombreux pays, notamment en Afrique et au Proche-Orient[4], mépriser, malmener, incarcérer, déporter, voire éliminer physiquement les homosexuels, on n'en finira pas pour autant avec l'homosexualité, qui est une donnée irréductible du vivant.

---

1. Les *Cnemidophorus* ont même éliminé en chemin les mâles au cours de l'évolution.

2. Dans la nature, il existe de nombreux schémas différents relatifs à la conjugalité, au rapport à la progéniture, au territoire et à la nourriture.

3. Helen Fisher, *Histoire naturelle de l'amour*, trad. de l'anglais par Évelyne Gasarian, Paris, Robert Laffont, 1994.

4. La répression est particulièrement violente en Tchétchénie, en Arabie saoudite, en Iran, en Mauritanie, au Soudan, au Yémen, en Égypte… La liste est très longue.

D'ailleurs, en Europe, la société médiévale lui était beaucoup moins hostile que bien des sociétés contemporaines. Malgré les condamnations des théologiens, qui y voyaient une atteinte à l'ordre divin, l'homosexualité bénéficia jusqu'au XIIe siècle d'une certaine tolérance sociale, au même titre que la masturbation évoquée plus haut. Il y a la réprobation ecclésiastique d'un côté, plus ou moins punitive selon les époques, et la morale sociale de l'autre. Or celle-ci a sensiblement varié au fil du temps. Comme l'onanisme, l'homosexualité fut pendant des siècles regardée comme un *péché* (désobéissance aux lois divines) mais pas comme un *crime* (infraction grave aux lois humaines).

Dans l'enquête intitulée *Les Sexualités au Moyen Âge*, l'historien Jacques Rossiaud nous apprend ainsi qu'avant le XIe siècle, les autorités civiles interviennent peu dans le domaine des mœurs, du moment que ni la paix publique ni la royauté ne sont mises en danger. Dans les relations de chevalerie des récits médiévaux, la frontière entre camaraderie virile et « homosexualité » (terme qui n'existe pas encore) est assez floue. Les femmes sont quasi absentes et leur fréquentation provoque moins d'émotions que la fraternité des compagnons d'armes. Car ce qui lie ces derniers est un type d'amour où se combinent harmonieusement l'*éros* (le désir) et la *philia* (l'amitié), ce qui ne peut exister qu'entre hommes, la femme étant réduite par le *système viriarcal* au rôle de reproductrice, d'outil de promotion sociale ou d'objet sexuel.

L'éthique chevaleresque, qui se fonde sur des amitiés masculines idéalisées (Roland et Olivier, Lancelot et Galehaut, Philippe Auguste et Richard Cœur de

Lion[1]...) est ici l'héritière de la culture militaire grecque, qui encourageait l'attachement d'homme à homme. Chacun a en mémoire la fureur vengeresse qui s'empara d'Achille, le meilleur d'entre les chevaliers homériques, à la mort de son grand ami Patrocle, et le chagrin incommensurable qui inonda son beau visage de larmes. C'est, comme l'écrit Aristophane dans *Le Banquet* de Platon, « par hardiesse, courage et virilité » que les garçons s'attachent « à ce qui leur ressemble ». Et ce sont les meilleurs citoyens d'entre eux : « Quand ils ont atteint leur complet développement, les garçons de cette nature sont les seuls qui se consacrent au gouvernement des États. » L'exemple le plus parfait du compagnonnage héroïque grec est fourni par le Bataillon sacré, composé du corps d'élite (peut-être fictif) de l'armée thébaine et dont Platon[2] et Plutarque vanteront le courage. Ce régiment, composé de cent cinquante couples d'*érastes* et d'*éromènes*, avait acquis, dans toute la Grèce, une réputation d'invincibilité, car chaque membre de la dyade y redoublait de vaillance pour protéger son amant et mériter son admiration.

La culture homosociale, voire homoérotique, du premier Moyen Âge[3] s'inscrit donc dans la continuité d'une très ancienne tradition épique, qui juge le couple homme-homme plus noble que le couple homme-femme, car le premier poursuit des fins élevées (l'exploit

---

1. Pour une analyse détaillée de ces couples d'hommes, voir Thierry Revol, « Représentations de l'homosexualité dans le roman médiéval », *Inverses. Littératures, arts et homosexualités*, 2002.

2. Dans *Le Banquet*.

3. John Boswell, *Les Unions de même sexe dans l'Europe antique et médiévale*, Paris, Fayard, 1996.

guerrier et la gloire de la cité), tandis que le second est assujetti à l'intérêt ou à l'instinct. Ce lien entre fraternité virile, vaillance et moralité, comme forme supérieure de l'amour, est très puissant au Moyen Âge, comme le souligne l'historien Georges Duby, dans *Mâle Moyen Âge* : « Dans la chevalerie, l'amour normal, l'amour qui porte à s'oublier, à se surpasser dans l'exploit pour la gloire d'un ami, est homosexuel. Je n'entends pas qu'il conduise forcément à une collusion charnelle. Mais c'est très évidemment sur l'amour entre mâles fortifié par les valeurs de fidélité et de service [...] que l'ordre et la paix sont censés reposer. »

Du reste, l'Église du haut Moyen Âge délivre un message très ambigu. Si l'homosexualité est sévèrement rejetée par le discours canonique, dans la réalité, l'expression la plus pure de l'amour demeure le lien entre hommes. Méfiante envers la concupiscence féminine et fidèle au message de saint Paul, l'Église ne célèbre pas le mariage, jugeant que le célibat lui est moralement supérieur : elle encourage la vie monastique ou érémitique et les saintes dilections des confréries. L'idéal de vie religieuse est alors pensé, à l'exemple du Christ et de ses douze apôtres, sur le modèle de l'homosocialité masculine. En dépit de l'anathème frappant la sodomie, le monde ecclésiastique se montre plus ou moins indulgent envers un péché qu'un sincère repentir peut spirituellement racheter, à la différence de l'inceste, qu'il traque sans faiblir. Un clerc palatin, nommé Alcuin, va jusqu'à avouer que l'amitié, la dévotion et la fidélité viriles comportent volontiers une dimension charnelle : « J'ai de si doux souvenirs de votre amour et de votre amitié, révérend évêque, que j'aspire à l'instant heureux où les doigts de mes désirs étreindront la nuque de votre douceur », lui écrit-il. Il est bien rare, en effet, que l'entre-soi masculin ne fasse pas naître d'ardentes tentations du même pour le même.

Pourtant, en Europe, l'ère de l'*homophilie* allait bientôt prendre fin. À partir du XIIe siècle, se produit le premier grand tournant homophobe. Pourquoi ce durcissement ?

Les croisades fournissent une première explication, car elles révèlent à la conscience chrétienne les mœurs dissolues des musulmans et suscitent une peur de la contagion de ce « vice innommable », de cette « lèpre immonde » qui fait fuir les anges. Mais ce changement de paradigme est surtout à mettre en relation avec le combat de l'Église catholique contre l'hérésie cathare, qui se répand dans le sud-ouest de la France. Les « albigeois », qui méprisent le monde terrestre, découragent la procréation. Pour enrayer leur progression, l'Église, comme l'explique Jacques Rossiaud, ne lance pas seulement la première croisade en terre chrétienne, elle élabore une *théologie de la nature*, qui élève ladite nature au rang de puissance divine. Dès lors, les actes « contre nature » des « antiphysiques » sont considérés comme des offenses à la volonté de Dieu et à la majesté royale.

Cette réorientation théologique aura deux conséquences majeures : d'une part, l'excommunication des « sodomites[1] », d'autre part, la constitution du mariage comme sacrement[2]. D'abord hostile à l'union conju-

1. Au concile de Naplouse, en 1120, puis à celui de Latran III en 1179.

2. Au concile de Latran IV, en 1215.

gale, l'Église juge à présent préférable de l'encadrer, afin d'assurer la reproduction et de lutter contre la luxure. Saint Thomas d'Aquin se fait alors le chantre de cette union indissoluble et consacre la famille comme le haut lieu de la réalisation de l'idéal moral. Le couple hétéorosexuel accède à la dignité et la femme devient, au sens propre, *aimable*, à condition toutefois qu'elle accepte le rôle exclusif de fécondatrice qui lui est dévolu.

À la même époque, l'homosexualité entre dans le champ du droit pénal. De très nombreuses villes rédigent des statuts prévoyant de lourdes sanctions pour les déviants, pouvant aller jusqu'à la peine de mort[1]. La répression sera encore plus sévère au XIVe siècle, lorsque se conjugueront les ravages de la peste, la crise démographique et les revers face aux Turcs. L'homosexualité deviendra alors un crime social responsable de la guerre, de la famine et de la dénatalité. Aux avant-postes de la menace turque, l'Italie se montre particulièrement combattive, avec la création, à Florence, des Offices de l'honnêteté (pour la surveillance) et des « tambours » (pour la délation). Par milliers, les « bougres » seront torturés, castrés et brûlés.

Fait symptomatique de cette révolution culturelle, la poésie elle-même va, pour la première fois, glorifier l'amour hétérosexuel. L'érotique courtoise, qui se répand, à partir des écrits de Guillaume IX, de la cour du duc d'Aquitaine à toute la noblesse européenne, chante l'amour idolâtre d'un troubadour et d'une dame

1. La sodomie est alors un crime puni de peine de mort dans de nombreux pays : la pendaison en Grande-Bretagne, la noyade aux Pays-Bas, le bûcher dans le reste de l'Europe.

et fonde le mythe romantique de la passion absolue[1]. L'amour entre un homme et une femme, désormais légitimé et anobli, devient le thème de prédilection de la littérature, du *Roman de la Rose* de Jean de Meung aux *Sonnets à Laure* de Pétrarque en passant par le traité *De l'amour* d'André le Chapelain, dans lequel on peut lire : « L'amour ne peut exister qu'entre des personnes de sexes opposés. »

C'est alors qu'il devient très mal vu de préférer les hommes. Ceux qui refusent la nouvelle éthique courtoise et restent attachés aux valeurs chevaleresques se voient taxés de « sodomites ». La « sodomie » est une catégorie vague, incluant pêle-mêle tous les actes sexuels dénués de finalité procréatrice : la masturbation, la fellation, le *coïtus interruptus* ou *inter femora* (entre les cuisses) et, bien sûr, le coït anal. De subtiles distinctions existent d'ailleurs entre différents types de sodomie anale. Comme l'indique le *Traité de sodomie* du père L. M. Sinistrati d'Ameno[2], si « le vice abominable » est pratiqué sur une femme, on a affaire à une « sodomie imparfaite », qu'un simple confesseur peut absoudre, mais s'il y a « sémination à l'intérieur du cul » d'un homme, on a là un cas de « sodomie parfaite », relevant de l'évêque ou du pape.

Dans un article intitulé « L'invention de la culture hétérosexuelle », le chercheur Louis-George Tin a souligné la brutalité de l'entreprise d'éradication de la déviance. « L'effacement systématique du désir homosexuel [...] l'entreprise de censure, de relecture et

1. J'ai traité de l'amour courtois dans *Je t'aime à la philo*, *op. cit.*
2. Voir Pierre Hahn, *Nos ancêtres les pervers*, Paris, Olivier Orban, 1979.

récriture à laquelle s'attacha tout l'Occident chrétien » ne doit pourtant pas nous leurrer : « Si la reproduction hétérosexuée est la base biologique des sociétés humaines, la culture hétérosexuelle n'est qu'une construction parmi d'autres, et en ce sens, elle ne saurait être présentée comme le modèle unique et universel[1]. » Selon Tin, cette « hétéronormativité » est une forme d'impérialisme culturel qui a, de force, inclus les femmes et exclu les homosexuels. Il nomme ce double sexisme « hétérosexisme ». Ce système « repose sur l'illusion téléologique selon laquelle l'homme serait fait pour la femme, et surtout la femme pour l'homme, intime conviction qui se voudrait le modèle nécessaire et l'horizon ultime de toute société humaine. Dès lors, en attribuant à l'hétérosexualité le monopole de la sexualité légitime, cette métaphysique ordinaire, si l'on peut dire, a pour effet, sinon pour but, de proposer par avance une justification idéologique de la "nature" des femmes et une condamnation non moins idéologique de la "contre nature" des sodomites ».

Tin souligne également la violence symbolique qu'exerce la culture hétérosexiste envers d'autres catégories sociologiques. La double injonction à la conjugalité et la parentalité est un système de pensée qui marginalise et stigmatise aussi les célibataires et les sans-enfants, les vieux garçons et les vieilles filles (les « catherinettes »), les veufs et les veuves, ceux qui ont une identité de genre incertaine, sans oublier tous ceux qui, à leur façon, ne se conforment pas à la norme postulée comme « naturelle » (en dépit du fait qu'elle

1. Louis-Georges Tin, *L'Invention de la culture hétérosexuelle*, Paris, Autrement, 2008.

bannit une grande partie de l'œuvre de la Nature, ou des « enfants de Dieu »...).

L'ordre social exige le mariage, la procréation et l'homophobie, trois impératifs que l'on retrouve au cœur du second grand tournant homophobe de l'histoire occidentale : la période qui s'étend du milieu du XIXe siècle aux années 1950. L'« inverti » représente alors une quadruple menace : il favorise la dénatalité (et alimente la peur du déclin de l'empire ou de la nation), il brouille la différenciation des sexes (et par conséquent la binarité du monde), il se moque de la hiérarchie sociale (le baron de Charlus aime se commettre avec des inférieurs, comme Jupien[1]), il ignore les frontières et les races (et fait craindre une contagion que seul le nationalisme xénophobe peut enrayer). Comme pour la masturbation, il y a urgence à traiter le problème, que d'aucuns n'hésitent pas à rattacher au « complot judéo-maçonnique ».

Là encore, c'est la médecine qui prend le relais de la moralisation chrétienne et de la loi civile. Aux yeux du corps médical, ce « troisième sexe » est problématique, car il ne relève pas de la déviance, mais de la *maladie*, à la fois psychique et sociale : l'homosexualité est un vice pathologique, qui passionne les psychiatres (notamment l'Allemand Krafft-Ebing et le Français Charcot[2]), qui en font une perversion rattachée

1. Marcel Proust, *Sodome et Gomorrhe*.

2. Jean-Martin Charcot et Valentin Magnan marquent la prépondérance des psychiatres sur les juristes. Dans « Inversions du sens génital et autres perversions sexuelles », article publié en 1882 dans les *Archives de neurologie*, ils affirment que l'homosexualité n'était que le symptôme isolé d'un désordre global, la « dégénérescence », qui est une disposition involontaire et innée. L'homosexuel n'étant plus un

à l'étiologie de la *dégénérescence* et largement liée au monde de la criminalité[1] et de la prostitution. C'est ainsi qu'Oscar Wilde[2], accusé de « corrompre la jeunesse », fut condamné à deux ans de prison en 1885.

La grande nouveauté apportée par ce flot discursif continu du corps médical est la création du terme « homosexuel[3] » pour désigner le « pédéraste ». Désormais, la préférence sexuelle ne définit plus seulement une prédilection pour des actes moralement et juridiquement interdits, mais une *identité*, une catégorie spécifique et exclusive ; ce qui signifie qu'il y a des individus qui sont, par essence, homosexuels, tandis que d'autres sont, par essence, hétérosexuels. Car le sexe dit la *vérité* de l'être.

Comme l'écrit Michel Foucault dans *La Volonté de savoir*, « l'homosexualité est apparue comme une des figures de la sexualité lorsqu'elle a été rabattue de la pratique de la sodomie sur une sorte d'hermaphrodisme de l'âme. Le sodomite était un relaps, l'homosexuel est maintenant une espèce », un « troisième sexe[4] »,

---

criminel, mais un malade, il ne peut pas être jugé. Mais sa déresponsabilisation fait de lui un mineur, incapable d'assumer ses actes.

1. Dans *La Pédérastie* (1857), Ambroise Tardieu dresse le portrait du criminel homosexuel, en particulier du prostitué, à partir de l'observation de deux cents individus examinés avec un soin maniaque, pour traquer « les signes de la pédérastie ».

2. Accusé d'outrage aux bonnes mœurs et de sodomie, Wilde défend « l'amour qui n'ose pas dire son nom », dans un vibrant plaidoyer public en faveur de l'homosexualité en Angleterre.

3. Le mot « homosexualité », inventé en langue allemande en 1869, par l'écrivain hongrois Karl-Maria Kertbeny, fait son apparition en France dans les années 1890 dans les milieux savants, mais ne se diffuse qu'après le deuxième conflit mondial.

4. L'Allemand Magnus Hirschfeld, médecin et militant homosexuel, soutient l'existence d'un « troisième sexe » et développe ainsi

mi-homme, mi-femme. Il ressemble à un homme mais, comme la femme, il est oisif, faible, mou, maniéré, émotif, jaloux, coquet et, surtout, bavard (d'où le soupçon de traîtrise) : l'exact opposé du soldat, figure paradigmatique de la virilité.

Tout se passe comme si l'homoérotisme grec, puis médiéval, et son lien puissant avec l'esprit guerrier et les valeurs chevaleresques, avait été oublié, ou refoulé. L'esthétique pédérastique est bel et bien née de la camaraderie virile des compagnons d'armes, du culte de l'honneur et de la gloire ; mais voici qu'on fait de l'« homosexuel » un lâche, un faible, un homme sans honneur. C'est dire à quel point la notion même de virilité est ambiguë, tantôt déclaration d'hétérosexualité, tantôt marqueur homosexuel.

Quant à l'effémination supposée du « pédéraste », elle demeure un indice plus que discutable de l'orientation sexuelle. Sur cette question, comme sur tant d'autres, les apparences sont extrêmement trompeuses. Il existe autant d'hommes « efféminés » hétérosexuels que d'homme « virils » homosexuels, à l'instar du baron de Charlus[1].

Virils, parce que « gays » ; virils, donc « gays », c'est le credo des « clones », ces « gays machos » étudiés par

---

la théorie d'une « âme de femme prisonnière dans un corps d'homme ». Jusque dans les années 1920, ses idées sont abondamment diffusées par le premier mouvement homosexuel, le WhK *Wissenschaftlich-humanitäres Komitee*, fondé en Allemagne en 1897 par Hirschfeld lui-même.

1. « Il appartenait à la race de ces êtres, moins contradictoires qu'ils n'en ont l'air, dont l'idéal est viril, justement parce que leur tempérament est féminin, et qui sont dans la vie pareils, en apparence seulement, aux autres hommes », Marcel Proust, *Sodome et Gomorrhe*, Paris, Gallimard, 1969.

Georges Vigarello, dans « Virilités homosexuelles ». « Le machisme fut récupéré par les gays américains comme une réponse à la stigmatisation dont ils étaient victimes dans une société hétérosexiste[1] », écrit-il. Tandis que, dès les années 1960, les hétérosexuels adoptent massivement les cheveux longs et les vêtements moulants, symétriquement, les homosexuels récupèrent théâtralement les signes distinctifs de l'hypervirilité délaissés par les hétérosexuels. Ceux qui ont l'air de « vrais mecs », ce sont eux, les gays. Les hippies aux chemises fleuries, les androgynes filiformes, les féminisés, ce sont les *straight* (les hétéros). La moustache, le blouson de cuir, les biceps gonflés, les bottes et le casque de chantier deviennent les attributs des « homos », qui parodient le machisme du cow-boy, du *biker*, du bûcheron ou de l'ouvrier du bâtiment. Le jean et le tee-shirt moulants peuvent bien affoler les femmes, cet uniforme (qui explique le terme de « clone »), ces postures (jambes écartées, pelvis projeté vers l'avant), cette gestuelle (tout en muscles) visent pourtant à séduire les hommes.

Les repères identitaires de la virilité sont d'autant plus brouillés que la scène gay est aujourd'hui fragmentée en quantité de subcultures, parfois nommées « tribus ». Qu'y a-t-il de commun entre les membres de la communauté *bears* (dont le signe de reconnaissance est une pilosité abondante) et l'exubérance flamboyante et provocante des folles, des *camps* ou des drag-queens ?

---

1. Georges Vigarello, « Virilités homosexuelles », in Alain Corbin, Jean-Jacques Courtine et Georges Vigarello, *Histoire de la virilité*, t. III, *op. cit.*

On le voit, les attributs archétypiques de la virilité sont profondément équivoques, tout comme l'est l'homophobie, qui tend à la fois à lutter contre ces ambivalences et à les renforcer. Le sport, qui a pris le relais de l'armée dans la construction du corps masculin, est l'un des lieux où ce trouble est le plus marqué. L'homosexuel n'a, en principe, pas sa place dans l'univers sportif, où les normes de genre sont très discriminantes. Les cas de coming out[1] y sont très rares, comme le souligne Georges Vigarello, et celui qui ne sait pas renvoyer un ballon passe facilement pour un « pédé ». Pourtant, comment ne pas sentir la puissante charge érotique qui traverse une mêlée de rugbymen, *a fortiori* quand ses membres posent, nus et provocants, dans un calendrier nommé *Dieux du stade*[2] ? Comment ignorer la dimension homoérotique du culte vitaliste du muscle qui envahit les salles d'haltérophilie, quand les corps masculins s'observent dans les jeux des miroirs omniprésents, se frôlent, se tournent autour et s'entresoutiennent ? Les supporters qui lancent des insultes homophobes dans les gradins savent-ils, ou font-ils semblant d'ignorer, que, lorsqu'ils entonnent en chœur *We are the Champions*, ils rendent hommage à un vibrant hymne gay[3] ?

La question mérite d'être posée : la violence homophobe n'est-elle pas le signe le plus évident du trouble identitaire masculin et des impasses de l'hétérosexisme ?

---

1. Ils peuvent signer la fin d'une carrière. Exemple : le footballeur anglais Justin Fashanua, qui s'est suicidé en 1998.

2. Bien maladroitement, eu égard au film homonyme.

3. Cette chanson fut composée par Freddie Mercury, leader du groupe Queen en 1977, qui n'a jamais caché son homosexualité et disait même avoir eu « plus d'amants qu'Elizabeth Taylor ».

Les États, qui, encore aujourd'hui, persécutent, emprisonnent, torturent et assassinent les homosexuels (comme l'Iran, l'Irak, l'Arabie saoudite ou la Tchétchénie) n'ont, apparemment, jamais été traversés par cette interrogation. Pour eux, comme pour tous les homophobes, un homme s'affirme, avant tout, par son hétérosexualité : un homme pénètre, mais ne peut en aucun cas être pénétré.

On aurait pu espérer que ces trois injonctions (*prouver*, *dresser*, *entrer*), déjà très contraignantes, suffisent à « faire » un homme. Mais la puissance sexuelle impose encore une exigence, et non des moindres, au candidat à la virilité : *mouiller.* Et, là encore, pas n'importe comment : il y a *mouiller* et *mouiller.*

Mouiller : l’art du bien jouir

Si le devoir d’érection entretient l’inquiétude, si le devoir de pénétration censure les désirs, le devoir d’éjaculation soumet l’homme à des injonctions paradoxales : il faut à la fois se contenir et dépenser sans compter.

Le sperme est en effet un liquide précieux, qui exige un respect absolu de la part de celui qui le sécrète. Les premières civilisations ignoraient le rôle des testicules dans sa fabrication : les Sumériens en faisaient un dérivé des os, les Égyptiens une substance émanant de la colonne vertébrale, les Chinois, les Japonais et les Indiens un flux venu du cerveau, mais toutes en avaient fait un puissant principe de vie. La médecine antique et médiévale en conceptualisera la nature, en formulant une théorie humorale, qui fera longtemps autorité, selon laquelle le corps est un équilibre entre quatre humeurs : le phlegme, le sang, la bile jaune et la bile noire.

En effet, jusqu’à la découverte des spermatozoïdes au XVIIe siècle, le sang et le sperme ne sont pas clairement distingués, ils se confondent dans un mélange intérieur, nommé « humeurs », circulant dans tout le corps. Selon Hippocrate, « la semence de l'homme vient de toutes les humeurs de son corps, elle en est la partie la plus importante », car ce flux constant est le siège de la puissance virile. Cette croyance dans la perfection du sperme explique (ou sert à justifier ?) la pédagogie pédérastique hellénique, puisqu'en transmettant sa semence au garçon, l'*éraste* lui infuse le meilleur du matériau viril et lui communique la sagesse. Le sperme est également répandu sur les cultures (comme cela se pratique encore dans certaines régions d'Afrique) pour fertiliser la terre.

À Rome, quelques siècles plus tard, le médecin Galien[1] ajoute à ces humeurs le *pneuma*, l'air, et révèle le rôle des testicules, dans le traité *De semine* (Des graines) : « Cette humeur n'est que la partie la plus subtile de toutes les autres, ses veines et ses nerfs la portent de tout le corps vers les testicules. En perdant sa semence, l'homme perd dans le même temps son esprit vital. Il n'est ainsi pas étonnant qu'un coït trop fréquent énerve, puisqu'il prive le corps de ce qu'il a de plus pur[2]. » Et il ajoute : « Certaines personnes ont déjà trouvé la mort par excès de plaisir. » C'est pourquoi les Romains, comme les Grecs, recommandent différentes méthodes pour limiter la production spermatique, comme le refroidissement, le séchage et la diète. Toutes sortes de croyances prêtent à l'excès éjaculatoire des effets dévastateurs, comme l'affectation de la voix, d'où l'abstinence préconisée pour les orateurs et les poètes. Certains d'entre eux dorment avec

1. Médecin grec né à Pergame, mais exerçant à Rome.
2. Cité par Tom Hickman, *Le Bidule de Dieu*, *op. cit.*

des plaques de bronze sur les testicules pour éviter les pollutions nocturnes, comme le rapporte Pline dans son *Histoire naturelle.* « Quand les plaques sont posées sur la région des reins, elles sont utilisées, grâce à leur nature refroidissante, pour contrôler les attaques de désir sexuel et des rêves érotiques pendant le sommeil, qui causent des éruptions spontanées au point d'en devenir une maladie. Avec ces plaques, l'orateur Calvus se serait retenu et aurait préservé la force de son corps pour ses études[1]. »

De même que l'homme doit contenir ses larmes, il doit contenir son sperme[2], à la différence de la femme, qui, elle, pleure et perd son sang. Ce devoir de rétention s'impose à l'Europe médiévale et moderne et connaîtra un durcissement très net après la découverte des spermatozoïdes par Leeuwenhoeck, en 1677. Lorsque le microscope permet enfin d'observer la composition du liquide séminal, la vision de cette multitude grouillante d'« animalcules », qu'on pense entièrement préformés[3], interdit formellement le gaspillage, désormais assimilé à un infanticide. Le XIXe siècle se montrera, là encore, particulièrement vigilant en matière de bonne gestion de cette substance conçue comme l'« extrait le plus pur du sang[4] ». Comme l'a montré

1. *Ibid.*

2. Alain Corbin, « L'injonction de la virilité, source d'anxiété et d'angoisse », in Alain Corbin, Jean-Jacques Courtine et Georges Vigarello, *Histoire de la virilité*, t. II, *op. cit.*

3. D'après Leewen et les premiers spermatistes, l'homme est préformé dans le sperme et se développe ensuite dans la matrice ; il est donc seul à assurer la descendance.

4. D'après le docteur Alexandre Mayer, *De la santé des gens mariés ou physiologie de la génération de l'homme et hygiène philosophique du mariage*, Paris, F. Savy, 1865.

Alain Corbin[1], on pense alors que le sperme retenu revient se mêler au sang dont il est issu, apportant au corps un surcroît de virilité[2]. Chacun doit ainsi se soumettre à une stricte discipline sexuelle. Le sperme est un capital que l'on se doit de gérer avec économie, en bon père de famille[3]. Il s'agit de réserver à son épouse un sperme épais, pur, dense, copieux, aux écoulements maîtrisés.

Mais cette dévotion au sperme a des effets paradoxaux, puisque l'injonction à la réserve coexiste avec un encouragement, inverse, à la dépense. La fascination pour le précieux liquide nourrit aussi un discours de glorification de l'éjaculation. Ainsi du docteur Fauconnay, qui, considérant que la puissance génitale est « le plus irrécusable témoignage de la virilité », fait de la « sécrétion spermatique » le siège de l'audace, de la force, de la vigueur, de la générosité et du courage. C'est, dit-il, une « source merveilleuse d'énergie pour l'organisme ». L'idée de prodigalité dispendieuse renvoie à celle d'une production testiculaire intarissable, signe de puissance virile, par opposition à la femme, dont le stock d'ovules est limité. Aussi la littérature

1. Alain Corbin, « La virilité reconsidérée au prisme du naturalisme », in Alain Corbin, Jean-Jacques Courtine et Georges Vigarello, *Histoire de la virilité*, t. II, *op. cit.*

2. D'où l'idée, encore répandue au XIXe, selon laquelle la jeune femme se trouverait virilisée par le mariage.

3. Dans les *Instructions secrètes de la chambre de jade*, il est écrit que les hommes solides âgés de plus de 15 ans peuvent éjaculer sans risque deux fois par jour, mais les moins vigoureux, une seule fois. À 30 ans, si l'on est solide et vigoureux, une fois par jour, moins vigoureux, une fois tous les deux jours ; à 40 ans, une fois tous les trois jours ; à 60 ans : tous les vingt jours ; à 70, une fois par mois et plus du tout pour les plus âgés.

érotique n'en finit-elle pas, dès le XVIIIe siècle, de mettre en scène des « fouteurs herculéens[1] » à l'énergie inépuisable, à l'image des héros du marquis de Sade, qui se complaisent dans l'inexhaustible décharge de « foutre ». L'écrivain Alfred Delvau a fort bien résumé les choses dans son *Dictionnaire érotique moderne* : « Quand un homme dit à une femme "je vous aime", il veut dire, et elle le comprend parfaitement, qu'il lui dit "je bande comme un carme, j'ai un litre de sperme dans les couilles et je brûle de l'envie de te le décharger dans le con[2]". »

À ce paradoxe rétention/dépense vient s'en ajouter un autre : celui qui oppose le devoir de brièveté au devoir de durée. Retarder le moment de la jouissance mâle pour permettre l'éclosion du plaisir féminin fut longtemps impensable. Pour être efficace, le coït devait être bref. Aussi le poète Ovide fut-il chassé de Rome pour avoir osé parler du plaisir féminin, honni en raison de son caractère potentiellement insatiable et maléfique. « Crois-moi, écrivait-il, ne hâte pas la volupté de Vénus. Sache la retarder. Sache la faire venir peu à peu, avec des retards qui la diffèrent. Quand tu auras trouvé l'endroit que la femme aime qu'on lui caresse, caresse-le. Tu verras dans ses yeux brillants une tremblante lueur, comme une flaque de soleil à la surface des eaux. Viendront alors les plaintes, le tendre murmure, les doux gémissements, les mots qui

1. Voir Antoine de Baecque, *Le Corps de l'histoire. Métaphores et politique, 1770-1800*, Paris, Calmann-Lévy, 1993.

2. Alfred Delvau, *Dictionnaire érotique moderne* [1864], Paris, 10/18, 1997, cité par Alain Corbin, « La nécessaire manifestation de l'énergie sexuelle », in Alain Corbin, Jean-Jacques Courtine et Georges Vigarello, *Histoire de la virilité*, t. II, *op. cit.*

excitent[1] »... autant de délices que s'interdirent les hommes pendant des siècles.

Ce n'est qu'à partir de la Belle Époque que les critères de virilité sexuelle évoluent vers la recherche de l'« harmonie des plaisirs[2] » et la « simultanéité des jouissances ». La pénétration brutale et l'éjaculation rapide signalent désormais les individus rustres et mal dégrossis. Quant à l'émission précoce, qui voit l'homme « s'effondrer ignominieusement sur le seuil de la porte de sa maîtresse et vomir piteusement sa semence[3] », elle est jugée aussi indigne que le fiasco, bien que le pénis « se soit levé bien vite et dressé de la manière la plus fière et la plus ostentatoire qui soit ».

Le XXe siècle ne fera qu'amplifier cette injonction, nouvelle, à *durer* : désormais, c'est à l'aune de sa capacité à provoquer la jouissance féminine que l'homme mesure sa virilité. Il ne doit plus seulement maîtriser sa jouissance, il doit aussi honorer celle de sa partenaire, ce « continent noir » que Freud lui-même reconnaissait avoir échoué à comprendre. Dès la fin des années 1960, la sexologie et la sexothérapie se développent et se médiatisent[4], conduisant à la création,

---

1. Ovide, *L'Art d'aimer*, II.

2. Alain Corbin, *L'Harmonie des plaisirs. Les manières de jouir du siècle des Lumières à l'avènement de la sexologie*, Paris, Perrin, 2007.

3. Dans *Case of Impotency as Debated in England* (Problème de l'impuissance et sa controverse), Edmund Curll écrit : « Nombreux sont les hommes dont le pénis se lève bien vite et se dresse de la manière la plus fière et la plus ostentatoire qui soit ; mais alors sa fureur est bientôt apaisée ; pareil à un feu de paille, au moment où il approche la porte de sa maîtresse il s'effondre ignominieusement sur son seuil même et vomit piteusement sa semence. »

4. Entre 1967 et 1981, Ménie Grégoire aborda tous les aspects de la sexualité sur RTL avec un immense succès.

par l'OMS, du concept de « santé sexuelle », en 1972. Désormais considéré comme un « droit universel », l'orgasme devient rapidement un impératif aux puissants effets normatifs, d'autant que l'industrie pornographique démultiplie à l'envi les pâmoisons démonstratives.

La faculté féminine de jouir de tout son corps avait toujours effrayé les hommes ; voici à présent qu'il leur faut déclencher cet orgasme autrefois tant redouté, sous peine de déchoir. C'est l'extension du domaine de la défaillance : il ne suffit plus de *dresser* et d'*entrer*, il faut *durer et faire jouir*. Ce devoir de *performance* est d'autant plus anxiogène que jamais l'homme ne parviendra à approcher l'infini de l'orgasme féminin, ni à l'extorquer de force à sa partenaire, ni à s'assurer qu'il n'est pas simulé. La femme lui échappera toujours, comme le remarquent les philosophes Pascal Bruckner et Alain Finkielkraut dans *Le Nouveau Désordre amoureux* : « Les spasmes de l'aimée n'ont pas la certitude rudimentaire de la semence virile ; ils sont ce visage tordu qui, sous l'emprise d'une insoutenable dévastation, ne me voit plus, cette face que je ne peux contenir dans un regard comme pendant le sommeil, cette peau incandescente qui se colle à moi ou me fuit, ce vertigineux ballet de jambes, de bras, de baisers, qui m'étreint, me repousse, s'exaspère de mon contact, s'augmente de ma distance, me parle de mille choses que je ne comprends pas et ne me dit jamais que ceci : je ne suis pas où tu es, je chavire où tu ne tressailles pas, de moi tu n'auras ni vision claire ni perception nette car je ne suis rien dans les termes où tu peux l'entendre[1]. »

---

1. Pascal Bruckner et Alain Finkielkraut, *Le Nouveau Désordre amoureux*, Paris, Points Essais, 1997.

Impuissance, là encore ? Et si le mythe de la puissance phallique, qui devait conjurer l'angoisse de la déficience, n'avait servi qu'à la dramatiser ? La difficulté à maîtriser l'érection, la peur de passer pour un homosexuel et la terreur de l'impuissance ont en effet fragilisé les hommes, sommés de se soumettre à la norme virile sous peine de se discréditer. Est-ce cette vulnérabilité qui les pousse à chercher dans la comparaison avec l'autre l'assurance qui leur fait défaut ? Comment expliquer autrement l'importance conférée à la « réputation » ?

Si Louis XIV est catastrophé au point de s'évanouir lorsque, couché avec Mlle du Tron, il ne peut « répondre à son attente », c'est qu'il craint que ne se répande à la cour le bruit de sa défaite. « Ah ! Qu'il est dur de sentir tant d'amour, et de se trouver si peu en état d'en donner des marques sensibles ! Quelle honte n'en rejaillira-t-il point sur l'histoire de ma vie, et à quelles railleries ne serai-je pas exposé si cette belle n'est pas discrète[1] ! » À défaut d'être toujours vigoureux, il faut, du moins, absolument faire croire qu'on l'est.

---

1. *Les Amours de Louis Le Grand et de Mademoiselle du Tron* (1795) reproduit dans *L'Histoire amoureuse des Gaules*, suivie de *Romans historico-satiriques du XVII*e, *recueillis et annotés par Ch.-L.* Paris, Livet, 1855 ; Liechtenstein, Kraus Reprint, 1972, t. I, cité par Tom Hickman, *Le Bidule de Dieu*, *op. cit.*

Fanfaronner : la démonstration de la puissance phallique

L'enjeu est décisif, puisqu'il en va de la puissance virile : la vantardise est presque une nécessité pour tout mâle désireux d'en démontrer l'étendue. Lorsque Donald Trump se dit fier d'être assez célèbre pour s'autoriser à « attraper les femmes par la chatte », il s'inscrit dans le long héritage d'une fanfaronnade masculine qui assimile pouvoir et prouesse sexuelle.

Au Moyen Âge, les lieux de l'entre-soi masculin voient s'épanouir la masculinité sonore et ostentatoire du *gab* (plaisanterie) et de la hâblerie. À la taverne, où l'on boit beaucoup de vin, s'expriment, dans la débauche verbale, la forfanterie, l'affirmation brutale d'une supériorité de l'exploit physique et érotique, qu'accompagnent des « galéjades » grivoises sur les femmes, réputées lubriques, perfides, luxurieuses, coquettes, menteuses, hystériques et oublieuses des défunts. Il n'est pas rare que les compagnons de beuverie finissent la nuit par une rixe, avant de rentrer à la maison battre leur propre épouse[1]. « Faire des vents jusqu'à éteindre une chandelle d'un seul souffle [...] pousser un rot retentissant, faire sourdement fuser un borborygme, lancer un jet de salive arrogant par la fenêtre ou pisser par la porte en toute désinvolture [...]. Une réputation peut s'y ruiner : en public, la défaillance de ces évacuations fait peser le soupçon de l'impuissance et devient aussi grave qu'une panne sexuelle. Le nombre des répétitions, leur rythme, leur intensité sont la preuve que l'organisme n'est jamais rassasié, que le corps en redemande et qu'il jouit à l'envi : l'organe peut les pousser à volonté et ignore l'épuisement[2] », écrit l'historien André Rauch, qui décrit avec une grande précision les lieux de l'entre-soi masculin dans son *Histoire du premier sexe*.

Ces lieux « homosexués » ne cesseront de se multiplier par la suite. Salle de garde ou d'armes, caveau, réunion politique, bordel : toutes les occasions sont bonnes de se retrouver « entre hommes » et de se rengorger de ses conquêtes. Le vacarme de l'auberge, du cabaret, du café, de la buvette, où l'on vient « payer son écot » en cognant ses pièces sur la table, où l'on aime fumer, cracher et rire de persiflages salaces, est l'occasion de se montrer fort en gueule, la discrétion et le silence évoquant l'ennui et la raideur compassée des offices religieux. *Foutre*, et le faire bruyamment savoir, voilà qui signale l'homme pleinement viril, à l'instar d'Olivier, le compagnon de Roland :

1. Claude Thomassset, « Le médiéval, la force et le sang », in Alain Corbin, Jean-Jacques Courtine et Georges Vigarello, *Histoire de la virilité*, t. I, *op. cit.*

2. André Rauch, *Histoire du premier sexe*, *op. cit.*

« Que le roi prenne sa fille aux cheveux si blonds
Et qu'il nous mette en sa chambre, bien cachés dans un lit :
Si, de son propre aveu, je ne l'ai cette nuit possédée cent fois,
Qu'on me décapite demain, j'y consens, je le jure[1]. »

« Cent fois » : cette quantification renseigne sur la force de l'injonction. Comme le note Alain Corbin, dans l'article « La nécessaire manifestation de l'énergie sexuelle[2] », tout se compte. Le nombre de femmes possédées dans une vie, en un an, en un mois, en une journée : « J'ai foutu trois femmes et tiré quatre coups – dont trois avant le déjeuner, le quatrième après le dessert[3] », précise Flaubert à son ami Louis Bouilhet, à propos de son séjour à Beyrouth. Les confidences épistolaires sont aussi remplies du chiffrage des exploits de bordel : tandis que Mérimée, Stendhal, Gautier ou Musset dénombrent les prostituées, servantes et filles d'auberge qu'ils ont « chevauchées », Constant et Michelet mesurent la durée de l'acte, détaillent les positions et les réactions des femmes.

À cette obsession comptable s'ajoute une valorisation de la brutalité. Les métaphores sexuelles renvoient au registre des travaux de force et évoquent la poigne et la rudesse viriles : *besogner*, *labourer*, *emmancher*, *enfiler*, *embrocher*, *crever la cloison*, *péter le cylindre*,

1. Madeleine Tyssens (éd.), *Le Voyage de Charlemagne à Jérusalem et à Constantinople*, trad. de Madeleine Tyssens, Gand, Ktémata, 1977, cité par Claude Thomassset, « Le médiéval, la force et le sang », *op. cit.*

2. Alain Corbin, « La nécessaire manifestation de l'énergie sexuelle » in Alain Corbin, Jean-Jacques Courtine et Georges Vigarello, *Histoire de la virilité*, t. II, *op. cit.*

3. Gustave Flaubert, Lettre à Louis Bouilhet, 20 août 1850, *Correspondance*, cité par Alain Corbin, *op. cit.*

baiser à couillons rabattus, *foutre tout en sang*, *entrer jusqu'à la garde*... Autant d'expressions qui certifient que l'on a affaire, sans aucune équivoque possible, à un homme, un vrai : ni pédéraste, ni impuissant, ni, surtout, cocu, cet être cruellement moqué pour n'avoir su ni surveiller, ni satisfaire son épouse. Victimes des charivaris, ces « maris incapables » sont un thème littéraire inépuisable. « Tout homme marié est en danger d'être cocu », s'inquiétait Panurge dans le *Tiers Livre* de Rabelais. En 1808, le philosophe Charles Fourier publie un dictionnaire qui en recense les quarante-neuf sortes[1], du « Cocu présomptif » au « Cocu porte-quenouille », en passant par le « Cocu goguenard », « absorbé », ou « propagandiste[2] ». Honte à celui qui n'a pas fait de son sexe un outil de pouvoir.

La puissance sexuelle peut aussi s'exprimer par la métonymie du cheval, animal musculeux, rapide et fougueux. Très tôt, le mâle se distingue par le prestige qui s'attache à sa monture. La possession et la maîtrise de l'animal, qui marquent l'entrée dans l'âge adulte (à la façon d'un permis de conduire, mais réservé aux hommes) sont liées à toutes les activités d'influence et de responsabilité. La « centaurisation » de la moitié masculine de l'humanité[3] aura ainsi une influence

1. Charles Fourier, « Les cocus d'ordre simple. Tableau analytique du cocuage » (1808), *Les Cocus*, Paris, L'Herne, 2012.

2. Le Cocu goguenard se moque des autres cocus sans savoir qu'il l'est lui-même. Le Cocu absorbé travaille tant qu'il n'a pas le temps de s'occuper de sa femme. Le Cocu porte-quenouille et le Cocu fulminant crient au scandale et sont la risée de tous. Le Cocu trompette se plaint de son infortune à tout le monde, etc.

3. Comme le rappelle Nadeije Laneyrie-Dagen dans « Le témoignage de la peinture », in Alain Corbin, Jean-Jacques Courtine et Georges Vigarello, *Histoire de la virilité*, t. I, *op. cit.*

majeure dans l'éducation du garçon – du cheval de bois aux leçons d'équitation – et constituera un élément important de différenciation des genres : la petite fille, elle, est en effet invitée à préférer sa poupée, car il est interdit au sexe féminin de « chevaucher », et, partant, de combattre. Le portrait équestre deviendra ainsi la forme idéale du portrait viril, à moins que l'étalon n'y soit remplacé par un chien de chasse ou un molosse, le petit chien ou « bichon », symbole de fidélité et de piété, étant réservé aux femmes, gardiennes du temps et de la demeure familiale.

À partir du XIXe siècle, la passion de l'automobile, de l'aviation et de la vitesse substituera, à la virilité du cheval dressé, celle de l'engin mécanique maîtrisé. Dans la mythologie masculine, le cheval-vapeur a remplacé le cheval. Réservée à une élite sociale, signe de richesse, de réussite et d'audace, la voiture, dont la conduite est longtemps interdite aux femmes, suscite leur admiration et devient ainsi une arme de séduction rutilante. La grande route rectiligne, comme celles des Alpes, tracées par Napoléon, ou celles de l'Algérie coloniale, est d'ailleurs en soi un symbole viril[1], qui s'oppose aux courbes féminines de la nature, bientôt percées par des tunnels que des trains lancés à toute vitesse viendront pénétrer en sifflant bruyamment. Puis c'est à la littérature et au cinéma de faire de la « bagnole » un des attributs les plus puissamment érotiques de l'aventurier. Si les hommes sont si soucieux, et si fiers, de leur automobile, c'est que, dans

1. Sylvain Venayre, « Les valeurs viriles du voyage », in Alain Corbin, Jean-Jacques Courtine et Georges Vigarello, *Histoire de la virilité*, t. II, *op. cit.*

l'inconscient collectif, elle est un révélateur de leur puissance sexuelle. D'ailleurs, le comportement au volant de certains hommes, leur façon agressive de coller, doubler, klaxonner ou injurier (notamment les « bonnes femmes qui ne savent pas conduire »), en dit long sur l'analogie entre le levier de vitesse et le phallus.

Pour autant, ceux qui ne possèdent pas de véhicule peuvent tout de même démontrer toute l'étendue de ladite puissance, par leur façon de se tenir dans les transports en commun, les jambes largement écartées, au mépris des autres passagers, forcés à se replier. Cette posture semble vouloir signaler que le volume de l'engin situé entre les cuisses est tel que deux places sont nécessaires sur la banquette. Le *manspreading* est aujourd'hui si répandu que les métros de New York et Tokyo ont dû procéder à des campagnes d'affichage pour tenter de l'enrayer.

Mais l'ostentation phallique est-elle la seule manière d'affirmer sa virilité ? La toute-puissance sexuelle est-elle la seule façon de se montrer à la hauteur ? Et si, pour être un vrai homme, il fallait, au contraire, la domestiquer, la spiritualiser ou la sublimer ?

Sublimer : l'idéalisation de la chasteté

Il est d'autant plus difficile d'être viril que, dans la culture occidentale, l'injonction à la preuve sexuelle a sans cesse été contredite par l'encouragement, inverse, à l'abstinence. De la même façon que la neige, la glace des comètes ou la naphtaline de nos armoires se *subliment* dans l'air sans passer par la fusion et l'état liquide, certaines pulsions pourraient se dématérialiser, ou s'idéaliser, sans en passer, elles non plus, par ces deux états. Tout serait affaire de volonté.

À partir des textes fondateurs de Platon, la conscience européenne s'est convaincue de la supériorité morale de la sublimation des désirs. Si le cocher de l'attelage ailé du *Phèdre* tient fermement les rênes du fougueux cheval noir (qui symbolise le bouillonnement du bas-ventre, ou *epithumia*) et se laisse hisser vers le ciel par les ailes du cheval blanc, alors l'âme (*noûs*) sera capable d'accéder à la lumière du Vrai, du Beau, et du Bon. Mais si, au contraire, le cocher se laisse emporter par l'animal turbulent, il sera traîné vers le bas et condamné à une vie bestiale : « S'abandonnant au plaisir, il se met en devoir, à la façon d'une bête à quatre pattes, de saillir, d'éjaculer, et se laissant aller à la démesure, il ne craint ni ne rougit de poursuivre un plaisir contre nature[1]. »

Seule l'ascèse ouvre la voie de la vérité. C'est pourquoi, bien qu'ils soient épris l'un de l'autre, Socrate se refusera au bel et jeune Alcibiade dans *Le Banquet.* La possession physique, qui éteint le désir dans une brève jouissance charnelle, ne peut que les éloigner du véritable sens de leur amour : la quête du divin. Platon invite ainsi chacun à transcender la pulsion sexuelle pour la réorienter vers une destination plus élevée. La dialectique ascendante nous conduit de l'amour d'un beau corps à l'amour, plus général, de tous les beaux corps, puis, de là, à l'amour, plus immatériel, des belles âmes, et, de là, à l'amour, de plus en plus abstrait, des belles actions, des lois, des sciences, et, enfin, des Idées éternelles. Dans cette quête sublime du vrai, le corps est un obstacle qu'il faut soumettre à la mesure, voire à la censure de l'esprit.

Le platonisme aura une influence considérable sur la morale sexuelle romaine, puis chrétienne, qui, toutes deux, luttent contre la débauche de l'instinct. Plus haut, j'évoquais l'importance que Rome accordait à l'expression de la puissance phallique. Les Romains n'ont pourtant rien d'insatiables « fouteurs », comme l'expliquent Florence Dupont et Thierry Éloi dans *L'Érotisme masculin dans la Rome antique.* Car le jouisseur qui passe son temps à se vautrer dans les plaisirs – ceux du lit, mais aussi ceux de la table – est, lui aussi, un *mollis*. La virilité implique la frugalité et

1. Platon, *Phèdre*, Paris, Le Livre de poche, 2007.

l'aptitude à contrôler ses pulsions, si bien qu'un homme est jugé d'autant plus viril qu'il s'intéresse peu au sexe. Esclave de rien ni de personne, le citoyen romain peut s'adonner aux deux seules activités jugées nobles : la politique et la guerre.

Aussi paradoxal que cela puisse paraître, compte tenu de l'importance accordée à Rome à la preuve sexuelle, le meilleur moyen de discréditer un adversaire consiste à l'accuser de « coucher », à l'image de César, dont on raconte, sur le forum, qu'il est le « mari de toutes les femmes » et, donc, « la femme de tous les maris », ce qui signifie qu'il a une sexualité débridée. D'ailleurs, tous les tyrans romains sont accusés de mener une vie sexuelle animale, fruste, féroce et inextinguible. La pire insulte consiste à traiter un homme de « grosse bite », ou, plus grave, de l'accuser de « recevoir des hommes à grosses bites » ou « d'aimer sucer », *fellare* signifiant « téter » et renvoyant à l'idée d'une bouche d'enfant remplie pour faire taire les cris, donc la parole. Un homme viril doit faire preuve de modération sexuelle.

Le Romain est donc l'otage de deux injonctions difficiles à faire cohabiter : le devoir d'érection et le devoir de continence. Comment parvient-il alors à prendre son plaisir ? Par le détournement : en cherchant une issue non éjaculatoire au désir, en préférant des dérivatifs non génitaux, en investissant d'autres parties du corps, comme la peau. Tandis que l'intérieur du corps est le siège des glaires et des « humeurs » les moins nobles, l'extérieur du corps est considéré, à l'inverse, comme la partie la plus décente et la plus propre. Le comble de la volupté permise réside dans les caresses ou les baisers sur la peau, que les jeunes esclaves ont si douce, ou autour de la bouche, le délice suprême étant, non l'éjaculation, mais l'échange de souffle. « Donne-moi mille baisers, puis cent, puis mille autres, puis une seconde fois cent, puis encore mille autres, puis cent, demande Catulle à son amant. Puis, quand nous en aurons fait beaucoup de milliers, nous brouillerons les comptes pour ne plus en savoir le nombre et pour qu'un envieux ne puisse nous porter malheur. » La jouissance pneumatique est donc préférée à la jouissance spermatique, comme la rétention est préférée au débordement.

L'exemple à suivre, selon l'historien Tacite ? Celui des barbares, réputés chastes, à tort ou à raison. Chez eux, l'adultère, la polygamie, le rapt et le viol sont punis de châtiments impitoyables. On attribue même la victoire des Wisigoths sur les troupes impériales à leur grande frugalité, laquelle leur aurait permis de triompher aisément de guerriers affaiblis par la débauche[1]. Quant aux Vandales, c'est à eux qu'on doit la fermeture des lupanars de Carthage, très prisés par l'envahisseur romain. Ainsi, paradoxalement, les Romains considéraient les sages mœurs sexuelles des barbares comme plus viriles que les leurs.

Ce qui fait l'homme, sa *virtus*, c'est la maîtrise de soi, ce dont la femme, colérique, irrationnelle et impulsive, est jugée parfaitement incapable. Une essentialisation que l'Église du haut Moyen Âge va reprendre à son compte, en excluant la femme de son idéal de sainteté. Comme le montre l'historien

1. Bruno Dumézil, « L'univers barbare. Métissage et transformation de la virilité », in Alain Corbin, Jean-Jacques Courtine et Georges Vigarello, *Histoire de la virilité*, t. I, *op. cit.*

Jean-Marie Legall dans « La virilité des clercs[1] », à présent, c'est l'homme d'Église, et singulièrement l'évêque, chaste, lettré et civilisé, qui fait figure de modèle d'excellence masculine et chrétienne. Ses ouailles sont invitées à imiter sa conduite, qui, pour être continente, n'en est pas moins guerrière, puisqu'il combat le diable : il est un « soldat du Christ ». À l'hypersexualisation masculine, il répond par une asexualisation, conformément au vœu de Mathieu, « Soyez des eunuques pour le royaume des cieux ». Alors que, pendant plus d'un millénaire, les clercs avaient eu le droit de se marier et de procréer, cela leur est formellement interdit à partir de la réforme grégorienne et des conciles de Latran I et II. Tandis qu'ils célèbrent les mariages, ils donnent l'exemple supérieur du célibat, « lumière du monde » et « sel de la terre ».

À partir du XVIe siècle, tandis que les élites sociales taillent, soignent, teignent, frisent et parfument leur barbe, les clercs renoncent à la *superbia* et à la dimension séductrice prêtée à la pilosité. La tonsure, par laquelle le clerc rompt catégoriquement avec tout signe d'effémination (cheveux longs ou perruque), revêt alors une importante fonction sacerdotale. De même, le port de l'austère soutane noire, qui s'impose au XVIIe siècle, rappelle le mépris ecclésiastique pour la coquetterie et le superflu. Certes, l'homme d'Église ne porte pas les armes, mais son aptitude à réfréner ses désirs, son identification au Christ, sa maigre fréquentation des

1. Jean-Marie Legall, « La virilité des clercs », in Alain Corbin, Jean-Jacques Courtine et Georges Vigarello, *Histoire de la virilité*, t. I, *op. cit.*

femmes, sa science des sacrements, sa connaissance du latin, son autorité morale, son rôle éducatif, son élection divine et son paternalisme en font l'exemple d'une virilité « alternative », moins physique qu'intellectuelle et spirituelle. Le clerc n'est pas un impuissant, il doit même prouver que la nature l'a doté d'un organe en parfait état de marche. Sa chasteté est un sacrifice, et la condition même de son dévouement, comme l'indique le pape Paul VI, puisque les instincts corporels nous réduisent en esclavage : « Le motif véritable et profond du célibat consacré est [...] le choix d'une relation personnelle plus intime et plus complète au mystère du Christ et de l'Église, pour le bien de l'humanité tout entière[1]. » Opposant la sublimation à l'ostentation phallique, le contre-type du moine vient questionner la légitimité du schème dominant. Qui donc est le plus viril, le plus glorieux, du prêtre ou du guerrier ? Celui qui triomphe au lit et sur le champ de bataille ou celui qui, sans armes, sacrifie sa vie érotique pour le salut de l'humanité ?

Si cette question demeure indécidable, c'est qu'elle est révélatrice des interrogations, des incertitudes et des doutes qui, depuis ses origines, traversent le modèle viril, sans cesse menacé de fragmentation par l'émergence de contre-modèles. L'idéal viril a beau être ardemment revendiqué, il n'en est pas moins un idéal instable, soumis à de permanentes évolutions. Fait d'un mélange de fascinations et de rejets dont le contenu évolue avec les mœurs et les modes, c'est un lieu permanent de reconfigurations, d'hybridations et

1. Paul VI, *Sacerdotalis caelibatus*, Lettre encyclique sur le célibat sacerdotal, 24 juin 1967, n° 19.

de contestations. Chaque période de l'histoire a été secouée par de profondes remises en question et marquée par la création de nouveaux archétypes masculins. L'apologie des lois du *cœur* et de l'*esprit*, par opposition au culte de la *force*, sera tantôt le fait du prêtre, tantôt celui du poète courtois ou romantique, tantôt celui du penseur humaniste, de l'*honnête homme*, voire la marque emblématique du prince, ce qui nous invite à penser que la notion même de virilité a toujours été *critique*, se déconstruisant à mesure qu'elle se construisait.

Sixième partie

LA DÉCONSTRUCTION DU MONDE VIRIL

Le spectre de la dévirilisation

Les *masculinistes* d'aujourd'hui, qui regrettent le bon vieux temps du guerrier et dénoncent une dévirilisation prétendument inédite dans l'histoire, savent-ils qu'il s'agit là d'une très ancienne rengaine, reprise de génération en génération ? La précédente était glorieuse, la suivante sera désastreuse, c'est perpétuellement le même refrain, depuis la Grèce antique : les hommes ne sont plus des hommes. Comme tous les mythes, le discours de la virilité a toujours fait référence à un âge d'or perdu, celui d'une virilité primitive qui n'aurait pas encore été dénaturée ni pervertie, où l'homme aurait été pleinement et absolument « viril ».

Et si la virilité était l'objet d'un deuil sans fin ? Voilà qui permettrait de relativiser la portée de l'affolement masculiniste : la « crise de la virilité » pourrait être un syndrome endémique. Le désenchantement actuel n'a, en effet, rien de nouveau : il s'enracine dans une très longue tradition, qui, à la faveur d'évolutions politiques, technologiques ou sociétales, a constamment renouvelé ses thèmes de prédilection et ses manifestations culturelles et sociales.

Le discours de la « crise de la virilité » est donc une « stratégie rhétorique » qui a une très longue histoire, comme le suggère le professeur de sciences politiques québécois Francis Dupuis-Déri[1], qui en relève les nombreuses occurrences, en Occident et ailleurs, depuis la Renaissance. « Les hommes ne sont-ils pas interminablement en crise[2] ? », se demande, pour sa part, l'historienne américaine Judith A. Allen.

À chaque époque ressurgit la même inquiétude face aux dangers qui menacent le modèle viril traditionnel, à commencer par l'effémination. Au Ve siècle avant J.-C. déjà, le poète comique Aristophane déplorait que l'éducation nouvelle donnée aux jeunes gens ait sacrifié la formation virile aux « mollesses » et aux discussions inutiles. *Les Nuées*[3] expriment sa nostalgie du temps

1. Francis Dupuis-Déri, « Le discours des "coûts" et de la "crise" de la masculinité et le contre-mouvement masculiniste », in Delphine Dulong, Christine Guionnet et Érik Neveu (dir.), *Boys don't cry ! Les coûts de la domination masculine*, Rennes, Presses universitaires de Rennes, 2012 : « Déjà lors de la Renaissance en France, l'homme se dit menacé de castration, alors que la cour du roi serait pervertie par l'influence des "précieuses". En Angleterre, c'est la cour de Jacques Ier qui serait infestée de "femmes-hommes" et d'"hommes-femmes". D'autres crises de la masculinité frappent en France au XVIIe siècle et en Angleterre au XVIIIe siècle [...] aux États-Unis, en France, en Allemagne et dans les colonies de l'Empire britannique à la fin du XIXe et au début du XXe, encore aux États-Unis dans les années 1930, en Allemagne de l'Ouest dans les années 1960, en URSS dès la fin des années 1960 et dans les années 1970, au Québec depuis les années 1990, puis un peu partout en Occident depuis les années 1990 y compris en Russie postsoviétique. Hors de l'Occident, la masculinité serait aussi en crise en Afrique, en Amérique latine, en Asie et au Moyen-Orient. »

2. Judith A. Allen, « Men interminably in Crisis ? Historians on Masculinity, Sexual Boundaries, and Manhood », *Radical History Review*, n° 82, 2002, citée par Francis Dupuis-Déri, *op. cit.*

3. Aristophane, *Les Nuées*, trad. Victor-Henri Debidour, Paris, Le Livre de poche, 1965.

jadis : « Jamais un garçon, en ce temps-là, ne se serait frotté d'huile plus bas que le nombril : aussi quel frais duvet sur leurs organes, un velours, une buée, comme sur les pêches ! On ne les voyait pas prendre une voix onctueuse et roucoulante pour venir s'offrir à un soupirant en l'aguichant d'œillades raccrocheuses » et on ne leur apprenait pas à vivre « emmitouflés dans des paletots » : on leur enseignait le respect des anciens, l'endurance, l'émulation, la compétition et la discipline. Aussi leur adresse-t-il ses sévères recommandations : « Resplendissant, épanoui, tu passeras ton temps dans les gymnases au lieu de traîner sur la place à jacasser des alambiquages barbelés, comme on fait à présent, et de te laminer la cervelle pour une chinoiserie ergotemberlificotante ! Tu descendras au parc de loisirs, où sous les oliviers sacrés tu t'exerceras à la course, le front ceint d'une souple couronne de jonc, avec un camarade aussi vertueux que toi [...]. Si tu fais ce que je te dis, tu auras toujours le teint bien vermeil, les épaules larges, le torse musclé, la fesse dodue, la verge menue, la langue succincte. Mais si tu adoptes les façons d'à présent, d'abord tu auras le teint tout blafard, les épaules maigres, le torse fluet, la fesse chétive, la verge pesante, la langue pendante, et la harangue à n'en plus finir. » Bref, tu ne seras plus un homme.

Les symptômes d'une « crise de la virilité » réapparaissent avec force à la Renaissance, qui promeut un nouvel idéal masculin, l'*humaniste*, en rupture avec le chevalier médiéval et son culte de la prouesse physique. La fureur guerrière est discréditée ; il s'agit à présent de faire preuve de mesure, de moralité, d'esprit, de tempérance, d'urbanité, de civilité, de grâce, de courtoisie, de délicatesse, d'élégance et de respect de l'étiquette, comme y invite le *Livre du courtisan*, du diplomate italien Baldassare Castiglione (1528), vite devenu le manuel de savoir-vivre des cours européennes. Sans pour autant se substituer à la puissance et au courage, les valeurs nouvelles d'ingéniosité, de prudence et de bienséance viennent les tempérer, voire les adoucir.

C'est ce qui fait craindre une dangereuse dévirilisation, d'autant que les nouvelles techniques de combat, liées à la diffusion de l'épée moderne, fine, longue, affûtée et flexible, exigent moins de force physique qu'autrefois. Comme l'a montré l'historien Georges Vigarello[1], la façon d'attaquer l'adversaire n'est plus la même : il faut « embrocher » et non plus « sabrer ». Or, tandis que le tranchant de la lame mobilisait autrefois la robustesse, tout en exigeant du courage, le coup d'estoc moderne, donné avec la pointe, requiert de l'adresse, de la légèreté, de la sveltesse (qualités naturalisées comme féminines), tout en exposant moins l'attaquant au risque mortel. Le maniement de l'épée moderne, qui consacre le triomphe de l'habileté sur le courage, est devenu une science, évolution perçue par les vieux épéistes comme le symptôme d'une virilité perdue. « Alors un homme fort, un vrai brave se verra embroché comme un chat ou comme un simple lapin[2] », déplorent tous ceux qui fustigent cette « mode pernicieuse et méchante de se battre à la rapière » en exerçant son « jeu de pointe ». Ces escrimeurs qui dansent et sautillent, au lieu de se battre

1. Georges Vigarello, « La virilité moderne, convictions et questionnements », in Alain Corbin, Jean-Jacques Courtine et Georges Vigarello, *Histoire de la virilité*, t. I, *op. cit.*

2. Abraham Darcie, Annales d'Élisabeth, citées par Egerton Castle, *L'Escrime et les Escrimeurs* [1885], Paris, 1888, in Georges Vigarello, *Histoire de la virilité*, *op. cit.*

corps à corps, ruinent l'« honneur des combats » en conduisant à l'affaiblissement de la témérité et au recul de la force au profit du calcul et de la perfidie. Dans les *Essais*[1], Montaigne rappelle que « l'honneur des combats consiste en la jalousie du courage, non de la science », signalant par là qu'une certaine idée de la vaillance mâle semble menacée.

De fait, ce nouvel art de la guerre[2], théorisé dans des traités savants[3] qui en déterminent les méthodes et les règles logiques et mathématiques, correspond au profond changement de paradigme que le rationalisme introduit dans la pensée, entre le XVIe et le XVIIe siècle. L'influence de Descartes est d'autant plus immense qu'il est, outre le fondateur du *cogito* (sujet pensant), l'auteur d'un traité d'escrime disparu. En invitant le combattant à s'affranchir de la tyrannie des « passions », qui perturbent le corps et l'âme, il lui indique la voie à suivre : la « préméditation et l'industrie par laquelle on peut corriger les défauts de son naturel en s'exerçant à séparer de soi les mouvements du sang et des esprits d'avec les pensées auxquelles ils ont coutume d'être joints[4] ». Le critère de la virilité s'est déplacé de la mâle énergie vers la maîtrise des pulsions et le contrôle de soi.

Dans cette société cartésienne, éprise d'ordre et de raison, une nouvelle figure est née : l'*honnête homme*.

---

1. Montaigne, *Essais*, II, 27, « Couardise mère de cruauté ».
2. Voir Hervé Drévillon, « Du guerrier au militaire », in Alain Corbin, Jean-Jacques Courtine et Georges Vigarello, *Histoire de la virilité*, t. I, *op. cit.*
3. Comme le *Traité de la science d'arme* de Camillo Agrippa.
4. Descartes, *Les Passions de l'âme*, in Charles Adam et Paul Tannery (dir.), *Œuvres de Descartes*, Paris, Vrin, 1996.

Si l'expression apparaît pour la première fois dans les *Essais* de Montaigne[1], en 1580, elle prend sa pleine signification aux XVIIe et XVIIIe siècles, lorsqu'un grand nombre d'écrivains[2] dessinent le portrait idéal de cet homme nouveau, qui rompt avec le héros d'autrefois, en se montrant tout aussi respectueux des convenances que du code de l'honneur. Doué d'esprit de finesse, il fait, en toutes circonstances, preuve de mesure et d'équilibre : cultivé sans être pédant, tolérant sans être mou, distingué sans être maniéré, discret sans être effacé, vertueux sans étalage[3], l'*honnête homme* « ne se pique de rien[4] », selon l'expression de La Rochefoucauld : il est juste, modéré, rationnel, discret, convenable, poli et modeste. Bref, il est tout le contraire du chevalier médiéval, fougueux et téméraire.

Cet idéal, à la fois moral, civil et esthétique, dessine aussi un nouveau modèle amoureux – la *galanterie*, héritière de la *courtoisi*e –, qui opère un renversement complet des rapports de domination entre hommes et femmes. La soumission change de camp. Dans ce monde subversif créé par la littérature, c'est l'homme qui se prosterne devant la femme, devenue objet d'adoration poétique. Ainsi de la *Délie* de Maurice Scève, muse idéalisée, inspiratrice des sentiments les plus élevés, ou de la dame de la *Carte*

---

1. « Un honnête homme, c'est un homme mêlé », écrit Montaigne, *Essais*, III, 9, « De la vanité ».

2. Notamment Nicolas Faret, *L'Honnête Homme ou l'Art de plaire à la cour*, 1634 ; Guez de Balzac ou le chevalier de Méré, *De la conversation*, 1677.

3. « Il sied d'être vertueux et de s'en cacher », écrit le chevalier de Méré.

4. *Maximes*, 203.

de Tendre[1], qui exige de son amant qu'il fasse ses preuves dans le topos allégorique qui l'entraîne des méandres du fleuve Inclination aux rivages de la Soumission et de la Sensibilité, et l'invite à ne jamais s'égarer dans les régions de l'Oubli, de la Tiédeur ou de la mer Dangereuse.

Ce qu'il faut remarquer, c'est que cette redistribution des rôles amoureux n'est pas inaugurée par les Précieuses, mais par des auteurs mâles, notamment Pétrarque[2] (*Sonnets à Laure*) et Honoré d'Urfé (*L'Astrée*), comme le rappelle opportunément, dans *Galanterie française*, la chercheuse Claude Habib, qui décrit « l'idéal tendre comme un procès du masculin par lui-même[3] ». Les hommes furent en effet les premiers à s'engager dans cette voie littéraire nouvelle, qui accorde aux décrets féminins une souveraineté absolue et discrédite impitoyablement la prérogative masculine. Les premiers, donc, à réclamer leur propre soumission. Pourquoi ? Il est possible que la grossièreté des courtisans, la brutalité des mœurs, la fréquence des viols, en particulier sous le règne d'Henri IV et durant la Fronde, aient provoqué une vive réaction, que l'on pourrait qualifier, anachroniquement, d'*antisexiste*. Le pétrarquisme et le néoplatonisme, courants dominants de la poésie lyrique courtoise qui s'épanouit à la Renaissance, invitent à respecter, mais surtout, à *aimer* les femmes, ce qui constitue une nouveauté absolue.

---

1. De Madeleine de Scudéry, dans *Clélie, histoire romaine*, 1656-1661.
2. Pétrarque, *Canzoniere*.
3. Claude Habib, *Galanterie française*, Paris, Gallimard, 2006.

L'amour « à l'italienne » a remplacé l'amour « à la gauloise ». Dans le roman sentimental de l'époque classique, les vertus aristocratiques de bravoure et de prouesse physique sont foulées aux pieds. « Le héros renonce à la gloire pour l'amour. Il doit mettre aux pieds de la femme aimée ses royaumes, sa puissance et toute la valeur qu'il a pu démontrer », poursuit Claude Habib. L'assentiment de la femme aimée est désormais le bien unique. Être un héros, c'est savoir juguler son orgueil. C'est sur cette disposition que l'homme est jugé, lui dont la seule vocation est de « servir aveuglément » la femme.

À mesure que se fissure l'idéal viril apparaît un nouveau modèle féminin : celui d'une femme dotée d'un droit à la dignité, au savoir et à l'émancipation, libre de ses choix amoureux, y compris celui de refuser le mariage ou les injonctions morales et politiques. Le théâtre classique rend hommage à cette héroïne résistante, courageuse et déterminée, femme de tête et de cœur qui ne recule devant rien, bref, à cette héroïne « virile », voire martiale. La Camille d'*Horace* et la Chimène du *Cid* de Corneille se battent jusqu'au bout pour leur honneur, leur gloire et leur sang, tandis que la Jeanne d'Arc d'*Henri VI*, de Shakespeare (interprétée sur scène par un homme, comme tous les personnages féminins du théâtre élisabéthain), défie le Dauphin :

> « Éprouve mon courage en combat si tu l'oses,
> Et tu verras que je l'emporte sur mon sexe. »

Dans la tragédie classique, « ce n'est pas le sexe qui fait la virilité, mais le genre », c'est-à-dire « la capacité à exercer la virilité par la domination », comme l'écrit l'historien et esthéticien Christian Biet dans l'article

« Équivocité des genres et expérience théâtrale[1] ». Si l'héroïne peut être virile, le héros mâle n'en est pas pour autant dévirilisé. Prêt à donner son épée et sa tête par amour, il affirme sa masculinité autrement, « de manière moins topique et moins schématique, explique-t-il, par la douleur et le malheur » : « On peut être viril, pleurer et marcher à la mort, comme on peut être viril et galant (Britannicus), du moment que les pleurs, la mélancolie, le sacrifice, voire la galanterie, mettent celui qui agit en état de dominer physiquement, moralement, ses partenaires grâce à la valeur de la gloire ainsi dégagée. »

Là où la tragédie questionne les normes de genre, la comédie va encore plus loin et les inverse carrément. L'âge classique raffole des histoires de changements d'identité sexuelle, de travestissements et de métamorphoses, comme celle de la jeune Iphis, transformée en homme par le dramaturge Isaac de Benserade :

« Miracle, je suis homme, une mâle vigueur
Rend mes membres plus forts aussi bien que mon cœur
Mon corps devient robuste en un sexe contraire,
Et je marche d'un pas plus fort qu'à l'ordinaire[2]. »

La féminisation de la gestuelle et des codes vestimentaires est tellement marquée qu'elle fait régulièrement l'objet de critiques et de moqueries.

---

1. Christian Biet, « Équivocité des genres et expérience théâtrale », in Alain Corbin, Jean-Jacques Courtine et Georges Vigarello, *Histoire de la virilité*, t. I, *op. cit.*

2. Isaac de Benserade, *Iphis et Iante* [1634], acte V, scène 6, édition établie par Anne Maubert-Verdier avec Christian Biet et Lise Leibacher-Ouvrard, Vijon, Lampsaque, 2000, rééd. 2004, cité par Christian Biet, « Équivocité des genres et expérience théâtrale », *op. cit.*

Tandis que l'écrivain Thomas Artus décrit l'entourage d'Henri III comme un repaire d'« hermaphrodites[1] » alanguis dans leur linge blanc et leurs cosmétiques, le marquis de Vauban[2] dénonce les raffinements vestimentaires de l'armée française : « Il n'est si petit officier, qui ne soit aujourd'hui endentelé, pas un qui ne soit coiffé d'une perruque à longs cheveux, poudrée et frisée avec grand soin. [...] Le luxe s'est emparé des gens de guerre, qui ne devraient jamais le connaître, comme des gens de cour et Dieu veuille que cela n'aille pas jusqu'à nous prétintailler et mettre du rouge et des mouches, car il ne nous manque plus que cela pour achever de nous donner le dernier ridicule[3]. »

L'exemple vient pourtant d'en haut : Louis XIV, souverain conquérant représenté en lion, ardent guerrier, parangon de virilité, pousse à son paroxysme la confusion des genres. Dans les tableaux du peintre Hyacinthe Rigaud, il porte perruque, jabot et talons hauts, la jambe gainée dans des bas de soie blancs agrémentés d'ornements sur le mollet. À sa cour, comme à celle de Jacques Ier d'Angleterre, il convient de se montrer élégant et de danser avec grâce aux nombreux divertissements royaux, à l'exemple du monarque, qui s'illustrera en Apollon dans le *Ballet de la nuit*. Le dieu de la Beauté est désormais préféré à celui de la Force, Hercule, auquel s'identifiaient les souverains précédents. La fascination pour la force herculéenne demeure intacte, mais elle se trouve mêlée à cet autre attribut

1. Thomas Artus, *L'Isle des hermaphrodites, nouvellement découverte...*, Paris, vers 1606.

2. Dans le mémoire intitulé *Sur les moyens d'améliorer nos troupes et de faire une infanterie perpétuelle et très excellente*, vers 1703.

3. Hervé Drévillon, « Du guerrier au millitaire », *op. cit.*

qu'est la *grâce.* Dans l'Orient fabuleux imaginé par Voltaire dans *La Princesse de Babylone*, un bel inconnu au « visage d'Adonis sur un corps d'Hercule » triomphe à l'épreuve de l'arc de Nemrod, qu'aucun roi n'avait réussi à tendre. « C'était la majesté avec les grâces. Ses sourcils noirs et ses longs cheveux blonds, mélange de beauté inconnu à Babylone, charmèrent l'assemblée[1]. »

La féminisation s'étend même au cheval, ou, du moins, à la façon de le monter. Comme l'indique l'historienne d'art Nadeije Laneyrie-Dagen, dans « Le témoignage de la peinture[2] », aux tableaux de bataille ou de chasse montrant le cheval fougueux du guerrier, se sont ajoutées, dès la Renaissance, les scènes de parade et les chorégraphies équestres donnant à voir le cheval civilisé du gentilhomme. Capable d'effectuer une levade, il est, comme son maître, léger, gracieux et élégant. La *sprezzatura* (la facilité, le naturel, l'aisance) « l'a emporté sur la mâle énergie », note l'historienne.

C'est à l'occasion des bals masqués que le brouillage des identités sexuelles est le plus troublant. À Versailles, chacune et chacun peut, à son gré, s'y déguiser en dieu de l'Olympe, en paysan, en personnage de roman, ou, comme il plaisait à Monsieur, frère du roi, en bergère de *L'Astrée.* Si la cour de Louis XIV autorise l'anonymat et le port du masque, la cour de l'impératrice Élisabeth de Russie, puis de Catherine II, l'interdit formellement et impose le travestissement lors de fêtes hebdomadaires. À Saint-Pétersbourg, tous

1. Voltaire, *La Princesse de Babylone*, in *Romans et contes*, Paris, Garnier-Flammarion, 1975.

2. Nadeije Laneyrie-Dagen, « Le témoignage de la peinture », *op. cit.*

les mardis, les seigneurs doivent paraître le visage découvert, orné de mouches, et arborer rubans, dentelles, diamants, jupons et corset, tandis que les dames, à l'image de la souveraine, s'habillent en mousquetaire, en cosaque, en colonel des gardes ou en officier de marine, les cheveux noués ou serrés dans un catogan, à la mode masculine[1]. Autant de tenues que l'impératrice elle-même adopte dans les occasions solennelles, pour affirmer et réaffirmer la nature virile du pouvoir.

Mais lorsque l'homme accepte que les rôles soient interchangeables, qu'il joue avec la fluidité des identités sexuelles, qu'il consent à se soumettre à tous les caprices du monarque et à s'agenouiller devant la mode, ne risque-t-il pas de perdre sa virilité ? Comment le fier conquérant d'autrefois en est-il arrivé à se pervertir à ce point dans la coquetterie ? Ces questions laissent sans sommeil tous ceux que cette effémination aristocratique consterne, et qui trouveront bientôt des porte-voix éloquents et sarcastiques : les pamphlétaires de la Révolution[2]. Ainsi de Camille Desmoulins, qui raille l'étiquette de la révérence, laquelle force les hommes à s'humilier en viles courbettes : « Tu as le corps tout déformé à force de te prosterner trois fois par jour devant un sultan imbécile. Tu es indigne d'avoir ce front élevé vers le ciel, et ces deux pieds raides, faits pour soutenir droit le plus fier des animaux. Va marcher à quatre pattes à Constantinople ou reste caché dans les

1. Fernande Gontier, *Homme ou femme ? La confusion des sexes*, Paris, Perrin, 2006.

2. Comme l'a remarquablement montré l'historien André Rauch dans son *Histoire du premier sexe*, Paris, Hachette, 2006.

antichambres des Tuileries[1]. » Le rire révolutionnaire du *Père Duchesne*, journal militant et persifleur, dépeint les mascarades de cette cour de bouffons précieux et chétifs, aux mains douces et blanches, qui s'inclinent au lieu de s'ériger, se trémoussent et frétillent du derrière : « Messieurs les foutriquets aristocrates à culottes serrées, à grosses cravates, à petites cocardes, [...] mangez vos bonbons en paix et n'agacez pas le dogue patriote à larges pattes, à mâchoire de fer, qui vous briserait comme des os de poulet, c'est moi qui vous le dis, foutre[2]. » Tandis que les courtisans ont la langue molle et les lèvres flasques, qu'ils suçotent des sucreries dans les salons des femmes et chuchotent selon les usages de la cour, les patriotes, eux, aboient, haranguent et déclament, de toute leur gueule de molosse, dans les comités révolutionnaires. Ils opposent à cette image du courtisan, accusé d'impuissance, la figure du « fouteur herculéen », tout occupé à la « régénération foutative », car « foutre est l'action la plus mâle et la plus délicieuse des actions de l'homme ; elle donne l'être au développement de la morale, de la société et de la politique[3] ».

1. Camille Desmoulins, *Révolutions de France et de Brabant et des royaumes demandant une assemblée nationale et, arborant la cocarde, qui mériteraient une place dans les fastes de la liberté, Seconde partie, L'An premier de la République de France*, Imprimerie P.-J. Duplain, oct.-déc. 1792, cité dans A. de Baecque, *Le Corps de l'histoire*, *op. cit.*, cité par André Rauch, *Histoire du premier sexe*, *op. cit.*

2. *Lettres bougrement patriotiques du véritable Père Duchesne*, 24e Lettre, an II de la Liberté, 1791, t. I, cité par André Rauch, *Histoire du premier sexe*, *op. cit.*

3. In *Les Fouteurs de bon goût à l'Assemblée nationale*, s.l. n.d., cité par André Rauch, *Histoire du premier sexe*, *op. cit.* Voir aussi Mona Ozouf, *L'Homme régénéré. Essais sur la Révolution française*, Paris, Gallimard, 1989.

Le dieu Hercule est à nouveau seul maître : il symbolise à présent la virilité de la Révolution et de la République. « La Révolution forme des Hercules, des hommes extraordinaires enfin, en développant dans l'être organisé les facultés viriles de l'humaine nature[1]. » L'égalité, la liberté et la fraternité sont des valeurs mâles ; c'est la raison pour laquelle les femmes, jugées complices de la dégénérescence masculine, elles qui avaient pourtant défilé avec les patriotes, créé des clubs et des sociétés féminines, sont désormais renvoyées à leurs fourneaux et réduites au silence par les Jacobins[2].

Kant aura beau proclamer que l'esprit des Lumières a fait accéder l'humanité au stade de la maturité, il ne s'agit pour l'heure que d'une humanité tronquée, amputée de moitié, hémiplégique. L'universel abstrait « tous les hommes », qui surgit dans l'espace politique lors de la Déclaration des droits de l'homme et du citoyen de 1789, est un universel masculin. Si « tous les hommes naissent et demeurent libres et égaux en droits », pour être plus justes, les rédacteurs auraient dû ajouter : « Les femmes, elles, sont toujours exclues de ces droits. » Elles sont priées de continuer à se taire docilement, et, pour celles qui se seraient aventurées dans la rue, de bien vouloir regagner rapidement la cuisine, sous peine d'être, comme ce fut le cas de la téméraire Olympe de Gouges, décapitée en place publique. Dans l'esprit des révolutionnaires, le mot *homme*, bien que postulé

1. In *Les Travaux d'Hercule, ou la Rocambole de la foutrerie par un émule de Piron, Grécourt et Gervais, à Paris, an II de la Liberté*, Paris, 1791, cité par André Rauch, *Histoire du premier sexe*, *op. cit.*

2. En 1793, le gouvernement dissout tous les clubs féminins et sociétés de femmes, dont le Club des citoyennes républicaines.

comme transcendant toutes les différences, ne désigne en vérité rien d'autre que le genre masculin, et lui seul. Un genre supérieur, voué *par nature* à la domination, comme la femme l'est à la soumission. C'est, selon l'expression de Stendhal, l'« éteignoir ». La Révolution a restauré la virilité triomphale.

Celle-ci n'en est pas moins toujours menacée. D'autres périls vont, à leur tour, aboutir à des épisodes critiques : la fin du XIXe siècle, les années 1920, les années 1960-1970, et enfin la postmodernité actuelle, constituent des périodes de vacillement et de déstabilisation des repères virils. Plutôt que de les aborder chronologiquement, il me paraît plus pertinent de dégager quatre axes de réflexion : la paternité, les luttes féministes, la guerre et le travail. Autant de lieux marqués par des évolutions sociétales majeures, propres à soulever un questionnement sans fin des grands paradigmes constitutifs de la définition de l'homme. Le spectre de la dévirilisation vient périodiquement y hanter des consciences masculines de plus en plus inquiètes, fragiles et douteuses d'elles-mêmes. Mais faut-il parler de déclin ou de progrès ? Toute la question est là.

Les métamorphoses de la paternité

Du pater familias *au* papa optionnel

Le terrain de prédilection du discours de la « crise de la virilité » porté par les masculinistes est la *paternité*, dont ils accusent les femmes de les avoir privés. Mais rappelons d'abord que ce sont les hommes, et non les femmes qui, les premiers, ébranlèrent le patriarcat, partout où ils mirent fin à la monarchie de droit divin. En France, comme l'écrira Balzac, « en coupant la tête de Louis XVI, la république a coupé la tête à tous les pères de famille[1] ». La souveraineté royale, telle que l'avait en effet théorisée le philosophe Jean Bodin[2] au XVIe siècle, était une puissance absolue, inconditionnelle, indivisible et perpétuelle, pensée par analogie (dans l'ordre céleste) avec le pouvoir absolu de Dieu et (dans l'ordre terrestre) avec celle du père de famille sur sa maisonnée. Chacun devait une obéissance aveugle à ces deux figures tutélaires qu'étaient le

1. Balzac, *Mémoires de deux jeunes mariés*, Paris, Le Livre de poche, 1975.

2. Jean Bodin, *Les Six Livres de la République* [1576], livre I, 8.

monarque et le *pater familias*, en vertu de leur *droit naturel*, d'essence divine, à exercer le pouvoir, y compris celui de vie et de mort sur leurs « sujets ». Un patriarcalisme réaffirmé, un siècle plus tard, par le philosophe anglais Thomas Hobbes, qui considère la famille comme « une petite monarchie[1] ».

Le régicide fut donc aussi un parricide, répondant aux vœux des Lumières de libérer les fils de la tutelle paternelle : « Des pères ! Des pères ! Il n'y en a point… Il n'y a que des tyrans », s'exclame Diderot dans *Le Fils naturel*. Les philosophes contractualistes s'attachent à destituer cette autorité toute-puissante, pour faire du fils un être rationnel, capable de se donner sa propre loi et de distinguer par lui-même le juste et l'injuste. Quant à l'épouse, sans pour autant l'affranchir de l'autorité de son mari, le philosophe anglais John Locke lui accorde un rôle plus important dans l'éducation des enfants. Le père et la mère « ont l'un et l'autre un droit et un pouvoir égal : en sorte que je ne sais s'il ne vaudrait pas mieux appeler ce pouvoir, le *pouvoir des parents*, ou le pouvoir *des pères et des mères*[2] ». Cette idée, progressiste en son temps, mettra encore près de trois siècles à se traduire dans la loi et les faits, mais la brèche est ouverte.

La décapitation du souverain représente donc une « mutation capitale de notre civilisation », comme l'écrit l'historien André Rauch puisque « l'on passe d'une société des pères à une société des pairs devant

1. Thomas Hobbes, *Leviathan* [1651], trad. François Tricaud, Paris, Dalloz, 1999, partie II, chap. XX.

2. John Locke, *Traité du gouvernement civil* [1690], trad. de l'anglais par D. Mazel, Paris, Garnier-Flammarion, 1992, traité II, chap. II, §13.

la loi[1] », une société de frères, que le serment de *fraternité* du Jeu de paume unit dans un même combat contre le paternalisme. Le démantèlement de l'ordre social ancien exige la suppression des titres nobiliaires et la tête du roi. Moqué, insulté, bafoué, celui-ci n'a plus rien du père du peuple, d'autant que sa fonction nourricière est remise en cause par les nouvelles théories économiques. Sa fuite achève de le discréditer : il devient alors l'archétype du lâche, du mou, boursouflé et dominé par sa femme. Sa défaite est perçue comme le signe le plus pathétique de son impuissance sexuelle, cette maladie morbide qui gangrène la cour.

De cet épisode peu glorieux, l'autorité paternelle sortira fortement démonétisée. En mars 1790, l'abolition des lettres de cachet interdit aux pères de faire emprisonner leurs enfants. « La voix impérieuse de la raison s'est fait entendre, déclare Cambacérès [alors député de l'Hérault] devant la Convention : il n'y a plus de puissance paternelle. C'est tromper la nature que d'établir ses droits par la contrainte[2]. »

La figure paternelle commence à s'éroder, du moins dans les esprits. Car la loi, elle, est beaucoup plus lente à évoluer : le Code civil de 1804 va en effet réaffirmer les pleins pouvoirs du père, « juge souverain et absolu de l'honneur de la famille ». Il faudra attendre le XXe siècle pour que les désirs d'émancipation des fils et des mères trouvent une traduction juridique. Les prérogatives masculines vont alors disparaître l'une après l'autre. En 1938, la « puissance maritale » et l'incapacité juridique de la femme mariée sont abolies.

1. André Rauch, *Histoire du premier sexe*, *op. cit.*
2. Cité par André Rauch, *ibid.*

L'homme ne peut plus décider discrétionnairement du sort de sa compagne, ni la battre, ni la chasser du domicile conjugal, comme cela se pratiquait couramment jadis. Mais ce n'est qu'en 1970[1] que le vœu de Locke est exaucé par le droit français : l'« autorité parentale » conjointe remplace la « puissance paternelle » dans le Code civil, une loi bientôt renforcée par le principe juridique d'« intérêt supérieur de l'enfant », affirmé par la Convention internationale des droits de l'enfant (CIDE) en 1989.

Ce phénomène de désinstitutionalisation du pouvoir paternel ira en s'amplifiant au cours des décennies suivantes, qui seront le théâtre d'un brouillage complet des représentations traditionnelles de la filiation et de la procréation. Comme nous l'avons vu au début de ce livre, l'engendrement avait toujours été interprété comme relevant de deux ordres distincts : celui du *biologique*, rattaché à la mère et à la *procréation*, et celui du *symbolique*, lié au père et à la *filiation*. La mère façonne dans ses entrailles le *corps* d'un enfant, le père lui donne un *nom*, rompt la fusion avec la mère et le fait entrer dans le langage et la loi humaine. La mère *connaît* son nouveau-né dans sa chair, le père le *reconnaît* en le nommant et en l'intégrant dans sa généalogie.

Ces repères ancestraux vont être bouleversés par les mutations de la famille et l'apparition de techniques de procréation. La fréquence du divorce, la multiplication des familles monoparentales, recomposées ou homoparentales, la mobilité des identités, l'adoption et les

1. La loi du 4 juin 1970 définit l'autorité parentale conjointe comme l'ensemble de droits et devoirs qui « appartient aux père et mère pour protéger l'enfant dans sa sécurité, sa santé, et sa moralité ».

progrès de la procréation médicalement assistée (PMA) avec tiers donneur ont opéré un découplage de la fécondation, de la procréation et de la filiation, dont résultent d'autres découplages : entre genre et rôle, conjugalité et parentalité, alliance et filiation, ainsi qu'une fragmentation des instances paternelles (père génétique, père éducateur, beau-père…) et maternelles (mère biologique, mère adoptive, coparente, belle-mère…).

La place du père va s'en trouver profondément altérée, d'autant que la femme a conquis la maîtrise de sa fécondité en obtenant le droit à la contraception, puis à l'avortement. La décision de poursuivre ou d'interrompre une grossesse n'appartient qu'à elle. Dotée de droits imprescriptibles, elle a ainsi pris le contrôle de la reproduction, si bien que l'homme ne souffre plus seulement du traditionnel *complexe de paternité* (suis-je vraiment le père de cet enfant ?), mais aussi d'un *complexe de dépaternité* (mes spermatozoïdes donneront-ils naissance à un enfant ?). L'homme peut en effet se voir privé d'un enfant désiré, si la femme opte pour l'IVG, ou, au contraire, forcé de le reconnaître et d'en assumer la charge financière, alors qu'il n'avait pas de projet familial avec sa partenaire. Mais « pourquoi, demandait déjà Rousseau, lui aidera-t-il à élever un enfant qu'il ne sait pas seulement lui appartenir, et dont il n'a résolu ni prévu la naissance[1] » ? Ces cas de « paternité imposée[2] » sont particulièrement déchirants, car ils aboutissent souvent à une

1. Jean-Jacques Rousseau, *Discours sur l'origine et les fondements de l'inégalité parmi les hommes*, Paris, Garnier-Flammarion, 2011.

2. Mary Plard, avocate de ces pères malgré eux, et auteure de *Paternités imposées*, Paris, Les Liens qui libèrent, 2013.

séparation des amants, doublée d'une forte culpabilisation du géniteur.

En France, la désacralisation du pouvoir paternel se poursuivra par la loi de 2005 qui abolit le « patronyme » (terme dérivant de *pater*) et le remplace par le « nom de famille », lequel peut tout aussi bien être celui du père, de la mère, ou des deux parents. En quelques décennies à peine, nous sommes ainsi passés de la famille verticale, placée sous l'autorité incontestée d'un père tout-puissant, à la famille horizontale, intégrant une multiplicité de schémas de recomposition et de distribution des places de chacune et chacun, avec ou sans « papa ».

La paternité, considérablement fragilisée, n'est donc plus un marqueur de virilité. Mais s'agit-il d'une réinvention positive des rôles parentaux ou d'un naufrage, d'une régression ou d'un progrès ?

Les pleurs du mâle

À en croire la mouvance masculiniste, les évolutions récentes de la famille sont un véritable désastre, tant pour les pères que pour les fils. C'est autour de cette thématique qu'ont émergé, dès les années 1950 aux États-Unis, les premiers regroupements d'hommes s'estimant dépossédés de leur fonction paternelle par la banalisation du divorce. Ceux qui se définissaient eux-mêmes comme « hoministe » contestaient l'obligation qui leur était faite de verser une prestation compensatoire et/ou une pension alimentaire à leur ex-femme[1].

1. Barbara Ehrenreich, *The Hearts of Men. American Dreams and the Flight from Commitment*, [1983], Washington, Anchor, 1987.

Le terme de *masculinisme* n'apparaîtra qu'une quarantaine d'années plus tard, sous la plume de la philosophe française Michèle Le Dœuff, pour désigner la rhétorique androcentrée employée par certains hommes. Elle écrit dans *L'Étude et le Rouet*[1] : « Pour nommer ce particularisme, qui non seulement n'envisage que l'histoire ou la vie sociale des hommes, mais encore double cette limitation d'une affirmation (il n'y a qu'eux qui comptent et leur point de vue), j'ai forgé le terme de *masculinisme*[2]. » À partir des années 1970-1980, le discours porté par les groupes de défense des droits des pères s'enrichit de nouvelles thématiques, qui débordent la question financière pour se concentrer sur la souffrance masculine : souffrance d'être quitté, souffrance d'être privé de ses enfants, souffrance d'être délégitimé auprès d'eux… Comme l'a montré l'essayiste américaine Susan Faludi dans *Backlash*[3], des films à succès comme *Kramer contre Kramer* de

1. Michèle Le Dœuff, *L'Étude et le Rouet*, vol. I, Paris, Seuil, 1989.

2. En fait, le terme existait déjà dans les discours féministes de la IIIe République pour désigner la posture défensive suscitée par la mixité naissante de certaines professions, comme l'indique l'historienne Juliette Rennes dans l'article « Le prestige professionnel : un genre masculin ? 1880-1940 », in Régis Revenin (dir.), *Hommes et masculinités de 1789 à nos jours. Contribution à l'histoire du genre et de la sexualité en France*, Paris, Autrement, 2007. Un temps, le terme désigna au contraire le petit nombre d'hommes soutenant la cause féministe, comme ce jeune homme (ni travesti ni homosexuel) qui se promenait en jupe dans les couloirs du Forum (conférence parallèle tenue par les ONG) de la Conférence internationale sur les femmes de Copenhague en 1980 en se proclamant « masculiniste ».

3. Susan Faludi, *Backlash. La Guerre froide contre les femmes*, trad. de l'anglais (États-Unis) par Lise Éliane Pommier, Èvelyne Châtelain et Thérèse Réveillé, Paris, Des femmes, 1993.

Robert Benton, en 1980 (ou, plus récemment, *Madame Doubtfire* de Chris Columbus, en 1993) ont alors largement contribué à sensibiliser les consciences sur ces questions, si bien qu'au tournant des années 1990, les associations de pères divorcés se multiplient dans le monde entier.

S'il est indéniable que la cause paternelle mérite d'être défendue, le problème vient de ses porte-paroles autoproclamés. À quelques exceptions près (comme le psychanalyste jungien Guy Corneau, récemment disparu), la doxa masculiniste est portée par des militants sexistes, que la virulence de leur misogynie ne peut que décrédibiliser. C'est dommage, car la déréliction masculine n'est pas seulement une posture, c'est une réalité, massive et douloureuse.

Certes, les malheureux *daddies* qui hurlent leur douleur sur des grues, soutenus par des associations comme Fathers4 Justice (bien implantée au Canada et en Grande-Bretagne) ou SOS Papa en France[1], peuvent toucher le public, mais le discours véhiculé, à travers le réseautage sur Internet et le lobbying auprès des organes législatifs et des médias, est difficilement audible, tant il est vindicatif, acrimonieux et peu constructif. Plutôt que de questionner posément le rôle joué par le genre du juge dans un jugement de divorce, on préfère dénoncer un système juridique « féminisé » et materno-centré, parfois nommé « complot féminaziste[2] », ou « fémisexiste ». Les mères sont accusées

1. La France compte une vingtaine d'associations de défense des pères divorcés, parmi lesquelles SOS Papa, le Mouvement de la Condition paternelle, GarsContent.com.

2. D'après un membre de SOS Papa sur le forum de SOS Papa, débat sur le parent social, 19 octobre 2007, cité par Anne Verjus, « Les coûts

d'instrumentaliser le divorce pour « plumer » des pères jetables, réduits à leur seule fonction de pourvoyeurs de fonds, extorqués grâce à la complaisance systématique d'une « justice matriarcale ». Les plus virulents (et probablement aussi les moins occupés) se livrent quotidiennement à l'insulte et à la diffamation sur Internet, qu'ils inondent de leur logorrhée haineuse : à les lire, la tyrannie des « vulvocrates » serait en train de commettre rien de moins que le « génocide » des pères. Certains courants contestent même le droit à la contraception et à l'avortement, réclament la codécision et remettent en cause la législation sur le divorce. Ce dernier point est central, car, d'après eux, les femmes abuseraient du droit qui leur est offert de rompre unilatéralement les liens du mariage, ce qui aurait pour résultat la destruction calamiteuse de la famille et l'inévitable malaise existentiel des fils.

Selon les masculinistes, les conquêtes féministes ne sont pas seulement un désastre pour les pères, elles le sont aussi, et peut-être encore davantage, pour la descendance, condamnée à grandir dans des « biotopes » féminins. À la maison, à la crèche puis à l'école, le garçon n'aurait affaire qu'à des femmes, ce qui aurait, pour lui et pour l'ensemble de la société, des conséquences désastreuses. L'ordre symbolique étant structuré par la fonction paternelle, la destitution du père consécutive au divorce ne pourrait que provoquer une désorientation critique des fils, privés de modèle identificatoire.

---

subjectifs et objectifs de la masculinité : le point de vue des masculinistes (et des féministes) », in Delphine Dulong, Christine Guionnet et Érik Neveu (dir.), *Boys don't cry ! Les coûts de la domination masculine*, *op. cit.*

Ceux-ci seraient moins admiratifs de leur père et donc d'autant plus inquiets quant à leur virilité, menacés par le décrochage scolaire, souvent incapables de devenir parents à leur tour et, hélas, facilement tentés par les comportements à risque, la délinquance, ou pire, le radicalisme politique ou religieux (ou l'un déguisé derrière l'autre), qui viennent redonner un semblant de sens à leur existence chaotique.

Mais la dérive des fils n'est-elle imputable qu'à la crise de la conjugalité ? Certes, Guy Corneau montre qu'un « père manquant » engendre souvent un « fils manqué[1] » et observe que les garçons présentent, plus souvent que les filles, des troubles du comportement, de la personnalité et de l'apprentissage, ainsi que des taux plus fréquents d'alcoolisme, de toxicomanie et de suicide[2]. Mais le thérapeute québécois n'en impute pas la responsabilité au divorce. Pour lui, le « père manquant » n'est pas celui qui est absent de la vie quotidienne de l'enfant, mais celui qui ne s'intéresse pas à lui ou l'ignore, comme celui de Franz Kafka.

---

1. Guy Corneau, *Père manquant, fils manqué, de la blessure à la parole*, Paris, J'ai lu, 2009.

2. Cité par Guy Corneau, *Père manquant, fils manqué, de la blessure à la parole*, *op. cit.*, le Dr Hubert Wallot, professeur à l'université du Québec à Chicoutimi, s'étonne : « Lors de l'enfance et de l'adolescence, les hommes présentent plus souvent (que les femmes) un retard mental, des troubles de l'attention associés à l'hyperactivité, des troubles de la conduite, de l'hyperanxiété, des difficultés schizoïdes, des tics transitoires ou chroniques, du bégaiement, de l'énurésie, du somnambulisme, de la terreur nocturne, de l'autisme, de la dyslexie… À l'âge adulte, des troubles de la personnalité paranoïde, compulsive et antisociale, transsexualismes, homosexualité et perversions sexuelles, alcoolisme et toxicomanie (4 fois plus que les femmes) comportements à haut risque et suicides, schizophrénie… »

Le romancier écrira un jour une longue lettre[1] à son géniteur, ce « tyran » secret et féroce : « Te montrant à peine une fois par jour, tu faisais sur moi une impression d'autant plus profonde qu'elle était rare [...] Je n'ai jamais pu comprendre que tu fusses aussi totalement insensible à la souffrance et à la honte que tu pouvais m'infliger par tes propos et tes jugements [...]. Terrible était par exemple ce "Je te déchirerai comme un poisson". » Et pourtant, ce « père manquant » habitait sous le même toit que son fils. Inversement, un *papa du week-end* et des vacances peut être pleinement investi dans sa fonction paternelle, parfois même davantage que lorsqu'il n'avait pas à assumer cette charge tout seul. Il y a toujours eu, et il y aura toujours, de bons et de mauvais pères (et mères) et cela n'a rien à voir, ni avec le divorce, ni avec l'émancipation féminine : c'est une question de disposition psychique à la parentalité, de disponibilité, de bienveillance et de générosité.

Ainsi, quand certains polémistes d'extrême droite[2] qualifient les familles monoparentales de « plaies » qu'il faudrait pouvoir « limiter » par la suppression des allocations aux mères seules, lorsqu'ils accusent ces dernières de la dérive des fils vers la délinquance ou l'autodestruction, on a fort envie de leur rappeler quelques évidences, à commencer par celle-ci : les mères élevant seules leurs enfants auraient moins besoin du soutien étatique si les pères leur versaient tous, avec régularité (et sans qu'il soit besoin de la leur

1. Franz Kafka, *Lettre au père*, Paris, Folio, 2002.

2. Le 17 août 2015, Éric Zemmour a posté sur son compte : « Il faut, je crois, avoir une action cyclique contre les familles monoparentales, il faut trouver un moyen financier, social, ou autre, de limiter les familles monoparentales. »

réclamer) une pension alimentaire décente. Or c'est loin d'être toujours le cas. Soulignons aussi la mauvaise foi de ceux qui accusent les magistrats de confier systématiquement la garde des enfants à la mère, alors qu'ils la réclament beaucoup plus rarement (car elle est très contraignante) et qu'ils se sont, jusqu'au divorce, très peu impliqués dans les tâches éducatives, en vertu d'une vision asymétrique des rôles parentaux. Dans un article récent, les sociologues Anne Verjus et Marie Vogel montrent que les associations de défense des droits des pères « ne se battent ni pour la reconnaissance de la paternité active dans le cadre de l'entreprise, ni pour sa promotion dans l'espace public ou dans l'éducation des enfants[1] ». Leurs revendications égalitaristes n'apparaissent, bien souvent, qu'après le divorce : « SOS Papa, écrivent-elles, ne se mobilise pas pour revendiquer ou promouvoir plus largement l'égalité ou sa présence dans le couple uni. » Pourtant, la meilleure garantie du maintien de bonnes relations avec les enfants *après* la séparation n'est-elle pas le temps parental[2] *avant* la séparation ? C'est ce qu'ont compris les pères (de plus en plus nombreux dans les pays occidentaux, mais rarissimes dans beaucoup d'autres) qui s'occupent réellement de leurs enfants dès la naissance, et que l'on appelle, à tort et à raison, les « nouveaux pères ».

1. Marie Vogel et Anne Verjus, « Le(s) droit(s) des pères : des mobilisations pour une condition paternelle choisie ? », *Informations sociales. La paternité aujourd'hui*, mars-avril 2013, n° 176, p. 100-108.

2. La notion de « temps parental » se définit comme « l'ensemble des activités effectuées par les parents avec et pour les enfants ».

Pourquoi « à tort » ? Parce que, en réalité, les pères aimants ont toujours existé, en dépit de l'image monolithique, véhiculée par les historiens, d'un *pater familias* froid, lointain et autoritaire. C'est ce que montre le médiéviste Didier Lett, auteur des *Enfants au Moyen Âge* : selon lui, cette austère figure paternelle est « réductrice[1] » et ne s'appuie que sur des sources « normatives », à savoir le droit canonique ou les traités de pédagogie, qui n'ont pas vocation à être le lieu d'expression de l'affection ou de l'émotion. Mais si l'on étudie d'autres sources, iconographiques et narratives, on voit apparaître une tout autre image, celle d'« un père nourricier, protecteur, aimant, plus proche[2] ». Certaines nativités, peu connues, montrent un Joseph « versant l'eau dans le bain du bébé, réparant le soufflet, attisant le feu et soufflant sur les braises, préparant la bouillie, tenant l'enfant dans ses bras et le berçant, le prenant dans son lit, séchant les langes ». Quant aux scènes profanes, elles donnent souvent à voir une grande complicité entre père et enfant : « Les petits ramassent des glands lorsque le père abat un chêne, effraient les oiseaux dans les champs pendant que le père sème du blé, tiennent les pattes du mouton que le père tond et, aux vendanges, veulent l'aider à fouler le raisin dans la cuve. » Certes, ils

1. Didier Lett, « Les "nouveaux pères" du Moyen Âge », *L'Histoire*, n° 32, juillet-septembre 2006, voir aussi Danièle Alexandre-Bidon et Didier Lett, *Les Enfants au Moyen Âge*, Paris, Hachette, 1997, rééd. 2004.

2. Didier Lett a étudié les *ricordanze* (souvenirs d'un chef de famille, le plus souvent un marchand italien de la fin du Moyen Âge) et les *exempla* (récits édifiants racontés par les prédicateurs en chaire).

doivent parfois être châtiés, mais avec modération, et, comme le recommande saint Benoît au VIe siècle, le père « doit varier sa manière d'agir selon les moments et les circonstances, joignant les caresses aux menaces, montrant tantôt la sévérité et tantôt la tendresse d'un père[1] ». Certains textes témoignent même explicitement de l'amour paternel, comme le fabliau *Celui qui bota la pierre*, qui raconte le retour à la maison d'un paysan à l'issue de sa journée de labeur. « Lorsque l'enfant voit arriver son père, il s'élance à sa rencontre. Il le rejoint sur le seuil de la porte, lui fait la fête et saute sur lui en disant : "Beau père, Dieu vous garde et vous donne joie et vous fasse honneur." Le prud'homme étreint son enfant et l'emporte joyeusement. »

Ce type de document, peu conforme à la norme historiographique, invite donc à relativiser la « nouveauté » représentée par la tendresse et la chaleur paternelles. Déjà, bien avant que le théologien chrétien Jean de Gerson n'écrive, au XVe siècle, « ne rougissons pas de parler aux enfants comme le feraient de bonnes et tendres mères », il existait des pères nourriciers et attentifs, à l'image de Joseph, dont Gerson encourage inlassablement le culte[2].

Dans l'Antiquité, Plutarque écrivit un texte, *De l'amour et charité naturelle des pères et mères envers leurs enfants*[3] dont la traduction française connaîtrait,

1. « Règle de saint Benoît », in Jean-Pie Lapierre (dir.), *Règles des moines*, Paris, Seuil, 1982, chap. II, p. 24.

2. Jean de Gerson, *De l'éducation morale et religieuse des enfants*, trad. A. Hennequin, Douai, Imprimerie Adam, 1838, et *Épître sur le culte de saint Joseph*, 1413.

3. Plutarque, *De l'amour et charité naturelle des pères et mères envers leurs enfants*, trad. du grec par Jacques Amyot en 1549.

au XVIe siècle, un immense succès. Dans toute l'Europe, la Renaissance voit en effet se multiplier les traités d'éducation et les manuels dénonçant la morgue aristocratique des pères « cupides et grondeurs ». Aussi Gargantua se plaît-il à embrasser son fils et à rire de ses « petits propos puérils », tandis que Montaigne intitule un chapitre des *Essais* « De l'affection des pères aux enfants ». Sa position est d'autant plus novatrice qu'il ne croit pas au rôle joué par l'instinct dans l'amour parental : selon lui, l'affection n'est pas innée, elle ne relève pas d'une quelconque « loi naturelle », comme chez les animaux (et singulièrement les « guenons »), mais procède d'une rationalité proprement humaine. Il dénonce l'autoritarisme paternel et l'emploi du vouvoiement imposé aux enfants de la noblesse, forcés d'appeler leurs parents « monsieur mon père » et « madame ma mère ». Cet usage, destiné à marquer la soumission, le respect et l'infériorité, empêche l'affection authentique entre générations et prive les jeunes d'une proximité avec leurs parents. Or, le dédain de certains pères, comparés à des « épouvantails à chènevière », ne peut que nourrir la haine des enfants. Montaigne, lui, veut au contraire s'en faire chérir : « Quand je pourrais me faire craindre, j'aimerais encore mieux me faire aimer[1]. » Quant au théologien protestant Martin Luther, qui aimait tendrement les siens[2], il considère que donner le biberon est une tâche extrêmement noble pour un homme.

1. Montaigne, *Essais*, II, 8.
2. Voir Jean-Marie-Vincent Audin, *Histoire de la vie des écrits et des doctrines de Martin Luther*, vol. III, Paris, Nabu Press, 2011.

L'image archétypique du père de famille *naturellement* inapte au *maternage*, que la morale bourgeoise du XIXe siècle a présentée comme universelle, n'est donc pas un invariant anthropologique. Au-delà de la *paternité statutaire*, il y eut souvent aussi une *paternité incarnée*, heureuse et pleinement assumée : le *pater familias* pouvait, lui aussi, être un *papa*.

Ces remarques conduisent à une immense question : les hommes sont-ils tout aussi capables que les femmes de s'occuper d'enfants en bas âge ? La paternité *vaut*-elle la maternité ? Répondre par l'affirmative à cette question implique une révision complète des schémas de pensée traditionnels, révision que la philosophe Élisabeth Badinter entreprend courageusement dans *XY. De l'identité masculine.* Pour elle, il ne fait pas de doute que « les pères maternent aussi bien que les mères, et presque comme les mères », y compris durant les six premiers mois. Selon elle, la thèse de l'attachement exclusif du nourrisson à sa mère doit être vigoureusement réfutée, comme nous y invitent les travaux du pédiatre Michael Yogman[1] et du professeur de psychologie Michael Lamb sur lesquels elle s'appuie. Ces chercheurs américains montrent en effet que « c'est le parent qui investit le plus son bébé qui devient le principal attachement, sans distinction de sexe ». Le père serait donc apte à développer une relation symbiotique avec l'enfant, à condition de « mettre

1. « Des enfants de trois mois interréagisent parfaitement bien avec le père comme avec la mère selon un même schéma réciproque et mutuellement régulé… Pères et mères manifestent la même capacité à faire jouer le nourrisson, à capter son attention », écrit Michael Yogman dans « La présence du père », in *Objectif bébé*, Paris, Autrement, 1985, cité par Élisabeth Badinter, *XY. De l'identité masculine*, *op. cit.*

en sommeil sa masculinité traditionnelle » et de « mobiliser toute sa féminité première », autrement dit de jouer de sa bisexualité. Selon elle, « le maternage n'a pas de sexe[1] », raison pour laquelle l'anglais lui préfère les termes, plus neutres, de *nurturing* (nourrir physiquement et affectivement) et de *parenting* pour signifier les soins aux tout-petits. En réalité, de même que la mère est apte à occuper la fonction paternelle de dire la loi, le père est capable de fusion avec l'enfant.

Les hommes doivent donc tisser des liens profonds avec leur enfant dès la naissance (voire *in utero*) sans attendre, comme souvent, la marche et la sortie des couches. Les bénéfices de cette prise en charge précoce sont immenses, en particulier pour les garçons. Les arguments de la philosophe sont très convaincants, en particulier celui-ci : si le fils doit s'identifier au père pour grandir, il doit l'aimer pour avoir envie de lui ressembler. Autrement dit, l'attachement préexiste à l'identification et la conditionne. Le *père mentor*, plus viril, qui doit succéder au *père-mère* lorsque l'enfant grandit, lui imposera d'autant mieux son autorité et son exemple qu'il aura tissé un lien d'affection avec lui.

Autre bonne raison de s'impliquer dans la vie quotidienne du tout petit garçon : cela a pour effet de faciliter le processus de séparation d'avec la mère. Nous avons vu, dans la quatrième partie, à quel point cette différenciation pouvait être problématique et comment la majorité des sociétés avaient répondu à cette difficulté en instaurant des rites de passage violents, voire barbares, pour marquer l'intronisation dans le monde des

1. Jessica Benjamin, *Les Liens de l'amour*, trad. de l'anglais (États-Unis) par Madeleine Rivière, Paris, Métailié, 1992.

hommes. Mais si ledit monde des hommes était, lui-même, moins violent, aurions-nous besoin de sang et de souffrance pour l'y intégrer ? Que serait un monde où l'on deviendrait homme par la douceur et non par la douleur ?

Quant aux petites filles, elles ont, elles aussi, tout à gagner d'un plus grand investissement paternel. Dans *King Kong Théorie*, Virginie Despentes a très bien résumé le bénéfice qu'elles peuvent tirer d'une « paternité active » : « Le regard du père sur l'enfant constitue une révolution en puissance. Les pères peuvent notamment signifier aux filles qu'elles ont une existence propre, en dehors du marché de la séduction, qu'elles sont capables de force physique, d'esprit d'entreprise et d'indépendance, et de les valoriser pour cette force, sans crainte d'une punition immanente. »

Si les rôles sont interchangeables, les spécialistes de la relation père/nourrisson observent, pour autant, de « subtiles différences entre le maternage masculin et féminin », différences que l'on retrouve dans toutes les études consacrées à ce thème, de l'Amérique à l'Australie en passant par la Suède et la Grande-Bretagne, mais qui ne justifient pas une stricte répartition genrée des activités menées avec l'enfant. Michael Yogman montre que les jeux privilégiés par les pères sont « plus stimulants, plus vigoureux, plus excitants et plus perturbateurs pour le bébé », tandis que ceux proposés par les mères sont plus visuels et invitent davantage l'enfant à fixer son attention. Élisabeth Badinter[1] remarque aussi

1. En s'appuyant sur les travaux de Henry Biller, *Father, Child and Sexe Role*, Heath, Lexington Books, 1971, et Michael E. Lamb, *The Role of the Father in Child Development*, New York, J. Wiley, 1981.

que les pères, préoccupés de la virilité de leur fils, passent en moyenne plus de temps avec lui qu'avec leur fille et l'initient à des activités plus physiques et plus exploratoires qu'elle. Il n'est donc pas ici question de nier la différence des sexes, ni l'incidence du genre du parent sur ce qu'il transmet à son enfant, mais de déconstruire les *a priori* archétypiques sur lesquels s'est fondée la distribution, réductrice et très contestable, des rôles parentaux. Archétypes en vertu desquels le domaine du sentiment et de l'émotion renvoie exclusivement au féminin, tandis que celui de l'action et de l'autorité est réservé au masculin.

Beaucoup d'hommes ont dépassé ces stéréotypes de genre : c'est un remarquable progrès. La « révolution paternelle » prônée il y a vingt-cinq ans par Élisabeth Badinter est bel et bien en marche dans les pays occidentaux. De nombreux pères pouponnent, biberonnent et prennent le congé parental que la loi leur octroie, et qu'ils jugent souvent trop court[1].

---

1. Extrait de la pétition actuellement en ligne intitulée « Plaidoyer pour l'allongement du congé d'accueil ou de paternité de 11 jours à 4 semaines » (par Naro Sinarpad) : « Si le congé paternité était rallongé cela permettrait :

- de permettre aux pères de tisser dès les premiers temps des liens privilégiés avec leur enfant,
- d'aider les mères dans les premiers temps où la prise en charge d'un enfant est si difficile,
- d'atténuer les inégalités liées aux interruptions de carrière en rapprochant les durées des congés paternité et congé maternité,
- d'impliquer très fortement les pères dans l'éducation des enfants dès les premiers temps,
- de ne pas pousser les femmes vers le rôle de mère au foyer.

Aujourd'hui deux tiers des deuxièmes parents y ont recours et pour 45 % d'entre eux leur rôle est aussi important que celui de la mère.

Les cercles d'hommes investis dans la parentalité se développent, comme le réseau français Happy Men, qui tend à favoriser l'égalité professionnelle entre les sexes par un meilleur partage des responsabilités, de la charge mentale et des contraintes liées aux enfants. L'ambition de ces progressistes n'est-elle pas plus constructive que l'attitude consistant à vomir sa misogynie derrière un pseudonyme sur Internet ou à hurler sa colère du haut d'une grue ?

Contrairement à ce que voudraient nous faire croire certains masculinistes, prôner la désexuation des charges et des fonctions parentales n'impose nullement l'abolition de la différence des sexes. Un homme qui effectue des gestes traditionnellement réservés aux femmes (requérant tendresse, patience et empathie) et donc culturellement connotés comme *féminins*, ne se *féminise* pas, sauf à confondre l'*être* et l'*agir*. Il *fait* des choses dévolues autrefois aux seules femmes, cela ne signifie nullement qu'il perde quoi que ce soit de sa masculinité réelle, qui relève de sa physiologie et de son intériorité psychique : il *est* un homme et continuera à se comporter en homme. On peut parfaitement être fort *et* sensible. De même, une femme qui fait respecter son autorité ou qui exerce du pouvoir (qualités naturalisées comme masculines) à la maison ou au travail, ne *perd* pas sa féminité : elle l'enrichit de composantes nouvelles. S'augmenter des qualités autrefois réservées à l'autre genre ne réclame pas que nous renoncions à

Aujourd'hui pour aller plus loin dans la parité femme/homme, il est temps de permettre aux hommes de prendre réellement en charge à part égale la gestion du foyer. Un grand pas serait fait en passant le congé parental de 11 jours consécutifs à quatre semaines complètes. »

celles attachées au nôtre. Cela ne nous diminue en rien : cela offre, au contraire, à notre vie une dimension plus vaste, en nous ouvrant de plus amples possibilités d'échanges avec autrui, et singulièrement avec nos enfants.

Puissant et doux à la fois : l'histoire nous apprend que cela n'a rien d'une dérive postmoderne. Le Patrocle de l'*Iliade* possédait ces deux qualités, tout comme certains personnages de la comtesse de Ségur. La romancière, que l'on peut difficilement suspecter de prôner l'indifférenciation des sexes, avait montré que l'homme était d'autant plus moral qu'il possédait les deux facettes. Elle, qui soutenait pourtant le catholicisme ultramontain et son ambition de reviriliser le christianisme (à travers des personnages masculins « musclés comme des charretiers »), donnait aussi à admirer la tendresse paternelle. Ainsi de M. de Rosbourg, père héroïque et non moins très affectueux avec son fils adoptif, qu'il soigne et embrasse avec douceur, et sa fille, qu'il prend dans ses bras en pleurant à chaudes larmes et en priant Dieu[1]. Il n'en est pas moins homme, bravement et courageusement : un « homme de cœur ».

Cette porosité des genres heurte pourtant encore certains hommes (et femmes) qui ne parviennent pas à remettre en cause les milliers d'années de construction polarisée des sexes dont nous avons hérité. Ils ont une peine immense à appréhender les mutations sociétales du dernier siècle et le questionnement sur ce qu'il est

1. Voir Sophie Heywood, « Les petits garçons modèles. La masculinité catholique à travers l'œuvre de la comtesse (1799-1874) », in Régis Revenin (dir.), *Hommes et masculinités de 1789 à nos jours. Contribution à l'histoire du genre et de la sexualité en France*, Paris, Autrement, 2007.

désormais convenu de nommer l'« identité de genre », qui en résulte. Pour eux, l'homme est toujours le seul et unique porteur de la loi, du *logos*, et du patronyme, tandis que la femme est toujours strictement assignée à la fécondité, l'*éros*, la nourriture et le sentiment. Lorsqu'elle s'éloigne de sa vocation, elle précipite le déclin du mâle. Et lorsqu'elle obtient des droits, elle dépossède l'homme des siens. Comment faire en sorte que le féminisme ne donne plus à certains mâles le sentiment qu'une conquête féminine est nécessairement une défaite masculine ? Que toute liberté donnée à une femme ne se paie pas systématiquement d'une spoliation ou d'une privation subie par un homme ? Comment convaincre les antiféministes (encore excessivement nombreux à l'échelle planétaire) que la reconnaissance des droits des femmes (et, j'y arrive, des personnes intersexuées) est le moteur du progrès de tout le genre humain ? Et qu'en s'attachant au strict partage bipolaire du monde et à sa hiérarchie arbitraire, ils ne font que s'enfermer dans l'archaïque peur des femmes qui fait le malheur des deux sexes depuis des millénaires ? Ne voient-ils pas que le thème de l'homme victime d'une femme toute-puissante n'a pas attendu les victoires féministes pour gangrener la conscience masculine ? Ne se souviennent-ils pas qu'il s'agit là d'un très ancien refrain ? « Femme, tu es la porte du diable… »

La révolution féministe et l'antiféminisme

Le féminisme au masculin

Si la *gynéphobie*, ou peur pathologique du sexe féminin, est omniprésente depuis l'Antiquité grecque, il faut tout de même rendre justice à certains hommes. Historiquement minoritaires, certes, mais pugnaces. Ils eurent l'audace de se battre contre la misogynie, mais aussi contre l'antiféminisme, les deux termes ne recoupant pas la même réalité. La *misogynie* est un mépris envers la femme, même réduite en esclavage, tandis que l'*antiféminisme* renvoie à l'hostilité au *féminisme*, c'est-à-dire aux désirs d'émancipation des femmes. C'est donc un phénomène plus tardif, puisqu'il suppose l'expression d'une *conscience de genre* de la part du sexe féminin, longtemps inexistante. Quant au *masculinisme*, comme nous l'avons vu, il désigne la position, encore plus récente, de l'homme-victime d'une hypothétique domination féminine. Or, fort heureusement, il arrive que les postures antiféminines et antiféministes soient combattues par le sexe masculin lui-même. L'homme devient alors un ardent *proféministe*.

L'histoire de la littérature et de la philosophie nous révèle en effet que certains hommes ont pris la plume pour dénoncer l'asservissement du sexe « faible », à la suite du savant allemand Cornelius Agrippa, qui fut le premier à en théoriser la logique à la Renaissance. « Dès qu'une femme est entrée sur la terre, du moins dans ses premières années, et lorsqu'elle est sortie de l'enfance, écrit-il, on la tient comme prisonnière au logis, et comme si elle était incapable d'une occupation plus solide et plus élevée, on ne lui fait apprendre qu'à manier l'aiguille. Ensuite, est-elle propre au joug ? A-t-elle atteint l'âge mûr et compétent pour la multiplication de l'espèce ? On vous la livre en esclavage à un mari qui, trop souvent, par la fureur de la jalousie ou par cent autres travers d'humeur, la met dans une condition déplorable : ou bien on l'enferme pour toute sa vie dans une vraie prison, en une retraite de soi-disant vierges et vestales, où elle essuie mille chagrins, et surtout un repentir rongeant qui ne finit que par la mort[1]. »

S'ensuivront, aux siècles suivants, quantité de plaidoyers en faveur de la libération de la femme[2], dont le plus abouti est probablement celui du philosophe cartésien François Poullain de La Barre, intitulé *De l'égalité de l'homme et de la femme, discours physique et moral où l'on voit l'importance de se défaire des préjugés*, publié en 1673. Il y dénonce le conditionnement féminin à la soumission et prône le libre

---

1. Cornelius Agrippa, *De nobilitate et præcellentia fœmini sexus* (*Traité de l'excellence des femmes*), 1529.

2. Les principaux auteurs sont le chevalier de L'Escale (*Le Champion des femmes*, 1618), Jacques du Bosc, Nicolas Angenoust, Louis Machon, François de Soucy.

accès des femmes à toutes les fonctions, y compris la prêtrise et l'armée. Au siècle suivant, tandis qu'Helvétius, Stuart Mill ou Montesquieu militent pour l'égalité de l'enseignement, Diderot s'indigne des claustrations imposées aux femmes et de la « cruauté des lois civiles » dans l'essai *Sur les femmes*, souligne leurs vertus dans l'article « Réflexions sur le courage des femmes[1] » et dénonce la frustration sexuelle à laquelle elles sont condamnées par l'égoïsme mâle. « Plusieurs femmes mourront sans avoir éprouvé l'extrême de la volupté[2] », se désole-t-il.

Mais c'est à Condorcet, esprit éclairé, à la fois mathématicien, philosophe et homme politique, que l'on doit le discours le plus militant : dans son essai *Sur l'admission des femmes au droit de cité*, il est le premier à réclamer l'égalité des droits civiques et politiques et à s'insurger contre l'éviction des femmes du pouvoir législatif. La prétendue « nature » plus faible des femmes n'est pas, pour lui, un argument recevable : « Pourquoi des êtres exposés à des grossesses, et à des indispositions passagères, ne pourraient-ils exercer des droits dont on n'a jamais imaginé de priver les gens qui ont la goutte tous les hivers, et qui s'enrhument aisément[3] ? » demande-t-il. Pour lui, il n'existe aucune « différence naturelle » qui « puisse légitimement fonder l'exclusion du droit ». Une opinion partagée par le révolutionnaire Gracchus Babeuf, qui fustige « la prétendue supériorité de l'homme sur

1. Paru en mars 1745 dans *Le Mercure de France.*

2. Diderot, *Sur les femmes*, Paris, Folio, 2013.

3. Nicolas de Condorcet, *Sur l'admission des femmes au droit de cité*, 1790, Firmin Didot Frères, 1847.

la femme et la despotique autorité qu'il s'arroge sur elle[1] ».

Enfin, Charles Fourier prône hardiment l'égalité des sexes et l'abolition de la famille : « Partout où l'homme a dégradé la femme, il s'est dégradé lui-même », proclame-t-il, tant il est vrai que « le bonheur de l'homme, en amour, se proportionne à la liberté dont jouissent les femmes[2] ». Et il ajoute : « Comment la femme pourrait-elle échapper à ses penchants serviles et perfides quand l'éducation l'a façonnée dès l'enfance à étouffer son caractère pour se plier à celui du premier venu que le hasard, l'intrigue ou l'avarice lui choisiront pour époux ? » L'éducation, tout est là, en effet.

Hélas, c'est l'antiféminisme de certains autres penseurs, comme Restif de La Bretonne[3], farouche opposant à l'éducation des femmes, qui l'emportera. À Diderot les rédacteurs du Code civil français préféreront Rousseau, qui persiste à penser que la femme souffre d'une infériorité congénitale et irréversible, que son influence sur la société est corruptrice et qu'il faut la reconduire à son seul destin de fille, d'épouse et de mère. Le programme éducatif destiné à la Julie de *La Nouvelle Héloïse* se résume en une phrase : « Toute fille doit avoir la religion de son père et toute femme celle de son mari[4]. »

---

1. Dans un brouillon de lettre de 1786, cité par Camille Froidevaux-Metterie, *La Révolution du féminin*, *op. cit.*

2. Charles Fourier, *Théorie des quatre mouvements*, Dijon, Presses du réel, 2009.

3. Nicolas Edme Restif de La Bretonne, auteur de *La Paysanne pervertie*, s'oppose farouchement à l'instruction des femmes, et encourage au contraire les concours locaux de vertu.

4. La phrase est tirée de l'*Émile*.

Les idées émancipatrices portées par un Poullain de La Barre, un Diderot ou un Condorcet mettront encore du temps à s'imposer dans les consciences et dans la loi. Le Code civil napoléonien privera les femmes de toute forme d'autonomie et les frappera d'incapacité juridique. À l'ère postrévolutionnaire, le clivage social majeur ne sépare plus une aristocratie dotée de tous les privilèges et un peuple opprimé, mais des mâles élevés au rang de citoyens libres et égaux et une masse silencieuse de femmes toujours privées d'éducation, reléguées dans la sphère domestique et vouées à leur « destin biologique » de reproductrices.

Mais elles vont s'impatienter. Demeurer passivement au seuil de l'humanité, alors que celle-ci s'est enfin affranchie de la tyrannie du roi ? Ne pas accompagner le parricide politique d'un parricide social ? Plus pour très longtemps. Bientôt, influencées par les théories utopistes et le saint-simonisme, elles voudront, elles aussi, pénétrer le monde, le féconder, et lui offrir l'occasion historique de se réinventer. La révolution qu'elles accompliront au cours des deux derniers siècles ne sera pas seulement politique : ce sera la mutation anthropologique, sociétale et métaphysique la plus importante qu'ait connue l'histoire humaine. En quelques décennies, tous les domaines de la vie politique, sociale et économique, qui lui étaient jusqu'alors interdits, seront progressivement investis par le « deuxième sexe ».

La *désexuation* du monde, ou encore la *dévirilisation* du monde, est ce processus par lequel l'ordre symbolique multi-séculaire de notre civilisation, longtemps fortement *sexué*, c'est-à-dire, étymologiquement, *coupé*[1], sectionné, en deux parties impénétrables l'une à l'autre (sphère privée du féminin/sphère publique du masculin) va, décennie après décennie, *se désexuer*, autrement dit se déscinder en deux, ou encore s'unifier. Mais jusqu'où cela est-il désirable ? La question divise les féministes elles-mêmes.

L'histoire des conquêtes féministes est bien connue et il n'est pas question ici d'en retracer la chronologie. Il s'agit seulement de repérer les trois grands *moments du féminisme* – le politique, le sexuel et le postsexuel – et les trois *moments d'antiféminisme* qui les ont accompagnés. Ces trois moments s'articulent autour de trois lieux (*topoï*) : le *logos*, l'*éros* et le *cosmos*.

Le féminisme sera, successivement, un processus politique, sexuel et philosophique, qui nourrira, ou ravivera, en l'homme, une triple peur : celle du renversement de la domination masculine, celle de l'impuissance sexuelle et celle de la fin du monde. Terreurs, au demeurant, souvent partagées aujourd'hui par les femmes elles-mêmes. Car, si la majorité d'entre elles se reconnaît dans le féminisme conquérant des débuts, elles sont très loin d'épouser unanimement les options théoriques déconstructionnistes de la deuxième, et surtout de la troisième vague, assimilée à la « théorie du genre ». Voilà pourquoi, par un regrettable retournement des choses, nombre de nos contemporaines ont rejoint les rangs conservateurs de l'antiféminisme.

1. Le mot sexe dérive du latin *secare*, qui signifie couper, séparer.

Le premier féminisme et la conquête du logos

À l'origine, le terme de « féminisme » est un néologisme créé par la psychiatrie française pour désigner la « pathologie » dont souffrent les hommes peu « virils », voire homosexuels[1]. Puis il est ironiquement détourné : de signifiant de l'effémination de l'homme, il devient celui de la lutte pour l'égalité des sexes.

L'origine médicale du mot est évocatrice des dangers que fait peser sur la société la perspective d'une femme éduquée, forçant les portes du savoir. Les premières luttes des femmes vont, en effet, se concentrer, dès la seconde moitié du XIXe siècle, sur la conquête des droits éducatifs, préalable indispensable à l'exercice des droits civiques, civils et économiques. Les suffragettes, imprégnées de morale chrétienne et attachées à la famille, n'avaient alors nullement l'intention de renverser l'ordre établi, elles furent néanmoins violemment moquées et insultées. Ainsi d'Hubertine Auclert qui, pour avoir réclamé le droit aux études, fondé le journal *La Citoyenne* et osé écrire au préfet « Je ne vote pas, je ne paie pas mes impôts[2] », fut traitée d'« hystérique », de « virago », de « pétroleuse », de « bas-bleu », de « cerveline », voire de « nymphomane ».

---

1. L'adjectif « féministe » apparaît pour la première fois en 1872 dans le pamphlet antiféministe *L'Homme-Femme* d'Alexandre Dumas fils. Cf. Karen Offen, « Sur l'origine des mots féminisme et féministe », *Revue d'histoire moderne et contemporaine*, n° 3, juillet-septembre 1987, cité par Christine Bard (dir.), *Un siècle d'antiféminisme*, Paris, Fayard, 1999.

2. À partir de 1880, elle entame une grève de l'impôt qu'elle justifie ainsi : les femmes ne devraient pas être imposables aussi longtemps qu'elle n'auront pas de représentation légale. En 1908, n'ayant pas été entendue, elle brise la vitre d'un bureau de vote et renverse une urne électorale.

Les hommes n'avaient pas tort de voir dans l'éducation des femmes le danger dont découleraient tous les autres. Car, si les nations protestantes (États-Unis, Allemagne, Grande-Bretagne, Suède, Norvège, Finlande, Pays-Bas...) furent celles où le suffragisme fut le plus combatif, c'est que les femmes y étaient plus instruites que dans les pays catholiques (France, Espagne, Portugal, Italie...). L'alphabétisation des filles y avait en effet été encouragée, dès la Réforme, par le devoir, imposé à chacune et chacun, de lire la Bible en famille, là où le catholicisme réservait ce privilège aux clercs. Comme l'écrit Tocqueville dans *De la démocratie en Amérique*, l'indépendance des femmes était « encore plus grande dans les pays protestants qui, ainsi que l'Angleterre, ont conservé ou acquis le droit de se gouverner eux-mêmes. La liberté pénètre alors dans les familles par les habitudes politiques et par les croyances religieuses[1] », à quoi il ajoute : « Chez presque toutes les nations protestantes, les jeunes filles sont infiniment plus maîtresses de leurs actions que chez les peuples catholiques. » Plus éduquées, elles obtinrent le droit de vote[2] et les droits

1. Alexis de Tocqueville, *De la démocratie en Amérique*, t. II, Paris, Garnier-Flammarion, 1981.

2. Aux États-Unis, à la fin du XIXe siècle, trente-six États possèdent des associations suffragistes. L'État du Wyoming est le premier à accorder le droit de vote aux femmes en 1869, suivi de l'Utah, en 1870. En 1914, le droit de vote féminin s'étend à tous les États sauf le Nouveau-Mexique. Les grands collèges universitaires féminins (Vassar College, Radcliffe, Smith and Wellesley) sont créés entre 1865 à 1885. Dès la fin du XIXe siècle, aux États-Unis, toutes les professions sont ouvertes aux femmes (*Histoire mondiale de l'éducation*, Paris, PUF, 1981). En Allemagne, le droit de vote est accordé aux femmes par la Constitution de Weimar en 1919. En Grande-Bretagne,

civils beaucoup plus tôt que dans les États latins comme la France, qui vit l'analphabétisme féminin croître après la Révolution, l'État ne s'en souciant guère et déléguant la tâche de les instruire à l'Église, laquelle s'en acquitta à sa manière, très rétrograde.

Les premières femmes bachelières[1], médecins[2], avocates[3] ou journalistes[4] furent accusées de menacer la famille et l'ordre social ; elles firent craindre un apocalyptique renversement des rôles. « Un jour, déclara l'écrivain Barbey d'Aurevilly dans *Les Bas-Bleus*, Marie d'Agoult sera à l'Académie française, Rosa Bonheur à l'Académie des Beaux-Arts, et c'est nous, les hommes, qui ferons les confitures et les cornichons[5]. » À quand l'« allaitement de la marmaille » ?

Comment les femmes osent-elles forcer les portes du *logos* ? La sphère du verbe, de l'ordre, de la raison et de la liberté est, depuis toujours, l'apanage de l'homme, la femme étant assimilée au désordre des passions venues du corps et rivée à la nécessité.

---

la loi électorale anglaise autorise les femmes de plus de trente ans à voter en 1918. Les Françaises obtiennent le droit de vote et d'éligibilité le 21 avril 1944 par ordonnance du gouvernement provisoire du général de Gaulle.

1. Julie Daubié, la première bachelière française (1860), écrivit *La Femme pauvre au XIXe siècle*, ardent plaidoyer pour l'instruction des filles.

2. Monique Pelletier fut la première Française interne des hôpitaux psychiatriques en 1902.

3. Jeanne Chauvin fut la première avocate française en 1895.

4. *La Fronde*, journal dirigé par Marguerite Durand (quotidien de 1897 à 1903, puis mensuel de 1903 à 1905), était entièrement rédigé et fabriqué par des femmes, alors que l'imprimerie est, traditionnellement, un bastion masculin.

5. Jules Barbey d'Aurevilly, *Les Bas-Bleus et autres ridicules du temps* [1878], préface de Léon Bloy, Paris, Obsidiane, 2010.

Aliénée au sensible, elle *ressent* ; l'homme, connecté à l'intelligible, *pense.* Elle est gouvernée par ses émotions, il gouverne ses idées. Elle peut être un objet de pensée ou de désir, mais ne saurait se constituer en *sujet* désirant et pensant. C'est pourquoi il est demandé à celle qui incarne la Chair de « se taire dans les assemblées publiques[1] », selon le vœu paulinien. Son domaine, c'est l'organique, pas le spirituel.

Aristote[2], on s'en souvient, justifie la servilité de la femme (et de l'esclave) en invoquant le besoin viril d'être soustrait au poids des contingences matérielles pour s'adonner à la seule contemplation des choses de l'esprit. La femme travaille au service de l'homme pour permettre à celui-ci de penser. S'il arrive à la femme de l'Antiquité de s'exprimer, c'est uniquement à travers son don prophétique ou médiumnique, à l'instar de Cassandre ou de la Diotime du *Banquet* de Platon, comme le montre l'helléniste Hélène Monsacré dans *Les Larmes d'Achille*[3]. Elle est liée au *mythos*, mais exclue du *logos.* La parole de la femme appartient au registre de l'intuition, du mysticisme, de l'effusion, de la magie, du maléfice ou de l'érotisme, jamais à celui de la rhétorique[4] ou de la conceptualisation. On lui attribue un rôle hiérophanique d'initiation aux mystères, jamais la moindre intelligence scientifique. Elle est incapable de structurer, de hiérarchiser, de mesurer, de classer, de modéliser, d'objectiver en

1. Saint Paul (1 Co, XIV, 34).

2. Aristote, *Éthique à Nicomaque.*

3. Hélène Monsacré, *Les Larmes d'Achille. Héros, femme et souffrance chez Homère*, préface de Pierre Vidal-Naquet, Paris, Félin, 2010.

4. À l'exception, notoire il et vrai, d'Aspasie, évoquée dans la troisième partie de ce livre.

se dégageant du prisme de la sensibilité. Aussi Hypathie[1], la brillante philosophe, mathématicienne, astronome et géomètre qui dirigea l'école néoplatonicienne d'Alexandrie, fut-elle traitée d'« ennemie de la foi » et accusée de sorcellerie, avant d'être démembrée et brûlée par les chrétiens, qui ne lui pardonnèrent pas le prestige intellectuel dont elle jouissait, elle, une simple femme.

Le mépris à l'égard des qualités intellectuelles des femmes sera durable, et tenace, puisque des esprits aussi modernes que Kant l'afficheront encore à l'âge des Lumières. Celui qui a analysé, sur des milliers de pages, ce que peut (et ne peut pas) la Raison humaine, n'a pas songé à en partager l'usage avec l'autre moitié de l'humanité. « Pour ce qui est des femmes instruites, écrit-il, elles usent des livres à peu près comme de leur montre ; elles la portent pour qu'on voie qu'elles en ont une ; peu importe qu'à l'ordinaire, elle soit arrêtée ou ne soit pas réglée au soleil[2]. » Si, d'aventure, elle se pique de littérature, elle déchaîne les passions, surtout si elle a du succès, comme George Sand, créditée, ainsi que le rappelle Michèle Perrot dans la préface d'*Un siècle d'antiféminisme*, de tous les vices : « Le stupre, le désir de l'argent, la trahison de ses amis et de ses idéaux, l'amour du pouvoir domestique et public, la haine des hommes et l'abandon d'enfants […] et pour finir, une écriture trop facile, asservie au ruralisme et au mauvais goût petit-bourgeois ; une "bonne dame"

1. Elle créa un planisphère, un astrolabe et un hydromètre gradué.

2. Emmanuel Kant, *Anthropologie du point de vue pragmatique, II B, Conséquences pragmatiques*, trad. de l'allemand par Pierre Jalabert, Paris, Gallimard, 1986.

finalement inodore, indigne de la littérature, tout juste utile pour les distributions de prix[1]. »

Dès la fin du XIXe siècle, l'émancipation progressive d'une femme résolue à conquérir la sphère publique déchaîne la misogynie la plus discriminatoire, celle qui consiste à lui en proscrire l'accès au motif qu'elle est tout simplement idiote. Le thème de la bêtise ontologique de la « race » féminine, comparable à celle de la « race nègre », devient obsessionnel. Trois ans après le succès du traité *Sur l'imbécillité physiologique de la femme*, publié en 1900 par le neurologue allemand Paul Julius Möbius, le jeune philosophe autrichien Otto Weininger, que son suicide à l'âge de vingt-trois ans transformera en héros de la propagande antisémite, fait paraître un essai intitulé *Sexe et caractère*. Il tente de théoriser l'altérité absolue des sexes et des « races », qu'elles soient juive, « nègre » ou autre. Tout ce qui est différent est, par essence, inférieur, au point qu'« il convient d'abandonner l'idée abstraite de *genre humain* pour parler désormais de *genres humains*. Comparé à celui de l'homme, le comportement de la femme paraît pathologique comme celui des nègres comparé à celui des Européens[2] ». S'il peut arriver que l'une ou l'autre ne soit pas totalement stupide, elle demeure néanmoins toujours moins intelligente qu'un homme et, en tout état de cause, incapable de *génie*. Le *génie*, voilà un trait proprement viril. Weininger en révèle la raison : la femme vit dans l'instant, le pur présent, éphémère et volatil, elle n'a ni mémoire, ni faculté de se projeter

---

1. Christine Bard (dir.), *Un siècle d'antiféminisme*, *op. cit.*

2. Otto Weininger, *Sexe et caractère*, trad. de l'allemand par Daniel Renaud, Lausanne, Paris, L'Âge d'homme, 2012.

dans l'avenir, ni représentations claires et distinctes. Sa conscience ne s'élève jamais, elle est rivée à l'immanence et à sa désolante vacuité, tandis que l'homme, lui, a le goût vertical de la transcendance. Le problème de la femme, c'est qu'elle ne sépare pas le penser et le sentir[1], ce qui la rend parfaitement inapte à l'abstraction, à la transcendance et au sublime : « La femme est sentimentale et ne saurait qu'être émue, non bouleversée. » Chez elle, tout est plus petit, plus étroit, plus limité. Pas de grandeur, pas de souffle, pas de génie.

L'antiféminisme ne fera que croître dès les premières décennies du XXe siècle. La Belle Époque voit en effet naître celle que D. H. Lawrence nomme la « nouvelle Ève[2] », cette femme capable de quitter son mari par pur désir d'autonomie. Que fait une femme quand on l'autorise à raisonner ? Elle *déraisonne*, met en péril la hiérarchie conjugale et la stabilité de la famille. Que fait-elle lorsqu'on lui octroie le droit de vote, alors qu'elle ne paie jamais sa citoyenneté au prix fort en temps de guerre, sur le champ de bataille ? Elle en use selon son caprice, ne suit pas l'avis de son époux et menace la paix du ménage. Qu'arrive-t-il lorsqu'on l'autorise à travailler à l'extérieur ? Elle néglige les tâches domestiques et se « virilise ».

L'émancipation féminine est accusée de tous les maux : de la faillite de l'honneur masculin à la décadence de la nation, en passant par la dégradation du

---

1. Il nomme ce défaut « hénotisme ». « Je proposerai celui (le concept) d'"hénotisme" (du grec ἕν signifiant "un") pour bien marquer que sensation et sentiment ne se donnent pas encore en eux comme deux moments analytiques qui seraient isolables par l'abstraction. »

2. *L'Ève nouvelle* est le titre d'un roman de Jules Bois et d'une nouvelle de D. H. Lawrence, *La Nouvelle Ève et le Vieil Adam.*

civisme, la débauche, la dénatalité et les maladies vénériennes. Comme le note l'historien André Rauch dans *Histoire du premier sexe*, « lorsque les piliers de l'autorité masculine vacillent, les valeurs de la civilisation chancellent[1] ».

Une image vient cristalliser ces peurs : celle de la « garçonne », qui effraie d'autant plus que le roman éponyme de Victor Margueritte[2], paru en 1922, a rencontré un succès fulgurant[3]. L'œuvre, qualifiée de « pornographique » et de « fienteuse », suscite une violente polémique, en raison de la liberté dont fait preuve le personnage de Monique Lerbier, qui préfère l'aventure au mariage. Elle incarne cette femme nouvelle, affranchie et subversive, qui ose afficher ses cheveux courts, sa poitrine plate non corsetée et sa longue cigarette, cette femme des Années folles que la Grande Guerre a contribué à produire, et qui réclame « une chambre à soi[4] ».

Le premier conflit mondial a, en effet, provoqué des changements sociétaux majeurs : les femmes ont investi les millions de postes occupés par les appelés, qu'elles ont remplacés à la ferme, l'atelier et l'usine, tout en assurant la production des armes. C'est le début de leur entrée massive dans la vie économique, intellectuelle et politique. C'en est fini de leur relégation séculaire dans la vie domestique. À présent, elles étudient, lisent,

1. André Rauch, *Histoire du premier sexe*, *op. cit.*

2. Victor Margueritte, *La Garçonne*, publié en 1922.

3. 300 000 exemplaires en six mois d'après André Rauch, *Histoire du premier sexe*, *op. cit.*

4. Virginia Woolf, *Une chambre à soi*, paru en 1929, est un pamphlet dénonçant l'infériorisation intellectuelle des femmes et leur éloignement de la carrière d'écrivain.

écrivent, votent et exercent des professions variées : la sphère publique du *logos* s'est désexuée. Il faut désormais compter avec l'esprit des femmes.

Or celles-ci vont bientôt s'emparer d'un sujet encore largement tabou : la sexualité. C'est en effet autour de la question de l'*éros* que s'articule la deuxième vague féministe, celle des années 1960-1970, qui entend libérer la femme de sa soumission sexuelle et des interdits pudibonds dans lesquels ses désirs ont toujours été étouffés. J'ai évoqué plus haut les interrogations que la libération sexuelle avait fait naître au sujet de la paternité et, encore plus haut, au sujet de la maternité. Je voudrais me concentrer ici sur les peurs nouvelles – et les paradoxes – que fait naître un corps de femme qui n'appartient plus qu'à lui-même, prend conscience de sa dimension politique et se proclame souverain.

*Le deuxième féminisme et la politisation de l'*Éros

De toutes les conquêtes féministes, celle de la liberté sexuelle sera la plus tardive. Longtemps, les femmes n'oseront pas s'emparer d'une question qui leur fait honte. Leur combat prioritaire est celui de la reconnaissance de leur esprit par l'instruction et l'exercice des droits civils et politiques, il est noble et collectif ; réclamer le droit à la liberté sexuelle, *cela ne se fait pas.* Dans l'esprit des premières militantes, pour la plupart d'origine bourgeoise et chrétienne (catholique ou protestante), le mot « sexualité » évoque deux époux en longue chemise de nuit, dans l'obscurité de la chambre nuptiale : le peu de chose qui s'y passe ne regarde personne. Elles ont intériorisé l'idée d'une sexualité féminine subordonnée au désir masculin, conçue sur le mode du don pudique de soi et dévolue à la procréation.

Mais si la thématique sexuelle apparaît peu dans les discours de ces femmes encore engoncées dans leur robe fermée jusqu'au menton, certaines militantes de la première vague osent pourtant briser le tabou. Dès le tout début du XXe siècle, la femme de lettres française Nelly Roussel parle du plaisir féminin et milite pour le droit à la contraception et à l'avortement. Dans le journal *La Fronde*[1], elle se demande « quand viendra le jour où les questions sexuelles – si importantes – cesseront d'être frappées d'interdit[2] » et quand la femme cessera d'être un « objet de plaisir » pour devenir un *sujet du plaisir.*

Il n'est pas étonnant que, en France, la première à s'emparer politiquement de la question sexuelle soit une femme d'origine très modeste, devenue, par son intelligence et sa détermination, brillante psychiatre et l'une des féministes les plus influentes de sa génération : Madeleine Pelletier. Celle qui disait se travestir en homme (costume, chapeau melon et canne) pour signifier « Je suis ton égale » aura le courage de dénoncer la domination sexuelle, ce grand impensé de la conscience féminine. Dans l'amour conjugal, « l'homme possède, la femme est possédée. Il a des droits, elle des devoirs », écrit-elle dans *L'Émancipation sexuelle de la femme*, paru en 1912. Elle évoque le désir et le plaisir féminins, qu'elle entend libérer du devoir procréatif,

---

1. Premier journal féministe français, fondé par Marguerite Durand, voir note 4, p. 438.

2. Citée par Yannick Ripa, « La sexualité des femmes », *L'Histoire*, n° 277, juin 2003.

raison pour laquelle elle milite ardemment en faveur de la contraception et de l'avortement[1]. Mais elle est née, de son propre aveu, « plusieurs siècles trop tôt », et ses idées subversives, tout comme ses activités de « faiseuse d'anges », en feront une paria dont on se débarrassera en l'internant dans un hôpital psychiatrique, où elle s'éteindra peu de temps après.

Les esprits ne sont toujours pas disposés à entendre parler de l'émancipation sexuelle de la femme quand paraît, en 1949, le chef-d'œuvre de Simone de Beauvoir qu'est *Le Deuxième Sexe*[2]. La charge, argumentée et nourrie, contre l'ordre matrimonial et le destin maternel de la femme fait l'effet d'une bombe. La philosophe y thématise l'aliénation de la femme et réclame, pour elle, la reconnaissance d'un goût de la transcendance et de l'autonomie qu'on lui a toujours dénié. « Les hommes lui imposent de s'assumer comme l'Autre : on prétend la figer en objet, et la vouer à l'immanence, puisque sa transcendance sera perpétuellement transcendée par une autre conscience essentielle et souveraine. Le drame de la femme, c'est ce conflit entre la revendication fondamentale de tout sujet qui se pose toujours comme l'essentiel et les exigences d'une situation qui la constitue comme inessentielle. »

La « femme indépendante » qu'elle appelle de ses vœux doit donc prendre son destin en main, et refuser son instrumentalisation et son objectivation. « Selon l'opinion publique, c'est l'homme qui vainc, qui *a* la

---

1. En 1913, Madeleine Pelletier publie *Le Droit à l'avortement.*

2. L'ayant fait longuement dans *Je t'aime à la philo*, je ne m'étendrai pas ici sur le chapitre « L'amoureuse », dans lequel elle décrit, avec une précision extraordinaire, l'esclavage volontaire de la femme aliénée à un homme vénéré comme un dieu.

femme. On n'admet pas qu'elle puisse comme l'homme assumer ses désirs : elle est leur proie […]. On se la représente tantôt comme pure passivité : c'est une "Marie-couche-toi-là ; il n'y a que l'autobus qui ne lui soit pas passé sur le corps" […], tantôt on la regarde comme une activité aliénée : il y a un diable qui trépigne dans sa matrice, au fond de son vagin guette un serpent avide de se gorger de sperme mâle. En tout cas, on refuse de penser qu'elle soit simplement *libre*. »

Avant même que le spectacle de sa vie personnelle[1] ne donne aux censeurs l'occasion de la vouer aux gémonies, elle scandalise la bonne conscience nataliste d'après-guerre, d'autant qu'elle traite du lesbianisme non comme d'une maladie mais comme d'un choix délibéré, rationnel et pleinement assumé. « En vérité, écrit le Castor, l'homosexualité n'est pas plus une perversion délibérée qu'une malédiction fatale. C'est une attitude choisie en situation, c'est-à-dire à la fois motivée et librement adoptée […]. C'est pour la femme une manière parmi d'autres de résoudre les problèmes posés par sa condition en général, par sa situation érotique en particulier » et de « refuser la domination mâle ».

Ces propos lui vaudront des attaques véhémentes, dont elle se souviendra plus tard : « Insatisfaite, glacée, priapique, nymphomane, lesbienne, cent fois avortée, je fus tout et même mère clandestine. On m'offrit de me guérir de ma frigidité, d'assouvir mes appétits de goule, on me promettait des révélations en termes orduriers, mais au nom du vrai, du beau, du bien, de la santé et

1. Voir *Je t'aime à la philo*, *op. cit.*

même de la poésie, indignement saccagés par moi[1]. » Vingt ans seront encore nécessaires pour que le discours sexuel émancipateur de Beauvoir soit repris par des féministes longtemps trop prudes pour se l'approprier. Le propos des militantes des années 1960-1970 sera alors d'autant plus révolutionnaire qu'il avait été longtemps contenu.

Le choc sera terrible pour les hommes. D'abord cette explosion langagière, jugée indécente et outrancière. Il y a à peine un siècle, elles étaient vierges, pures, silencieuses, se lavaient tout habillées et n'avaient même pas le droit de prononcer des mots comme « culotte », et voici qu'elles noircissent des pages entières de « clitoris », « vagin », ou « orgasme » et parlent du « mythe de la frigidité féminine[2] » : « Jouissances de mon ventre de femme, de mon vagin de femme, de mes seins de femme, des jouissances fastueuses dont vous n'avez nulle idée. Il faudra bien que j'en parle, car c'est seulement de là que pourra naître une parole neuve, et qui soit de la femme[3] », écrit Annie Leclerc dans *Parole de femme*.

Mais les hommes sont-ils disposés à l'entendre, cette « parole de femme » ? Pas tous. Pour l'universitaire Claude Alzon, comme pour beaucoup d'autres, ce « culte de la vulve » est une « apologie de la connerie[4] ».

1. Cité par Sylvie Chaperon, *Les Années Beauvoir (1945-1970)*, Paris, Fayard, 2000.

2. Christiane Rochefort attaque le « mythe de la frigidité féminine », *Partisans*, n°s 54-55, 1970.

3. Annie Leclerc dans *Parole de femme*, Paris, Grasset, 1974 et Le Livre de poche, 1986.

4. Cité par Christine Bard, « Les antiféministes de la deuxième vague », in *Un siècle d'antiféminisme*, *op. cit.*

Ceux-là n'ont guère envie de s'entendre répéter à longueur de journée que « le clitoris est l'organe spécifique de la sexualité chez la femme[1] », contrairement à ce qu'ils ont toujours cru ; ils n'apprécient peut-être pas de voir les seins dénudés de leur épouse s'offrir sur la plage comme de la marchandise, ni non plus, nécessairement, de contempler ceux des autres femmes, privées de leurs vêtements en même temps que de leur mystère.

Cette femme émancipée les met mal à l'aise, d'autant que la disparition du dogme de la virginité fait naître un complexe inédit : et si elle avait connu plus de plaisir avant moi ? Avec un autre, ou plusieurs autres… Comment supporter un doute aussi angoissant ? D'autant que les femmes deviennent pointilleuses sur le terrain de la liberté et se soutiennent les unes les autres. À Isabelle, qui, en 1968, demande au très influent « Courrier du cœur » du magazine *ELLE* : « Comment lui avouer que je me suis donnée à un autre ? », Marcelle Ségal répond, catégoriquement : « Ça ne le regarde pas. Votre passé ne le concernera que lorsqu'il vous aura offert son avenir […]. Si, une fois fiancés, il vous demande carrément : "Suis-je le premier ?", vous lui répliquez tout aussi carrément et, s'il devait en faire un drame, le mieux serait de rompre tout de suite et sans regret[2]. »

Où est la douce, pudique et fidèle épouse d'antan, celle qui se taisait, soignait et nourrissait, se laissait

1. « Le clitoris est l'organe spécifique de la sexualité chez la femme », d'après l'Américaine Kate Millett, *La Politique du mâle*, trad. de l'anglais (États-Unis) par Elizabeth Gille, Paris, Stock, 1971.

2. « Courrier du cœur » de Marcelle Ségal, *ELLE*, 18 janvier 1968, cité par André Rauch, *Histoire du premier sexe*, *op. cit.*

gentiment faire au lit, sans même songer à sa propre jouissance ? Que répondre à cette femme nouvelle qui reproche à l'homme son égoïsme érotique et sa méconnaissance du corps féminin ? Que veulent ces harpies américaines qui brûlent leurs soutiens-gorge, ces furies qui défilent en hurlant pour la pilule et l'avortement, ces mégères qui se rengorgent d'un lexique jusqu'alors inconnu : « machisme », « sexisme », « phallocratie[1] »… ?

Sans aucun doute : elles cherchent à émasculer l'homme, à le déviriliser, à le soumettre : elles veulent se *venger*. « Parce qu'elles n'en ont pas, les femmes veulent aujourd'hui qu'on coupe leurs génitoires aux hommes. Au nom de l'égalité des sexes[2] », déplore l'écrivain Jean Lartéguy dans son pamphlet *Lettre ouverte aux bonnes femmes*. La femme, non contente de les lui casser, cherche à lui couper les *couilles*, cet organe temple de la virilité, ce témoin (*testis*) essentiel de sa puissance. Les féministes sont accusées de « haïr les hommes » et cette misandrie supposée provoque, en retour, un déchaînement de misogynie et de lesbophobie : « Toutes des lesbiennes, des frigides, des castratrices », clame la presse antiféministe. « Les féministes, vous êtes moches, vous êtes des mal-baisées, des pas baisables », écrit le polémiste français

1. Dans les années 1970, le vocabulaire féministe s'enrichit de trois expressions : le « machisme », qui prône la supériorité du mâle, la « phallocratie », qui désigne la domination masculine – sociale, culturelle et symbolique –, et le « sexisme », ou attitude discriminatoire à l'encontre des femmes.

2. Jean Lartéguy, *Lettre ouverte aux bonnes femmes*, Paris, Albin Michel, 1972, cité par Christine Bard (dir.), *Un siècle d'antiféminisme*, *op. cit.*

Jean Cau, toutes « affreuses, vioques, profs de philo à la retraite[1] »…

Mais la subversion la plus grave est ailleurs : elle est politique. Les féministes de la deuxième vague ne sont pas seulement férues de psychanalyse. Certaines, dites « matérialistes[2] », ont aussi lu Marx, Engels[3] et Reich, le prophète de la « révolution sexuelle ». Du premier, Marx, elles ont retenu l'idée de lutte des classes. Le deuxième, Engels, leur a permis de comprendre que l'oppression subie par les femmes dans le patriarcat était comparable à l'exploitation subie par le prolétariat dans le système capitaliste : « Dans la famille, l'homme est le bourgeois ; la femme joue le rôle du prolétariat. » Au troisième, Wilhelm Reich, elles empruntent le thème de la « répression sexuelle », accusée d'être à l'origine de tous les maux politiques et de toutes les névroses individuelles. Leur combat peut se résumer en une phrase, qui deviendra le slogan de la myriade de petits groupes d'action et de réflexion qui composeront le Mouvement de libération des femmes (MLF) : « Le privé est politique. »

L'ouvrage fondateur de ce courant, *The Feminine Mystique*, de l'écrivaine américaine Betty Friedan, dénonce l'idéologie mystificatrice consistant à présenter aux femmes leur condition de ménagère dévouée comme un horizon de félicité absolue et à ne leur offrir que la féerie consumériste comme idéal de vie. Ce que veulent faire reconnaître ces militantes, c'est que le

---

1. Cité par Benoîte Groult, *Ainsi soit-elle*, Paris, Grasset, 1975.

2. Parmi ces féministes matérialistes figurent les sociologues Christine Delphy, Nicole-Claude Mathieu et Colette Guillaumin.

3. Friedrich Engels, *L'Origine de la famille, de la propriété privée et de l'État*, Paris, Le Temps des cerises, 2012.

foyer est le lieu d'une « exploitation » spécifique, appelée « sexage » par la sociologue française Colette Guillaumin[1], exercée par une « classe » – celle des hommes, les « propriétaires » – sur une autre – celle des femmes, « propriétés » assujetties et corvéables à merci. L'espace domestique, ou « ménage », est alors entièrement repensé. Il ne relève plus de la stricte intimité familiale : ce qui s'y passe est de nature *politique.* Il y a des dominants et des dominées, des vainqueurs et des vaincues, des gagnants et des perdantes. Si les femmes comprennent que la somme de leurs aliénations individuelles constitue une masse d'individus aux intérêts communs, elles agiront d'une manière comparable à celle d'un parti politique et plus rien ne leur résistera. Il faut donc urgemment faire naître et cultiver une *conscience de genre*, sur le modèle de la *conscience de classe* marxiste. Mue par le souci de rendre visibles l'étendue et l'intensité de la domination, Christine Delphy, principale théoricienne du MLF[2], élabore ainsi une « carte de l'oppression » et donne au mouvement une coloration non seulement antipatriarcale, mais radicalement anticapitaliste.

Le privé est politique, cela signifie aussi que tout ce qui a trait au corps, et singulièrement à celui de la femme, *devient* politique. « Rien n'est plus politique pour une féministe que la baise, rien n'est moins un acte d'amour et plus un acte de propriété, de violation, écrit Andrea Dworkin, rien n'est moins un instrument d'extase et plus un instrument d'oppression que le

1. Récemment décédée (10 mai 2017).

2. Christine Delphy, compagne de route de Beauvoir, avec qui elle fonda les *Nouvelles questions féministes*, est une figure historique du MLF.

pénis ; rien n'est moins une expression d'amour et plus une expression de domination et de contrôle qu'une relation hétérosexuelle conventionnelle. C'est ici que la mentalité guerrière visite nos corps et que sont affirmées les valeurs phalliques d'agression, de domination et de conquête[1]. » C'est pourquoi les femmes sont invitées, à leur tour, à emprunter ces mêmes valeurs phalliques pour se battre contre la violence conjugale, le harcèlement, voire l'insulte, et les constituer comme problèmes sociaux, voire comme crimes.

Du coup, certaines pratiques, autrefois considérées comme ordinaires, deviennent pénalement répréhensibles : interdit de gifler son épouse, de se coller à sa secrétaire dans l'ascenseur, de faire des avances à sa collègue, de traiter sa voisine de « sale pute ». Le « sexisme » est déclaré hors-la-loi, une évolution des mœurs qui doit beaucoup à l'activisme de la juriste américaine Catharine MacKinonn[2], qui réussit à faire reconnaître le harcèlement sexuel (*sexual harrassment*) comme une discrimination de sexe et à le faire entrer dans la législation étasunienne[3], une mesure rapidement imitée par bien d'autres nations[4]. La lutte antisexiste est désormais politique. Partout les

1. Andrea Dworkin, *Marx and Gandhi Were Liberals : Feminism and the Radical Left*, San Francisco, Frog in the Well, 1977, cité par John Stoltenberg (son compagnon), *Refuser d'être un homme : pour en finir avec la virilité*, *op. cit.*

2. Catharine A. MacKinnon, *Sexual Harassment of Working Women*, New Haven, Yale University Press, 1979.

3. En 1986, MacKinnon, avocate et professeure de droit dans de prestigieuses universités, fit reconnaître par la Cour suprême des États-Unis le harcèlement sexuel comme une forme de discrimination sexuelle.

4. En France, le nouveau code pénal de 1992 parle de « violence sexuelle » : « Constitue une violence sexuelle toute atteinte sexuelle

« stéréotypes de genre » sont traqués, dénoncés, condamnés.

Mais si ce combat juridique était indispensable, nécessaire et urgent, la rhétorique répressive qui l'a accompagné me semble avoir un effet pervers, du point de vue même qui est ici le nôtre : celui de l'*éros*. Car il se pourrait que l'acharnement antisexiste soit difficilement compatible avec l'ambition initiale de la révolution sexuelle : « jouir sans entraves ». La culpabilisation systématique des hommes, la victimisation non moins systématique des femmes, la police des mots, l'extension continue du champ du harcèlement sexuel (qui place la séduction entre les mains du juge), le déchaînement contre la pornographie[1] et la prostitution génèrent une forme nouvelle de puritanisme bien peu excitant.

Le féminisme entendait libérer la sexualité féminine, voilà qu'il réprime la sexualité masculine. Il luttait contre l'essentialisation de la femme en femme-objet, voilà qu'il essentialise l'homme en l'enfermant dans un rôle de prédateur.

Selon Catharine MacKinnon et Andrea Dworkin, en effet, le harcèlement sexuel n'est pas un fait contingent, mais le paradigme permettant de penser les relations hétérosexuelles : les hommes (et leur pénis

---

commise avec violence, contrainte, menace ou surprise. » La loi du 7 août 2012 précisera la définition du harcèlement sexuel.

1. Andrea Dworkin, *Pornography. Men Possessing Women*, New York, Putnam, 1981. En 1983 et 1984, dans les villes de Minneapolis et d'Indianapolis, alliée aux lobbies conservateurs et soutenue par le parti républicain, elle parvient à faire voter l'ordonnance MacKinnon-Dworkin contre la pornographie, qu'elle assimile au viol, à l'esclavage, au lynchage et à la torture.

« tout-puissant et blessant ») sont, invariablement, en position dominante et l'unique but qu'ils poursuivent est la possession sexuelle, voire le viol. Par conséquent, il faut s'en méfier comme on se méfie de son « ennemi principal », pour reprendre l'expression de Christine Delphy[1].

L'antisexisme serait-il misandre ? Dans sa version radicale, oui, sans aucun doute, mais il est surtout antiérotique. L'homme, soumis à une censure verbale et gestuelle, perd la liberté d'introduire, dans ses jeux sexuels, tout ce qui peut ressembler, de près ou de loin, à de l'emprise, de la domination, de l'obscénité, même sous forme métaphorique. Il est sommé de prendre les femmes avec douceur, respect, bienveillance et galanterie, sans jamais leur imposer son désir… tout en les faisant jouir. Mais est-ce bien comme cela qu'il y parviendra ? Du moins avec toutes ? Certaines n'aiment-elles pas se couler lascivement dans le cliché de la femme-objet et s'abandonner à la volupté de la soumission ? Dans ses *Variations sur l'érotisme*[2], le romancier et essayiste français Guy Scarpetta dénonce l'opprobre jeté sur l'objectivation, le fétichisme, les artifices et toute forme de théâtralité séductrice, au nom du « naturel » et de l'« authenticité ». Le féminisme aurait privé l'érotisme de ses adjuvants les plus jouissifs : qu'on le veuille ou non, les clichés de genre constituent un puissant aphrodisiaque. Et ceci pour les deux sexes : le fantasme de la soubrette coquine, de la secrétaire à lunettes ou de

1. Christine Delphy, *L'Ennemi principal*, Paris, Syllepse, 2013, 2 vol.
2. Guy Scarpetta, *Variations sur l'érotisme*, Paris, Descartes et Compagnie, 2004.

l'infirmière nue sous sa blouse n'est pas moins répandu que celui du pompier, du légionnaire ou du voyou un brin brutal.

Si le paradoxe auquel nous confronte la politisation de l'*éros* est si délicat, c'est que l'érotisme constitue, comme l'avait bien vu Georges Bataille[1], un domaine *séparé*, où les interdits, les stéréotypes et les tabous sont volontiers subvertis par jeu, pour le seul plaisir. Dès qu'on rapporte la sexualité à une finalité – sociale, politique ou morale – on la prive du caractère transgressif qui constitue le fond de l'érotisme. L'obsession puritaine consistant à en forclore la dimension de rapport de force, pour le guider vers une hypothétique harmonie des subjectivités, pourrait contribuer à l'éteindre, du moins à l'affadir.

Oui, la femme veut être respectée dans sa dignité, mais non, elle ne veut pas d'un homme qui freinerait ou réprimerait ses désirs pour ne pas la heurter. L'érotisme est sans doute le seul lieu (mais si essentiel) où l'opposition virilité-force/féminité-abandon mérite d'être conservée, ce qui, au demeurant, n'exclut ni le renversement des rôles (la femme forte cherchera un homme doux, l'homme efféminé une femme forte), ni leur appropriation par des personnes de même sexe (l'homme fort veut un homme doux, la femme « virile » [*butch*] une femme « féminine » [*fem*]). Car les couples homosexuels eux-mêmes jouent souvent de l'exacerbation des polarités, toujours puissamment stimulante. Aucune femme n'a envie d'être violée ni même violentée, c'est une certitude, mais, dans l'espace-temps érotique (distinct de l'espace-temps social) librement consenti et

1. Georges Bataille, *L'Érotisme*, Paris, Minuit, 2011.

ordonné au seul plaisir, nombreuses sont celles qui aiment céder au vertige de la soumission, de la capitulation, voire de l'humiliation, allant jusqu'à réclamer fessées et « punitions ». Faudrait-il les en priver au nom de la morale antisexiste ?

En réalité, nul ne sait ce que veut, ce que sent, ce que désire une femme, car, on l'a dit et redit, *la* femme n'existe pas. Il y a autant de façons de rêver, de fantasmer et de jouir qu'il y a de femmes. « L'érotisme est éminemment singulier et par là même réfractaire à toute collectivisation des imaginaires, et plus largement à tout effet de groupe ou de communauté », écrit si justement Guy Scarpetta. C'est l'une des raisons pour lesquelles le discours, théoriquement nécessaire et socialement décisif, porté par les radicales, a fini par provoquer, en retour, un antiféminisme d'un nouveau genre : l'*antiféminisme féminin*. Il rassemble les femmes qui ne se reconnaissent pas, ou plus, dans le féminisme, qui le jugent vecteur d'une image démonisée de l'homme et d'une conception de la féminité appauvrie et peu « sexy », c'est-à-dire aux antipodes des canons de la beauté artificialisée d'aujourd'hui. Parmi ces femmes, un courant néoconservateur (loin, évidemment, de les représenter toutes) rejoint à présent ceux d'entre les hommes qui souhaitent le retour à la traditionnelle polarité des rôles sexués. L'homme d'un côté, la femme de l'autre, chacun sa place, chacun sa fonction, l'homme est le pourvoyeur de ressources, la femme est mère et s'occupe du foyer : il nous faudrait en revenir au partage ancestral si ardemment combattu.

Sauf que le problème, aujourd'hui, n'est plus seulement politique : il est devenu philosophique. Le féminisme de la troisième vague, ou « postféminisme », ne vise plus la reconnaissance de l'égalité entre hommes et femmes, mais l'abolition même de ces catégories, jugées artificielles. Le combat n'est plus tant dirigé contre le « sexisme » que contre l'« hétérosexisme ». Dès lors, c'est toute notre tradition métaphysique – et son mode de catégorisation binaire – qui est remise en question. Une nouvelle peur a surgi, balayant presque l'ancienne : celle de l'indifférenciation des sexes et de l'effondrement de l'ordre symbolique sur lequel repose la civilisation.

Les postféminismes et l'ébranlement du cosmos

Tant que le féminisme se contente de revendiquer des droits pour la femme hétérosexuelle et blanche, il constitue, certes, un problème, mais il ne menace pas les fondements du *cosmos*. Tant qu'un sexe se bat contre l'autre, c'est qu'il y a deux sexes. Et tant qu'il n'est question que de la femme occidentale, il n'y a que deux camps : celui des dominants et celui des dominées. L'ordre (sens premier du terme *Cosmos*) binaire, qui structure toute notre vision du monde, est préservé.

Mais voici que, dans les dernières décennies du XXe siècle, surgissent, à l'université puis dans la société, deux nouvelles thématiques féministes : celle du *genre* et celle de l'*identité ethnique*. L'une et l'autre vont ébranler toutes nos croyances en un monde ontologiquement divisé en deux.

La première de ces problématiques n'est, en réalité, pas si neuve que ses détracteurs le disent. La distinction du *sexe* (biologique) et du *genre* (construction sociale) constitue, depuis les années 1930, un objet de recherche en anthropologie. C'est à l'ethnologue américaine

Margaret Mead que l'on doit l'une des démonstrations les plus abouties du caractère culturellement construit des identités sexuelles. L'étude de quatre sociétés primitives de Nouvelle-Guinée, à laquelle elle se livre dans *Mœurs et sexualité en Océanie*[1], invite à une compréhension relativiste des comportements, des attitudes, et même des personnalités des individus.

Chez les Samoans et les Arapesh, hommes et femmes sont doux, délicats, altruistes et sensibles. C'est le contraire chez les Mundugumors, où les deux sexes se montrent agressifs, colériques et violents. Mais le cas le plus intéressant est celui des Chambulis, puisque l'homme y est considéré comme fragile et émotif, par opposition à la femme, décrite comme rationnelle et dominante. Mead conclut de cette confrontation : « Si certaines attitudes, que nous considérons comme traditionnellement associées au tempérament féminin – telles que la passivité, la sensibilité, l'amour des enfants – peuvent si aisément être typiques des hommes d'une tribu et dans une autre, ou au contraire, être rejetées par la majorité des hommes comme des femmes, nous n'avons plus aucune raison de croire qu'elles soient irrévocablement déterminées par le sexe de l'individu [...]. Les traits de caractère que nous qualifions de masculins ou de féminins sont pour un grand nombre d'entre eux, sinon en totalité, déterminés par le sexe aussi superficiellement que le sont les vêtements, les manières ou la coiffure qu'une époque assigne à l'un ou l'autre sexe. »

---

1. Maragaret Mead, *Mœurs et sexualité en Océanie*, trad. de l'anglais (États-Unis) par Georges Chevassus, Paris, Pocket, 2001.

Pour autant, si Mead souligne la dimension culturelle des valeurs et des rôles attribués au féminin et au masculin, elle ne va pas jusqu'à *abolir* la dualité des sexes, elle ne fait qu'en relativiser la vision radicalement et définitivement polarisée. « On ne connaît aucune culture qui ait expressément proclamé une absence de différences entre l'homme et la femme [...]. La dichotomie se retrouve invariablement dans chaque société. » L'anthropologue a donc ouvert la voie, mais sans aller jusqu'à la déconstruction radicale du concept de *nature* à laquelle se livreront les féministes postmodernes, quelques décennies plus tard, sur les campus américains.

Si le concept de « genre » a été popularisé par l'immense succès de l'ouvrage de la philosophe Judith Butler – *Trouble dans le genre*[1] –, paru aux États-Unis en 1990, ce n'est pas à elle qu'il revient de l'avoir introduit dans le champ des sciences sociales. Le terme fut proposé par la sociologue britannique Ann Oakley en 1972, dans la continuité des travaux de Claude Lévi-Strauss. Dans *Sex, Gender and Society*[2], elle distingue le *sexe*, invariant biologique, et le *genre*, construit social évolutif et contingent. Une opposition que l'on retrouve dans un texte devenu très célèbre de l'anthropologue américaine Gayle Rubin, intitulé *Le Marché aux femmes*[3], publié en 1975. Elle y élabore

1. Judith Butler, *Trouble dans le genre. Le féminisme et la subversion de l'identité*, trad. de l'anglais (États-Unis) par Cynthia Kraus, préface d'Eric Fassin, Paris, La Découverte, 2006.

2. Ann Oakley, *Sex, Gender and Society*, Aldershot, Gower, 1972.

3. Gayle Rubin, « The Traffic in Women : Notes on the Political Economy of Sex », in Rayna Reiter (éd.) *Toward an Anthropology of Women*, New York, Monthly Review Press, 1975 ; en français

le concept de « système de sexe/genre », qu'elle définit ainsi : « L'ensemble des dispositions grâce auxquelles le matériel brut et biologique du sexe humain et de la procréation est formé par l'intervention humaine et sociale et satisfait de manière conventionnelle. » Autre apport important : celui de l'historienne américaine Joan W. Scott, qui s'inscrit dans le sillage de Michel Foucault. Dans son œuvre *Gender and the Politics of History*, elle analyse le genre comme une « façon première de signifier des rapports de pouvoir » entre les sexes, c'est-à-dire « un champ premier au sein duquel ou par le moyen duquel le pouvoir est articulé[1] ».

La problématique du *genre* s'est ainsi substituée à celle du *sexe* : à rebours des thèses naturalistes, ou essentialistes, les sciences humaines et sociales font de l'identité sexuelle le résultat d'une construction idéologique et non plus un « destin ». La prétendue « nature », à laquelle se réfèrent les explications purement biologiques, n'ayant servi qu'à cautionner un ordre social injuste, il s'agit à présent de « dénaturaliser » les sexes. Cette immense entreprise, qui s'attache à repérer les différentes formes de socialisation de genre, voire de conditionnement, s'exerçant sur tout individu, de la famille au travail, en passant par

---

« L'économie politique du sexe. Transactions sur les femmes et systèmes de sexe/genre », trad. de l'anglais (États-Unis) par Nicole-Claude Mathieu, parue dans *Les Cahiers du Cedref*, n° 7, 1998. Reprise sous le titre « Le marché aux femmes. "Économie politique" du sexe et systèmes de sexe/genre » dans Gayle Rubin, *Surveiller et jouir. Anthropologie politique du sexe*, textes rassemblés et édités par Rostom Mesli, trad. de l'anglais (États-Unis) par Flora Bolter, Christophe Broqua, Nicole-Claude Mathieu et Rostom Mesli, Paris, EPEL, 2010.

1. Joan Wallach Scott, *Gender and the Politics of History*, New York, Columbia University Press, 1999.

l'école, le sport, les loisirs, etc., est extrêmement féconde et mobilise aujourd'hui quantité de chercheurs[1]. Contrairement à ce que prétendent ceux qui n'en voient pas l'intérêt, ou qui en redoutent les révélations déstabilisantes, ce domaine, très étendu, des *études de genre* (*gender studies*) ne constitue pas une « théorie » à proprement parler. La récente polémique autour du terme de *genre* repose sur un amalgame : on a baptisé « théorie du genre » le vaste domaine des *études de genre* – qui sont, comme toutes les disciplines universitaires, traversées par des courants divers – et on lui a attribué, en bloc, les conclusions de la *théorie queer*, qui en représente la tendance la plus extrême. C'est un peu comme si l'on imputait à tous les représentants de la gauche – y compris ceux de la gauche sociale-libérale – les ambitions révolutionnaires de l'anarcho-communisme.

Car, s'il n'y a pas de *théorie du genre*, il y a, en revanche, une *théorie queer*[2] – venue des États-Unis, tout en étant inspirée par les penseurs de la *French theory* (Derrida, Lacan, Deleuze, Foucault et Baudrillard) – et dont les ambitions sont clairement déconstructionnistes. Le terme de *queer*, qui signifie « étrange » ou « bizarre », par opposition à *straight*, était, au départ, une insulte envers les individus ne correspondant pas à la norme hétérosexuelle. Par une opération (assez classique[3]) de « retournement du stigmate » visant à en

1. Voir Éric Fassin, « L'empire du genre. L'histoire politique ambiguë d'un outil conceptuel », *L'Homme*, n°s 187-188, 2008.

2. Voir Teresa de Lauretis, *Théorie queer et cultures populaires. De Foucault à Cronenberg*, Paris, La Dispute, 2007.

3. Par exemple, l'expression « 343 salopes » ou le terme de « gay », de même que, dans un tout autre registre, les termes d'*impressionnisme*

désamorcer la charge, le terme fut revendiqué par ceux-là mêmes qu'il stigmatisait.

La militante *queer* la plus célèbre, Judith Butler, professeure de rhétorique et de littérature comparée à l'université de Berkeley, est devenue, en quelques années, l'icône d'un nouveau féminisme. Son originalité consiste à interroger le *genre* à partir de ses marges : ce sont les figures de l'*intersexualité* qui l'intéressent, car elles remettent en cause toutes nos certitudes sur les binarismes, sexué (appartenance au genre féminin ou masculin) et sexuel (orientation sexuelle hétérosexuelle ou homosexuelle). Comme l'écrit Freud, « c'est l'exception, l'étrange, qui nous donne la clé pour comprendre le monde ordinaire, que nous prenons comme allant de soi, des significations sexuelles[1] ». Les personnes intersexuées questionnent, en effet, toute notre grille d'intelligibilité.

En apparence, le *genre* est un fait incontournable : il y a des hommes et il y a des femmes. Mais alors, où *ranger* ceux (celles ?) qui naissent, en quelque sorte, entre les deux ? Ceux (celles ?) qui n'ont pas la « morphologie idéale », selon l'expression de Butler : qui naissent avec un vagin et un clitoris, mais grandissent sans poitrine, sans règles, des membres épais, la voix basse et du poil au menton ? Ou ceux (celles ?) qui présentent un pénis, mais pas de testicules, et sont extrêmement menus, avec la voix fluette ? Ou encore ceux (celles ?) qui voient leurs glandes mammaires

---

ou de *fauvisme*, procèdent aussi d'un retournement de stigmate. Voir Erving Goffman, *Stigmate. Les usages sociaux des handicaps* [1963], trad. de l'anglais par Alain Kihn, Paris, Minuit, 1975.

1. Sigmund Freud, *Trois essais sur la théorie sexuelle 1905-1924*, Paris, Flammarion, 2011.

s'affoler à l'adolescence et leur offrir une *poitrine de fille* vingt centimètres au-dessus de leur *verge de garçon* ? Et tous les autres, infiniment plus nombreux qu'on ne veut bien l'admettre, qui, pour une raison ou une autre – en vertu d'une combinaison hormonale et génétique particulière – n'entrent pas dans une case, à quelle catégorie appartiennent-ils ? Où les *classer* ?

Selon Judith Butler, c'est en vertu d'une « violence de genre », que ces personnes se voient assigner, souvent dès la naissance, une identité – féminine ou masculine – par le corps médical, qui décide ainsi de « ce qui est humain et de ce qui ne l'est pas, entre les vies jugées vivables et celles qui ne le sont pas ». Car une existence *intersexuée*, à cheval entre les deux sexes, est jugée impensable, inacceptable : « invivable ». La philosophe milite donc pour qu'on les laisse *vivre*, sans leur imposer une identité sexuelle irréversible (arbitrairement déterminée en fonction de critères anatomiques qu'elle juge toujours discutables) et, par conséquent, que l'on cesse de leur infliger, dès le berceau, et parfois pendant toute leur vie, un épuisant parcours d'opérations de reconfiguration génitale, accompagné de lourds traitements hormonaux, visant à les faire, à tout prix, entrer dans la norme. Car ces protocoles médicaux sont violents et s'apparentent souvent à des mutilations, avec des conséquences physiologiques et psychologiques parfois insurmontables. En 2013, le rapporteur spécial de l'Onu sur la torture et autres peines ou traitements cruels, inhumains ou dégradants, a clairement dénoncé ces actes, parfois barbares : « Les enfants qui présentent à la naissance des caractères sexuels atypiques subissent fréquemment, sans leur consentement éclairé ou celui de leurs parents et dans le but de “rectifier leur sexe”, une intervention d’assignation sexuelle irréversible, une stérilisation forcée ou une chirurgie normalisatrice de l’appareil génital, qui engendrent une infertilité définitive et des souffrances psychologiques aiguës[1]. » Ces personnes devraient cesser d’être opérées et laissées libres de choisir plus tard leur genre, ou non, en fonction de leur seul désir. Cela suppose que, dans l’intervalle, la société soit en mesure de tolérer leur différence, laquelle dément, avec toute la force de l’évidence, la thèse du « dimorphisme », qui ne connaît que deux sexes opposés.

Qui sont ces personnes atypiques, dites *intersexuées*, chez qui la distribution des traits sexuels primaires (organes génitaux internes et externes) et secondaires (pilosité, musculature, ossature, seins) semble s’être faite de manière anarchique ? Et qui sont les *trans* (*transgenres* ou *transsexuels*[2]), avec lesquels on les confond souvent, et chez qui le psychiatre américain Robert Stoller[3] a reconnu une dysphorie[4] de genre,

1. Assemblée générale des Nations unies, Conseil des droits de l’homme, 22e session, « Promotion et protection de tous les droits de l’homme, civils, politiques, économiques et culturels, y compris le droit au développement », 1er février 2013.

2. Le terme de « transsexuel » a été introduit par l’endocrinologue américain Harry Benjamin en 1953 et il est toujours en vigueur, en France, dans les milieux médicaux et psychiatriques. Il désigne des personnes qui ont le sentiment intime d’appartenir à l’autre sexe que celui de leur anatomie.

3. Dans *Sex and Gender*, en 1968, traduit de l’anglais par Monique Novodorsqui sous le titre *Recherches sur l’identité sexuelle*, Paris, Gallimard, 1978, Robert Stoller montre que sexe et genre « ne sont pas dans une relation de symétrie, mais peuvent suivre des voies totalement indépendantes ».

4. Du grec *dysphoros* : difficile à supporter.

à savoir une discordance entre le genre assigné (*gender role*) et le genre ressenti (*gender identity*)[1] ? Ceux-là naissent garçons, mais se sentent, intimement, filles, ou l'inverse, comme dans le film *Tomboy*, de la réalisatrice Céline Sciamma. La société a longtemps considéré ces individus comme des « monstres », et quand elle ne les a pas purement éliminés, elle a toujours répugné à les intégrer. Et c'est cette stigmatisation initiale qui les condamne à vivre dans la marginalité, et non une hypothétique perversité, ou lubricité essentielle, nécessairement tapie dans l'ambivalence corporelle, comme on l'a cru pendant des siècles, et comme les *transphobes* le croient toujours…

Si la société occidentale[2] a toujours pathologisé et rejeté les sujets présentant une « variation du développement sexuel[3] », c'est qu'ils imposent, par leur existence même, une remise en question radicale de l'idée que chacun se fait du « sexe » (terme lui-même ambigu, compris ici comme *identité* sexuelle et non comme *activité* sexuelle). Nous croyons que les choses sont simples, que les petits garçons naissent *tous* avec un « sexe de garçon », à savoir un pénis qui deviendra gros et grand, et que les petites filles naissent *toutes* avec un « sexe de fille », c'est-à-dire une petite fente

1. Discordance entre *rôle de genre* et *identité de genre*.

2. D'autres cultures ont su faire une place à un « troisième sexe » ou « troisième genre » : les Hijras de l'Inde du Nord et les Berdaches amérindiens, par exemple.

3. Depuis 2005, le terme de « désordre du développement sexuel » (*disorder of sex development*) s'est imposé dans les milieux médicaux mais ne fait pas consensus, car le terme de « désordre » est rejeté par de nombreuses associations qui lui préfèrent l'expression de « variation du développement sexuel ».

dans le pubis. Or, même s'il est difficile de savoir quel est leur nombre exact (une naissance sur 5 000 ? sur 2 000[1] ?), ce qui est certain, c'est qu'au cours de l'histoire humaine, des dizaines, et même des centaines de millions d'hermaphrodites sont venus au monde. Étant donné leur nombre, faramineux de ce point de vue (et qui ne paraît « marginal » que lorsqu'on le rapporte au microcosme dans lequel on vit), ces sujets ne sont peut-être pas tant des « anomalies » que des *variétés*, plus rares, d'une même espèce – l'espèce humaine – résultant de configurations, singulières et inédites, des différents processus qui président à la sexuation.

Afin de mieux le faire comprendre, et avant de revenir aux analyses de Judith Butler, je voudrais ouvrir une parenthèse, pour rappeler deux choses importantes. Premièrement, chacun de nous a, en réalité, non pas un, mais *cinq sexes* (chromosomique, hormonal, anatomique, social et psychologique). Deuxièmement : nous ne sommes ni homme, ni femme, pendant les six ou sept premières semaines de notre vie intra-utérine. Nos organes génitaux sont sexuellement indifférenciés. Tout embryon possède, au départ, un système reproducteur androgyne, constitué de *gonades*, lesquelles pourront se développer ultérieurement, soit en testicules, soit en ovaires, et de deux canaux reproductifs, un mâle (le canal de Wolff[2]) et un femelle (le canal de Müller[3]), dont un finira par avoir raison de l'autre.

1. Selon une étude conduite avec ses étudiants, Anne Fausto-Sterling évalue le taux de naissances intersexuées à 1,7 %.

2. Chez le garçon, le canal de Wolff évoluera en vésicule séminale, en canal déférent et en épididyme.

3. Chez la fille, le canal de Müller deviendra plus tard l'utérus, les trompes de Fallope et une partie du vagin.

Nous sommes donc tous, originellement, *hermaphrodites*.

Observons (très sommairement) le processus de différenciation sexuelle, tel qu'il s'opère durant la grossesse. Un premier sexe apparaît, le *sexe chromosomique*, ou *génétique* : certains embryons sont porteurs d'une paire de chromosomes sexuels XX, les autres d'une paire de chromosomes XY. Durant les toutes premières semaines de gestation, chez les XY, la composante « virile », Y, est inactive, et le chromosome X fonctionne, en quelque sorte, tout seul. Ce n'est qu'entre la sixième et la douzième semaine que va s'opérer la différenciation sexuelle. Y entre alors en jeu et active un gène surpuissant : le SRY[1]. Celui-ci va informer le deuxième sexe, ou *sexe hormonal*, qui, lui-même, va déterminer le troisième sexe, ou *sexe anatomique*, en déclenchant, en cascade, toute une série de processus. Chez les XX, qui n'ont pas ce gène, les gonades deviennent des ovaires, le canal de Müller évolue en appareil reproducteur féminin et le canal de Wolff se résorbe petit à petit. C'est, en quelque sorte, le développement par défaut. Au contraire, chez les XY, l'action de Y transforme les gonades en testicules, qui sécrètent de la testostérone, laquelle stimule le canal de Wolff et atrophie celui de Müller.

L'explication la plus parlante que j'aie lue de cette différenciation des sexes, je l'ai trouvée dans le roman *Middlesex* de Jeffrey Eugenides[2], qui raconte l'histoire vraie d'une jeune fille, Calie, qui découvre fortuitement,

---

1. Gène SRY, de l'anglais *sex determinating region of Y chromosome*.

2. Jeffrey Eugenides, *Middlesex*, *op. cit.*

à l'âge de quinze ans, que, pour le corps médical, elle est un garçon. Et un garçon *malade*, souffrant du « syndrome du déficit en 5 alpha-réductase de type 2 ». Un cas très rare, d'autant que son pédiatre n'avait jamais rien remarqué d'anormal : elle présentait un « sexe de fille » qui cachait, en réalité, des testicules. Personne n'avait rien vu, Calie avait grandi en ravissante poupée aux cheveux longs. Le spécialiste de l'hermaphrodisme qui la prend alors en charge, le docteur Peter Luce[1], va lui expliquer comment l'intersexuation est possible ; pour cela, il commence par lui révéler l'androgynie primitive de la vie intra-utérine. « Ce que je suis en train de dessiner, commença-t-il, sont les structures génitales du fœtus. En d'autres termes, voilà à quoi ressemblent les parties génitales d'un bébé dans l'utérus, dans les premières semaines qui suivent la conception. Mâle ou femelle, c'est pareil. Ces deux cercles sont ce qu'on appelle les gonades. Ce petit gribouillis ici est le canal de Wolff. Et cet autre gribouillis est le canal de Müller. OK ? Ce qu'il faut garder à l'esprit, c'est que tout le monde commence comme ça. Nous naissons tous potentiellement garçon ou fille. Vous, […] moi – tout le monde. Maintenant (il se remit à dessiner), pendant que le fœtus se développe dans l'utérus, ce qui se passe, c'est que les hormones et les enzymes sont sécrétées – donnons-leur la forme de flèches. Que font ces hormones et ces enzymes ? Eh bien, elles transforment ces cercles et ces gribouillis soit en parties génitales masculines soit en parties génitales féminines. Vous voyez ce

1. En 1968, le Dr Luce fonda la Clinique des désordres sexuels et de l'identité de genre.

cercle, la gonade ? Elle peut devenir soit un ovaire, soit un testicule. Et ce tortillon de canal de Müller peut soit dépérir (il le biffa) soit devenir un utérus, des trompes de Fallope, et l'intérieur d'un vagin. Ce canal de Wolff peut soit disparaître, soit devenir une vésicule séminale, un épididyme, et un canal déférent. Selon les influences hormonales. Ce qu'il faut se rappeler, c'est cela : chaque bébé possède des structures mülleriennes, qui sont des parties génitales potentielles féminines, et des structures wolffiennes, qui sont des parties génitales potentiellement masculines. Ce sont les organes génitaux internes. Mais la chose est valable pour les organes génitaux externes. Un pénis n'est qu'un grand clitoris. Leur racine est la même. » Voilà pourquoi l'intersexuation est possible : la différenciation primaire en fille ou garçon ne s'opère pas de manière habituelle durant la gestation.

Rien qu'à ce stade, purement physiologique, les choses s'agencent parfois de manière insolite, sous l'effet de différents facteurs, comme, par exemple, un trouble de la production hormonale, d'autant plus fréquent que tout mâle sécrète aussi des hormones femelles et toute femelle des hormones mâles. L'embryon se développe alors de façon atypique : chez la fille, la surproduction d'androgènes[1] peut, parfois, la doter d'un clitoris ressemblant à un micropénis, tandis que, chez le garçon, la surproduction d'œstrogènes peut le priver de testicules, ou bloquer leur descente, comme pour Calie. La biologiste américaine Anne Fausto-Sterling a ainsi montré qu'il existait trois types d'hermaphrodisme : les hermaphrodites véritables

1. Hyperplasie congénitale des glandes surrénales.

(*herms*) possèdent un testicule et un ovaire, les pseudo-hermaphrodites masculins (*merms*) présentent des testicules, pas d'ovaires, mais quelques aspects de l'appareil génital féminin, et enfin les pseudo-hermaphrodites féminins (*ferms*) ont des ovaires, pas de testicules, mais quelques aspects de l'appareil génital masculin. Ces trois catégories sont elles-mêmes sujettes à des variations importantes[1].

Tout se complique encore avec l'apparition du quatrième sexe, ou *sexe social*, autrement dit le *genre* (*identité de genre*) – « c'est une fille » ou « c'est un garçon » –, étape liée à la visibilité des organes génitaux, autrefois située à la naissance, mais rendue possible aujourd'hui dès la vingtième semaine de grossesse, grâce à l'échographie. Ce *genre* déterminera toute l'éducation. La plupart du temps, il est en concordance avec le cinquième sexe, ou *sexe psychologique* (*sentiment d'identité de genre*). Mais il arrive que cette harmonie entre les deux n'existe pas. Les souffrances psychologiques du sujet sont alors d'autant plus importantes que son milieu familial refuse d'en admettre l'ampleur et que le regard de la société est accusateur.

Car chacun d'entre nous est sommé d'interpréter le rôle social que son genre lui assigne, à la façon d'un interprète, qui joue une partition qu'il n'a pas écrite. Le mérite de Judith Butler est d'avoir mis en évidence le caractère contraignant de cette parade quotidienne,

---

1. Anne Fausto-Sterling, *Les Cinq Sexes. Pourquoi mâle et femelle ne sont pas suffisants*, trad. de l'anglais (États-Unis) par Anne-Emmanuelle Boterf, préface de Pascale Molinier, Paris, Payot & Rivages, 2013.

de cette « activité incessante et répétitive », consistant à se mettre en scène pour « faire la femme » ou « mimer l'homme », à travers toute une discipline corporelle et esthétique, incluant le code vestimentaire, la ligne, la coiffure, la façon de parler, de marcher, de se tenir… Autant de pratiques relevant de la « performance » et se déployant à l'intérieur d'une « scène de contrainte » extrêmement normative et, surtout, discriminatoire, puisque ceux ou celles qui ne se conforment pas à leur *rôle de genre* sont stigmatisés et ostracisés.

Or, selon la philosophe, ces codes ne renvoient à aucune réalité empirique : ils sont entièrement produits par le système symbolique. Ce qui signifie que la « féminité » et la « virilité » sont des représentations sans contenu, ou des copies sans original. C'est la raison pour laquelle la figure de la *drag-queen* lui est si chère : cet homme qui parodie la féminité (en se parant de ses attributs les plus caricaturaux) ne fait, en réalité, que parodier une *représentation* de la féminité et non la féminité elle-même, qui n'existe pas : « La parodie du genre révèle que l'identité originale à partir de laquelle le genre se construit est une imitation sans original. » Ainsi, en détournant et en retournant l'assignation normative, le travesti révèle la structure fondamentalement artificielle du genre, et sa possible non-concordance avec le sexe psychologique, auquel l'individu se sent, dans son for intérieur, appartenir.

Nous voyons donc que le concept de « sexe », qui paraît aller de soi, est, en fait, très complexe, comme le rappelle ici Michel Foucault : « La notion de *sexe* a permis de regrouper selon une unité artificielle des éléments anatomiques, des fonctions biologiques, des conduites, des sensations, des plaisirs […] :

le sexe a donc pu fonctionner comme signifiant unique et signifié universel[1]. » Chacun de nous est, en réalité, constitué de cinq sexes, en interaction les uns avec les autres et en constante transformation. Étant donné que, d'une personne à l'autre, chacun de ces cinq sexes peut présenter d'importantes variations, et que leur assemblage est, lui aussi, susceptible de combinaisons multiples, n'est-il pas permis de remettre le binarisme en question ? C'est le pas que franchit le féminisme *queer*, qui préfère, désormais, l'hypothèse d'un *continuum* masculin/ féminin.

L'idée d'un « sexe unique » n'est pas nouvelle, loin s'en faut. Dans *La Fabrique du sexe*[2], l'historien américain Thomas Laqueur a montré qu'il a fallu attendre le XVIIIe siècle pour voir apparaître le modèle « à deux sexes », que certains, aujourd'hui, pensent universel. Auparavant, régnait le modèle du « sexe unique » : on tenait les différences anatomiques entre les sexes pour négligeables, en vertu d'une conception unitaire (héritée d'Aristote et de Galien), attribuant à la femme des organes génitaux mâles, mais rentrés à l'intérieur, signe de leur infériorité. Galien, écrit Thomas Laqueur, « s'attacha longuement à démontrer que les femmes étaient au fond des hommes chez qui un défaut de chaleur vitale – de perfection – s'était soldé par la rétention, à l'intérieur, de structures qui, chez le mâle, sont visibles au-dehors ». Malgré cette hiérarchisation, la similitude des sexes conférait aux hommes et aux

1. Michel Foucault, *Histoire de la sexualité*, t. I, *La Volonté de savoir*, *op. cit.*

2. Thomas Laqueur, *La Fabrique du sexe. Essai sur le genre et le corps en Occident*, trad. de l'anglais (États-Unis) par Michel Gautier, Paris, Folio Essais, 2013.

femmes une même aptitude à la jouissance, jugée indispensable à la procréation. Le genre était considéré comme premier, le sexe comme secondaire.

Ce paradigme dominera l'histoire des sciences jusqu'à l'élaboration d'un modèle concurrent au XVIIIe siècle : les deux sexes deviennent alors « incommensurables ». Le modèle hiérarchique cède la place au modèle de la différence radicale, qui prive la femme de sa jouissance, soudain devenue étrangère (voire nuisible) à la procréation. Le sexe biologique devient fondateur, et le genre ne fait plus que l'exprimer. L'immense mérite du travail (considérable) de Thomas Laqueur est d'avoir montré que l'idée du binarisme était, historiquement, tardive, et d'avoir repéré les motifs idéologiques ayant présidé à sa théorisation. Un homme est un homme, une femme est une femme, et c'est cette différence indépassable qui légitime toutes les incapacités et les interdits imposés au « sexe faible ».

Une fois identifiée l'historicité du modèle à deux sexes, reste à savoir s'il en existe un autre, qui ne nous ramène pas à la hiérarchie d'Aristote et de Galien. Car il n'est, évidemment, pas question de revenir à leur schéma du sexe unique, fondé sur l'idée d'une supériorité essentielle de l'homme sur la femme. Mais que lui substituer ?

L'hypothèse d'un *continuum* non hiérarchisé est séduisante, et surtout féconde. Elle permet d'imaginer que la distribution des caractères sexuels se fasse le long d'une ligne horizontale, incluant des centaines de gradations situées entre deux pôles. Pour en donner une vision très schématique, limitée aux traits superficiels, il y aurait, à une extrémité, la femme hyperféminine (type Vénus de Botticelli), et, à l'autre extrémité, l'homme hyperviril (type Hercule). À mesure que l'on s'éloignerait du pôle Vénus, le corps, les attaches, et la peau s'épaissiraient, la voix deviendrait plus grave, la pilosité plus importante, etc. Vers le milieu de la ligne, des deux côtés du point zéro, on trouverait des individus physiquement assez semblables les uns aux autres. En poursuivant sur la droite, on aurait des hommes de plus en plus grands, forts et musclés, jusqu'à l'archétype du super-héros, à l'extrémité de la ligne.

Le problème est, évidemment, celui du *point zéro* : en théorie, ce devrait être le passage d'un sexe biologique à l'autre. Mais nous venons de voir que la notion même de « sexe biologique » est une réalité plus complexe qu'il n'y paraît, puisqu'elle inclut de nombreux marqueurs, chromosomiques, hormonaux, gonadiques, anatomiques, reproductifs... Comme l'écrit Christine Delphy, « on ne trouve pas ce marqueur (le sexe) à l'état pur, prêt à l'emploi... pour se servir du sexe, qui est composé, selon les biologistes, de plusieurs indicateurs, plus ou moins corrélés entre eux, et dont la plupart sont des variables continues susceptibles de degrés, il faut réduire ces indicateurs à un seul, pour obtenir une classification dichotomique [...]. Cette réduction est un acte social[1] ». Il faut donc envisager ce point de passage non plus comme un « acte social », mais comme un choix subjectif, non plus comme une frontière, gardée par des douaniers exigeants, chargés de scinder sans appel l'espèce en deux, en sommant chacun d'exhiber ses organes génitaux, mais comme un lieu ouvert, accueillant, où chacun trouve sa place,

1. Christine Delphy, *L'Ennemi principal*, t. II, *Penser le genre*, *op. cit.*

avec le corps que la nature lui a donné, et la liberté de faire des allers-retours, sans passeport, des deux côtés de l'ancien mur. Dans ce modèle, il n'est plus obligatoire d'en passer par la chirurgie du sexe (le « passeport ») pour changer de genre aux yeux de la loi. En France, la loi J21[1], adoptée en 2016, va dans ce sens : la procédure de demande de changement de sexe à l'état civil est désormais démédicalisée. L'individu n'a plus à justifier d'avoir subi des traitements médicaux, une opération ou une stérilisation pour faire modifier la mention relative à son sexe dans les actes officiels. On passe ainsi d'un système où le sexe prévaut sur le genre à un système où le genre prévaut sur le sexe.

Contrairement à ce que soutiennent les détracteurs de la « théorie du genre », les pays qui ont reconnu un « troisième genre » ou un « genre neutre[2] » ne l'ont pas fait pour abolir les deux autres mais pour laisser le choix aux enfants dont l'identité sexuée est incertaine d'attendre que leur genre se détermine psychiquement, sans les contraindre ni les exclure.

Se libérer du chiffre deux permettrait aussi de « casser les lignes causales », selon l'expression de Butler, entre sexe biologique, genre et orientation sexuelle, lignes en vertu desquelles un porteur de pénis est nécessairement attiré par les femmes et une porteuse de vagin par les hommes. Or, le désir n'est pas déterminé par la seule possession d'organes génitaux mâle ou femelle, mais par une multitude d'autres facteurs.

---

1. La loi du 18 novembre 2016 de modernisation de la justice du XXIe siècle, dite J21, a assoupli et simplifié certaines démarches relatives à l'état civil.

2. Comme l'Espagne, l'Australie, l'Inde, la Malaisie, le Népal ou la Thaïlande.

« On peut être mâle au niveau biologique, être “genré” comme une femme, et avoir un désir homosexuel, hétérosexuel, bisexuel ou asexuel », écrit-elle. Bref, tous les possibles existent. C'est pourquoi elle invite chacun à refuser les assignations biologiques pour se réapproprier librement son corps.

Là où le naturalisme considérait l'être humain comme déterminé, fini, précédé par autre chose que lui-même, tributaire d'un donné, assujetti à une essence invariante, la pensée *queer* fait littéralement exploser toutes les catégories pour livrer l'individu à la pure liberté de l'autoconstruction. Choisir librement son identité sexuée *et* son orientation sexuelle, c'est refuser le destin anatomique, et revendiquer un sexe totalement indéterminé, qui ne serait plus ni précédé ni devancé par rien. C'est le stade ultime de l'autofondation moderne du sujet cartésien, celui d'une postmodernité dans laquelle les rêves de l'autoengendrement et de l'identité infiniment multiple sont enfin possibles. C'est l'ambition qu'exprime Derrida dans *Points de suspension* : « Au-delà de la différence binaire qui gouverne la bienséance de tous les codes, au-delà de l'opposition féminin/masculin […], je voudrais croire à la multiplicité de voix sexuellement marquées, à ce nombre indéterminable de voix enchevêtrées, à ce mobile de marques sexuelles non identifiées dont la chorégraphie peut entraîner le corps de chaque individu, le traverser, le diviser, le multiplier, qu'il soit classé comme homme ou femme selon les critères en usage[1]. » Selon le théoricien de la *déconstruction*, « il y a autant de sexes que de couleurs ». L'individu postmoderne se

1. Jacques Derrida, *Points de suspension*, Paris, Galilée, 1992.

construit et se déconstruit au gré de ses désirs : il est l'unique mesure de lui-même.

Le postféminisme n'est donc plus seulement un combat contre la domination masculine : beaucoup plus profondément, il s'attaque au système de pensée qui gouverne les structures symboliques de cette domination. Ce système est qualifié par Derrida de « phallogocentrisme » (de phallus et logocentrisme), un terme qui dénonce l'enfermement de la pensée dans un cadre conceptuel (celui du *logos*) accordant un privilège ontologique au masculin. Comme nous l'avons vu, depuis Platon et sa scission du monde en deux (l'intelligible et le sensible), la métaphysique occidentale n'a cessé de découper le réel à l'aide de couples d'opposés (masculin/féminin, haut/bas, spirituel/matériel, raison/passion réalité/apparence, universel/particulier, esprit/corps, actif/passif, dehors/dedans, lumière/obscurité, positif/négatif, phallus/vagin…) dont le premier terme est invariablement assimilé au masculin et posé comme supérieur au second. En ce sens, il y a une *virilité de la pensée*, à laquelle nous sommes tellement habitués que nous n'en percevons pas la dimension idéologique intrinsèque.

L'opération de *déconstruction* préconisée par Derrida consiste d'abord à critiquer la rigidité d'une telle grille (qui marginalise ou évacue tout ce qui ne s'inscrit pas dans cette opposition binaire) et à dénoncer l'ordre hiérarchique qu'elle impose pour neutraliser les dyades, les déplacer et créer de nouveaux concepts. Les catégories par lesquelles nous pensons le monde étant accusées d'être des « fictions » renvoyant à l'illusion de la maîtrise, de la totalité et de la verticalité, il s'agit de leur substituer une façon de penser non binaire, transversale, horizontale, ouverte, ramifiée, capable de s'ouvrir au multiple, à l'irrationnel, au discontinu, à l'indéterminé, au singulier, au fragmentaire et au changement.

L'individu *postmoderne* n'a donc plus grand-chose à voir avec le citoyen *moderne*, que le sociologue et philosophe anglais (d'origine polonaise) Zygmunt Bauman, compare à un *pèlerin* : il part d'un point pour aller vers un autre, sait où il va et pourquoi il y va, ne dévie pas de son itinéraire et vise le salut au terme de son périple. Le sujet postmoderne, au contraire, ne marche plus sur une ligne droite, mais zigzague d'un chemin à l'autre, revient en arrière, change de voie, flâne et envisage sans cesse d'autres possibles. Il ne se laisse plus enfermer dans les grands idéaux collectifs (les grands « récits »), mais s'engage de façon ponctuelle et réversible, en veillant toujours à préserver son autonomie. C'est un individu caractérisé par la fluidité, la légèreté, la flexibilité et la réinvention de soi permanente, qui flotte dans une ère « liquide ». Il ressemble au « sujet *nomade*[1] » de la philosophe italienne Rosi Braidotti, à l'identité mobile, décentrée et ouverte, ou encore à la plasticienne Orlan, dont les performances artistiques s'accomplissent sur son propre corps, à coups d'opération chirurgicale. À l'image de Protée, divinité de la dissémination et de la démultiplication, qui contient en lui-même toutes les formes en puissance (et dont dérive le terme « protéiforme »), elle déclare : « Je suis Orlan, entre autres, et dans la mesure du possible. Je ne désire pas une identité définie et définitive,

1. Au sujet de cette opposition, voir Martine Chaponnière et Silvia Ricci Lempen, *Tu vois le genre ? Débats féministes contemporains*, Lausanne, En bas, et Genève, Fondation Émilie-Gourd, 2012.

je suis pour les identités nomades, mouvantes et mutantes comme les corps. » Elle ressuscite ainsi les cultes dionysiaques de la Grèce antique. Dionysos, dieu – androgyne et bisexuel – de la Subversion, est en effet, d'après l'helléniste Jean-Pierre Vernant, celui qui « réduit en miettes cette vision "positive" qui se prétend la seule valable et où chaque être a sa forme précise, sa place définie, son essence particulière dans un monde fixe assurant à chacun sa propre identité à l'intérieur de laquelle il demeure enfermé et toujours semblable à lui-même[1] ».

Mais jusqu'où l'humain peut-il s'autoengendrer ? Ce désir n'a-t-il pas aussi quelque chose de potentiellement terrifiant ? C'est ce que pensent les adversaires (hommes et femmes) de la *queer theory*, et, plus largement, de la déconstruction postmoderne. Parmi eux, les croyants (de toutes les religions) sont heurtés par l'idée d'autocréation, un fantasme narcissique de démesure totalement blasphématoire, puisqu'il oppose aux décrets divins la toute-puissance d'un libre arbitre démiurgique. Pour le fidèle, seule la volonté de Dieu est infinie ; l'individu, lui, est précédé, fini, déterminé, soumis à un donné naturel. L'idée selon laquelle le féminin et le masculin ne seraient que des « fictions » offense toute la Création. Mais, même pour un non-croyant, il y a dans la pensée *queer* quelque chose de fondamentalement menaçant : la volonté de renverser l'hégémonie hétérosexuelle ou plutôt la « normativité hétérosexuelle » ou « hétéronormativité », sur laquelle repose la société. Le vent de panique provoqué par le

1. Jean-Pierre Vernant, « Le Dionysos masqué des Bacchantes d'Euripide », *L'Homme*, n° 93, 1985.

mariage gay, notamment en France et en Californie, ou encore les interdictions de la Gay Pride dans de nombreux pays témoignent de cet effroi de voir s'effondrer le pilier central de l'ordre symbolique : le couple constitué d'un homme et d'une femme.

Les positions sont irréconciliables. La question peut se résumer à deux postures antagonistes. D'un côté, des militants de la Manif pour tous criant à la « familiphobie » (et infligeant des heures de cohue à leurs poussettes bleues et roses), de l'autre, des expériences limites, comme l'intoxication volontaire à la testostérone pratiquée par Beatriz Preciado, cette philosophe « athée du sexe » qui a choisi de faire du genre une « expérience politique » et de devenir un homme, nommé Paul, renaissance auscultée dans l'essai *Testo Junkie*[1]. À croire que nous n'aurions plus le choix qu'entre deux excès : la crispation rétrograde sur la polarité traditionnelle des rôles sexués ou la désintégration absolue de tous les repères sexo-identitaires. D'un côté, la tautologie « un homme est un homme, une femme est une femme » parce que c'est ainsi que « ça a toujours été » : de l'autre, « un homme peut être une femme et une femme un homme », car ces deux catégories ne signifient rien. « La femme n'a de sens que dans les systèmes de pensée et les systèmes hétérosexuels. Les lesbiennes ne sont pas des femmes[2] »,

1. Beatriz Preciado, *Testo Junkie, Sexe, drogue et biopolitique*, Paris, Grasset, 2008.

2. Voir Marie-Hélène Bourcier et Suzette Robichon (éd.), *Parce que les lesbiennes ne sont pas des femmes... Autour de l'œuvre politique, théorique et littéraire de Monique Wittig*, actes du colloque des 16-17 juin 2001, Columbia University, Paris, Éditions gaies et lesbiennes, 2002.

écrit Monique Wittig, la théoricienne du féminisme radical français. « Femme » est un terme vide de contenu ; il n'y a pas d'être-femme, de même qu'il n'y a pas d'homme en substance, il n'y a que « desdites femmes » et « desdits hommes ».

Mais alors, s'il n'y a plus de femmes, si la catégorie elle-même disparaît, comment continuer à mener le combat de la « cause des femmes » ? Comment lutter « au nom des femmes » si elles n'existent plus ? Le féminisme postmoderne aurait-il perdu de vue, voire évacué, son objet initial ? C'est ce que craint la philosophe Camille Froidevaux-Metterie dans *La Révolution du féminin*[1], qui évoque un « processus d'évanouissement du sujet féminin », voire une « pensée du refus du féminin ». « Qu'est-ce qu'un féminisme sans femmes ? demande-t-elle. Peut-il prétendre dire quelque chose de la condition féminine alors même qu'il repose sur le déni du féminin ? Que reste-t-il d'une théorie qui refuse de penser son objet ? » et qui ne raisonne plus en termes collectifs, mais purement individuels ? De fait, la « femme hétérosexuelle », dont les problèmes ne sont pas identitaires, mais sociopolitiques, ne semble plus être un enjeu central ; elle est même parfois stigmatisée, en raison d'une supposée complicité avec l'ordre patriarcal… surtout quand elle est blanche.

Car une autre thématique s'est fait jour depuis les années 1970, grâce à l'essor, sur les campus américains, des études postcoloniales : celle de l'*intersectionnalité*. Ce militantisme d'un genre nouveau est issu des travaux de la *Southern Women's History* et des *New Slavery studies*, qui étudient la société esclavagiste et

1. Camille Froidevaux-Metterie, *La Révolution du féminin*, *op. cit.*

postesclavagiste. L'apport de ce champ de recherche est majeur, car il fait apparaître des configurations de domination qui imposent de rompre avec les analyses classiques de l'oppression de genre.

Portées par la figure charismatique de la philosophe Angela Davis, les militantes du *black feminism* se disent victimes d'une double exclusion : d'un côté, l'androcentrisme du mouvement antiraciste ne leur laisse pas de place, de l'autre l'ethnocentrisme du militantisme féministe se cantonne à la défense de la femme blanche de la classe moyenne ou privilégiée. Il faut d'urgence donner une voix à la femme noire, cette femme deux fois dominée, dont les préoccupations sont souvent très loin de celles de la femme blanche. À l'heure où cette dernière se battait pour le droit à l'IVG, bien des femmes des régions du Sud devaient au contraire lutter contre la stérilisation forcée. Quant au partage des tâches ménagères, est-ce vraiment un enjeu lorsque l'on n'a rien à manger ? C'est en ce sens que la philosophe Adrienne Rich dénonce le « solipsisme blanc[1] » du féminisme occidental, qui ne les représente pas.

Au sein de la catégorie « femmes », il y a des dominantes et des dominées, comme l'explique la théoricienne *bell hooks*[2] qui remet en question le concept de « sororité » (et le slogan « *Sisterhood is powerful* ») brandi par le féminisme occidental, tout comme l'idée d'une « oppression commune[3] ». Car il existe un péril à la

1. Adrienne Rich, « Disloyal to Civilization. Feminism, Racism, Gynephobia », in *On Lies, Secrets and Silence. Selected Prose 1966-1978*, New York, Norton, 1979.

2. bell hooks tient à ce que son nom s'écrive en minuscules.

3. bell hooks, « Sororité : la solidarité politique entre les femmes »,

fois spécifique à la femme de couleur et multiple, où s'entrecroisent différentes formes d'oppression, à l'*intersection* des différents rapports sociaux de domination : de race, de sexe et de classe. Dans un article fondateur, la professeure de droit Kimberlé W. Crenshaw[1] nomme *intersectionnalité* la question, très complexe, de leur articulation. Elle y explique que les lois américaines sont inadaptées et inefficaces pour protéger les femmes subissant une double discrimination : la violence masculine et la couleur de peau. Dans la lignée de ce courant, la philosophe féministe française Elsa Dorlin[2] montre aujourd'hui que, dans la bourgeoisie américaine de la fin du XIXe siècle, la maîtresse de maison blanche (dont l'archétype est la dame de charité) ne se construit pas tant par opposition à son mari cravaté que par opposition à sa servante noire (*housewife vs household*) dont tout la sépare. De fait, le préjugé ancestral qui voudrait que la femme ait *naturellement* vocation à la domesticité et au travail du *care* se double ici du cliché de la nounou noire *naturellement* maternelle, dévouée… et infatigable[3], et donc *naturellement*

---

in Elsa Dorlin (dir.), *Black Feminism. Anthologie du féminisme africain-américain, 1975-2000*, Paris, L'Harmattan, 2008.

1. Kimberlé W. Crenshaw, « Demarginalizing the Intersection of Race and Sex : a Black Feminist Critique of Antidiscrimination Doctrine, Feminist Theory and Antiracist Politics », *University of Chicago Legal Forum*, 1989.

2. Elsa Dorlin, « *Dark Care*. De la servitude à la sollicitude », in Patricia Paperman, Sandra Laugier (dir.), *Le Souci des autres. Éthique et politique du « care »*, Paris, EHESS, 2005. Sur cette approche de la société plantocratique, voir également le livre pionnier d'Elizabeth Fox-Genovese, *Within the Plantation Household. Black and White Women in the Old South*, Chapel Hill, University of North Carolina Press, 1988.

3. Caroline Ibos, *Qui gardera nos enfants ?*, Paris, Flammarion, 2012.

subalterne. Les stéréotypes racistes se superposent aux clichés sexistes pour enfermer la femme de couleur dans une position d'infériorité bien pire que celle de la femme blanche. C'est, en quelque sorte, la *double peine*.

Mais l'approche intersectionnelle soulève également une autre question, relative, cette fois, aux hommes. Elle fait apparaître la figure du « dominant paradoxal[1] » qu'est l'homme noir dans la société esclavagiste, puis postesclavagiste étasunienne. Quel est le statut de cet homme dépourvu des attributs qui signalent la virilité ? Pas de propriété, pas de liberté, pas d'accès au *logos*, pas de possibilité d'usage de la puissance sexuelle (paradoxalement objet de fantasme pour l'homme blanc, en vertu de l'adage « classes laborieuses, classes dangereuses, classes vicieuses »). Seule la force physique ne lui est pas déniée, puisqu'elle est le fond même de son exploitation. Mais, là encore, sa virilité n'est pas triomphale, car, dans l'univers plantocratique, l'endurance physique ne signale pas la supériorité masculine, pour une raison simple : la femme, elle aussi, travaille comme une bête de somme, ce qui en fait une « dominée paradoxale ». Dans cette relative indifférenciation des rôles, les hommes sont aussi chargés des corvées traditionnellement dévolues aux femmes, comme la

1. Voir en particulier Céline Bessière, « Race/classe/genre. Parcours dans l'historiographie américaine des femmes du Sud autour de la guerre de Sécession », *Clio. Histoire, Femmes et Sociétés*, 17, 2003 ; Angela Davis, *Femmes, race et classe* [1981], Paris, Des femmes, 2007 ; Deborah Gray White, *Ar'n't I a Woman ? Female Slaves in the Plantation South* [1985], New York, Norton, 1989 ; Hazel Carby, « Femme blanche, écoute ! Le féminisme noir et les frontières de la sororité », in Elsa Dorlin (dir.), *Black Feminism*, *op. cit.*

cuisine, le ménage ou la couture. Hommes et femmes sont soumis au même fouet lors de la récolte du coton, ils ont le même « ennemi principal » : l'homme blanc. Le féminisme et la lutte antiraciste se sont ainsi unis dans la désignation d'un seul et même coupable : le mâle-blanc-colon-impérialiste-phallocrate.

Or c'est précisément cette même figure de l'homme blanc et hétérosexuel des pays développés qui se trouve, aujourd'hui, être au cœur du discours de la « crise de la virilité ». Mais ni le féminisme ni la lutte antiraciste ne suffisent à rendre raison du malaise des Angry White Men[1], car c'est le modèle sur lequel se fondaient ses prérogatives qui est lui-même entré en crise. Les hommes se sont trouvés pris à leur propre piège. Le monde viriarcal qu'ils avaient construit s'est écroulé. Les femmes, les communautés LGBT[2] et les militants antiracistes n'ont eu qu'à donner la chiquenaude finale pour que tout l'édifice s'effondre. Ses soubassements étaient corrodés, depuis la fin du XIXe siècle, par une crise profonde, la crise de la *modernité*, une crise multiple et complexe, à la fois philosophique, politique, économique, morale et spirituelle, une crise de l'esprit, de la raison, des valeurs et du sens.

1. Michael Kimmel, *Angry White Men. American Masculinity at the end of an era*, *op. cit.*

2. Lesbiennes, Gays, Bisexuels et Transgenres.

Crise de la virilité ou crise de civilisation ?

L'éclipse des certitudes

L'ambition de puissance et l'esprit conquérant, voire prométhéen, du mâle occidental n'ont pas attendu notre époque pour trembler sur leurs bases. Dans un passage célèbre de l'*Introduction à la psychanalyse*, Freud a identifié les trois « blessures narcissiques[1] » (ou « graves démentis ») que la science avait successivement infligées à l'orgueil humain. La première est la révolution héliocentrique (Galilée et Copernic), qui dissipe l'illusion géocentrique : l'homme comprend qu'il n'est pas au centre de l'univers, lui qui se croyait au cœur de tout, et découvre qu'il n'est plus qu'une « parcelle insignifiante du système cosmique dont nous pouvons à peine nous représenter la grandeur ». La deuxième est la compréhension de l'évolution des espèces (Lamarck, Wallace, Darwin) qui « réduit à rien les prétentions de l'homme à une place privilégiée

1. Sigmund Freud, *Introduction à la psychanalyse* [1916], IIe partie, chap. XVIII, trad. de l'allemand par Samuel Jankélévitch, Paris, Payot, 1975.

dans l'ordre de la création, en établissant sa descendance du règne animal ». Si l'homme est issu du singe, Adam et Ève doivent être compris comme des symboles, ce qui constitue une double remise en question : celle du rapport *vir*/femme (puisque la femme n'est plus issue de la côte d'Adam) mais aussi celle du rapport *vir*/animal (puisqu'il y a continuité et non plus rupture entre l'un et l'autre). Enfin le « troisième démenti infligé à la mégalomanie humaine » sera la découverte, par Freud lui-même, de l'inconscient, cet immense continent enfoui au fond de notre psychisme, et qui nous est très largement impénétrable. Le moi n'est « plus maître dans sa propre maison », mais « réduit à se contenter de renseignements rares et fragmentaires » sur lui-même. La conscience n'est plus transparente à elle-même, chacun de nous est travaillé par des forces obscures qui ourdissent des machinations perverses dans les sous-sols de la conscience. C'est une énorme gifle au *cogito* cartésien : la conscience claire, ou *cogito*, n'est qu'une illusion. Le rêve cartésien d'un individu qui soit à lui-même son propre fondement et sa propre fin, en dehors de toute référence à une norme extérieure, d'un sujet capable de se rendre, par la toute-puissance de sa Raison, comme « maître et possesseur de la nature », d'en percer tous les secrets et de la dominer, est bel et bien enterré, puisqu'il ne peut même pas se connaître lui-même.

Bientôt c'est toute l'idéologie du progrès qui sera remise en cause. Cette idée d'une avancée irrésistible de l'humanité vers le bien, qui avait éclos avec l'humanisme de la Renaissance, avant de se construire philosophiquement à l'âge moderne avec Descartes ou Bacon, était devenue une véritable foi à l'âge des

Lumières. Tandis que Laplace formulait la théorie du déterminisme universel (et réduisait le hasard à l'ignorance – provisoire – des causes et des lois), Condorcet[1] décrivait le progrès comme un processus linéaire, cumulatif, continu et nécessaire, conduisant triomphalement l'humanité vers la science, la sagesse et le bonheur. Cette religion du progrès trouva ses grands prêtres au XIXe siècle : Hugo, Michelet, Comte, Saint-Simon, Renan, tous étaient persuadés que la science, relayée par la technique, ouvrirait une ère de bonheur et d'émancipation pour tout le genre humain. À cette époque, personne ne doutait du bien-fondé de la logique euphorique en vertu de laquelle la croissance du bien-être matériel apporterait nécessairement le progrès social, qui lui-même assurerait, *in fine*, celui de la vie morale. L'humanité était en marche vers la « paix perpétuelle », selon le vœu de Kant.

La fin du XIXe siècle et le début du XXe sonneront le glas de cet optimisme et de cette ivresse rationaliste. La première déstabilisation du modèle viendra des sciences elles-mêmes, lorsqu'à l'illusion du savoir absolu va succéder l'ère de la fin des certitudes. Dans tous les domaines du savoir, on découvre que l'incertain est tapi en embuscade derrière la connaissance. En mathématiques, le théorème d'incomplétude de Gödel révèle un principe d'incertitude logique : il y a des propositions vraies qui sont indécidables, indémontrables. La physique quantique, de son côté, nous enseigne que les composants de la matière se comportent selon un modèle probabiliste et non pas déterministe. Enfin,

1. Nicolas de Condorcet, *Esquisse d'un tableau historique des progrès de l'esprit humain*, 1794.

le principe d'indétermination d'Heisenberg montre qu'il est impossible d'observer la réalité autrement que perturbée par l'observation elle-même : le réel est donc inaccessible. Nous sommes condamnés à penser dans l'absence de fondements, à naviguer dans l'aléa, l'imprévisible, l'imprédictible. C'est un terrible coup porté à la Raison.

À cette crise des fondements philosophiques de la connaissance, qu'Edgar Morin a appelée « crise ontologique du réel », va bientôt s'ajouter une crise politique, celle des grandes démocraties européennes, qui vont trahir les idéaux pacifistes promus par les Lumières en se livrant l'une des guerres les plus meurtrières et les plus absurdes de tous les temps. Le rêve de paix des philosophes s'achève avec la mobilisation massive de la jeunesse européenne à l'été 1914, preuve qu'il était bien moins enraciné dans les consciences que le mythe guerrier, venu du fond des âges, avec lequel il entendait rompre. Un siècle de militarisation forcenée de l'Europe aura eu raison de la Raison.

Les larmes du guerrier

Les soixante-dix millions de jeunes gens qui partent alors pour le front, la fleur au fusil, n'ont pas conscience de s'engager dans une guerre d'un genre totalement inédit. La puissance nouvelle du feu, des obus, la violence inouïe des combats[1] vont modifier en profondeur l'*éthos* guerrier, comme l'explique l'historien Stéphane Audoin-Rouzeau dans « La Grande Guerre et l'histoire

1. Voir le captivant *Au revoir là-haut* de Pierre Lemaître, Paris, Le Livre de poche, 2013.

de la virilité[1] ». Un siècle auparavant, le soldat, fier de son uniforme rutilant et de son couvre-chef, s'avançait debout sur le champ de bataille en bravant les projectiles. Cette mise en scène est révolue. Le combattant des tranchées, tel que l'a immortalisé Henri Barbusse dans *Le Feu*, rampe au sol dans une tenue terne et couverte de boue. Et surtout, il crève de faim, de froid et de « trouille », continûment, pendant des semaines et des semaines. « Voilà ce que je suis : un type qui a peur, une peur insurmontable, une peur à implorer, qui l'écrase [...], j'ai peur au point de ne plus tenir à la vie. D'ailleurs je me méprise. [...] J'ai honte de cette bête malade, de cette bête vautrée que je suis devenu, mais tous les ressorts sont brisés. J'ai une peur abjecte. C'est à me cracher dessus[2] », écrit le romancier Gabriel Chevallier dans *La Peur*. Puis ce sont ces milliers de corps éventrés, mutilés, brûlés, ces « gueules cassées », ces moignons purulents (si bien représentées par le peintre Otto Dix), qui provoquent l'effroi et font apparaître une impuissance et une vulnérabilité nouvelles, propres à démonétiser irréversiblement le mythe de la virilité guerrière.

La paix revenue, les soldats rescapés subissent une autre terrible humiliation, qui vient s'ajouter à celle de leur corps amoché : ils sont traités de lâches, par opposition aux braves qui, eux, sont morts au combat. Comme l'écrit André Rauch, « la guerre a fait le tri entre les hommes : elle a éliminé les plus courageux et

1. Stéphane Audoin-Rouzeau, « La Grande Guerre et l'histoire de la virilité », in Alain Corbin, Jean-Jacques Courtine et Georges Vigarello, *Histoire de la virilité*, t. I, *op. cit.*

2. Gabriel Chevallier, *La Peur*, Paris, Le Livre de poche, 2010.

a rendu à la société civile ceux qui ont fui ou rampé sans s'exposer au feu[1] ». Les défunts sont des héros couverts de gloire, les survivants des déchets voués au déshonneur. « De mon temps… il y avait encore quelques hommes, déclare l'une des héroïnes des *Histoires déplaisantes* de l'écrivain Drieu la Rochelle. Ils m'ont aimée ; mais ils ont été tués à la guerre. Maintenant, il n'y a que des pédérastes… des drogués, des eunuques[2]. » Ceux que la droite nationaliste traite de « planqués » sont au centre du discours sur la « dévirilisation » et la « dégénérescence » du peuple français, qui stigmatise l'« abjection française[3] », la multiplication des tares et fait l'éloge de l'« homme nouveau ».

Cette hantise du déclin signale une profonde crise de la démocratie, alors gangrenée par l'instabilité parlementaire et les scandales politico-financiers. Pour tous ceux qui rejoignent les ligues (telle l'Action française, de Charles Maurras et Léon Daudet), lisent les revues comme *La Jeune Droite* ou adhèrent à des mouvements comme Ordre nouveau ou le Parti franciste, la démocratie, ou « médiocratie », est le régime de la déliquescence et de l'émasculation. L'homme des sociétés démocratiques est un être soumis et passif, intoxiqué par une idéologie désastreuse, à la fois égalitariste, pacifiste et laxiste. Le patriotisme a déserté, le courage s'est perdu, et avec lui le goût du risque, remplacé par celui du confort et de la sécurité.

---

1. André Rauch, *Histoire du premier sexe*, *op. cit.*

2. Pierre Drieu la Rochelle, cité par Marie Balvet, *Itinéraire d'un intellectuel vers le fascisme : Drieu la Rochelle*, Paris, PUF, 1984.

3. Selon l'expression de l'écrivain et journaliste Thierry Maulnier, « Sortirons-nous de l'abjection française ? », *Combat*, novembre 1936, cité par André Rauch, *Histoire du premier sexe*, *op. cit.*

L'angoisse de la décadence de la nation et de la race va alors se fixer obsessionnellement sur le « corps des hommes », devenu « ignoble » d'après Drieu, qui dit ne plus pouvoir se promener dans les rues sans être exposé à « ces dos voûtés, ces ventres gonflés, ces petites cuisses, ces faces veules », à ces eunuques qui étalent « leur débraillé physique et moral » et qui lui donnent une « impression atroce d'avachissement total, irrémédiable[1] ». Même la rhétorique politicienne n'échappe pas à cette focalisation sur l'aspect physique[2] des chefs : tandis qu'Édouard Herriot, principal animateur du Cartel des gauches, est décrit comme ayant « la charpente du visage et du corps gondolée, effondrée sous la graisse[3] », Doriot, le fondateur du parti fasciste PPF (Parti populaire français), est, toujours sous la plume de Drieu, « grand, gros et fort, il sue beaucoup[4] [...]. Il a beaucoup de cheveux, il est au milieu d'une substance abondante et forte. Il a de la santé ». Mais pas autant, toutefois, que le modèle absolu de la virilité qu'est le « jeune fasciste », qui fascinera tant Brasillach lors du congrès du parti nazi

1. Pierre Drieu la Rochelle, *Socialisme fasciste*, Paris, Gallimard, 1934, cité par André Rauch, *Histoire du premier sexe*, *op. cit.*

2. On se souvient des attaques de Nicolas Sarkozy à propos de François Hollande, de son embonpoint et de son goût pour les « frites ».

3. Chacun pouvait le reconnaître dans un des personnages du roman *Gilles* de Drieu.

4. « Doriot a parlé pendant trois heures d'horloge. Il a bien mouillé sa chemise... », écrit Pierre Drieu la Rochelle, in *Avec Doriot*, Paris, Gallimard, 1937. André Rauch, *Histoire du premier sexe*, *op. cit.*, précise : « Sans doute s'étonnera-t-on de cet éloge de la sueur, mais la sueur est aussi le signe de la virilité énergique, de l'enthousiasme, de la force ou de la volonté de puissance que la littérature d'extrême droite oppose volontiers à une gauche française qu'elle accuse d'être trop cérébrale. »

de 1937, dans le grand stade de Nuremberg, dont il revient très enthousiasmé : « Le jeune fasciste, appuyé sur sa race et sur sa nation, fier de son corps vigoureux, de son esprit lucide, méprisant des biens épais de ce monde, le jeune fasciste dans son camp, au milieu des camarades de la paix qui peuvent être les camarades de la guerre, le jeune fasciste qui chante, qui marche, qui travaille, qui rêve, il est tout d'abord un être joyeux[1]. » Et de quoi « rêve » cet « être joyeux » ? De guerre et de vengeance, seuls remèdes à la crise de la virilité qui gangrène la nation.

La barbarie inouïe des camps de la mort représentera, pour l'humanité entière, un choc métaphysique : ce que l'homme est capable de faire à l'autre homme dépasse tout ce qu'on avait connu ou imaginé jusqu'alors. L'*immonde* est *dans* le monde et l'*homme* est capable d'*inhumanité.* Vingt-cinq siècles de philosophie et presque autant de judéo-christianisme pour en arriver là. La nation qui avait enfanté Mozart, Kant, Goethe et Rilke a généré des monstres. Cette fois, c'est la défaite absolue de la justice et du droit. La raison s'est trahie elle-même : elle promettait la lumière et la paix, elle a généré les ténèbres et l'holocauste. La raison, oublieuse du *raisonnable* (l'amendement moral) au profit de la *rationalité* (l'efficacité productive), a fini par se mettre au service de la *déraison* : c'est elle qui préside à la logistique minutieuse de la Shoah, à sa comptabilité maniaque, à la construction de lignes de chemins de fer, à l'acheminement du gaz, à la gestion tatillonne des horaires des convois… La raison techno-scientifique et conquérante s'est asservie au mal absolu.

1. Robert Brasillach, *Notre avant-guerre*, Paris, Plon, 1941.

La défense de la suprématie du mâle blanc a conduit au désastre.

La deuxième moitié du XIXe siècle et le début du XXIe confirmeront ce désenchantement, voire ce sentiment de déréliction. L'effroyable brutalité du totalitarisme, fasciste et communiste, viendra signer la fin des « grands récits d'émancipation[1] ». Parallèlement, la destructivité des guerres de décolonisation, de la guerre du Viêtnam, d'Irak, et de quantité d'autres conflits portera le coup de grâce au mythe de la puissance guerrière, déjà sévèrement écorné. La quête héroïque de la gloire et du sacrifice a révélé son effarante vanité. Dans l'imaginaire collectif, un soldat, c'est une petite croix blanche perdue dans un alignement sans fin, dans un gigantesque cimetière militaire, comme celui de Verdun, celui (américain) de Saint-Avold en Moselle, de Redipoglia en Italie, ou encore le Mémorial soviétique du Treptower Park à Berlin, qui comptent chacun des dizaines de milliers de sépultures. S'il a survécu, le soldat est une « gueule cassée », gravement diminuée par ses blessures et son expérience de l'horreur. Le nombre de vétérans américains de la guerre du Viêtnam qui se suicidèrent après leur retour est plus important que celui des morts au combat[2] ; c'est dire la difficulté qu'il y a à vivre après avoir traversé l'apocalypse. Et quand, de surcroît, toute cette folie n'a servi absolument à rien, comme en

1. Voir Jean-François Lyotard, *La Condition postmoderne. Rapport sur le savoir*, Paris, Minuit, 1979.

2. Dans *Nam Vet. Making Peace with your Past*, l'ancien parachutiste Chuck Dean indique que 150 000 vétérans du Viêtnam se sont suicidés après leur retour, soit presque trois fois plus que le nombre de ceux qui sont morts au combat (58 200).

Irak, sinon à déstabiliser encore un peu plus la région qui allait enfanter Daech, on imagine le profond sentiment de révolte de tous ces hommes (et de leur famille) recrutés, pour nombre d'entre eux, parmi les jeunes chômeurs des banlieues pauvres de l'Amérique pour être envoyés au feu sans aucune justification recevable. Ils sont revenus de l'enfer, survivants, mais à moitié morts. On trouve aujourd'hui sur Internet des milliers de clichés de soldats aux amputations multiples, posant avec tout leur harnachement de fauteuils roulants, de prothèses et de béquilles ; certains ont le visage complètement détruit, presque tous souffrent d'un stress posttraumatique aigu et très invalidant, beaucoup sont toxicomanes. Comment ne seraient-ils pas amers, et écœurés par le « système » qui les a détruits ? L'honneur et le prestige du guerrier, la culture de la « belle mort » et l'esprit de conquête semblent définitivement discrédités.

Devant le spectacle de tant de désolation, l'idéologie du progrès a définitivement sombré en emportant avec elle l'espoir d'en finir un jour avec la bêtise et la guerre. L'homme des grandes démocraties occidentales ne se fait plus d'illusions, il a cessé de croire aux « lendemains qui chantent ». Et jamais, sans doute, l'avenir ne lui a fait aussi peur. Car de nouvelles menaces sont apparues : au péril écologique, extrêmement grave, s'ajoute aujourd'hui la menace terroriste, danger d'un genre nouveau qui inscrit le risque mortel au cœur de la banalité quotidienne. Chacun est suspect et suspecté, ce qui justifie un discours proarmes de plus en plus agressif. Le citoyen doit apprendre à se défendre et se passionne pour les sports de combat. Dans plusieurs nations ayant aboli le service militaire, notamment les

États-Unis (en 1973) et la France (en 1996), on observe un engouement pour les stages d'entraînement militaire : dans ces *bootcamps*, on traverse des tunnels enfumés, on tire des sacs de sable, on escalade des murs de béton tout casqué, on saute du haut d'un bunker avec son arme, bref on fait « presque en vrai » ce que l'on fait d'habitude « pour de faux » sur sa console de jeux. Sauf qu'on n'en retire pas de grand prestige viril, pour une raison simple : les femmes aussi y participent. Et elles sont même, dit-on, très douées pour le krav-maga.

On touche ici à un point particulièrement sensible de la désexuation des rôles : la fin de l'exclusion des femmes de la sphère de la guerre (et de la compétition sportive). Depuis l'engagement massif des femmes dans les bataillons de l'Armée rouge[1] (et l'excellence des snipeuses), on assiste à ce que l'historien Stéphane Audoin-Rouzeau qualifie de « rupture historique et anthropologique » majeure : l'accès des femmes au métier des armes, laquelle constitue, à ses yeux, « une brèche fondamentale au cœur du modèle militaro-viril ». Même si les femmes occupent beaucoup plus rarement des postes de combat, la féminisation des armées est, en soi, une révolution propre à remettre définitivement en question le privilège masculin du *sang versé.* Désormais, les femmes aussi ont le droit de tuer et d'accéder à la « belle mort ». Leur nombre de plus en plus important dans les troupes de l'Otan

1. Le premier engagement massif des femmes (environ 800 000) eut lieu en Union soviétique en 1941, après l'attaque allemande ; elles s'illustrèrent notamment dans la chasse, le bombardement aérien et le tir de précision.

(ou encore dans l'armée israélienne) constitue une raison supplémentaire de douter de la naturalité de leur faiblesse et de leur couardise. Mais si la femme est un soldat comme un autre, sur quels éléments distinctifs se fonde désormais la prérogative masculine ? La question est d'autant plus vertigineuse que le monde du travail a, lui aussi, puissamment contribué à l'ébranler. À cette destitution de la figure du *guerrier* est ainsi venue s'ajouter celle du *travailleur*, consécutive aux mutations économiques des cent dernières années.

L'aliénation du travailleur

Dans sa célèbre dialectique du maître et de l'esclave[1], Hegel a proposé une analyse implacable de la puissance libératrice du travail. L'opération par laquelle l'homme transforme la matière pour réaliser une œuvre et en obtenir de la *reconnaissance* est l'un des lieux les plus essentiels de la construction de l'identité individuelle, et singulièrement de l'identité virile, largement indexée sur l'action, l'esprit de conquête et le sentiment de puissance. Or, à partir de l'entre-deux-guerres, la figure du travailleur va subir une dégradation continue, en raison des modifications de l'organisation du travail, puis du chômage de masse consécutif à la Grande Dépression des années 1930.

Pour saisir la portée de la rupture anthropologique que représentent le taylorisme et le fordisme, il faut se souvenir de l'immense puissance suggestive de l'archétype

1. Voir l'analyse magistrale qu'en a donnée Alexandre Kojève dans *Introduction à la lecture de Hegel : leçons sur la « Phénoménologie de l'Esprit » de Hegel*, de 1933 à 1939 à l'École des hautes études, Paris, Gallimard, 1980.

du travailleur viril forgé au cours du XIXe siècle. L'imaginaire politique du monde ouvrier est alors dominé par l'allégorie du prolétaire vaillant, robuste et courageux, homme du fer et du feu, qu'une iconographie laudative montre torse nu et muscles saillants, en casseur de pierre (Courbet) en raboteur de parquet (Caillebotte) ou en forgeron (Meunier)[1]. Une théâtralisation de la force que le mouvement communiste amplifiera, à travers l'image héroïsée du travailleur soviétique, cet « homme nouveau », mineur, métallo, docker ou mécano, tenace, énergique, fraternel et solidaire, qui ne vit que pour la lutte et le labeur, à l'image de l'ouvrier Stakhanov[2]. Dans *L'Image de l'homme, l'invention de la virilité moderne*[3], l'historien germano-américain George Mosse a montré la parenté de cette figure du travailleur-soldat communiste (grand, massif, vigoureux, la tête haute, le regard lointain), avec l'idéal du jeune fasciste au profil orgueilleux. Les deux totalitarismes, promoteurs d'une barbarie et d'une destructivité sans fin, ont fait du virilisme musculaire et guerrier l'idéal de la masculinité, à tel point qu'on pourrait forger, pour les qualifier, le néologisme de *musculinisme*.

Cette imagerie ouvrière sert aussi les desseins de l'économie capitalistique : la rationalisation du travail à l'œuvre dans la première moitié du XXe siècle et le

---

1. Voir Thierry Pillon, *Le Corps à l'ouvrage*, Paris, Stock, 2012.

2. Dans le bassin minier du Donbass, en août 1935, l'ouvrier Alekseï Stakhanov aurait abattu 102 tonnes de charbon en une seule nuit, soit 14 fois la moyenne ; il devient alors le « héros du travail », donné en exemple à tous les ouvriers soviétiques.

3. George L. Mosse, *L'Image de l'homme. L'invention de la virilité moderne*, Paris, Pocket, 1999.

bouleversement du système productif qu'il induit vont en effet s'accompagner de la fabrication d'un nouvel idéal social, promu par le patronat et les économistes, celui d'un prolétaire, certes vigoureux, mais surtout discipliné. D'où l'importance extraordinaire accordée à la moralisation des ouvriers, dont on glorifie la probité, le zèle, l'esprit de sacrifice, la fierté, la combativité, le stoïcisme, la bravoure et l'obéissance (aux horaires, aux cadences, aux règles dictées par le taylorisme). La force physique n'est plus louée qu'à condition d'être au service du bien, c'est-à-dire de la productivité.

Mais les tâches mécaniques et répétitives auxquelles sont désormais astreints les ouvriers génèrent un sentiment profond d'aliénation. Le travail à la chaîne ne requiert ni robustesse, ni courage, et dépossède le travailleur du résultat final de son travail, lui interdisant par là de s'y *reconnaître*. Loin de fabriquer comme jadis des hommes vigoureux et fiers de leur outil, le fordisme broie des « bêtes de somme résignées » et dociles, comme l'écrit la philosophe Simone Weil. Dans ses *Réflexions sur les causes de la liberté et de l'oppression sociale*, elle préfère, au concept d'« exploitation » introduit par Marx celui d'« oppression » pour caractériser l'asservissement de l'homme à sa machine et l'annihilation de sa faculté de penser. Lorsque cette femme engagée se met en congé de son métier d'enseignante pour aller partager le sort des ouvriers[1], elle réalise à quel point le machinisme prive

1. Entre décembre 1934 à août 1935, Simone Weil sera successivement ouvrière chez Alstom, aux établissements J.-J. Carnaud et Forges de Basse-Indre, et chez Renault à Boulogne-Billancourt. Elle a rendu compte de ces expériences dans son *Journal d'usine.*

le travailleur du sentiment de sa propre dignité, au point de le plonger dans le « malheur », ce sentiment de fragmentation, d'abandon, d'humiliation et de déchéance physique, spirituelle et sociale qui « crée une zone de silence où les êtres humains se trouvent enfermés comme dans une île[1] ».

À la déréliction ouvrière va bientôt venir s'ajouter un autre phénomène, celui de la tertiarisation de l'économie, du salariat de masse et de la submersion des énergies viriles dans les emplois de bureau, qui, eux non plus, ne requièrent pas cette force physique, longtemps associée à la vertu morale, qui faisait la dignité du travailleur. Bientôt, les métiers exigeant du muscle seront considérés comme des voies de relégation. Autrefois, les classes laborieuses affichaient leur fierté d'« hommes à bras » et leur mépris pour le manque de vigueur des « bourgeois » maniérés ou des employés « délicats » à souliers vernis ; à présent, le travail de bureau du col blanc a détrôné la force dans l'imaginaire viril. D'autant que l'ouvrier est moins exposé au danger que jadis : la prise de risque se voit encadrée dans des consignes de sécurité de plus en plus strictes, qui privent l'ouvrier du prestige qu'il tirait de son combat contre l'adversité. Rien de plus viril que le *risque*, rien de plus efféminant que la *sécurité*.

Cette évolution s'est amplifiée au cours des décennies suivantes. La sociologue Pascale Molinier a observé les formes actuelles de cet « effondrement de la virilité chez les "hommes de métier"[2] », qui se traduit

1. Simone Weil, *La Condition ouvrière*, Paris, Folio Essais, 2002.
2. Pascale Molinier, « Déconstruire la crise de la masculinité », *Mouvements*, vol. 31, n° 1, 2004.

par des maladies et des suicides beaucoup plus fréquents que chez les femmes. « Aujourd'hui, écrit-elle, si perdure encore un certain esprit d'équipe, on ne trouve plus beaucoup d'allusions à la fierté et à l'orgueil d'appartenir à un groupe prestigieux de chevaliers d'une aristocratie ouvrière. »

Ce sentiment d'isolement et de déclassement du travailleur est encore aggravé par la féminisation du monde professionnel. Le capitalisme est en effet le premier système économique de l'histoire humaine à reposer sur l'anonymat généralisé. La force de travail y est considérée comme une marchandise indifférenciée, qui s'échange contre un étalon commun : l'argent. Le capitalisme rassemble donc les conditions objectives de l'émancipation des femmes et de la disparition de la division sexuée du travail. Non seulement l'homme est désormais remplaçable par une femme, mais parfois même, c'est elle qui lui donnera des ordres. Si l'on ajoute que bientôt son épouse, nantie d'un salaire, l'amputera de sa fonction traditionnelle de pourvoyeur de ressources (ou de *breadwinner*, celui qui gagne le pain), on comprend que l'homme ait perdu en chemin une grande partie de la reconnaissance symbolique que lui apportait son métier. Les classes moyennes seront très affectées par cette érosion progressive de l'hégémonie masculine. En 2012, la journaliste Hanna Rosin publiait un best-seller très commenté intitulé *La Fin des hommes*[1], dans lequel

1. Hanna Rosin constate que l'écart sexué de rémunération s'opère aujourd'hui de plus en plus souvent au profit des femmes. Au Brésil, par exemple, près d'un tiers des épouses gagnent plus que leur mari. Aux États-Unis, la femme contribue aujourd'hui pour 42 % du revenu de la famille contre 2 à 6 % dans les années 1970. Dans certaines villes

elle annonçait un renversement complet des rapports de sexes aux États-Unis et dans de nombreuses autres régions du monde[1]. Partout où les femmes ont accès aux études, écrit-elle, elles en sortent plus diplômées que les hommes, ce qui leur permet désormais, de plus en plus fréquemment, d'accéder à des postes mieux rémunérés qu'eux. Ce phénomène, qu'elle nomme « mancession » (*man recession*), aurait même pris, en certains endroits, la forme d'un nouveau « matriarcat ». Même si les conclusions de ce livre sont parfois discutables, les analyses qu'il contient sont révélatrices d'une évolution sociétale majeure vers la désexuation des postes de pouvoir, propre à induire le sentiment d'une « dévirilisation » des hommes.

Mais de quoi souffrent le plus les travailleurs d'aujourd'hui ? De la concurrence et des responsabilités des femmes ou de la difficulté croissante à se faire une place décente dans la jungle impitoyable qu'est

---

moyennes, telles que Auburn-Opelika, dans l'Alabama, le salaire médian des femmes a dépassé de 40 % celui des hommes (cf. Richard Fry et D'Vera Cohn, « Women, Men and the New Economics of Marriage », Pew Research Center, janvier 2010, http ://pewsocialtrends.org/files/2010/11/new-economics-of-marriage.pdf). Aux États-Unis et en Grande-Bretagne, plus d'une mère sur trois entretient sa famille, soit parce qu'elle est sans conjoint, soit parce qu'elle gagne plus que lui. À Washington, ville où vivent un grand nombre de mères célibataires, près de 64 % des femmes font vivre leur famille (Heather Boushey, Jessica Arons et Lauren Smith, « Families Can't Afford the Gender Wage Gap », Center for American Progress, 20 avril 2010, http ://www.americanprogress.org/issues/2010/04/pdf/equal_pay_ day.pdf).

1. Notamment le Japon, le Brésil, la Corée du Sud et la Chine, où la Ferrari rouge est devenue le symbole des nouvelles femmes d'affaires, qui dirigent plus de 40 % des entreprises privées. Dans tous ces pays, l'âge moyen du mariage chez les femmes est en net recul (32 ans en moyenne en Asie) et le taux de divorce augmente.

devenu le monde professionnel ? Comme l'indique le sociologue François de Singly, qui ne croit guère à l'énoncé du « triomphe des femmes », la guerre économique s'est substituée aux antiques guerres viriles et constitue le nouveau territoire de la *libido dominandi*. Dans « Les habits neufs de la domination masculine[1] », il observe que « le patron qui achète, licencie et produit de la richesse a pris la place du général d'infanterie ». Les nouveaux modèles de virilité qui émergent dans les années 1980 sont les « gagneurs », les milliardaires[2] et les *golden boys*, ces jeunes « loups » capables de prendre des risques immenses (et d'en faire courir aux autres) pour devenir toujours plus riches.

Ce nouvel idéal viril, qui mêle argent, luxe et célébrité, est de nature à aggraver la détresse des plus modestes, en particulier les centaines de millions de personnes à travers le monde qui ont perdu, dans la crise – absurde et indécente – des *subprimes* de 2008, leurs économies, leur maison, et, bien sûr, leur travail. Certes, le chômage représente aussi une angoisse pour la femme, mais la précarité matérielle est jugée beaucoup plus sévèrement chez l'homme, en raison de sa vocation traditionnelle de pourvoyeur de ressources. C'est l'un des pièges les plus cruels de la virilité. Lors de la Grande Dépression des années 1930, déjà, la sociologue américaine Mirra Komarovsky, après avoir enquêté auprès d'une soixantaine de pères de famille

1. François de Singly, « Les habits neufs de la domination masculine », *Esprit*, n° 11, 1993.

2. En France, Bernard Tapie fut considéré dans les années 1980-1990 comme l'archétype du « gagneur ». En 2017, c'est un milliardaire, inexpérimenté dans le domaine politique et dont le principal titre de gloire est son immense fortune, qui a été élu à la Maison-Blanche.

sans emploi depuis au moins un an, en concluait que ces hommes se considéraient comme des « idoles brisées », peinant à se faire admirer, voire respecter de leurs enfants : « Autrefois ils venaient se jeter dans mes bras, aujourd'hui, c'est à peine s'ils m'adressent la parole[1] », disait l'un des hommes interrogés dans *Le Chômeur et sa famille.* Quand la capacité à entretenir sa famille est tenue pour l'étalon de la virilité, le chômage brise le pacte conjugal et, par là, tout l'équilibre familial. La vieille partition sexuée en vertu de laquelle un homme est reconnu pour ce qu'il *fait*, et une femme pour ce qu'elle *est*, a révélé son effet pervers : la dévalorisation virile consécutive à la perte d'emploi, d'autant plus âpre que le chômage prive l'homme des sociabilités associées au travail et le confine chez lui, dans l'espace domestique classiquement assimilé au féminin.

Mais celui qui a su préserver sa place n'est pas nécessairement mieux loti : le culte de la performance, l'obsession du résultat, du chiffre et du rendement, le management autoritaire sont de nature à générer un mal-être professionnel grandissant, lequel se manifeste, dans le meilleur des cas, par un stress constant, et, dans le pire, par un *burn-out* (syndrome d'épuisement professionnel) pouvant conduire au suicide, geste commis trois fois plus souvent par les hommes que par les femmes. Un homme ne doit ni montrer ses faiblesses, ni pleurer, en vertu du stoïcisme et de la rétention émotionnelle attendus de son sexe. Quand

1. Mirra Komarovsky, *The Unemployed Man and his Family. Status of the Man in Fifty-nine Families*, introduction de Michael S. Kimmel, Walnut Creek, AltaMira Press, 2004.

le désespoir est trop immense et que le décalage entre les normes viriles de réussite sociale et les échecs de sa propre existence est devenu abyssal, mieux vaut encore disparaître en accomplissant un ultime acte de courage : se donner à soi-même la « belle mort », comme l'avaient fait Mishima ou Hemingway, qui poursuivirent toute leur vie la légende de leur propre virilité.

Le crépuscule des héros

La violence, qu'elle soit tournée contre soi-même ou contre autrui, est généralement une réponse à un sentiment de frustration et de colère. Aussi est-il permis de penser que l'engouement planétaire pour les conduites à risque (jeux dangereux, sports extrêmes, alcool au volant, excès de vitesse[1], polyusage de drogues, *binge dringing*[2], *shooting* d'alcool enflammé[3]...) procède du même besoin de compensation que les comportements dans lesquels l'hypervirilité s'affirme par l'agressivité envers autrui[4]. La sociologue Christine Castelain-Meunier analyse ainsi en termes de « masculinité défensive » les ravages de la violence domestique, ou encore un drame comme celui du Heysel, qui choqua

1. Selon la sociologue Sylvie Ayral, 83 % personnes impliquées dans la délinquance routière sont des hommes, « L'appareil punitif scolaire, vecteur de construction de l'identité masculine », in Daniel Welzer-Lang et Chantal Zaouche Gaudron (dir.), *Masculinités. État des lieux*, Paris, Érès, 2011.

2. « Biture express ».

3. Mode qui fait actuellement des ravages et crée de nombreux accidents chez les jeunes.

4. Voir les analyses du sociologue Daniel Welzer-Lang, dans *Les Hommes violents*, Paris, Payot, 2005, et *Arrête ! Tu me fais mal !*, Paris, Payot, 2005.

le monde entier en 1985 : « Pour l'homme qui se cherche de nouvelles certitudes, la transgression par la violence balaie le doute. Les supporters massacreurs du stade du Heysel, défendus par des skinheads, exprimaient à leur manière dévastatrice et meurtrière les valeurs de leur classe d'origine, celle d'ouvriers traditionnels reprenant la glorification des vertus viriles. Leurs territoires s'écroulant, ils luttaient d'une manière sinistre contre la dégradation de leur statut social et de leur identité sexuée[1] », écrit-elle dans *Les Métamorphoses du masculin*.

Cette grille de lecture peut également servir à interpréter le geste, suicidaire et meurtrier à la fois, du kamikaze djihadiste, surtout quand il s'agit d'un Occidental, né Pierre, Paul ou Jacques, et converti à l'islam (ou plutôt à ce qu'il croit être l'islam) par pur esprit de révolte contre une société qui ne lui a pas offert la place qu'il pensait mériter. Autant gagner, en usurpant un prénom arabe, et sans plus attendre, le paradis où l'attendent les divines houris aux yeux noirs. Au reste, qu'y a-t-il de plus héroïque que de défier l'ordre, la paix et la sécurité ?

La capacité à enfreindre la loi a toujours été un marqueur viril privilégié. La sociologue Sylvie Ayral va même jusqu'à considérer l'« injonction à la transgression » comme l'un des piliers de la construction masculine. Dans une étude remarquée sur l'appareil punitif scolaire[2], elle observe qu'une écrasante majorité

1. Christine Castelain-Meunier, *Les Métamorphoses du masculin*, Paris, PUF, 2005.

2. Sylvie Ayral, « L'appareil punitif scolaire, vecteur de construction de l'identité masculine », *op. cit.*

(80 % en moyenne) d'élèves sanctionnés pour indiscipline sont des garçons. Non seulement ceux-ci sont quatre fois plus souvent punis que les filles, écrit-elle, mais ils le sont pour des « motifs sexués "masculins" » (insolence, incivilité, dégradations, actes de défi, violence physique, sexiste ou homophobe), tandis que les filles le sont pour des motifs « féminins » (téléphone, bavardages, retards, cigarette…).

L'effet pervers de la sanction est qu'elle est brandie comme un trophée, ou une « médaille de virilité pour le garçon incriminé », tout en affaiblissant le professeur qui y recourt, surtout lorsqu'il s'agit d'une femme. Les comportements illicites, et les punitions qui les « couronnent », doivent donc, d'après la chercheuse, être analysés comme des « rites différenciateurs de sexe », des « rites de passage », voire des « parades sexuées devant les filles spectatrices », comme le sont, dans le grand banditisme, les peines de prison. Aussi la culture de la désobéissance, comme la culture criminelle, relèvent-elles moins du taux de testostérone que d'une construction sociale *viriliste* (paradoxalement renforcée par le système punitif scolaire et carcéral) qui valorise l'orgueil, l'audace, la force et la témérité, mais ne leur offre plus – comme autrefois la guerre, la rixe ou le duel – d'exutoire licite.

D'où le rôle cathartique des images : le spectacle de la brutalité ritualisée dans la compétition (de boxe, de catch, de lutte, de football américain…) sert d'exutoire à la rancœur et au ressentiment, et, bien souvent, d'alibi à la xénophobie. Aussi le *virilisme* peut-il être interprété comme le versant empêché du mythe de la virilité, retourné en agressivité, punitive ou autopunitive. « La boxe, écrit la romancière américaine

Joyce Carol Oates, c'est pour les hommes, ça parle des hommes, c'est les hommes mêmes. Une célébration de la religion perdue de la virilité, d'autant plus brutale qu'elle a été perdue[1]. » La fascination pour la violence, voire l'hyperviolence, à la télévision, au cinéma, dans les jeux vidéo et sur Internet, traduirait ainsi un sentiment de dépossession virile, voire un *crépuscule* de la virilité. Cette inquiétude face à la disparition de l'hégémonie masculine est également très perceptible à travers un phénomène tel que le succès du « coaching en séduction » à destination de « l'alpha mâle[2] ». Ce nouveau créneau commercial, qui propose vidéos, conférences et stages pour « devenir un mâle dominant », est particulièrement révélateur de l'exténuation du modèle.

Du reste, les héros, eux aussi, sont fatigués[3]. Et vulnérables, même avec des gants de boxe. Robert De Niro, dans *Raging Bull*[4], et Sylvester Stallone, dans *Rocky*[5], redescendent du ring en morts vivants. Depuis les années 1950-1960, la virilité meurtrie est un thème de prédilection au cinéma. Les héros de western – genre, par définition, finissant, puisque traitant d'un monde voué à disparaître avec le développement des chemins de fer[6] –

1. Joyce Carol Oates, *De la boxe*, trad. de l'anglais (États-Unis) par Anne Wicke, Auch, Tristram, 2012.

2. Voir Mélanie Gourarier, *Alpha Mâle. Séduire les femmes pour s'apprécier entre hommes*, Paris, Seuil, 2017.

3. Voir le film *Les héros sont fatigués* (1955), d'Yves Ciampi, avec Yves Montand et Maria Félix.

4. *Raging Bull*, de Martin Scorsese (1980) avec Robert De Niro.

5. *Rocky*, saga en cinq films, de John G. Avildsen, avec Sylvester Stallone (début : 1977).

6. Sylvain Venayre, « La virilité ambiguë de l'aventurier », in Alain Corbin, Jean-Jacques Courtine et Georges Vigarello, *Histoire de la virilité*, t. III, *op. cit.*

se montrent de plus en plus seuls, ombrageux et mutiques. Dans « Projections : la virilité à l'écran », l'historien et critique Antoine de Baecque analyse en détail l'évolution de la figure du *westerner* classique (« par excellence le principe mâle de l'univers[1] », incarné par Gary Cooper, John Wayne ou Randolph Scott) vers un héros affaibli, déchu, miné par un passé douloureux, servi par des acteurs hypersensibles comme James Stewart[2] ou Clint Eastwood[3], « cavalier du crépuscule » au « génie solitaire et doloriste ».

Dans l'après-guerre, les stars mythiques produites par Hollywood – James Dean, Marlon Brando ou Humphrey Bogart – sont souvent des « stars problématiques[4] », qui jouent des hommes blessés, tourmentés et mélancoliques, tendance que l'on retrouve chez les acteurs français de la Nouvelle Vague, à l'instar de Maurice Ronet dans *Le Feu follet* de Louis Malle, dont le personnage est alcoolique, dépressif et suicidaire. La masculinité se montre de plus en plus inquiète, fragile et instable à mesure que l'on avance dans le XXe siècle. Et lorsque la virilité revient à sa définition primaire, sauvage et bagarreuse, c'est pour se retourner contre le pouvoir politique et militaire. Rambo, après s'être illustré dans l'armée américaine, devient son pire ennemi. Comme l'écrit Antoine de Baecque, « Rambo marque l'histoire : décomplexée, une certaine Amérique redevient primitive, revendique son aspect guerrier, sa

---

1. Antoine de Baecque, « Projections : la virilité à l'écran », *ibid.*
2. Dans les films d'Anthony Mann, John Ford et Delmer Davis.
3. Voir *Pale Rider, le cavalier solitaire* (1985) de et avec Clint Eastwood.
4. Voir le commentaire d'Edgar Morin sur *La Fureur de vivre* et *L'Équipée sauvage* dans *Les Stars*, Paris, Points Essais, 1972.

virilité agressive, pour solder les comptes de sa culpabilité impérialiste et de sa défaite militaire. Rambo est, d'une certaine façon, l'anti-James Bond [...]. Il combat contre la civilisation, contre l'Amérique trop polie et comme atrophiée. »

C'est ce même sentiment de rétrécissement, de mutilation, voire d'émasculation que tentent de conjurer les *superhéros* de bandes dessinées (comme Superman, né pendant la Grande Dépression des années 1930) et du cinéma. Ils ne viennent pas seulement sauver le monde, ils l'agrandissent, en ouvrant démesurément les possibles. Mais ils constituent une réincarnation paradoxale du mythe de l'hyperpuissance : leurs exploits démesurés ne font plus qu'en révéler la douloureuse faillite, car ils ne cessent de creuser l'écart entre l'homme et le surhomme. Terminator est un robot sans morale, ni émotion, ni sentiment, une machine qui ne souffre ni ne s'attache, un « post-humain » auquel nul (à part un enfant déguisé pour un goûter d'anniversaire) ne peut s'identifier, en raison de ses prodigieux super-pouvoirs. Capable de vaincre une armée entière à lui tout seul ou de voyager dans le temps, il réactive la mythologie guerrière, mais ne peut servir de guide à l'action masculine : à la différence du héros, le super-héros n'est pas un modèle, mais une *utopie*[1] qui cherche à exorciser, par la fantasmagorie sanglante, la hantise de la disparition de la puissance virile en portant à son paroxysme le goût de la mort qu'elle cultive depuis toujours.

---

1. Voir Jérôme Momcilovic, *Prodiges d'Arnold Schwarzenegger*, Nantes, Capricci, 2016.

Conclusion

Réinventer les masculinités

À l'aube des années 1970, dans le dernier tome des *Mythologiques* intitulé *L'Homme nu*, Claude Lévi-Strauss, le plus philosophe des anthropologues, annonçait, après le « crépuscule des dieux » (le déclin des valeurs religieuses dans les sociétés modernes sécularisées), le « crépuscule des hommes ». Par « hommes », il n'entendait ni le sexe masculin, ni l'humanité, mais une certaine idée de l'*homme* – celle du rationalisme occidental, universaliste, abstrait et totalisant – dont il entérinait la faillite. La grille d'analyse structuraliste, qu'il avait adoptée dès la fin des années 1940, lui avait en effet permis de faire voler en éclats l'illusion de la maîtrise et de la liberté en révélant que la réalité humaine était régie, voire produite, par des « structures », c'est-à-dire des systèmes de lois, de normes et de mythes intériorisés nous déterminant de part en part, bien souvent à notre insu. Nous pensons être libres de nous créer nous-mêmes, mais nous ne sommes en réalité que des pantins ayant l'illusion de l'autodétermination. Nous reproduisons des schémas culturels élaborés hors de nous et dont le sens profond et la finalité nous échappent. « Je pense où je ne suis pas, je suis où je ne pense pas », écrira Jacques Lacan en réponse à Descartes : l'homme agit et arbitre, mais il est d'abord agi et arbitré par un discours qui le précède et le conditionne.

Le mythe de la virilité n'est pas un discours parmi d'autres. C'est un discours fondateur, qui a posé le principe de *supériorité masculine* et théorisé un système de domination – le *système viriarcal* –, qui n'a pas seulement postulé l'*infériorité* ontologique des femmes et de tout ce qui leur était corrélé (à commencer par l'efféminination), mais aussi la *supériorité* du *vir* sur l'autre homme (l'étranger, le *sous-homme*), sur l'animal et sur la nature. Cette idéologie, fondamentalement guerrière, a légitimé l'oppression de la femme par l'homme, l'oppression de l'homme par l'homme et l'exploitation technologique de la Terre, au mépris des grands équilibres écologiques. C'est ce *paradigme viriliste de la toute-puissance* qui est, depuis un siècle, en crise, et les conquêtes féministes sont, comme nous l'avons vu, très loin d'en fournir la seule explication. Il s'agit davantage d'une crise de civilisation, dont les hommes ne sont les premières victimes que parce qu'ils en étaient autrefois les uniques bénéficiaires, moyennant le tribut exorbitant qu'ils s'imposèrent à eux-mêmes. C'est en ce sens que le mythe de la virilité peut être considéré comme un *piège*.

S'il ne l'était pas, jamais les hommes n'auraient souhaité en sortir. Or cet idéal monolithique n'a cessé d'être contesté et de subir la concurrence de contre-modèles, selon un processus qui connut une brusque accélération dès l'après-guerre. Les aventuriers qui fuirent les conventions et gagnèrent le lointain, fidèles à l'esprit adolescent de Rimbaud, comme Kerouac, Monfreid, Conrad, Kipling, Lawrence ou Kessel, diffusèrent une mystique de la dissidence, de l'anticonformisme et du désintéressement qui fit beaucoup d'émules. Puis les *seventies* prirent acte de la fin d'une époque et dessinèrent un nouveau monde, coloré, libéré, poétique, psychédélique et surtout pacifiste. Sous l'influence de la culture rock, une véritable révolution des codes sexués allait s'opérer. Depuis les premiers accords de guitare de la Beat Generation, les cheveux longs et les chemises à fleurs des hippies ouvrirent la voie aux réinventions et aux hybridations qui allaient conduire aux déhanchements lascifs de Prince et à l'androgynie iconique de David Bowie. La scène musicale joua également un rôle majeur dans la diffusion de la culture gay qui, en quelques décennies, façonna un nouvel imaginaire et une nouvelle esthétique en bousculant tous les repères sexués.

Les excentricités de ces avant-gardes pourraient donner le sentiment que la diversité a définitivement triomphé de l'uniformité et que la créativité a terrassé la répétitivité. Ce n'est qu'une illusion. En réalité, la norme virile demeure très prescriptive et ceux qui s'en éloignent trop ont peu de chance de se faire une place ailleurs que dans le domaine artistique, le seul, avec celui de la mode, à accepter le jeu avec les codes de genre.

Or, contrairement à ce que déclarent les nostalgiques de la virilité perdue, la libre appropriation par chacun de son identité, de ses aspirations, de son corps et de son style, hors des injonctions normatives, n'est pas une revendication exclusivement homosexuelle, autrement dit, ce n'est pas seulement « une histoire de pédé ». Le devoir d'obéissance à la mythologie virile exerce aussi une « violence symbolique » (selon le vocabulaire de Pierre Bourdieu) sur les hétérosexuels, sommés de satisfaire aux réquisits sociaux, en termes de performance – professionnelle, sexuelle, sportive –, de surface financière (car « sans pognon, on n'est rien ») et d'allure (taille, gabarit et « look »). Dès leur jeune âge, ils continuent à se laisser prescrire leur idéal par un conformisme de genre qui les enjoint à faire la démonstration de leur puissance et avoir honte de leurs faiblesses. Certains s'accommodent très bien de la rétention émotionnelle et affective, du stoïcisme à toute épreuve et de la poursuite du pouvoir et de la réussite sociale que leur impose l'idéal viriliste : c'est parfait, qu'ils ne changent rien, il nous faut aussi des soldats et des « gagneurs ». Mais pas seulement. Beaucoup d'hommes détestent se battre, et se sentent exclus, ou « ratés », ils souffrent de ne pas être perçus comme pleinement « hommes », quelle que soit leur orientation sexuelle, simplement du fait qu'ils ne possèdent aucun des attributs et des marqueurs qui *font* l'homme. Ce qui pourrait passer pour anecdotique ne l'est pas : dans de nombreux secteurs professionnels, la seule évocation d'un souhait aussi « féminin » que de disposer de son mercredi pour ses enfants, ou d'un congé paternité de quelques semaines, équivaut à un suicide professionnel. Ces limites et cette uniformisation sont un appauvrissement et un immense gâchis des énergies mâles.

La refondation des masculinités offrirait à ces hommes la possibilité historique de sortir du piège. Elle serait aussi extrêmement salutaire pour les femmes, dont la cause, malgré des avancées considérables, demeure loin d'être toujours entendue. Car tant que les hommes ne s'émanciperont pas des schémas aliénants qui les amputent d'une grande partie de leur vérité psychique, ils s'interdiront des relations équilibrées avec l'autre sexe et les femmes continueront à subir discriminations et violences.

La révolution du féminin sera pleinement accomplie quand aura eu lieu la *révolution du masculin*, quand les hommes se seront libérés des assignations sexuées qui entretiennent, souvent de manière parfaitement inconsciente, la misogynie et l'homophobie, lesquelles procèdent toutes deux d'une répulsion envers le féminin venue du fond des âges. Pour que les hommes changent le regard qu'ils portent sur les femmes, il faut qu'ils changent le regard qu'ils portent sur eux-mêmes. Et *vice versa*. Pour qu'ils modifient l'image qu'ils ont d'eux-mêmes, il faut qu'ils modifient l'image qu'ils ont des femmes, tant il est vrai, comme l'écrit le philosophe américain John Stoltenberg, que « personne ne peut réellement comprendre comment les hommes traitent les femmes sans comprendre comment les hommes traitent les autres hommes – et personne ne peut réellement comprendre comment les hommes traitent les hommes sans comprendre comment ils traitent les femmes[1] ».

À la différence de la *virilité*, modèle unique et hégémonique (qui n'a pas d'équivalent féminin, l'idée de supériorité féminine étant un oxymore par définition inconcevable), les *masculinités*, elles, sont multiples, comme le sont aussi les *féminités*, et toutes devraient

1. John Stoltenberg, *Refuser d'être un homme : pour en finir avec la virilité*, préface de Christine Delphy, Paris, Syllepse, 2013.

avoir la même légitimité sociale. De même que les femmes ne se « masculinisent » pas lorsqu'elles s'emparent des postes de pouvoir, les hommes ne se « féminisent » pas lorsqu'ils se montrent doux, empathiques et sensibles, ne se dénaturent pas lorsqu'ils pouponnent, repassent et font le ménage : ils se réapproprient simplement le fait d'être un *homme*, en se souvenant que, de même que le yin est métaphysiquement ancré dans le yang et le yang dans le yin, tout homme comporte une part de féminin (plus ou moins importante selon les individus) et toute femme une part de masculin, les polarités absolues et incommensurables n'existant pas dans le monde, mais uniquement comme fictions culturelles créées par les religions et l'histoire de la pensée.

L'investissement masculin de la sphère privée, l'expression de la sensibilité et de l'émotion (pensons aux larmes de Barack Obama face à la folie meurtrière), la réinvention de la paternité, et toutes les mutations déjà opérées par les hommes progressistes ne constituent pas un « déclin », comme le pensent les masculinistes, mais une chance pour l'humanité, peut-être sa plus grande chance : celle d'annoncer, non pas la désolante « fin des hommes », mais l'enthousiasmante naissance de nouvelles masculinités, condition indispensable d'un meilleur équilibre des relations entre les deux sexes.

Remerciements

Pour leurs conseils précieux, je remercie mes proches, Bertrand, Marielle, Héléna, Clara, Fabio, Evelien, Christine, Catherine, Raphaël, Ombeline et Jules.

Table des matières

TROISIÈME PARTIE
L'essentialisation de la femme : la trinité vierge-mère-pute

QUATRIÈME PARTIE
La construction du mythe viril

CINQUIÈME PARTIE

Puissance et impuissance

SIXIÈME PARTIE

La déconstruction du monde viril

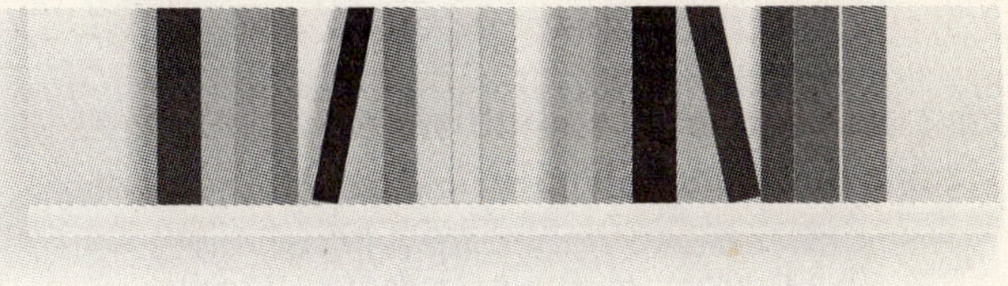

Cet ouvrage a été composé et mis en page
par Graphic Hainaut à Condé-sur-L'Escaut

Imprimé en France par CPI
en février 2020
N° d'impression : 3037967

Suite du premier tirage : février 2020
S28981/11